HEYNE BÜCHER

Das Buch

Ihr Schicksalsweg ist so dramatisch wie ungewöhnlich: Christina Noble, die als »Niemandskind« inmitten von Elend und Ausweglosigkeit aufwuchs, hat trotz aller Widernisse den Mut gefunden, ihren Lebenstraum zu verwirklichen: die tatkräftige Hilfe für andere »Niemandskinder«.

Christina Nobles Kindheit in Irland war ein einziges Martyrium: der ständig betrunkene Vater, der frühe Verlust der Mutter, die schrecklichen Erfahrungen in Heimen und als Obdachlose auf der Straße – geschlagen, unterernährt, sexuell mißbraucht. Dann erlebte sie eine Ehe voller Brutalität und Ausbeutung, zahllose Fehlgeburten, dazwischen die Geburt von drei Kindern und Tage voller Grauen in psychiatrischen Anstalten. Aber Christina hatte eine Vision: Ein Traum offenbarte ihr ihre Bestimmung im Leben. Und der feste Glaube an ihre Mission ließ sie die Kraft finden, alles persönliche Elend hinter sich zu lassen und ihre Vision in die Tat umzusetzen. Sie ging nach Ho Chi Minh City, um ihr Leben den Ärmsten und Schwächsten zu widmen, den Straßenkindern von Vietnam. Mit unglaublicher Energie richtete sie ein Waisenhaus und eine Schule ein. Alles finanzierte sie aus der Christina Noble Foundation, deren Startkapital 1989 einhundert Dollar betrug. »Mama Tina«, wie die Kinder sie nennen, ist es heute gelungen, die Leiden ihrer eigenen grausamen Kindheit in die Hilfe für andere Kinder zu verwandeln.

Die wahrhaft dramatische Lebensgeschichte einer ebenso ungewöhnlichen wie unkonventionellen Frau.

Die Autorin

Christina Noble, geb. Byrnes, wurde am 23. Dezember 1944 als älteste Tochter einer Familie mit acht Kindern in Dublin geboren. Sie ging 1989 nach Vietnam, wo sie mit einhundert Dollar Startkapital den Grundstein für ein Hilfe-Zentrum, eine Kinderkrippe, ein Krankenhaus und ein Waisenhaus legte. Die Christina Noble Foundation ist ganz auf Spenden angewiesen, da sie keine staatliche Hilfe oder Subventionen erhält.

CHRISTINA NOBLE

Niemandskind

Statt Liebe und Zuwendung erfährt sie in ihrem Leben nur Gewalt und Elend, und doch findet sie die Kraft, heimatlosen Kindern Mutter zu sein.

Aus dem Englischen von
Anne Ruth Frank-Strauss

WILHELM HEYNE VERLAG
MÜNCHEN

HEYNE ALLGEMEINE REIHE
Nr. 01/9728

Titel der Originalausgabe: NOBODY'S CHILD
Das Buch erschien bereits unter dem Titel
„Mama Tina – Niemandskind“

BILDNACHWEIS

Abdruckgenehmigung mit freundlicher Genehmigung der Lizenzgeber:

Bildteil *nach S. 64* im Buch: S. 1: Aus Privatbesitz.
S. 2/3: Bilderdienst Süddeutscher Verlag.
S. 4: Aus Privatbesitz. – *Nach S. 128:* S. 1 + 2: aus Privatbesitz.
S. 3 oben: Radlika Chalasani, Fred Jordan Books.
S. 3 unten: Dr. Klaus Koch, Wien. S. 4: Aus Privatbesitz.
Nach S. 216: S. 1 oben: Gail Fisher. S. 1 unten: Aus Privatbesitz.
S. 2 + 3: Radlika Chalasani, Fred Jordan Books.
S. 4 oben und unten: Aus Privatbesitz. – *Nach S. 280:* S. 1: Gail Fischer.
S. 2 + 3: Aus Privatbesitz. S. 4: Radlika Chalasani, Fred Jordan Books.

Umwelthinweis:
Dieses Buch wurde auf
chor- und säurefreiem Papier gedruckt.

2. Auflage

Printed in Germany 1996
Umschlagillustration: Radlika Chalásani/Fred Jordon Books
Umschlaggestaltung: Atelier Ingrid Schütz, München
Satz: Kort Satz GmbH, München
Druck und Bindung: Ebner Ulm

ISBN 3-453-09251-1

Widmung

Meiner Mutter. Ich habe es geschafft, denn Du warst mein Anfang – und eine Mutter bis zuletzt.

Meinen Kindern, Helen, Androula und Nicolas. Ohne Euch hätte ich meinen Traum nie verwirklichen können. Ich liebe Euch.

Meinen Schwestern und Brüdern. Ich liebe Euch.

Madame Nguyen Thi Man, weil sie an mich glaubte.

Den Sonnenkindern von Ho Chi Minh City und den Kindern der Welt.

Danksagung

Den Erfolg meiner Arbeit verdanke ich zu einem großen Teil all den wunderbaren Menschen in der Christina Noble Foundation International. Es sind ihrer so viele, daß es unmöglich wäre, alle Namen zu erwähnen. Doch ich bin jedem einzelnen von ihnen zutiefst dankbar.

Dank sei auch dem selbstlosen Personal im Center in Ho Chi Minh City und den aufopferungsvollen Menschen in meinem Büro.

Das Interesse, das die UNESCO in Paris an meiner Arbeit bekundete, war eine unschätzbare Hilfe.

Einige Namen jedoch muß ich besonders hervorheben. Les Blair, Manager von British Gas in Vietnam, half mir, als ich Hilfe am meisten benötigte.

Bei Enterprise Oil in London danke ich John Walmsley, Managing Director, Graham Hearne, Vorstandsmitglied, Jeremy Martin, ehemaliger Logistics Manager, Chris Girling, Chefgeologe, und Ray Dafter, Director of Corporate Affairs. Tom Newman, Manager von Enterprise Oil in Vietnam, war einer unserer ersten Förderer.

Mr. John McCusker, Chirurg am St. Margaret's Hospital in Sydney, Australien, und Professor Michael Bennet, Chefarzt für Gynäkologie und Geburtshilfe des Royal Women's Hospital in Sydney, retteten mir im Sommer 1993 das Leben.

Für seine langwährende Unterstützung danke ich Nick Mountstephen, Managing Director der Vietnam Investment Review.

Peter Williams, der britische Botschafter in Vietnam, war ein Befürworter und Freund.

Meine Freundin Dominique Torres sorgte mit einem wunderbar einfühlsamen Dokumentarfilm fürs Fernsehen dafür, daß meine Arbeit große Resonanz in der Öffentlichkeit fand.

Schließlich muß ich der Regierung von Vietnam meinen besonderen Dank aussprechen, besonders Mr. Nghiem Xuan Tue vom Ministerium für Arbeit, Behinderte und Soziales.

Prolog

Ich kam nach Vietnam wegen eines Traumes, den ich vor fast zwanzig Jahren hatte. Der Traum sagte mir, daß ich mich der Straßenkinder dieses armen, zerstörten, verseuchten Landes annehmen solle. Sie werden vielleicht darüber lachen. Sie werden vielleicht sagen, das war doch nur ein Traum und nur jemand aus Irland ist imstande, einem Traum zu folgen, als wäre er eine Gottesbotschaft. Und vielleicht haben Sie recht. Denn eigentlich kann ich es nicht erklären, heute so wenig wie damals, weshalb ich hierher gekommen bin. Ich hatte einen Traum – eine Vision, wenn man so will –, einen Traum, der mir befahl, nach Vietnam zu kommen. Das ist alles.

An jenem Tag, als das Flugzeug sich über den flachen Feldern senkte, um in Ho Chi Minh City zu landen, waren meine Augen groß vor gespannter Erwartung. Die Felder waren grün wie in meiner Heimat Irland. Aber die Sonne war von so einer blendenden Leuchtkraft, wie ich es als Kind kaum gesehen hatte. Als wir uns dem Flugplatz von Tan Son Nhat näherten, erblickte ich zahlreiche kleine, kreisrunde Seen. »Dort haben die Amerikaner Bomben abgeworfen«, sagte der Mann, der neben mir saß. Nun waren wir dicht über dem Boden und rasten mit solcher Geschwindigkeit dahin, daß die in regelmäßigen Mustern angelegten grünen Felder vor unseren Augen verschwammen. Ich lehnte mich zurück, schnallte den Gurt enger und holte tief Luft.

Das war im September 1989. Ich war eine Frau mittleren Alters, ohne Bildung, ohne Geld und ohne eine klare Vorstellung davon, was ich in Vietnam tun würde. Hinter mir lag ein Leben, in dem ich – abgesehen von der Geburt dreier prächtiger Kinder – nichts vollbracht zu haben glaubte.

Als ich aus dem Flugzeug stieg, hatte ich das Gefühl, eine abgetakelte alte Filmkulisse zu betreten. Das konnte doch nicht Wirklichkeit sein! Grasbewachsene Streifen zwischen den Pisten waren noch immer von Bomben- und Raketenkratern durchlöchert – von einem Krieg, der vor fast fünfzehn Jahren zu Ende gegangen war. Befestigungen und Bunker, versengt von der heißen Sonne und ausgewaschen vom Monsunregen, standen grau und düster entlang der Landebahn; sie erinnerten daran, daß sich hier während des Krieges eine der Zentralen der amerikanischen Luftwaffe befunden hatte. Flugzeughangars, von denen einige noch alte amerikanische Militärflugzeuge beherbergten, umsäumten die Rollbahn, und dahinter ragte ein hoher, von verrostetem Stacheldraht gekrönter Zaun auf. Maschinengewehrstellungen und Wachtposten waren verlassen.

Kleine, schlanke Soldaten mit strengen Gesichtern umringten das Flugzeug. An ihren verblichenen und zerfetzten grünen Uniformen prangte der gelbe Stern ihres kommunistischen Landes. Sie trugen Sandalen, was man normalerweise vielleicht komisch gefunden hätte, doch ihre unbeweglichen Mienen und ihr Ruf als Kämpfer ließen diesen Eindruck nicht aufkommen. Und es war durchaus nichts Komisches an der Art, wie sie uns rasch und ohne Umschweife in einen klapprigen alten Bus verfrachteten und über das Rollfeld zum Terminal fuhren. Der Bus hatte Vorhänge an den Fenstern.

Innerhalb des Terminals überfielen mich die schrille, blecherne, heulende Dissonanz von Militärmusik, die aus den öffentlichen Lautsprechern dröhnte, und eine schwüle Hitze, die mich wie in eine dampfende Decke zu hüllen schien.

Während ich auf meine Abfertigung bei der Zoll- und Einwanderungsstelle wartete, beschlich mich Angst. Ich mußte immer daran denken, was die Nonnen in Irland uns eingetrichtert hatten, als ich ein Kind war.

»Sagt mir, Kinder«, fragte die Nonne mit erwartungsvoll hochgezogenen Augenbrauen. »Was wißt ihr über die Kommunisten?«

»Die Kommunisten foltern Katholiken, Schwester«, antworteten wir mit unseren hellen, gehorsamen Kinderstimmen.

»Warum foltern die Kommunisten die Katholiken, Kinder?«
»Damit sie ihren Glauben aufgeben, Schwester.«
»Würdet ihr euren Glauben aufgeben, Kinder?«
»Nein, Schwester.«

Nun senkte die Nonne die Stimme, kniff die Augen zusammen und fragte in dramatischem Ton: »Und wenn die Kommunisten eure Mütter und Väter an die Wand stellen und erschießen würden? Würdet ihr dann euren Glauben aufgeben, Kinder?«

»Nein, Schwester.«

Die Nonne nickte beifällig. Ihr Augen schweiften über unsere Reihen, um die Kleinmütigen ausfindig zu machen. »Hütet euch vor den Kommunisten, Kinder.«

»Ja, Schwester.«

Diese Erinnerungen waren sehr mächtig. Ich zitterte, als ich mein Gepäck aufnahm und mich anschickte, durch den Zoll zu gehen. Nichts an dem, was nun folgte, kam im entferntesten einer freundlichen Begrüßung gleich. Es war eher ein Verhör. Warum kam ich nach Vietnam? Wieviel Geld hatte ich? Wen wollte ich besuchen? Kannte ich jemanden von der Regierung? Einer der Beamten nahm meine Uhr und meinen Schmuck und wog jedes Stück in seiner Hand, bevor er es mir zurückgab.

Ich schob mein Gepäck durch einen uralten Durchleuchtungsapparat. An dem bedrohlich aussehenden Gerät war ein Schild angebracht, das die Reisenden davor warnte, Filme hindurchlaufen zu lassen.

Ein Beamter nickte kurz und gab mir das Zeichen, zur Einwanderungsstelle weiterzugehen. Der dort zuständige Beamte nahm meinen neuen Paß und blätterte ihn langsam, Seite für Seite, durch. Zwischendurch hob er die Augen, starrte mich unpersönlich an, dann fuhr er fort, jede leere Seite genau zu studieren.

Mehr als drei Stunden vergingen, bis ich endlich aus dem Terminal herauskam und ein Taxi nach Ho Chi Minh City ergatterte. Ich fing schon an, mich zu fragen, ob meine Entscheidung, hierherzukommen, richtig gewesen war. Mein Traum, den Straßenkindern zu helfen, kam mir plötzlich ziemlich töricht vor. Ich war noch nie in Südostasien gewesen. Ich wußte nichts über das Land. Ich hatte Angst vor den Kommunisten. Ich sprach nicht Vietnamesisch. Ich hatte keine Ahnung, wie ich die Erlaubnis der Regierung bekommen konnte, mit Kindern zu arbeiten. Und wo ich auch hinsah, erinnerte mich alles daran, daß ich eine Fremde in einem fremden Land war.

Die breite Straße, die in die Stadt hineinführte, war ein Alptraum: Die Autos und Lastwagen waren alt, und sie stotterten und heulten und ratterten und rasten zwischen Menschenmengen hindurch. Motorräder flitzten umher wie aufgeschreckte Ameisen. Hupen tuteten. Bremsen quietschten. Hunderte von Fahrrädern strömten über die Kreuzungen und schlängelten sich, wie von geheimen Befehlen gesteuert, zwischen Autos, Cyclos und riesigen Lastwagen hindurch. Die Cyclos, rikschaähnliche Gefährte, von Männern mit ausdruckslosen Gesichtern betrieben, bewegten sich in gemächlichem Tempo voran. Die Autos und Laster, Motorräder und Cyclos fuhren haarscharf aneinander vorbei. Männer in Pyjamas und kegelförmigen Hüten kauerten am Straßenrand, andere wanderten mit glasigen Augen und gebeugten Schultern ziellos umher; darunter viele junge Männer mit Gesichtern so alt wie die ihrer Väter. Frauen unterhielten sich, während zu ihren Füßen Kinder ihre Notdurft verrichteten. Überall, wohin ich auch sah, urinierten Männer und Kinder. Als ich das Fenster des Taxis herunterkurbelte, schlug mir der üble Gestank menschlicher Fäkalien entgegen, die sich in den Rinnsteinen häuften. Ich konnte die dicke, heiße, feuchte Luft kaum einatmen. Diese Stadt war verrückt. Chaotisch.

Wie kam es, daß die Zoll- und Einwanderungsbeamten so langsam, genau und beherrscht waren, während die Stadt so außer Kontrolle zu sein schien?

Ich kam am Rex Hotel an, erhitzt, schweißbedeckt und völlig erschöpft, warf meine Kleider aufs Bett und begab mich geradewegs zur Dusche, wo ich die größte Kakerlake sah, die mir je unter die Augen gekommen war. Spinnen und Ameisen krochen über den Boden. Ich drehte mich panikartig um und wäre fast aus dem Zimmer gestürzt.

»Du lieber Gott«, sagte ich laut. »Das ist zuviel. Das wird mich umbringen.« War es falsch, nach Vietnam zu kommen? Würde ich mich jemals an dieses Land gewöhnen können?

Und dann erinnerte ich mich an den Traum, den ich vor neunzehn Jahren gehabt hatte, und ich wußte, daß ich bleiben mußte, zumindest bis mir klar war, ob der Traum eine Vision gewesen war, die mein Leben bestimmen sollte, oder eben nur ein Traum. In meinem Traum hatte ich ein kleines Mädchen gesehen, das mir hilfesuchend die Arme entgegenstreckte. Irgendwie wußte ich, daß sie hungrig war und voller Angst und daß sie keine Familie hatte. Hinter ihr standen viele andere Kinder, die alle auf mich zuliefen und mich weinend um Hilfe anflehten. Aber ich konnte nicht zu ihnen gelangen, denn sie waren verschwunden, nur noch grauer Rauch war da, der im heulenden Wind umherwirbelte. Durch den Rauch drang ein Licht, ein großes weißes Licht, und innerhalb von Sekunden formte sich das Licht zu Buchstaben. Dann brannte das Wort »Vietnam« als leuchtendes, fast blendend helles Licht quer über dem Himmel.

Als ich damals in der Nacht erwachte, fragte ich mich, ob Kinder wirklich so litten, wie es mir im Traum erschienen war. Aber ich wußte in jener Nacht, daß ich eines Tages nach Vietnam gehen mußte. Es war meine Bestimmung. Doch ich hatte drei Kinder zu versorgen und ein Geschäft zu führen. Warum hatte ich dann einen solchen Traum, wenn ich nichts tun konnte?

Nun war ich da. Aber warum? Was konnte ich erreichen?

Während der nächsten Wochen wagte ich mich täglich etwas weiter vom Hotel fort. Ich lernte ein paar Vietnamesen kennen und wußte, daß wir Freunde werden würden. Unter ihnen war eine nette Frau namens My Loc, die auf dem Ben-Thanh-Markt Kinderkleider an ihrem kleinen Stand verkaufte. Ich erinnerte mich, als ich dort stehenblieb, daß Käufer mit ihren Motorrädern in den Stand hineinfuhren und daß ein Hund eine Ratte durch die Bude voller Käufer jagte, aber niemand nahm Notiz davon.

Einmal blieb ich bei einem kleinen Straßenhändler stehen und bestellte mir eine besondere Köstlichkeit, eine in ein Bananenblatt gewickelte Reiskugel mit Nußfüllung. Als ich die Delikatesse entgegennahm, sah ich eine riesige schwarze Ratte durch den Stand des Straßenverkäufers huschen. Niemand beachtete sie. Aber ich konnte den Reis nicht mehr essen.

Überall sah ich Straßenkinder. Jemand sagte mir, daß fünfzigtausend Kinder auf den Straßen von Ho Chi Minh City lebten. Man nennt sie *bui doi* – ein grobes, verächtliches Schimpfwort, das »Staub des Lebens« bedeutet. Sie waren entsetzlich arm, mit Läusen und Flöhen übersät und von vielen Krankheiten infiziert. Niemand berührte die *bui doi*. Niemand wollte ihnen nahe kommen. Niemand sprach ein freundliches Wort mit ihnen. Sie wurden wie Ungeziefer behandelt. Sie erinnerten mich daran, wie ich auf den Straßen von Dublin aufgewachsen und wie ich von anderen Menschen behandelt worden war. Sie erinnerten mich an mich selbst.

Eines Abends war ich sehr traurig und ging hinunter zum Markt, um meine neue Freundin My Loc zu besuchen. Ihr Bruder Tien war dort und hielt eine Gitarre in der Hand.

»Spielst du Gitarre?« fragte ich.

Er nickte schüchtern.

»Setz dich neben mich, und ich singe dir ein Lied vor«, sagte ich zu ihm.

Ich begann zu singen. Nach ein paar Minuten begannen Straßenkinder aus dem Schatten zu schlüpfen, angezogen vom Klang meiner Stimme. Bald waren es Dutzende von ihnen. Und wie die meisten Kinder, wenn sie Musik hören, lauschten sie wie verzaubert. Sie starrten mich an, als ich sang. »Yesterday, once more« und »Sad Movies«. Ich begann »Danny Boy« zu singen, hörte aber nach den ersten Worten auf. Es war zu schmerzlich für mich. Meine Mama hatte das Lied in unserem Haus in Dublin gesungen. Mein Daddy hatte mir das Lied vorgesungen, als ich ein Kind war. Und ich selbst hatte das Lied meinem kleinen Bruder vorgesungen, wenn ich ihn schlafen legte. Alle Iren lieben dieses Lied, aber an jenem Abend konnte ich es nicht singen.

Ich starrte die Kinder an, mein Blick verweilte auf jedem einzelnen. Unter dem Schmutz und den Läusen und den Krankheiten waren es schöne Kinder. Ich mußte mich zu etwas entschließen. Ich war gezwungen, mich meinem Traum zu stellen. Ich drehte mich um und rannte ins Hotel.

Einige Tage später trat ich am späten Nachmittag aus dem Foyer des Rex und sprach, auf der obersten Treppenstufe stehend, mit dem Portier über die Geschäfte um die Ecke. Damals war das Rex ein Hotel, das nur Ausländer aufnahm. Es befindet sich an der Kreuzung von Nguyen Hue und Le Loi, zwei der berühmtesten Straßen von Ho Chi Minh City, und Dutzende von Straßenkindern treiben sich in dem kleinen Park schräg gegenüber herum. Während ich mit dem Portier sprach, bemerkte ich zwei kleine Mädchen, die auf der anderen Straßenseite am Boden saßen – *bui doi*, die im Dreck spielten.

Ich starrte durch sie hindurch und wollte sie nicht sehen. Aber eines der kleinen Mädchen fing meinen Blick auf und lächelte. Sie hatte nur zwei Zähne. Sie streckte ihre Hand nach mir aus, mit nach oben gedrehter Handfläche, bettelnd, und ich hörte sie ganz leise sagen: »Gib mir, gib.« Die beiden Mädchen waren sehr schmutzig, und ihre Kleider waren alt und zerrissen.

Plötzlich waren die Erinnerungen an Irland übermächtig. Der Anblick der kleinen Mädchen, der Zustand, in dem sie sich befanden, weckte schmerzliche Erinnerungen, und ich wollte diesen Schmerz nicht wieder fühlen. Ich ging die Stufen hinunter und versuchte, mit einer Frau zu sprechen, die Zigaretten verkaufte. Aber das einzige Englisch, das sie konnte war: »No money, no honey.«* Ich wußte nicht, was sie meinte. Später erfuhr ich, daß die Vietnamesen diesen Ausdruck von den Amerikanern gelernt hatten.

Ich ging weiter. An der Ecke blieb ich stehen. Von einem unerklärlichen Impuls getrieben, drehte ich mich um und sah wieder nach den kleinen Mädchen auf der anderen Straßenseite.

Die Luft war erfüllt von dem Hupen Tausender Motorräder. Blauer Auspuffrauch, der in der stillen Luft des Spätnachmittags hing, wirkte beunruhigend und bedrohlich. Ich spürte, daß etwas geschehen würde, aber ich wußte nicht, was.

Ich starrte die beiden Mädchen an. Selbst mit ihrem Lächeln voller Zahnlücken war das Kind, das die Hand nach mir ausge-

---

* Wortspiel. Eigentlich »Kein Geld, kein Honig«, aber »honey« bedeutet im Englischen auch »Liebchen«.

streckt hatte, von ungewöhnlicher Schönheit. Sie hatte langes dunkles Haar, riesige Augen und feine Gesichtszüge. Als sie in meine Augen sah, konnte ich darin lesen, was sie dachte: »Ich dachte, du würdest zu uns kommen, und nun bist du fortgegangen.«

Ich wollte rechts um die Ecke biegen und die Le Loi hinunter gehen, um Geschäfte anzusehen, aber ich konnte es einfach nicht. Langsam überquerte ich die Straße und ging auf die beiden Mädchen zu.

Eines der Mädchen war etwa fünf und das andere vielleicht drei Jahre alt. Als ich näherkam, sah die jüngere auf, und ihre Augen teilten mir mit, was sie sah: eine reiche weiße Europäerin, ein Mensch, der ihr weit überlegen war. Sie sahen nicht meine Ängste und Zweifel: Sie sahen mich nicht, wie ich selbst mich sah, eine Fremde in einem fremden Land, und sie spürten nicht meine Unsicherheit. Alles, was sie sahen, war ein Mensch von Bedeutung.

Aber ich war nicht bedeutend. Ich war eine von ihnen. Ich war wie diese kleinen Mädchen. Aber konnte ich das zugeben? Hatte ich die Fähigkeit, die Kraft, den Mut, zu sagen: »Ja, ich bin eine von ihnen?«

Die Augen des Mädchens hielten meinen Blick fest. Eine Ameise lief ihr übers Gesicht. Ohne ihren Blick abzuwenden, schlug sie nach der Ameise und steckte sie dann in den Mund. Ich dachte, die Mädchen spielten im Dreck, aber sie gruben nach Ameisen.

Sie lebten wie Tiere in der Gosse. Sie krochen wie Tiere umher. Aber ich wußte, was in ihrem Innern vorging, unter dem Schmutz, unter dem Dreck, unter dem Wissen, daß es niemanden interessiert und niemand bemerkt, ob du tot bist oder lebst: Ich wußte es. Sie hatten alle menschlichen Organe, alle menschlichen Gefühle, aber die meisten Menschen würden bei ihrem Anblick nichts als Schmutz sehen.

Sie waren *bui doi*.

Sie waren der Staub des Lebens.

Sie waren eine verdammte Belästigung.

Sie waren Nichts.

Und hier war ich, eine weiße Frau mit blondem Haar, in adretten weißen Hosen, weißem Hemd und blauer Krawatte, und zum ersten Mal in ihrem Leben sah jemand sie an, als seien sie jemand.

Ich starrte die Mädchen an und sagte zu mir selbst: »Gott, daran könnte ich mich festhalten. Gott, das würde mir guttun. Hab ich mir das nicht mein ganzes Leben lang gewünscht? Bedeutend zu sein? Groß zu sein? Überragend? Zur Gesellschaft zu gehören? Und hier, in diesem Augenblick, bin ich bedeutend. Ich bin respektabel. Ich bin sauber. Ich gehöre zur Gesellschaft. Ich habe in meinem Leben genug gelitten. Ich war in der Gosse und bin herausgekrochen. Sicher, es war eine irische Gosse. Aber zwischen einer irischen Gosse und einer vietnamesischen Gosse ist kein Unterschied. Am Ende des Tages sind sie alle gleich.«

Die Erinnerung an meine Jahre als Straßenkind in Dublin stürzten wie eine große Welle auf mich ein, und einen Moment lang wäre ich fast ohnmächtig geworden. Tränen liefen mir über die Wangen. Ich kämpfte noch immer um mein eigenes emotionales Überleben, meine eigene seelische Gesundheit, und ich konnte das nicht noch einmal durchmachen. Für diese Kinder war ich nicht verantwortlich.

Aber als ich die kleinen Mädchen ansah, da sah ich wieder mich selbst. Es waren meine Brüder und Schwestern, die mir ins Gesicht starrten.

Ich wußte, daß ich vor einem großen Wendepunkt in meinem Leben stand. Wenn ich eines dieser Kinder berührte, würde ich eine Verpflichtung eingehen, der ich mich nicht wieder entziehen konnte. Wenn ich sie berührte, gäbe es für mich kein Zurück mehr.

Ich würde meinen Traum verwirklichen müssen.

»Gib mir. Gib«, sagte das kleine Mädchen.

Ich stand da, straffte den Rücken und zwang mich, ein strenges Gesicht zu machen. »Nein«, sagte ich. Ich trat zurück. Mein Traum hatte fast zwanzig Jahre gewartet und konnte noch länger warten.

Das kleine Mädchen stand auf, ging einen Schritt auf mich zu und streckte nun beide Arme nach mir aus. Dieses Mal bettelte sie nicht. Dieses Mal waren ihre Handflächen nach unten gedreht und ihre Finger öffneten sich bebend. Alles, was sie wollte, war die Berührung eines anderen Menschen. Alles, was sie wollte, war der Trost, meine Hand zu halten. Ich erstarrte. Ihre Hände und ihr Ausdruck waren, was ich in meinem Traum gesehen hatte.

Eine plötzliche Brise wehte herüber, nur eine Windböe oder auch zwei, und plötzlich schien die rauchgeschwängerte Luft um meinen Kopf herumzuwirbeln. Quer über dem Platz, hoch auf einem der Gebäude, war eine Reklametafel, die für irgendein Produkt warb, ich weiß nicht mehr welches. Aber das Wort »Vietnam« stand auf der Tafel, und in der blendenden Nachmittagssonne erschien das Wort plötzlich wie in grellweißes Licht getaucht.

Es war mein Traum.

Aber das war kein Traum.

Ich schluchzte. Ich streckte die Hand nach dem Mädchen aus, aber ich konnte durch meine Tränen hindurch nichts sehen. Sie fand meine Hand. Und dann saß ich im Dreck und hielt die Kinder auf meinem Schoß. Ich zog sie an mich und wiegte sie hin und her, und ich weinte lange Zeit und versprach ihnen, für sie zu sorgen.

Ihre trostlosen Tage als *bui doi* waren vorüber. Das versprach ich ihnen.

Meine Entscheidung war gefallen. Hier würde mein Traum, meine Bestimmung, in Erfüllung gehen. Hier würden der Schmerz und der Kummer und der Zorn meiner Kindheit in Irland sich auflösen. Ich würde mich um die Straßenkinder von Ho Chi Minh City kümmern. Ich würde mich um die Elenden und Unerwünschten kümmern, die Verlassenen und Verschmähten, die Wegwerfkinder dieses vom Krieg zerrissenen Landes. Ich würde mich der Kinder annehmen, die so lebten, wie ich selbst vor langer Zeit in Dublin gelebt hatte.

Dieses arme, verkrüppelte Land würde das Land meiner Rettung sein, der Ort, wo ich wieder Hoffnung finden und mein Leben neu aufbauen würde. Hier würde ich bleiben. Hier würde ich mein Glück finden. Ich wußte, daß ich nie wieder fortgehen würde. Vietnam würde die Brücke sein, die mich von meinem eigenen Schmerz forttrug.

Die kleinen Mädchen hießen Huong und Hang. Meinen Namen »Christina« konnten sie nicht aussprechen, sie sagten »Tina«. Ich sah mich als Mutter von Huong und Hang und allen Straßenkindern von Ho Chi Minh City, und ich wollte, daß sie mich »Mama« nannten. Bald war ich »Mama Tina« für die Kinder.

Ich begann damit, Huong und Hang und eine Gruppe von Straßenkindern in eine Eisdiele auf der Le-Loi-Straße mitzunehmen. Wir gingen jeden Samstagmorgen dorthin. Da saß ich, mit rund einem Dutzend Kindern, und wir aßen Eis und sprachen mit Hilfe vieler Gesten und einer Mischung aus Englisch und Vietnamesisch über das Leben auf der Straße.

Man darf nicht vergessen, daß im Gefolge des Krieges Hunderte, vielleicht Tausende von amerikanisch-asiatischen Kindern die Straßen von Ho Chi Minh City bevölkerten. Ich hatte Geschichten gehört, wie sie in großer Zahl zusammengetrieben und in Lager gebracht worden waren, wo sie verschwanden. Aber als ich in Vietnam ankam, waren alle amerikanisch-asiatischen Kinder, die überlebt hatten, bereits erwachsen. Doch etwas von der Einstellung ihnen gegenüber hatte sich erhalten und galt nun den *bui doi*. Es gab zahlreiche Fälle, in denen die Regierung Straßenkinder zusammentrieb und sie fortbrachte, Gott allein weiß, wohin. Das kam 1989 noch immer vor. Und eines Samstagmorgens, als ich, Huong und Hang und noch einige weitere *bui doi* zur Eisdiele aufbrachen, sah ich mich mit der Polizei konfrontiert.

An jenem Morgen ging ich vergnügt die Straße hinunter, mit Huong und Hang und einem halben Dutzend anderer Kinder im Schlepptau. Als ich mich der Eisdiele näherte, wurden Huong und Hang sehr nervös. Ich fühlte, wie sich ihre Körper versteiften, wie sie wachsam, mißtrauisch und ängstlich reagierten, wie wilde Tiere. Die anderen Kinder blieben nach und nach zurück. Als ich fragte, was los sei, machte eines der Kinder mit Daumen und Zeigefinger seiner Hände je einen Kreis und hielt sie vor seine Augen. Ich sollte sehen, was vorging. Einige Kinder ballten die Fäuste und schlugen die Handgelenke zusammen, als ob sie gefesselt würden.

Sie deuteten die Straße hinunter. Ein Lastwagen hielt vor der Eisdiele. Die Kinder, die mich dort erwarteten, zerstreuten sich wie ein Vogelschwarm. Ihre Gesichter waren verzerrt vor Angst, als sie versuchten, den Männern zu entkommen, die in die Hocke gegangen waren und mit ausgestreckten Armen nach ihnen griffen.

Ich rannte in die Eisdiele. Als die Kinder mich sahen, stürzten sie auf mich zu. Plötzlich war ich umringt von verängstigten, weinenden Kindern und stand etwa einem Dutzend Männern mit strengen Mienen gegenüber. Die Männer trugen Zivil, doch war es offensichtlich, daß sie irgendwelche Amtspersonen waren.

Ich bedeutete allen Kindern, sich hinter mich zu stellen. Dann hob ich meine geballte Faust den Männern entgegen.

»Laßt die Kinder in Ruhe, oder ich bringe euch Arschlöcher um«, schrie ich. Sie verstanden mich nicht, aber meine Gesten und der Ton meiner Stimme waren deutlich genug. Die Kinder drängten sich um mich, zerrten an meinen Kleidern, klammerten sich an mich und wimmerten vor Angst. Ihre Anwesenheit gab mir Kraft.

Einer der Männer griff nach einem Kind und wollte es fortzerren.

Ich sprang ihn an wie ein wütender Tiger. »Rühr das Kind nicht an«, schrie ich.

Ich stand der Gruppe von Männern gegenüber, hielt die Hände hoch und winkte sie heran. »Kommt nur. Ich nehme es mit jedem von euch auf. Ich bring euch alle um.«

Sie hielten inne und starrten mich an. Einer von ihnen begann mit der Frau zu sprechen, die die Eisdiele führte.

Ich wandte mich an die Kinder. »Weint nicht, ihr Süßen«, sagte ich. »Niemand wird euch etwas tun.« Ich streichelte und tröstete sie, wobei ich die Männer nicht aus den Augen ließ.

Die Frau, die die Eisdiele führte, sprach einige Worte Englisch. Sie kam auf mich zu und sagte: »Nix gut, was du tun. Gefährlich.«

»Gefährlich? Es ist gefährlich für die Kinder. Für die ist es gefährlich. Diese Männer werden diese Kinder nicht auf Lastwagen laden und abtransportieren. Das sind Kinder. Keine Tiere. Diese Männer sind Kidnapper. Sie wollen die Kinder entführen.«

»Polizei. Polizei«, sagte die Frau. Sie war voller Angst. »Nix Kidnapper. Polizei.«

Ich sah mich umringt von diesen Männern, und mir dämmerte, daß ich in ernste Schwierigkeiten geraten war. Einer der Männer, offensichtlich der Führer, nickte. »Polizei«, wiederholte er streng. »Wir Polizei.«

Ich mußte die Kinder beschützen. Aus den Erfahrungen meiner eigenen Kindheit wußte ich, was es heißt, der Staatsgewalt ausgeliefert zu sein. Ich schüttelte den Kopf und sagte: »Nein. Ihr seid Kidnapper. Ihr wollt diese Kinder nach Kambodscha bringen.«

»Polizei«, sagte der Führer. Er war verärgert.

»Zeig mir deinen Ausweis, wenn du von der Polizei bist. Beweise, daß du von der Polizei bist.« Die Männer waren verblüfft. Sie starrten einander an.

Ich nutzte meinen momentanen Vorteil. »Wenn ihr nicht von der Polizei seid, seid ihr Kidnapper.«

Die weinenden Kinder klammerten sich an meinen Beinen fest. Ich beugte mich hinunter und flüsterte: »Es ist o.k., ihr Süßen. Bei mir seid ihr sicher.«

Dann richtete ich mich auf und sah die Männer an. »Ihr bringt diese Kinder nicht fort.«

Die Männer sprachen miteinander. Ihre Verärgerung steigerte sich zu Zorn. Der Führer erteilte Befehle. Ich weiß nicht, was er sagte, aber die meisten Männer traten zurück und verteilten sich, umstellten dann die Eisdiele, hielten uns darin eingesperrt, während einige andere fortgingen. Etwa eine halbe Stunde später kamen sie zurück, stolzierten auf mich zu und wedelten mit kleinen Karten vor meiner Nase. Sie kochten vor Wut. Niemand in Vietnam verlangt jemals von einem Polizisten, seinen Ausweis oder seine Dienstmarke zu zeigen. Ich war eine Ausländerin, die mit den Gesetzen eines sehr autoritären Landes kollidierte.

Nachdem sie mit ihren Ausweisen gewedelt hatten, trat einer der Männer vor. Er war nicht bei der ursprünglichen Gruppe gewesen, also mußte er wohl vom Polizeirevier gekommen sein. Er redete mich auf Englisch an.

»Diese Männer sind Polizisten«, sagte er. »Sie dürfen sich ihnen nicht widersetzen«. Seine Stimme war ausdruckslos. Aber ich wußte, daß er sehr zornig war.

»O.k., also sind Sie keine Kidnapper«, sagte ich. »Die Kinder werden mit Ihnen kommen. Aber nicht im Lastwagen. Sie werden mit mir zu Fuß gehen.«

Er starrte mich lange an. Sein Gesicht war ausdruckslos. Aber seine dunklen Augen loderten. Er blickte über seine Schulter, und ich dachte, er würde nun seinen Männern befehlen, die Kinder fortzubringen. Aber dann brüllte er den Männern Befehle zu. Er sah mich an und nickte. Ich gab den Kindern Zeichen, dicht bei mir zu bleiben, und versuchte ihnen zu erklären, daß ich mit ihnen gehen und uns nichts geschehen würde. Langsam verließen wir die Eisdiele und gingen die Straße hinunter, umringt von Polizisten mit strengen Mienen.

Inzwischen hatte sich eine ziemliche Menschenmenge angesammelt. Sie sah neugierig zu, wie ich mit mehr als einem Dutzend Kindern im Schlepptau langsam die Straße entlangging. Huong trug ich über der Schulter, und Hang klammerte sich an meine Hand. Alle Kinder weinten und sahen sich mit verängstigten und entsetzten Blicken um. Sie hatten von diesen Lagern gehört.

Hier war ich nun, eine blonde Europäerin, die inmitten eines Haufens von Straßenkindern die Straße entlangging, umringt von Polizisten. Intuitiv wußte ich, daß ich in einer schwierigen Situation war, aber ich dachte nicht darüber nach. Ich dachte wie eine Mutter. Und ich dachte an den Tag, als ich in einem schwarzen Gefangenenwagen, der »Schwarzen Maria«, zum Dublin Castle gebracht worden war, wo der Friedensrichter meine Familie auseinanderriß.

An jenem Morgen in Ho Chi Minh Stadt war ich eine Mutter, die sich um ihre Kinder sorgte, das war alles.

Einmal blickte ich auf und sah, wie ein Polizist sich an eines der Kinder heranmachte. Ich schleuderte ihm die Faust entgegen. »Laß sie in Ruhe!«

Der Beamte auf dem Polizeirevier, vermutlich der Polizeichef, saß hinter seinem Schreibtisch und hörte sich den Bericht eines der Polizisten an. Er sah mich streng an und winkte mich zu sich heran. Über den Dolmetscher sagte er: »Sie kommen in unser Land. Sie sind hier Gast. Sie mißachten unsere Gesetze.« Er zeigte auf den Polizisten: »Das sind Polizisten. Sie müssen ihren Beruf ausüben.«

»Nein, nein, ich habe Ihre Gesetze nicht mißachtet«, sagte ich zu meiner Entschuldigung. »Ich wußte nicht, daß diese Männer Polizisten sind. Ich bin eine Mutter, eine Mama. Ich habe drei Kinder. Ich dachte, diese Männer seien Kidnapper, die die Kinder nach Kambodscha bringen wollten. Vielleicht wollten sie diese wunderbaren Kinder mitnehmen und sie zwingen, Taschendiebe zu werden. Ich weiß nicht, was sie wollten. Ich achte Ihre Gesetze.«

Dann kam ich dem Mann auf die irische Tour. Ich weinte, ich öffnete die Arme mit großer Gebärde und jammerte: »Ich bin eine Mama. Alle Babys sind gleich. Alle Kinder sind gleich. Irische Babys. Vietnamesische Babys. Alle gleich. Ich fühle wie eine Mutter für sie alle.«

Der arme Mann wußte nicht, was er tun sollte. Ich glaube, er verstand, daß ich nicht aufsässig war und mich der Polizei widersetzen wollte. Er begriff, daß ich um die Kinder besorgt war und sie beschützen wollte. Er wußte, daß ich mich wie jede andere Mutter verhielt, deren Kind bedroht wurde.

Aber am Ende sagte er, ich müsse die Kinder auf dem Polizeirevier lassen, auch Huong und Hang, und es gehe mich nichts an, was mit ihnen geschehen würde.

Ich hörte die Kinder weinen, als die Polizisten mich aus dem Gebäude hinausführten: »Mama Tina! Geh nicht! Mama Tina!« Oh, wie sie weinten, als die Polizei sie zurückhielt! Es brach mir das Herz. Aber ich konnte nichts tun.

Ich wartete stundenlang draußen. Am selben Nachmittag noch wurden die Kinder freigelassen, die nachweisen konnten, daß sie Eltern hatten, die in Ho Chi Minh City lebten; darunter auch Huong und Hang. Ihre Eltern kamen schlurfend die Straße entlang und holten die beiden kleinen Mädchen ab. Die Familie stand in einem kleinen Knäuel beisammen, und die kleinen Mädchen deuteten auf mich und sprachen sehr lebhaft auf die anderen ein. Dann sah der Vater mich lange eindringlich an, es schien mir wie eine Ewigkeit. Er hob die rechte Hand, machte mit der Handfläche die Bewegung eines aufsteigenden Flugzeugs, und sein Blick wurde flehend. »Du mitnehmen«, sagte er. »Amerika.«

Ich sollte mit seinen Kindern fortfliegen. Er wollte das höchste Opfer bringen und sich von seinen Töchtern trennen, damit sie ein besseres Leben hätten.

Ich seufzte und schüttelte den Kopf. Das konnte ich nicht machen.

Dann sah ich, wie die Kinder, die drinnen bei der Polizei geblieben waren, diejenigen, die keine Eltern in der Stadt hatten, in einem großen Lastwagen fortgefahren wurden. Ich hörte ihre Schreie. Ich wußte, daß sie in ein Lager gebracht wurden, und ich fragte mich, ob ich sie je wiedersehen würde.

Ich ging ins Hotel zurück, schloß mich in mein Zimmer ein, trampelte auf dem Boden herum und warf Kissen an die Wände.

»Warum müssen Kinder so viel leiden?« schrie ich. »Was ist das für eine Welt?«

Ich warf mich quer über das Bett und weinte.

Ich weinte um die Kinder, die fortgebracht worden waren.

Ich weinte um meine Kindheit und um die Jahre, die ich auf den Straßen Irlands verbracht hatte.

Ich weinte um die Kinder überall auf der Welt.

Erstes Buch

IRLAND

Eins

Ich bin ein Kind der Liberties, dieses gottverlassenen, bierge-tränkten, gewalterfüllten Slums im Südwesten von Dublin. Wenn ich an meine Kindheit denke, dann denke ich an Schmerz und Enttäuschung, und wenn ich über jene Jahre in Irland spreche, verändert sich meine Stimme. Ich habe keine Kontrolle mehr über sie. Meine Stimme wird hoch und gepreßt, mit einem Unterton von Angst. Ich sage »Mudder« anstatt »Mutter«, und ich verfalle wieder in den Slang und den Tonfall der Liberties, dieses Stadtteils von Dublin, in dem ich aufgewachsen bin. Ich kann mir das nicht erklären.

Ich wurde am 23. Dezember 1944 als älteste Tochter einer Familie mit acht Kindern im Coombe Hospital geboren, das etwa drei Kilometer von der Grafton Street entfernt lag. Zwei Brüder starben, einer an Fieber, der andere an der Milch aus den vereiterten Brüsten meiner Mutter. Mein Vater begrub das vergiftete Baby auf dem Krankenhausgelände. Wie mir später erzählt wurde, stolperte mein Vater oft auf dem Weg zum Krankenhaus, weil er, wie gewöhnlich, betrunken war.

Im Krankenhaus sagte eine der Schwestern: »Mr. Byrne, wir möchten nicht, daß Sie hereinkommen. Es ist nicht gut für Ihre Frau.« Daddy fuchtelte mit den Armen und schrie: »Geh mir aus dem Weg.«

Meine Mutter blickte auf, als Vater ins Zimmer torkelte. Ihre Augen waren schwarz vor Müdigkeit, und ihr Kopf rollte von einer Seite zur anderen. »Tom, bitte geh nach Hause«, stöhnte sie. »In Gottes Namen, geh nach Hause.«

Wenn Vater betrunken war, verzerrte sich sein Mund, und ein Mundwinkel hing herab. Ich lernte diese Mimik hassen. Damals, im Krankenhaus, lächelte Vater dieses typische verzerrte, betrunkene Lächeln, murmelte vor sich hin, wie traurig er sei, und dann ging er. Mutter muß geahnt haben, daß er nicht nach Hause ging, denn ein paar Minuten später setzte sie sich auf und sah aus dem Fenster, und da war Vater, stolperte hinter dem Krankenhaus herum mit einem winzigen Sarg unter dem Arm und suchte nach einem Platz, wo er meinen toten Bruder begraben konnte.

Mein Vater ertränkte seine Sorgen, wie er es immer tat, in Guinness. In eine Kneipe zu gehen und von einem toten Sohn und einer kranken Frau zu erzählen war eine tolle Gelegenheit, Mitgefühl und Freibier zu schnorren.

Für Vater ging der traurige Tag schnell vorbei. Aber noch Jahre später weinte meine Mutter, wenn sie daran dachte, daß ihre vergifteten Brüste eines ihrer Kinder getötet hatten und daß mein Vater betrunken war, als er das Kind begrub. Eine meiner bleibenden Erinnerungen an sie ist, wie sie am Fenster saß und über dieses graue und schreckliche Viertel blickte, in dem wir lebten, und wie ihr dabei Tränen über die Wangen liefen. Es war ein stilles Weinen.

Während meine Mutter im Krankenhaus war, sagte eines der Kinder in der Nachbarschaft: »Wir haben gehört, deine Mammy wird ein Baby im Sack nach Hause bringen… schon wieder.« Kinder in den Liberties dachten immer, Babys kämen in einem Sack; ihre Eltern wollten nicht, daß sie die Wahrheit über Sex wußten und wie Babys auf die Welt kamen. Die Nachbarskinder wunderten sich, als meine Mutter ohne Baby nach Hause zurückkehrte. »Ich dachte, du hättest ein Baby in einem Sack«, sagte eines.

Meine Mutter, Annie Gross, war anders als die meisten Frauen in den Liberties. Sie war sehr sanft, und alle nannten sie »die Lady«. Bei einigen hieß sie auch »die Jüdin«, weil sie langes schwarzes Haar hatte, das in einen Knoten geschlungen war, eine dunkle Hautfarbe und aristokratische Gesichtszüge. Philomena, eine meiner jüngeren Schwestern, war immer fasziniert von dem Gedanken, daß meine Mutter Jüdin sein könnte.

Meine Mutter war eine freundliche Frau mit sanfter Stimme, aber wenn sie ihre Söhne rief, konnte sie einen strengen Ton anschlagen. Sie war eine fromme Katholikin. Viele Jahre lang arbeitete sie als Köchin im Saint Kevin's Hospital, das in den Liberties allgemein »the Union« genannt wurde. Viele Obdachlose lebten rund um das Krankenhaus. Es hieß: »Wenn du in die Union kommst, wirst du in einer Kiste wieder herausgetragen.« Wenn meine Mutter in der »Union« arbeitete, ging sie vor sechs Uhr morgens aus dem Haus und kam nicht vor etwa vier Uhr nachmittags zurück. Sie war immer erschöpft.

»Sie wurde mit rheumatischem Fieber geboren, davon hat sie einen Herzschaden«, sagte mein Vater. Mutter war oft krank in ihrem Leben. Unzählige Male war sie im Krankenhaus. Und seit meiner frühesten Kindheit hatte ich schreckliche Angst, daß sie ins Krankenhaus gehen und nie wieder nach Hause kommen würde.

Meine Mutter betete viel. Sie gehörte zur Legion Mariens und opferte viel Zeit, um für Arme und Kranke zu sorgen. Wenn jemand in den Liberties starb, war es gewöhnlich meine Mutter, die den Toten wusch und aufbahrte.

Zu Hause war sie ständig mit Flicken und Stopfen, Waschen und Putzen beschäftigt. Wenn die Kragen an den Hemden meines Vaters ausgefranst waren, drehte sie sie von innen nach außen, nähte sie wieder an, und sie sahen wie neu aus. Ihre Handarbeit war makellos. Und während sie nähte, sang sie immer »Danny Boy« und »Wild Colonial Boy«. Noch heute brauche ich nur die Augen zu schließen, dann sehe ich sie in ihrem Lieblingspullover, einem moosgrünen Cardigan mit rosa Streifen an den Ärmeln, am Fenster sitzen und emsig an unseren Kleidern nähen.

Meine Mutter trug kein Make-up und rauchte und trank nicht. Sie haßte Alkohol. »Alkohol richtet die Menschen zugrunde und zerrüttet ganze Familien«, sagte sie. Ein Anflug von Traurigkeit umgab meine Mutter. Sie wünschte ihren Kindern verzweifelt ein anständiges Leben. Aber sie wußte, daß mein Vater mit seiner Sucht ein solches Ziel fast unmöglich machte. »Ich möchte, daß ihr etwas Ordentliches lernt, damit ihr eine Zukunft habt«, sagte sie immer wieder zu uns. Sie schickte uns in die Klosterschulen, und dafür mußte sie uns Uniformen kaufen. Sie war immer verschuldet. Sie zahlte alles wöchentlich ab. Montag morgens zog sie die Laken vom Bett, wusch und stärkte sie und brachte sie dann zu einem Pfandhaus, zusammen mit einigen ihrer Kleider. Es war ihr verhaßt. Immer verbarg sie das Bündel unter ihrem Mantel.

Harry, der Pfandleiher, besah sich die Laken und Kleider und sagte: »Ich gebe Ihnen zwei und sechs.«

»Kann ich nicht fünf Schillinge haben?« fragte sie dann. »Diese Woche sieht es schlecht für mich aus«. Zunächst weigerte sich der Pfandleiher, aber dann sah er ihr in die Augen, und er sagte: »O.k., weil Sie es sind, Mrs. Byrne. Für jemand anderen würde ich es nicht tun. Die verdienen es nicht.« Und dann gab er ihr fünf Schillinge. Und sie ging zur Meath Street in den Fleischerladen und kaufte für einen Schilling Knochen vom Hals und für einen Schilling Augenknochen und ein paar Schweinsfüße. Danach besorgte sie noch Kartoffeln und Kohl und vielleicht noch ein kleines Stück Margarine. Sie kochte alles zusammen, um uns durch die Woche zu bringen. An den Knochen, die sie kaufte, war kein Fleisch, aber sie untersuchte sie, besonders die Augenknochen, in der Hoffnung, vielleicht noch einen Augapfel und ein wenig Hirn zu finden. Sie ließ uns das Mark aus den Knochen saugen. So erhielt sie uns am Leben.

Heute noch kann ich sie vor meinem inneren Auge die Straße herunter kommen sehen, mit zwei großen Taschen, in jeder Hand eine. Sie ging gebückt und langsam, blieb stehen, um zu verschnaufen, schnappte mit offenem Mund nach Luft und holte tief Atem. Und dann mußte sie die Treppen bis zum vierten Stock zu unserer Wohnung hochsteigen. Alle paar Stufen blieb sie stehen.

In der Wohnung angekommen, stellte sie ihre Last ab, ruhte sich ein wenig aus und ging dann in die Küche.

»Ich muß bis morgen die Stromrechnung bezahlen, oder sie werden die Elektrizität abschalten«, sagte sie zu sich selbst. »Ich werde sie um ein paar Tage Verlängerung bitten.«

Oft, wenn sie dachte, ich sähe es nicht, stützte sie den Kopf in die Hände und sagte: »Ich bin zu müde. Ich bin zu müde.«

Mammy gab sich solche Mühe. Sie war eine Heilige.

In einer meiner frühesten Erinnerungen spazierte sie mit mir durch ganz Dublin. Sie zog ihren moosgrünen Cardigan an, und wir gingen Hand in Hand durch den Phoenix Park, einen der größten Stadtparks in Europa. Er hat sauber beschnittene Hecken und zahlreiche Blumenbeete. Wir gingen immer durch den Haupteingang an der Südostseite des Parks. Links vom Eingang steht das sechs Meter hohe Wellington-Denkmal. Der Herzog von Wellington stammte aus Dublin, und das Denkmal erinnert an seinen Sieg bei Waterloo. Ich spielte oft auf dem saftigen grünen Rasen, der das Denkmal umgab.

Von Zeit zu Zeit durfte ich mit ins Kino gehen. Meine Lieblingsfilme waren die mit Doris Day in der Hauptrolle. Ich erinnere mich, wie sie »Que sera sera« und »By the light of the silvery moon« sang. Doris Day lächelte immer. In einem ihrer Filme trug sie eine Schürze und holte Kuchen aus dem Ofen, und ich stellte mir vor, wie es sein würde, zu ihrer Familie zu gehören. Gerne hätte ich mich in einem Flugzeug versteckt und wäre nach Amerika geflogen, um sie zu besuchen. Ich liebte sie. Ich liebe sie noch immer.

Wenn Mammy und ich in Dublin spazierengingen, konnte ich manchmal Dublin Castle in der Ferne sehen. Es lag auf einem Hügel, und auf einer Seite, oben auf einem Tor, stand eine Statue der Justitia mit der Waage in der Hand.

Wenn meine Mama und ich durch Dublin wanderten, erzählte sie manchmal etwas aus ihrem Leben.

Sie stammte aus Carrick-on-Shannon, einem Fischerdorf im Westen Irlands. Sie sagte, ihr Vater, Michael Gross, sei deutscher Abstammung. Aber ich lernte ihn nie kennen. Und ihre Mutter war bei der Geburt meiner Mama gestorben. Mutter ging nach Dublin, um in einem College Hauswirtschaft zu studieren. Sie lernte meinen Vater, Thomas Byrne, an einer Bushaltestelle kennen, und innerhalb eines Jahres waren sie verheiratet. Sie sprachen den Kindern gegenüber nie über ihre Liebesgeschichte, ich erinnere mich nur, daß sie sagte, er habe ausgesehen wie Errol Flynn, weil er so groß und stattlich war. Er hatte blondes Haar und die schönsten blauen Augen, die ich je gesehen habe. Er war ein sehr gut aussehender Mann.

Mein Daddy, Thomas Byrne, war in den Liberties geboren und aufgewachsen. Er pflegte lachend zu sagen: »Ich hab die Wurfschule absolviert«, was in Dublin heißt, daß er auf den Straßen um Münzen knobelte. Als junger Mann war mein Vater Boxer gewesen, er hatte mit bloßen Fäusten gekämpft.

»Ich bin ein großer Boxer«, prahlte er immer. »Ich hab gegen Brannigan von Belfast gekämpft.« Als ob wir gewußt oder uns auch nur dafür interessiert hätten, wer Brannigan war! »Und ich bin ein großer Schwimmer; ich habe vielen das Leben gerettet. Das Meer schreckt mich nicht. Man wollte auch, daß ich für Manchester United spiele. Ach, euer Vater war ein großer Sportler, ein glänzender Fußballspieler, ein Schwimmer, Boxer und ein Champion der Wurfschule.«

Mein Vater boxte weiter, selbst nachdem die Ärzte ihm gesagt hatten, er solle damit aufhören. Seine Fingerknöchel und seine Nase waren viele Male zerschlagen und gebrochen worden. Er hatte Blumenkohlohren und war halb taub.

Ich erinnere mich auch, daß Daddy manchmal erzählte, er habe einmal bei den Amerikanern auf einer Marinebasis in Schottland gearbeitet. Er sagte, er habe nach Amerika auswandern wollen, aber Mutter habe sich geweigert.

»Alles wäre anders gekommen, wenn eure Mutter mit mir nach Amerika gegangen wäre«, sagte er.

Eine der wenigen guten Erinnerungen an meinen Vater ist, wie er mich an den Strand mitnahm. Dort bauten wir Sandburgen, und er lachte und sang und sagte zu mir, wie wichtig es sei, wenn ich sechs Jahre alt würde und zu meiner ersten Heiligen Kommunion ginge. »Dann kannst du Recht und Unrecht unterscheiden, und dann bist du dafür verantwortlich, was in deinem Leben geschieht, Ina«, sagte er.

Daddy nannte mich Ina. Und ich erinnere mich, daß er oft zu mir sagte: »Ina, Gott hat große Pläne vor mit dir.«

Wohl das einzig Gute, was ich heute über meinen Vater sagen kann, ist, daß er nie fluchte und daß er respektvoll mit alten Leuten umging.

Die meisten Erinnerungen an meinen Vater sind trauriger Art. Ich werde noch immer wütend, wenn ich an ihn denke. Ich erinnere mich, wie er einmal, als ich noch sehr klein war – es war im Winter – von einer Schlägerei in einer Kneipe mit blutüberströmtem Gesicht nach Hause getragen wurde. Es war etwa halb zehn an einem Samstagabend, und es war bitter kalt. Eine Stille war in der Luft, dieselbe Art von Stille, die man vor einem großen Schneesturm verspürt. Die Erde war kalt und knochentrocken. Aber zu Hause war alles in Ordnung. Wir hatten ein Feuer im Kamin, und wir fühlten uns alle behaglich. Mein Vater hatte dem Alkohol abgeschworen und hatte seit etwa drei Monaten nicht mehr getrunken.

Dann wurde er in jener Nacht von zwei Burschen aus dem Pub nach Hause geschleppt. Blut strömte aus seiner Nase, seine Augen bluteten, sein Gesicht war eingedrückt, die Zähne angeschlagen. Oh, man hatte ihn übel zugerichtet!

Meine Mammy holte frische, saubere Kissenbezüge heraus und umwickelte damit sein Gesicht.

»O Jesus, Maria und Heiliger Joseph«, sagte sie. »Was haben sie mit dir gemacht, Tom?«

Er murmelte etwas, und sie sagte: »Ich hab dir doch gesagt, Tom, wenn du nicht aufhörst zu trinken, wird es dich eines Tages umbringen.«

Die Kissenbezüge waren rot von Blut. Als sie sie wegnahm, um sie gegen frische auszutauschen, konnte sie das Ausmaß seiner Verletzungen besser sehen.

»O mein Gott, Tom.«

Sie sagte zu mir: »Ich hoffe, sie haben ihn nicht blind geschlagen.«

»Tom, wann wirst du endlich aufhören mit diesem Unsinn?« fragte sie. »Wann wirst du begreifen, daß du eine Verantwortung gegenüber deinen Kindern hast?« Sie schüttelte den Kopf und sagte: »Dieser verfluchte Alkohol.«

Daddy antwortete nicht. Ich dachte, daß er nun langsam nüchtern wurde und die Schmerzen seiner Verletzungen spürte. Aber viel später erkannten wir, daß er durch die Schlägerei eine Gehirnverletzung davongetragen hatte. Nach dieser Nacht begann er, Geräusche in seinem Kopf zu hören. Er sagte, es höre sich an wie das Brutzeln von Speckstreifen in der Pfanne.

»Setzt euch hin und hört zu«, befahl er uns, wenn er die Geräusche hörte. Und er konnte sehr gewalttätig werden, wenn wir nicht zuhörten. Manchmal begann er die Geräusche zu hören, und innerhalb von Sekunden verwandelte sich sein Gesicht zu einer Fratze. Sogar die Form seines Gesichts veränderte sich. Er hielt seinen Kopf in den Händen, schlug ihn gegen die Wand und schrie vor Schmerzen. »Der Lärm! Der Lärm!« stöhnte er. »Ich kann diesen Lärm nicht aushalten. Laßt mich sterben.« Oft hörte ich ihn nachts schreien. Ich weiß es nicht, aber vielleicht waren es die Kopfverletzungen, die ihn zum Trinker machten.

Nach dieser Schlägerei war mein Vater nicht mehr derselbe.

Wir hörten später, daß Daddy sich im Pub betrunken hatte, und als er sah, daß zwei Männer einen kleineren Mann verprügelten, legte er sich mit ihnen an. Aber sie schlugen ihn zusammen. Als Mammy hörte, was geschehen war, sagte sie: »Möge Gott diesen Männern vergeben. Sie müssen sich eines Tages vor ihrem Schöpfer verantworten für das, was sie Tom angetan haben.«

Mein Vater war schon einmal verheiratet gewesen, bevor er meine Mutter kennenlernte. Aber seine erste Frau war bei der Geburt einer Tochter gestorben, die bei ihren Großeltern aufwuchs. Mein Großvater hatte bei der britischen Armee in Burma gekämpft. Und es gab einen Großonkel, auf den wir alle stolz waren, er war Meldefahrer bei der britischen Armee gewesen. Mein Vater hatte viele verschiedene Jobs gehabt, gewöhnlich als Arbeiter. Einmal war er Hilfspolizist gewesen, doch er wurde hinausgeworfen, weil er betrunken war.

Fast jede Erinnerung und jede Geschichte über meinen Vater hat mit Alkohol zu tun. Wenn ich heute meine Augen schließe und an ihn denke, sehe ich einen Mann, der betrunken war, betrunken, betrunken, restlos und besinnungslos betrunken.

Mein Daddy ging häufig zur Kirche, schwor, dem Alkohol zu entsagen, kehrte dann auf dem Heimweg in einem Pub ein und betrank sich. Er betete täglich zum Papst. Er stolperte die Straße hinunter, sternhagelvoll, bekreuzigte sich und betete. Jedesmal, wenn er eine Heiligenstatue sah, betete oder bekreuzigte er sich, gewöhnlich beides.

Kam er nach Hause, stand er oft inmitten all der Mietshäuser, umringt von lachenden Nachbarskindern. Sie nannten ihn »Clown«, weil er für sie tanzte und manchmal dabei hinfiel. Er sang ein Lied, »You can roll a silver dollar . . .«, oder ein anderes, ein amerikanisches, »Get along little dogie, get along . . .«.

Die Kinder in der Nachbarschaft brüllten vor Lachen, wenn er betrunken nach Hause kam. »Komm, mach noch was«, sagten sie, und er griff in seine Tasche und warf ihnen sein ganzes Kleingeld hin. Wir warteten derweilen hungrig oben in der Wohnung, und meine Mutter weinte und grämte sich. Am Ende war immer ich es, die hinausging, um Daddy zu holen. Als älteste Tochter war das meine Aufgabe. Unzählige Male in meinem jungen Leben mußte ich sagen: »Daddy, komm nach Hause«, und unzählige Male in meinem jungen Leben bekam ich zur Antwort: »Geh weg, du Spielverderber.«

»Laß ihn in Ruhe«, sangen die Kinder, wenn sie sahen, daß ich keinen Einfluß auf ihn hatte. »Er ist ein toller Tänzer.« Und oft lachten sie und sagten: »Er ist ein schrecklicher Ijitt« – das irische Wort für Idiot. Dann stritt ich mit den Nachbarskindern. »Laßt meinen Daddy in Ruhe«, schrie ich. »Hört auf, euch über ihn lustig zu machen.«

Unsere Adresse war 326 Marrowbone Lane Flats in den Liberties. Von außen gesehen, waren die Marrowbone Lane Flats grau und schmuddelig. Immer hingen Kleidungsstücke auf Wäscheleinen im Spielhof. Der Müllbehälter stand vor den Wohnungen, und wenn er geöffnet wurde, huschten Ratten heraus. Die meiste Zeit meiner Jugend wohnten wir im vierten Stock, dem obersten Stockwerk. Und um dorthin zu kommen, mußten wir enge, dunkle Zementstufen hinaufklettern. Unsere Wohnung war sehr klein; sie hatte ein Schlafzimmer, ein Wohnzimmer und eine Spülküche, kaum größer als eine Hundehütte. Das Wohnzimmer diente den Kindern als Schlafzimmer. Und das Schlafzimmer diente als Gemeinschaftsraum, Eßzimmer und Wohnzimmer. Meine Eltern schliefen auf einer Matratze auf dem Boden, und sechs von uns Kindern schliefen in einem Bett. Das Bett hatte eine Roßhaarmatratze, die in der Mitte einsank. Wir hatten nur eine Decke, und die Winter waren sehr kalt. Das

Zimmer besaß einen kleinen Kamin, den wir mit Kohle heizten. Ein kleiner Ofen stand hinten im Kamin. Meine Mama kochte meistens im Kamin, weil wir uns das Gas für den Herd nicht leisten konnten. Die meisten unserer Möbel – und wir hatten sowieso nur wenige – waren entweder verkauft oder zerhackt und im Kamin verheizt worden. Fast das einzig Gute, das ich über unsere Wohnung sagen kann, ist, daß sie sauber war. Meine Mutter sagte immer, weil wir arm sind, muß das nicht heißen, daß wir schmutzig sind. Und sie hielt die Wohnung blitzsauber.

In der Spülküche, unser Wort für die kleine Küche, stand ein kleiner grün- und cremefarbener Tisch. Er stand neben einem kleinen Waschtrog, der rissig und zersprungen war. Und es gab noch ein Holzbrett mit Rillen darin, auf dem die Kleider geschrubbt wurden. Der Zementboden war alt und grau. Oft kam ich in die Küche und sah meine Mutter weinen. Immer weinte sie. Gewöhnlich behauptete sie, es sei irgendwelches Gemüse, das ihr die Tränen in die Augen trieb, ein Kohlkopf oder eine Zwiebel.

Manchmal brachte meine Mama meine beiden älteren Brüder, Michael, der zwei Jahre älter war als ich, und Andy, der ein Jahr älter war, zu Bett, und dann ging sie nach nebenan, um mit einer Nachbarin zu sprechen, wahrscheinlich über das Trinken meines Vaters. Ich hatte immer schreckliche Angst, wenn sie fortging, obwohl ich wußte, daß sie in der Wohnung nebenan war.

Ich fürchtete mich vor der Banshee. Die Banshee ist die Todeshexe, und sie hat langes Haar. Ich dachte, die Banshee würde durchs Fenster kommen und mich holen. In Irland haben wir große Ehrfurcht vor der Banshee. Jedes Geräusch in der Nacht ist die Banshee; und wenn die Banshee jammert, bedeutet das, daß jemand sterben wird. Die Banshee läßt manchmal ihren Kamm fallen, wenn sie ihr Haar kämmt, und der Kamm ist giftig. Wenige Leute in Irland heben einen Kamm von der Straße auf, denn das zu tun bedeutet Tod. Ich fürchtete mich entsetzlich vor der Banshee. Ich betete immer: »Bitte, Gott, laß die Banshee nicht hereinkommen.«

Wir wußten immer, wenn die Banshee jemanden besucht hatte; eine weiße Karte mit schwarzem Rand war dann am Tor des Hauses befestigt. Ein schwarzes herabhängendes Band war um die Karte geschlungen. Und auf der Karte stand der Name der Person, die gestorben war.

Die Liberties werden von der Guinness-Brauerei beherrscht, die auf einem sechsundzwanzig Hektar großen, umzäunten Grundstück im Westen Dublins liegt. Sie ist eine der größten Brauereien der Welt. Jährlich werden mehr als dreihundert Millionen Flaschen Bier aus den blaugoldenen Toren in alle Welt verschickt. Die Schornsteine stießen einen nach Gerste riechenden Rauch aus, der sich mit dem Nebel und den Wolken vermischte, so daß es schien, als ob selbst der Himmel die Liberties erdrücken wollte. Viele Leute aus den Liberties arbeiteten bei Guinness. Der Geruch von Bier beherrschte das Stadtviertel, und die Aussicht auf Kirchtürme beherrschte den Horizont. Und überall gab es Pubs und Wettstuben und Armut, und es gab das berüchtigte Kilmainhan-Gefängnis. Dieser Teil Dublins beweist, daß die Liebe der Iren zum Suff ebenso groß ist wie zu Gott. Ich habe nie einen anderen Ort gesehen, an dem das Geistliche und das Weltliche, das Heilige und das Profane in solcher Fülle existieren und in solch offenem Konflikt miteinander leben wie in den Liberties.

Mein Dad arbeitete eine Zeitlang bei Guinness. Er lud mit Zucker gefüllte Lastkähne aus. Die Arbeiter bei Guinness bekommen täglich mehrere Flaschen Bier umsonst, und wenn mein Dad eine Flasche bekommen hatte, machte er sich davon. Freitags versuchten mein älterer Bruder und ich, ihn nach der Arbeit abzufangen; wenn wir ihn aufhielten, wenn er aus dem Tor kam, und mit ihm sprachen, bevor er in einen Pub ging, bekamen wir vielleicht Geld, um Miete, Gas, Lebensmittel und Strom zu bezahlen. Aber oft ging er früher von der Arbeit weg oder zu einem anderen Tor hinaus, damit wir ihn nicht erwischten. Die Arbeiter sahen uns dann und wußten, warum wir gekommen waren. Männer, die ihr Bier lieben, sind keine Seltenheit in Dublin.

Die Iren hatten schon immer ein elendes Leben, und nirgends ist ihr Elend offenkundiger als in Dublin. Ich hörte einmal, daß der Herzog von Wellington, als man ihn daran erinnerte, daß er ein Dubliner sei – oder ein Dub, wie wir sagen –, zur Antwort gab: »In einem Stall geboren zu sein macht einen noch nicht zum Pferd.«

Das kollektive Gedächtnis der Dubs ist erfüllt von Versagen, Entbehrungen, endloser Mühsal und ungeheurem Elend. Und nirgends in Dublin ist es so ausgeprägt wie in den Liberties.

Meine Nachbarschaft war eine der ärmsten von ganz Irland. Die Arbeitslosigkeit war so verbreitet wie der Alkoholismus. Doch wie viele arme Leute waren wir auch sehr stark. Wir mußten es sein, um überleben zu können.

Die Leute in den Liberties waren als »Raffer« bekannt, als Leute, die alles taten, um ein paar Pfennige zu ergattern. Jemanden als einen »großen Raffer« zu bezeichnen, war das größte aller Komplimente. Viele Leute, die den ganzen Tag gearbeitet hatten, verkauften anschließend noch Obst oder Fisch auf der Straße. Die Frauen versammelten sich nach der Arbeit und wuschen Kleider in kommunalen Waschhäusern. Alle mußten kämpfen, um zu überleben und ihre Familien zu versorgen.

Immer gab es Schlägereien, sowohl auf den Straßen wie in den Pubs. Aber es herrschte auch ein tief eingewurzelter Gemeinschaftsgeist. Unsere Armut und unsere Zähigkeit verbanden uns miteinander. Viele Leute, die in den Liberties aufwuchsen, blieben auch dort. Sie heirateten, und ihre Armut, ihre Gewalttätigkeit und ihr Trinken setzten sich ebenso fort wie ihre enge Verbundenheit und ihr Gemeinschaftsgeist. Ich weiß nicht, was an den Liberties mich am meisten beeinflußte. Bis zum heutigen Tag verabscheue ich vieles dort. Aber die wichtigsten Jahre meines Lebens verbrachte ich da. Meine Stärke kommt aus den Liberties.

Ebenso meine Schwächen. Ich war als Kind oft krank. Als ich vier Jahre alt war, wäre ich fast an einer Infektion der Lymphdrüsen in meinem Hals gestorben. Ich wurde ins Adelaide Hospital gebracht, ein protestantisches Krankenhaus, das als einziges in Dublin Arme aufnahm. Dort wurde ich operiert. Die Lymphdrüsen an der rechten Seite meines Halses wurden entfernt. Sei es, weil wir arm waren oder weil der Chirurg überlastet war, jedenfalls wurde die Operation nicht so ordentlich durchgeführt, wie es möglich gewesen wäre. Ich habe immer noch eine große Narbe am Hals. Ich hatte auch zwei Operationen an meinen Augen. Die Abszesse auf meinen Augenlidern, verursacht durch Unterernährung, wie der Arzt sagte, waren so groß, daß ich fast erblindete.

Nicht jeder, der in den Liberties geboren wurde, bleibt dort. Die Rebellen entkommen. Mein Bruder Michael war ein solcher Rebell. Michael haßte meinen Vater von ganzer Seele, weil er trank und meine Mutter mißhandelte. Alle meine Brüder und Schwestern wuchsen heran und verließen die Liberties. Aber Michael war der erste; er war unser erster Rebell.

Wir alle waren Rebellen, jeder auf seine Weise. Allein die Liberties zu überleben, heranzuwachsen und fortzuziehen und etwas aus seinem Leben zu machen, bedeutete, ein Rebell zu sein. Es kamen noch drei Kinder hinzu, nachdem ich geboren worden war. Johnny war drei Jahre jünger als ich, Kathy fünf Jahre jünger und Philomena, die ich »Paw Waw« nannte, acht Jahre jünger. Und obwohl wir alle schwer geschädigt und verletzt waren, schafften wir es, die Liberties zu verlassen. Aber Michael war der erste. Und dazu kam es durch eine schreckliche Begebenheit.

Michael kam gewöhnlich nicht vor den frühen Morgenstunden nach Hause, um Daddy nicht sehen zu müssen. Er schämte sich für unseren Vater. Er wußte, daß Mutter mit dem Priester darüber gesprochen hatte, Daddy zu verlassen, und daß der Priester sich ihrem Wunsch entschieden entgegengestellt hatte. Michael wußte, wie unglücklich Mutter war. Und er hatte Angst, er würde Daddy umbringen.

Eines Abends, als Michael dreizehn war, kam er früh nach Hause, und Daddy war betrunken. Michael wußte, daß Daddy nun anfangen würde, Mutter zu mißhandeln, und deshalb reagierte er sehr empfindlich auf alles, was Daddy sagte. Vielleicht weil Michael der älteste Sohn war, hatte Daddy es auf ihn abgesehen.

»Dein Vater war ein großer Boxer«, sagte er mit diesem verzerrten Gesicht und betrunkenen Lächeln. »Er hätte ein Champion werden können.«

»Halt doch die Fresse«, erwiderte Michael.

»Annie, sag es ihm gefälligst! Hörst du, was dein Sohn sagt? Sag ihm, er hat mit seinem Vater nicht in diesem Ton zu reden.«

Michael biß die Zähne zusammen.

Daddy hob Michael drohend die Arme entgegen und fragte: »Willst du kämpfen?« Er ballte die Fäuste und sagte: »Komm her, box mit mir.«

Daddy war der einzige, der nicht sah, daß Michael sich kaum noch beherrschen konnte. Aber wir durften uns nicht einmischen; wir konnten nur zusehen.

»Dein Vater ist ein guter Mann«, sagte Daddy zu Michael. Die Bemerkung enthielt eine versteckte Zurechtweisung. Aber Michael war an jenem Abend nicht gewillt, sich eine Zurechtweisung gefallen zu lassen.

»Du bist ein dreckiger Schweinehund«, antwortete er.

»Sprich nicht so mit mir. Dein Vater wird dir Respekt beibringen.«

»Tom, laß ihn in Ruhe«, bat Mutter. Sie sah, daß die Dinge außer Kontrolle gerieten.

Mein Vater lächelte Michael an und winkte ihn heran, um mit ihm zu boxen. Michael packte eine Statue der Gesegneten Jungfrau Maria und, noch bevor jemand begriff, was er vorhatte, schlug er sie meinem Vater über den Kopf; sie zerbarst in tausend Stücke, und mein Vater stürzte zu Boden. Blut strömte aus einer großen Wunde aus seinem Kopf.

»Ich geb dir den Rest, wenn du jemals wieder unsere Mutter anrührst«, schrie Michael und rannte aus der Wohnung.

Ich weiß nicht, was mich mehr entsetzte, die Angst, daß Michael eine Todsünde begangen hatte, weil er die Statue zerbrach, oder zu sehen, wie mein eigener Bruder fast meinen Vater getötet hätte.

Seitdem sahen wir Michael kaum noch.

Das sind meine frühen Erinnerungen an meine Familie und an die Liberties. Das ist das Fundament meines Lebens. Das ist es, was mich geprägt hat. Und obwohl ich heute so weit von Irland entfernt bin, werde ich immer ein Kind der Liberties bleiben.

Zwei

Immer wieder kann man Menschen begegnen, deren Begabungen und Interessen sie Berufen oder Hobbys zuführen, die weit von dem entfernt sind, was andere von ihnen erwartet hätten. Dies gilt besonders für Menschen aus kleinen Städten oder vom Lande, aber auch für solche, die aus Großstadtslums wie den Liberties stammen. Manche werden Schriftsteller oder Opernexperten oder Jet-Piloten oder Ärzte – alles, um nur so weit wie möglich der Hölle zu entkommen, in der sie als Kinder gelebt haben.

Meine Zuflucht war immer das Singen. Singen und Tanzen. Das Tanzen entführte mich aus den Liberties. Und das Singen entführte mich aus einem Leben, in dem meine Mutter müde und krank und mein Vater betrunken und ausfallend war.

Tanzen und Singen liebte ich, solange ich zurückdenken kann. Meine Mutter glaubte, ich hätte eine Zukunft als Sängerin vor mir. Sie meinte es sehr ernst. Und obwohl wir so arm waren, sparte sie Geld für meine Gesangs- und Tanzstunden. Es gab Zeiten, da hatte meine Familie nichts zu essen, weil das Geld für meinen Unterricht ausgegeben wurde. Einer meiner älteren Brüder ärgerte sich sehr darüber; er erinnert sich noch heute daran und findet es noch immer ungerecht. Einmal verkaufte meine Mama ihren einzigen Mantel, um meine Stunden in der Sweeney School of Dance bezahlen zu können. Es war ein marineblauer Mantel mit Gürtel, der einzige gute Mantel, den sie je besessen hatte. Sie verkaufte ihn für drei Pfund, und danach trug sie einen häßlichen schwarzen Mantel.

Es war mir auch selbst sehr ernst mit dem Singen und Tanzen. Es war mein ein und alles. Regen oder Hagel, Schnee oder Kälte, nichts konnte mich davon abhalten, zu meinen Stunden zu gehen. Ich versäumte nicht eine. Ich war kein Kind, das von seiner Mutter gedrängt wurde, zur Bühne zu gehen. Ich war eine Solistin. Und ich war gut.

Es begann in meiner frühen Kindheit, als ich in der Kirche sang. Tatsächlich ging ich als Kind nur gerne in die Kirche, wenn ich im Chor singen durfte. Als ich acht Jahre alt war, sang ich im Hochamt das Solo in einem hellen, klaren Sopran. Ich ging ganz in meinem Gesang auf. Ich glaubte, daß Gott in mir sei. Ich sang inbrünstig, ich sang für alle Heiligen im Himmel, ich sang voller Liebe. Ich faltete die Hände, neigte den Kopf zur Seite, blickte zum Himmel auf und sang »Sweetheart of Jesus, I do adore«. Und dann sollte ich singen: »Oh please make me love you, more and more«, aber statt dessen sang ich: »Oh please love me, more and more.« Ich wünschte so sehr, geliebt zu werden!

Die Leute in der Kirche sagten hinterher zu mir, ich hätte gesungen wie ein Engelchen. Aber ich war kein Engel. Bevor ich zur Kirche ging, hob ich faules Obst von der Straße auf und versteckte es in meinem Schlüpfer. Wenn ich aufstand, um zu singen, hielt ich in der Gemeinde nach einer Frau mit einem großen Hut Ausschau. Dann, wenn ich mich hinsetzte, zog ich die Frucht aus meinem Schlüpfer, warf sie übers Geländer auf den großen Hut, duckte mich schnell herunter auf die Kniebank und lachte.

Einmal erwischte mich der Priester und sagte: »Ina, du hast eine schöne Stimme. Du singst wie ein kleiner Engel. Aber es ist schade, daß du so ungezogen bist. Du darfst das Obst nicht hinunterwerfen. Du könntest eine alte Frau gefährlich am Kopf treffen.«

Wegen meines Gesangs in der Messe wurde ich, als ich gerade erst sechs Jahre alt war, zum Rosenblättermädchen für das Corpus Christi-Fest gewählt. Das Corpus Christi-Fest ist in Irland ein großer Feiertag. Ich trug ein Körbchen, gefüllt mit Rosenblättern, und auf dem mehrere Kilometer langen Weg der Prozession nahm ich ein Rosenblatt nach dem anderen heraus, küßte es und warf es auf die Straße.

Als Kind hatte ich ein inniges Verhältnis zu Gott. Der Katholizismus war meine Lebensluft. Ich glaubte, daß Nonnen und Priester Vertreter Gottes, daß sie Heilige seien. Ich glaubte ihnen jedes Wort, und ich gab ihnen zu verstehen, wie sehr ich sie liebte.

Aber all das war, bevor ich auf weltliche Wege abirrte.

Nicht lange, nachdem ich angefangen hatte, im Hochamt zu singen, begann ich, auch in den Variety Halls von Dublin zu singen. Die Variety Halls waren Unterhaltungsstätten für Familien, wo Musik- und Tanzdarbietungen aller Art stattfanden. Jeder, der Talent hatte, konnte dort auftreten. Vor jeder Vorstellung verbrachte meine Mammy Stunden damit, mein langes aschblondes Haar in Locken zu wickeln. Sie war so stolz auf mich! Ich sang Balladen und traditionelle irische Lieder wie »When Irish Eyes are Smiling«.

Ich sang auch in den Pubs. Ich lief hinein, sang ein oder zwei Lieder, nahm vielleicht eine halbe Krone ein und ging wieder. Ich erinnere mich noch, wie ein Mann sagte: »Gott behüte sie. Sie ist eine wunderbare Sängerin.«

Wenn mein Vater nüchtern war, war er sehr stolz auf meine künstlerischen Talente. Ich erinnere mich, daß er einmal, als er dem Alkohol abgeschworen hatte und wir wie eine normale Familie waren, mit mir am Strand spazierenging und zu mir sagte: »Aus dir wird eine große Tänzerin und Sängerin werden. Du wirst nach Amerika gehen und in Hollywood singen, und die Amerikaner werden von dir begeistert sein. Dein Name wird in Leuchtschrift erscheinen, und du wirst berühmt sein. Es ist in deinem Blut, weißt du. Du hast es von klein auf getan.«

Nachdem wir über Amerika gesprochen hatten, setzte mich mein Vater auf seine Knie, holte seine Mundharmonika heraus und spielte »Danny Boy«. Er sang noch ein anderes Lied, ich weiß die Worte nicht mehr, aber es handelte davon, daß er, wenn Wind und Regen an die Haustür schlagen, an sein kleines Mädchen denken würde.

Ich spürte, daß etwas Gutes in meinem Vater steckte. Ich spürte das Kind in meinem Vater. Er war ein Ungeheuer, wenn er trank, aber trotzdem, es steckte ein guter Kern in meinem Vater, und ich liebte ihn.

In unserer tristen Wohnung an der Marrowbone Lane probte ich für meine Vorstellungen. Eine elektrische Leitung hing von der Decke herab, aber der Strom war gewöhnlich abgeschaltet, weil wir die Rechnung nicht bezahlen konnten. Ich nahm die Glühbirne heraus und band einen Becher an das Ende der Schnur. Das war mein Mikrofon. Die Tapete in der Wohnung war einmal weiß gewesen mit kleinen roten Rosen darauf, jetzt war sie schmutzig beige. Wir hatten die Tapete größtenteils abgerissen und im Kamin verbrannt, um es warm zu haben. Aber ein paar Rosen waren noch da. Ich bildete mir ein, im Theater zu sein und daß jede Rose ein Gesicht aus dem Publikum sei. Ich lief im Zimmer auf und ab, verbeugte mich vor den Rosen und stellte mich vor: »Ich bin Christina Byrne, die größte Sängerin von ganz Irland, die bald nach Amerika gehen und in Hollywood singen wird.« Dann verbeugte ich mich erneut und ging aus dem Zimmer. Einen Augenblick später tanzte ich wieder ins Zimmer, lächelte zum donnernden Applaus des Publikums, nahm den Becher in die Hand und begann zu singen, etwa: »Gee but it's great, after being out late, walking my baby back home.«

Nach jedem Lied lächelte ich und verbeugte mich zu den tosenden Wogen des Beifalls. Ich hörte den Applaus wirklich. Und wenn ich die Bühne verließ, hielt der Applaus so lange an, daß ich noch eine Zugabe machen mußte. Ich tanzte heraus, lächelte, dankte den Tausenden von Menschen im Publikum und sang wieder: »I'll be down to get you in a taxi, honey./ You better be ready about a half-past eight.« Oder ich steppte. Und es war ein richtiger Steptanz, ich hatte große doppelte Stepeisen an meinen Schuhen und gab viele Al-Jolson-Nummern zum besten.

Als ich etwa acht Jahre alt war, begannen meine Freundin Lilly und ich, Konzerte für die anderen Kinder in den Mietshäusern zu geben. Um Kinder aus den Liberties in ein Konzert zu locken, braucht es einen Anreiz. Ich benutzte dazu Süßigkeiten. Ich verkaufte Lumpen oder machte Kleinholz und verkaufte es als Anmachholz. Von dem Geld kaufte ich Süßigkeiten.

Ich ging hinunter zu Donoghues' Süßwarenladen. Wir nannten ihn »Dirty Donoghues«, weil die Bonbons zerdrückt und zerbrochen und geschmolzen waren und weil Ratten im Laden herumliefen. »Mrs. Dunny«, sagte ich. »Können Sie mir für zwei Pennies von Ihren dreckigen – Entschuldigung, Mrs. Dunny – kann ich für zwei Pennies von Ihren wertlosen Bonbons bekommen?«

»Die sind nicht wertlos, Kind«, knurrte sie. »Sie sind nur schmutzig.«

Wir wickelten die Bonbons in kleine Stückchen Papier und steckten sie dann in eine Tüte. Jedes Kind, das ins Konzert kam, mußte einen Penny bezahlen. Vor jedem Konzert stellten wir die Besucher in einer Reihe auf den Stufen im Gebäude auf. Etwa zwölf bis vierzehn Personen ergaben ein volles Haus.

Für einige Nummern befeuchtete ich rotes Papier und rieb es mir auf Nase und Lippen, und ich brannte ein Streichholz ab, und mit der geschwärzten Spitze umränderte ich meine Augen. Wenn ich Al Jolson spielte, hatte ich ein anderes Make-up. Ich steckte meine Hand in den Kamin, holte mir eine Handvoll Ruß heraus und rieb mir damit das Gesicht ein. Und ich zerdrückte Kopfwehtabletten, feuchtete sie an und schmierte mir die Paste um Augen und Mund, um sie weiß zu machen.

Wenn wir mit dem Konzert begannen, spielte ich sämtliche Rollen. Manchmal tanzte Lilly mit mir, aber gewöhnlich lief sie mit einer Taschenlampe herum und leuchtete denen, die sich unterhielten, ins Gesicht, damit sie schwiegen. Ich ging dann hinaus und sagte: »Und nun, meine Damen und Herren, kommt Christina Byrne, die berühmte irische Sängerin, die ihre Version von Al Jolson bringt. Begrüßt sie mit einem großen Applaus.« Ich forderte sie auf, zu rufen und zu applaudieren und Begeisterung zu zeigen. Manchmal verwirrte es sie, wenn ich mit meinem rußgeschwärzten Gesicht erschien.

Dann legte ich meine Hand aufs Herz, sank in die Knie und mit einer – wie ich heute noch glaube – täuschend ähnlichen Al-Jolson-Stimme sang ich »Mammy«.

Wenn ich den Treppenabsatz verließ, hörte ich manchmal eine Stimme irgendwo auf den Stufen sagen: »Wo sind die verdammten Bonbons?«

Lilly leuchtete dem Jungen dann mit der Taschenlampe ins Gesicht und machte: »Schsch!«

Dann tanzte ich wieder hinaus, ging auf die Knie, breitete die

Arme weit aus und sang mit amerikanischem Akzent: »California, here I come /Right back where I started from«.

Die Kinder klatschten und pfiffen, aber immer war einer dabei, der sagte: »Schmeißt sie zur Tür raus. Die taugt doch nichts.«

Es waren eben Kinder aus den Liberties.

Zwischen den Nummern forderten Lilly und ich die Kinder auf, lauter zu klatschen und zu brüllen: »Mehr, mehr, mehr!« Wir sagten, wenn sie die Süßigkeiten haben wollten, müßten sie auch richtige Begeisterung zeigen.

»Kommt schon. Ihr müßt feste klatschen. Feste. Ich bin so gut wie Doris Day, und Lilly hier ist so gut wie Grace Kelly. Ihr habt die Allerbesten vor euch. Nun klatscht schon!«

Aber jetzt verlangten sie die Süßigkeiten. »Unsere Hände tun uns weh von dem vielen Klatschen. Gebt uns jetzt die Bonbons.«

»Gebt uns ein ›Hipp, hipp, hurra‹ für die hochbegabte Ina Byrne, Irlands große Sängerin«, beharrte ich.

»Ina, rück jetzt die Bonbons raus.«

Also teilte ich die Bonbons aus. Und jedesmal gab es ein Kind, das sagte: »Diese Scheißbonbons sind nicht gut. Sie hat sie bei dem dreckigen Donoghues vom Boden aufgelesen.«

Manchmal sang ich etwas Trauriges, wie »Sailor stop your roaming, Sailor leave the sea«, und dann weinten sich ein paar kleine Kinder die Augen aus.

»Oh, du bist so toll«, sagte dann eines von ihnen. »Du bist Irlands Kay Starr.«

Und dann verteilte ich noch mehr Bonbons. Inzwischen waren sie alle zerbrochen und klebten zusammen, und manche Kinder sagten: »Ist das alles?«

Gewöhnlich beendete ich meine Konzerte mit dem Lied »There's No Business Like Show Business«. Ich steppte während der ganzen Nummer. Und als ich den Treppenabsatz verließ, sagten ein paar Kinder: »Jesus, ist das alles? Für einen Penny hätte ich das besser machen können.« Oder ein anderes sagte, nachdem es alle seine Bonbons aufgegessen hatte: »Diese Bonbons. Ich weiß, daß du sie beim dreckigen Donoghues geholt hast. Der hat sie auf die Straße geworfen.«

Während der Konzerte wurde viel gelacht. Wir vergaßen die

Pappe im Fenster, die Regen und Schnee und den bitterkalten Wind abhielt. Wir vergaßen unsere Armut. Während meiner Konzerte war das Leben in Ordnung.

Nach den Konzerten gingen Lilly und ich zur Eisdiele auf der Schulstraße und kauften uns zwei Eis am Stiel und zwei Päckchen Chips mit Käse- und Zwiebelgeschmack. Wir dehnten den Genuß des Eises so lange wie möglich aus, leckten langsam, bissen ganz kleine Stücke ab und schwatzten dabei wie zwei alte Weiber. Das Eis schmeckte fast so gut wie Götterspeise. Als Kind liebte ich Götterspeise über alles, vielleicht, weil es die so selten bei uns gab. Götterspeise war der Trost meiner Kindheit.

Lilly und ich setzten uns auf die Stufen und schwatzten, und wenn es an der Zeit war, die Chips zu essen, rieben wir uns im Vorgeschmack die Hände und taten ganz vornehm. Wir machten ein Zeremoniell aus unseren Ausflügen nach den Konzerten.

Als ich begann, in den Variety Halls zu singen, nähten meine Mammy und ich einige wunderschöne Kostüme zusammen. Ich besaß einen scharlachroten Satinfaltenrock mit weißem glänzenden Taft, der in einer Art Kellerfalte den Rücken hinabfiel. Der Rock war mit Goldborte umsäumt. Ich weiß nicht, woher sie das Geld nahm, aber Mammy kaufte mir immer eine Flasche Bräunungsmittel für meine Beine. Ich sollte braune Beine haben. Ich hatte auch ein Matrosenkostüm mit einem weißen Faltenrock und einer marineblauen Bluse. Und dann besaß ich noch ein Holländerkostüm. Aber mein Lieblingskostüm war das, was ich in meinem Soloakt trug: Frack und Zylinder. Der Frack war aus lila Satin mit einem gelben Satinkragen. Der Zylinder war gelb und lila, und dazu trug ich gelbe Handschuhe und weiße Wildlederstiefel mit großen doppelten Stepeisen. Oft, wenn ich in Frack und Zylinder war, imitierte ich Sophie Tucker: »Some of these days, you're gonna miss me, honey./ Some of these days, you're gonna feel so lonely.«

Meine Mutter war sehr stolz auf mich, wenn ich sang und tanzte. Mich auftreten zu sehen, waren die Höhepunkte ihres Lebens. Sie sagte immer: »Eines Tages wirst du auf der Bühne stehen. Aber du wirst alles verschleudern.« Ich wußte nicht, was sie damit meinte. Wenn Mammy am Leben geblieben wäre, hätte sie mich in eine Schauspielschule geschickt. Sie hätte es getan. Und ich wäre zur Bühne gegangen.

In meiner Jugend ging ich selten zur Schule. Einer der Gründe war, daß ich so oft krank war. Ein anderer der, daß ich nirgends dazugehörte. Während die meisten Kinder aus der Marrowbone Lane in eine staatliche Schule gingen, besuchte ich eine Klosterschule und trug einen marineblauen Rock mit weißer Bluse und blauer Krawatte. Im Unterschied zu den anderen Schülern brauchte ich nichts zu bezahlen, um in die Klosterschule zu gehen. Weil meine Mutter eine so treue Kirchgängerin war und viele gute Werke tat, hatte ich eine Freistelle. Die anderen Kinder wußten das. Sie wußten auch, daß mein Vater ein Säufer war, und sie machten oft Bemerkungen darüber, und dann fing ich an, mit ihnen zu streiten.

»Dein Vater ist ein schrecklicher ›eufella‹«, sagten sie und benutzten einen Dubliner Ausdruck, der eine besonders verächtliche Bezeichnung war.

»Sprecht nicht so über meinen Vater«, sagte ich.

»Aye, er ist ein schrecklicher Säufer«, sagte eine andere. »Er kommt immer stockbesoffen nach Hause.«

»Ich würde mich schämen, mit ihm über die Straße zu gehen, wirklich«, sagte ein anderes Mädchen.

»Ihre Familie ist schrecklich arm. Ihr Vater verprügelt immer ihre Mutter.«

Nun verlor ich die Beherrschung. »Ich reiß dir jedes Haar einzeln vom Kopf. Ich bring dich um!«

Aber immer waren alle anderen gegen mich. Jedesmal, wenn das Geplänkel sich bis zu diesem Punkt gesteigert hatte, war ich von einem Kreis höhnender Kinder umringt.

»Dein Daddy ist ein Säufer. Dein Daddy ist ein Säufer«, lachten sie. »Hahahaha! Dein Daddy ist ein Säufer.«

Dann steckte ich mir die Finger in die Ohren, beugte mich vor und wartete auf den Moment, wenn eine von ihnen zu frech wurde und mir zu nahe kam. Wenn ich eine erwischte, verprügelte ich sie.

In der Schule saß immer ich alleine auf dem Schulhof. Die anderen Kinder spielten nicht mit mir.

Alle anderen Kinder waren sauber und glücklich und konnten ihre Hausaufgaben machen. Sie hatten jemanden zu Hause, der ihnen half. Sie hatten Papier und Schreibstifte. Ich hatte nichts dergleichen. Wir konnten es uns nicht leisten. Zu Hause gab es keinen Platz, wo ich lernen konnte. Ich ging immer ohne Hausaufgaben zur Schule, und die Lehrerin stellte mich vor die Klasse, schlug mich mit einem Lineal und sagte zur Klasse, ich sei ein Dummkopf. Und dann mußte ich in der Ecke stehen, mit dem Gesicht zur Wand. Ich mußte ganz hinten in der Klasse sitzen. Ich strengte mich an. Aber ich war arm. Und die Lehrerinnen hatten keine Zeit für jemanden, der arm und schmutzig und ein Niemand war. Sie hatten keine Lust, jemanden wie mich zu unterrichten. Ich würde nicht auf die Universität gehen. Es würde nie der Tag kommen, an dem eine dieser Lehrerinnen voller Stolz sagen würde: »Sie war eine meiner Schülerinnen. Ich habe sie unterrichtet.«

Andere Kinder hatten Priester oder Nonnen in ihrer Familie, oder die Familie besaß einen Lebensmittelladen oder eine Firma, und die Lehrerinnen hatten Zeit für sie. Aber wenn man arm war, war man faul. Andere Kinder wollten nichts mit einem zu tun haben, und die Lehrerinnen hatten kein Interesse, selbst wenn ich sie bat, mir zu helfen. Ich sagte den Lehrerinnen, ich hätte Englisch gern und ich liebte Gedichte, und sie lachten mich aus. Einmal schrieb ich ein Gedicht über meine Mutter und meinen Vater. Ich kämpfte tagelang mit mir, ob ich die Lehrerin bitten sollte, es der Klasse vorlesen zu dürfen. Ich war sehr stolz auf das Gedicht. Ich wollte den Lehrerinnen und Schülerinnen zeigen, daß ich nicht so war, wie sie mich sahen.

Eines Tages nahm ich endlich meinen ganzen Mut zusammen, stand von meinem Platz auf und ging langsam über den Gang auf die Lehrerin zu. »Ich habe ein Gedicht über meine Familie geschrieben«, sagte ich. »Darf ich es der Klasse vorlesen?«

Sie sah herab auf mein schmutziges Gesicht und meine schmutzigen Kleider und meine kümmerliche kleine Gestalt, und sie sagte: »Du hast ein Gedicht geschrieben? Du?«

»Ja. Ich möchte es der Klasse vorlesen.«

»Du? Ich hab nie erlebt, daß du irgend etwas geschrieben hast. Geh wieder auf deinen Platz und sei still.«

»Ich hab ein Gedicht geschrieben.«

»Hör auf zu reden. Geh auf deinen Platz und paß auf.«

Ich erinnere mich noch an das Gedicht.

Mammy weint, Daddy lügt.
Schreien, Brüllen, Tränen und Angst in der Nacht.
Ich habe Angst, sie werden meine Mammy fortbringen.
Nicht Daddys kleines Mädchen, nicht Mammys
  kleines Mädchen.
Streiten, streiten, weinen, weinen, lügen, lügen,
  sterben, sterben.
Fremder, sag mir, wer bin ich?

Ich erhielt keine Ermutigung von meinen Lehrerinnen und gewann keine Freundin unter den anderen Schülerinnen. Die Schule war eine schmerzliche Erfahrung für mich. Schon sehr früh begann ich, die Schule zu schwänzen, lief lieber durch die Straßen und lebte in einer Phantasiewelt. Weil ich so häufig den Unterricht versäumte, wurde Dickie Clark, der Schulinspektor der Liberties, auf mich aufmerksam. Jeder in den Liberties kannte Dickie Clark. Er war der größte Kinderfänger von ganz Dublin. »Unser Mann Dickie«, nannten wir ihn. Dickie Clark war der Bruder Austin Clarks, des berühmten Dubliner Dichters. Er war sehr dünn und trug dunkle Anzüge, die um seine sehr lange Gestalt herumhingen. Wir glaubten, er sei an die zwei Meter groß. Er hatte weißes Haar, und wir sagten, er sähe aus wie ein Laternenpfahl. Weil er auf dem Fahrrad fuhr, war sein rechtes Hosenbein immer eng von einer Aluminiumklammer zusammengehalten, damit es sich nicht in der Kette verfing. Wenn Dickie Clark es satt hatte, ein Kind immer wieder zu fangen, das nicht zur Schule ging, brachte er es vor einen Friedensrichter und ließ es in eine Erziehungsanstalt schicken, eine kirchliche Institution, in der sich das Leben angeblich wie im vergangenen Jahrhundert abspielte. Dickie Clark bildete sich viel darauf ein, daß er mehr Kinder in die Erziehungsanstalten geschickt hatte als jeder andere Schulinspektor in Dublin. Wir sagten immer, Dickie Clark habe mehr Kinder in die Erziehungsanstalten geschickt, als er warme Mahlzeiten gegessen hatte. »Dickie Clark wird dein Leben zerstören«, warnten wir uns gegenseitig. Und jedesmal wenn wir »schwänzten«, waren wir sehr auf der Hut vor Dickie Clark. Wenn er auf seinem Fahrrad vorbeisauste – »flitzte«, sagten wir – in seinem schmutziggrauen Regenmantel, der sich hinter ihm bauschte, und seinen glänzend schwarzen Schuhen, die auf den Pedalen im Kreis herumwirbelten, war er ein Anblick, der uns zutiefst erschreckte. Niemand wollte das nächste Kind sein, das Dickie Clark fortschickte. Um unsere Angst zu überspielen, dichteten wir ein Lied über Dickie Clark:

Dickie Clark ist ein sehr guter Mann,
Er geht zur Kirche am Sonntag.
Das einzige aber, was er nicht kann
Ist ein Kind erwischen am Montag.

Dickie Clark war wie Gott; er war überall. Und jedesmal, wenn er ein Kind sah, warf er einen Blick auf seine Uhr, um zu sehen, ob es jetzt in der Schule sein müßte. Aber nicht nur durch unser Lied trotzten wir unserer Angst vor ihm, sondern auch, indem wir lachend zu ihm sagten: »Leih uns mal dein Fahrrad, Dickie.« Er liebte nämlich sein Fahrrad.

Dickie brauchte nicht lange, um meinen Namen zu kennen. Wenn ich durch eine enge Gasse rannte oder in einem alten Gebäude verschwand, rief er mir hinterher: »Ich kenne dich, Ina Byrne. Und wenn du nicht zur Schule gehst, dann muß ich dich fortschicken, bis du sechzehn bist.« Viele Male machte er Jagd auf mich. Wenn er in unser Haus kam, versperrte ich die Tür oder versteckte mich unter dem Bett. Aber manchmal erwischte er mich, und dann erfuhr es meine Mutter. Dickie Clark sagte zu ihr, daß er mich vor Gericht bringen müsse, wenn ich nicht zur Schule ginge. Dann weinte Mammy. Sie war sehr böse auf mich.

Dennoch hörte ich praktisch ganz auf, zur Schule zu gehen, als ich etwa neun Jahre alt war.

Drei

Als ich acht Jahre alt war, passierte etwas, das wesentlich zu meiner Entscheidung beitrug, nicht mehr in die Schule zu gehen. Meine Mutter trieb irgendwie und irgendwo das Geld auf, um mir Dudelsackunterricht geben zu lassen. Ich riß mich nicht gerade darum, aber Mammy erklärte, es würde zu meiner Erziehung und zur Ausbildung meines musikalischen Talents beitragen. Sie sagte, wenn ich eine Karriere als Sängerin und Tänzerin einschlagen wolle, dann müsse ich auch ein Musikinstrument spielen können.

Am ersten Unterrichtstag betrat ich den langgestreckten rechteckigen Raum und sah mich um. Ein paar Tische standen in einer Ecke. Der Raum wurde auch für Ballettstunden benutzt, deshalb war eine Wand mit Spiegelglas überzogen, und davor war eine Stange angebracht. Die anderen Mädchen in der Klasse, etwa ein Dutzend, standen alle am gegenüberliegenden Ende des Raumes. Sie waren gut angezogen, trugen Armbanduhren und Armbänder und hatten Schleifen im Haar. Sie guckten mich an und wußten sofort, daß ich nicht zu ihnen gehörte. Nicht eine einzige von ihnen begrüßte mich mit »Hallo«. Ich war ganz allein.

Die Anführerin der Gruppe hieß Carmen. Ihr Vater war ein wohlhabender Geschäftsmann, und sie war besonders gut angezogen, trug auch mehr Schmuck als die anderen Mädchen. Carmen floß über von Selbstbewußtsein. Sie brachte immer eine Schachtel Cadbury's Milchschokolade mit, die sie mit den anderen Mädchen teilte. Insgeheim nannte ich sie »Toffeenase«, wegen ihrer Süßigkeiten. Ich hätte so gerne etwas davon abbekommen. Ich hätte mich so gefreut. Aber ich hätte sie nie darum gebeten. Dazu war ich zu stolz, und ich war auch eifersüchtig auf Carmen und ziemlich unsicher in ihrer Gegenwart.

Vom ersten Unterrichtstag an sprach der Lehrer über das kommende Osterfest, obwohl es bis dahin noch sieben oder acht Monate waren. Am Ostersonntag sollte die Dudelsackklasse in Dublins Osterparade mitmarschieren, in besonderen Uniformen. Den Mädchen wurden die Maße genommen, und alle freuten sich schon sehr darauf. Meine Mutter begann, Geld zu sparen, um die zehn Schillinge für meine Uniform bezahlen zu können.

So ging ich einige Wochen regelmäßig zum Unterricht. Ich kam immer in der letzten Minute, damit ich sofort mit dem Unterricht anfangen konnte und nicht allein herumstehen mußte, während Carmen Hof hielt, Süßigkeiten austeilte, lachte und scherzte.

Als ich eines Morgens ankam, sah Carmen vom anderen Ende des Saales zu mir herüber und streckte mir eine Pralinenschachtel entgegen. »Möchtest du eine Praline?«, fragte sie betont höflich.

»Ja, gerne«, sagte ich, und ging auf sie zu.

Als ich näher kam, drehte sie sich um, lächelte ihren Freundinnen zu und nahm eine Praline aus der Schachtel. Sie biß hinein und warf die Praline auf den Boden. »Da«, sagte sie. »Die kannst du haben«.

Die anderen Mädchen kicherten wie verrückt.

Als Kind aus den Liberties ließ ich mir eine solche Beleidigung nicht ohne weiteres gefallen. Ich hob die Praline mit einer Hand vom Boden auf und mit der anderen Hand packte ich Carmen beim Hinterkopf an den Haaren. Bevor sie wußte, was geschah, klatschte ich ihr die Praline ins Gesicht.

Sie war mit Orangencreme gefüllt.

Dann rannte ich hinaus. Ich weinte, rannte und weinte. Nie wieder würde ich in diese Klasse gehen.

Sechs Monate danach glaubte meine Mama immer noch, ich würde Dudelsackstunden nehmen. »Ina lernt Dudelsack spielen«, erzählte sie jedem, dem sie begegnete. Ich ging in die Kirche und bat Gott, mir zu vergeben, dann nahm ich das Geld für die Dudelsackstunden und kaufte mir Süßigkeiten dafür. Je länger das so weiterging, um so schlimmer wurde es. Und meine Angst wuchs, als der Ostersonntag näherkam.

Am Ostersonntag gab Mama mir zehn Schillinge als Bezahlung für die Uniform.

»Verlier die zehn Schillinge nicht«, warnte sie mich. »Steck sie ganz tief in deine Tasche. Und wenn du in der Parade marschierst, halt den Kopf hoch. Du bist so gut wie alle anderen dort.«

»O.k., Mama«, sagte ich.

Ich wollte das Geld nicht nehmen. Mammy hatte für einen Teil davon schwer gearbeitet, den Rest hatte sie sich geborgt. Ich nahm das Geld und winkte zum Abschied.

An diesem Ostermorgen trug ich ein leuchtend gelbes Kleid mit einer Rüsche über den Schultern, darunter einen durchsichtigen Nylonunterrock mit Pünktchenmuster und dazu gelbe Socken und eine gelbe Schleife im Haar.

Ich ging über die Brücke in Richtung O'Connell Street und blieb vor einem sehr feinen Schokoladengeschäft stehen. Das Herz war mir so schwer. Alle Sorgen der Welt lasteten auf meinen Schultern. Und ich dachte: »Ich hab das ganze Geld. Wenn ich sterbe, werde ich in die Hölle kommen.« Im Schaufenster des Süßwarengeschäfts waren Orangen und Flaschen mit roter Limonade ausgestellt, und die Sonne schien auf die Limonade mit einem so wunderbaren Glanz. Pralinenschachteln lagen im Fenster, mit bunten Bändern verziert, und auf dem Boden war ein Strohhut als Dekoration. Als ich die Pralinenschachteln betrachtete, dachte ich an Carmen und ihre Pralinen. Viele Kinder waren auf der Straße, mit Ostereiern und Schokolade in den Händen. Und ich ging hinein und blickte zu der Frau im Laden auf. Sie trug eine Brille, eine gelbe Bluse und einen Rock und hatte graues Haar. Ihre Brille war an einer Kette befestigt. Sie sah aus wie eine sehr strenge Frau, aber als sie sprach, war sie freundlich.

»Nun, mein Kind, was möchtest du?«

Ich zeigte auf das Schaufenster. »Könnte ich eine Schachtel von den Pralinen dort haben?«

»Möchtest du ein Pfund, ein halbes Pfund oder ein Viertelpfund?« Sie sprach sehr schnell.

»Diese da.«

»Ah, die Halbe-Pfund-Schachtel.«

»Und kann ich bitte eine Flasche von der roten Limonade haben?«

Sie griff nach einer Flasche auf dem Regal, aber ich sagte, ich wolle die aus dem Fenster, die, durch die die Sonne hindurchschien, die so schön leuchtete, die mit den Bändern drum.

Sie sah mich einen Moment an, dann nahm sie die Flasche aus dem Fenster.

»Und könnte ich den Strohhut im Fenster kaufen?« fragte ich.

Die Dame im Geschäft steckte die Pralinen und die rote Limonade in eine große Papiertüte. Als ich den Süßwarenladen verließ, fühlte ich mich so beschwingt! Ich setzte den Strohhut auf und wünschte, ich hätte ein gelbes Band für den Hut. Ich hatte das Gefühl, daß alle Leute mich ansahen, und ich lächelte von einem Ohr zum anderen. »Gott, sehe ich schön aus«, sagte ich zu mir selbst. Innerlich entfloh ich der Armut, dem Schmerz, der Trunksucht. An diesem einen Tag wollte ich wie Alice im Wunderland sein.

Ich ging hinüber zum Bahnhof und stieg in einen Zug nach Bray, einer kleinen Stadt an der Küste. Es war nichts Ungewöhnliches, daß Kinder allein irgendwohin fuhren. Wir Dubs lernen früh, uns in der Welt zurechtzufinden. Es war kühl dort draußen am Meer, nicht annähernd so warm wie in Dublin, und nur wenige Menschen waren am Wasser. Sie waren wohl alle in Dublin, um die Parade zu sehen.

Ich setzte mich an den Strand, hielt die Flasche mit roter Limonade gegen die Sonne und beobachtete, wie das Licht die Limonade erwärmte und ihre Farbe sich zu einem lieblichen weißlichen Rosa aufhellte. Langsam aß ich die Pralinen, genoß jede einzelne und dachte: »Wenn nur Carmen mich jetzt sehen könnte.« Möwen flogen mir über den Kopf und stießen ihre häßlichen rauhen Schreie aus. Ihre großen Flügel flatterten, und ihre gelben Schnäbel machten mir Angst.

»Haut ab«, rief ich. »Weg. Fort mit euch!« Ich merkte, daß sie es nicht auf mich abgesehen hatten, sondern auf meine Pralinen.

Dieser Tag am Strand war ein Luxus, den ich nie zuvor gekannt hatte; ein langer, träger Tag, der um so köstlicher war, als im Hintergrund immer das Wissen lauerte, daß die Zeit der Abrechnung nahte. Am Ende des Tages würde ich für die Stunden am Strand teuer bezahlen müssen.

Als ich wieder in den Zug stieg, waren mein ganzes Gesicht, meine Hände und mein gelbes Kleid mit Schokolade beschmiert. Es begann dunkel zu werden, und die Dunkelheit war ein Vorbote der schrecklichen Strafe, die mich erwartete. Man würde mich umbringen. Ich überlegte, ob ich in die Berge fliehen sollte.

Während der Fahrt nach Dublin pfiff und ächzte die alte Dampflokomotive, und die Pfeife tutete. Ich war sehr müde, lehnte mich zur Seite und legte meinen Kopf an die Fensterscheibe. Ich sah mein Spiegelbild in dem Glas und dachte an die zwei Christinas: die eine, die hier saß, die andere im Glas. Da war die Christina, die in der Kirche sang und ihrer Mutter gehorchte, und da war die andere Christina, die ungehorsam war und Geld von ihrer Mutter stahl. Da war die Christina voller Schuldgefühle über den Schmerz, den ihre Mutter empfinden würde, wenn sie ihre Tochter nicht in der Osterparade sah, und da war die Christina, die ihre Mutter seit Monaten belogen hatte.

Ich sah die Christina im Fenster an und wußte, daß Mutter sich Sorgen machte, wo ich war und was ich an all den Tagen getan hatte, als sie glaubte, ich nähme Dudelsackstunden. Ich schloß die Augen.

»Jesus, Maria und Joseph, ich gebe euch mein Herz und meine Seele . . .«, begann ich. Und dann fragte ich laut: »Bin ich schlecht? Bin ich wirklich ein schlechtes Kind?«

Der Schaffner kam durch den Zug, sah mich an und sagte: »Bist du nicht ein bißchen zu klein, um ganz allein unterwegs zu sein?«

»Ich wohne in Dublin«, sagte ich.

Ich wollte nicht mehr ins Fenster gucken. Ich wollte mein Spiegelbild nicht mehr sehen. Ich schämte mich zu sehr. Wenn ich nicht vor ein paar Jahren zur heiligen Kommunion gegangen wäre, hätte ich mir keine Sorgen machen müssen, denn dann hätte ich nicht gewußt, was ich tat. Aber wenn ich jetzt sterben würde, dann würde ich für immer und ewig in der Hölle braten. Was, wenn der Zug verunglückte und ich bei dem Unfall ums Leben käme? »Lieber Gott, ich will nie wieder so etwas tun«, versprach ich.

Ich stieg aus dem Zug und nahm einen Bus zu unserer Wohnung. Inzwischen war es spät am Abend. Der Busfahrer sah mich erstaunt an und sagte: »Wo bist du gewesen, Kleine? Es ist gefährlich, so spät in der Dunkelheit noch unterwegs zu sein.«

Endlich kam ich zu Hause an. Ich stand unten vor dem Haus und konnte sehen, daß die Lichter brannten und die Tür zu unserer Wohnung offen war. Ich wußte, sie waren alle unterwegs, um mich zu suchen. Ich ging leise die Stufen hinauf, schlich mich hinein und versteckte mich unter dem Bett.

Mehrere Stunden später kamen alle zurück. Es war Andrew, mein jüngerer Bruder, der mich fand.

»Sie ist unter dem Bett. Ihr braucht nicht länger zu suchen«, verkündete er.

Mama zog mich hervor und schüttelte mich und schüttelte mich. »Wo bist du gewesen?« fragte sie. Ihre Augen waren müde und kummervoll. »Was hast du gemacht?«

Ich weinte.

»Wo bist du gewesen, Ina? Wo warst du? Was hast du gemacht?«

Ich konnte nicht antworten.

»Was hast du getan bis zu dieser späten Stunde? Wo bist du hingegangen, Ina?«

Ich weinte noch lauter.

»Es ist zu spät zu weinen«, sagte meine Mama müde.

»Wo ist deine Uniform? Was hast du mit dem Geld gemacht?«

»Ich hab Pralinen gekauft«, heulte ich.

»Was ist nur in dich gefahren, Kind? Was ist in dich gefahren?«

»Ich weiß nicht«.

»Wir haben hier kaum etwas zu essen, geschweige denn können wir uns leisten, daß du dich mit Schokolade vollstopfst. Reicht es nicht, daß ich mit deinem Vater fertig werden muß?«

Ich wußte nicht, was ich antworten sollte.

»Du hast nie Dudelsackstunden genommen«, sagte sie. »Du hast mich seit Monaten belogen. Gott möge dir vergeben.«

Ich ließ den Kopf auf die Brust sinken und weinte noch lauter.

»Heb den Kopf und sieh mich an«, sagte Mama. Sie war entsetzt über die Schokolade auf meinem hübschen Kleid. Ich mußte ihr über das Geld erzählen, über die Schokolade, über meinen Ausflug zur Küste.

»Ich möchte, daß du betest«, sagte sie. »Ich möchte, daß du Gott um Verzeihung bittest. Es wird lange dauern, bis ich wieder Vertrauen zu dir habe.«

Sie besah sich die Schokolade auf meinem Kleid. »Und es wird lange dauern, bis du wieder Süßigkeiten bekommst.«

Sie sagte sogar meine Gesang- und Tanzstunden ab, und ich durfte zwei Monate lang das Haus nicht verlassen, außer um zur Schule zu gehen. Sie brachte mich jeden Morgen dorthin und schob mich ins Klassenzimmer. Aber sobald die Namen aufgerufen worden waren, rannte ich wieder fort.

Das erfuhr Dickie Clark, und ich war immer auf dem Sprung, wenn ich seine große, schwarzgekleidete Gestalt sah, die wie verrückt mit dem Fahrrad durch die Straßen und durch Gassen strampelte, um nach mir zu suchen. Manchmal kam er nahe genug heran, um zu sagen: »Ina Byrne, ich kenne dich. Wenn du nicht zur Schule gehst, schicke ich dich fort.«

Ich fand viele Freunde auf den Straßen von Dublin. Einer war ein Mann, den die anderen Kinder »den schmutzigen alten Tramp« nannten, aber ich nannte ihn »den Würdenträger«. Er hatte einen langen blonden Bart und einen Mantel, der mit Bindfaden zugebunden war. Sein Gesicht war verwittert, und er hatte buschige Augenbrauen und Augen, die immer wäßrig aussahen. Sein Gesicht war pockennarbig und seine Nase sehr rot. Er trug einen braunen Hut und schien sehr alt zu sein. Er war obdachlos. Aber er hatte eine wunderbar volle und dröhnende Stimme, und er konnte stundenlang Gedichte von Yeats rezitieren. Er sprach oft über den Osteraufstand.

Und dann gab es einen Mann, den sie »Bang Bang« nannten. Er war in den fünfziger Jahren ein stadtbekanntes Original in Dublin. Jedesmal, wenn wir ihn ansprachen, schob er eine Hand unter seinen Rock, zog sie dann mit einem Ruck heraus, als hielte er eine Pistole, und sagte »Bang. Bang«.

Ich war sehr aufmerksam gegenüber alten Leuten. Wenn ich in Dublin umherstrich und eine alte Frau sah, die Taschen voller Lebensmittel schleppte, trug ich die Taschen für sie. Die alten Frauen boten mir oft ein Stück Brot mit Marmelade oder einen Penny an, aber ich nahm nie etwas an.

Manchmal, wenn genug zu essen im Haus war, machte meine Mama mir ein Sandwich für die Mittagspause in der Schule. Ich ging aus dem Haus, antwortete in der Schule, wenn mein Name aufgerufen wurde, und lief dann in den Phoenix Park, wo ich stundenlang spielte und dann mein Sandwich aß. Immer bot ich alten Leuten oder Obdachlosen, oder wen auch immer ich im Park traf, etwas von meinem Sandwich an. Vielleicht, weil ich selten etwas besaß, hatten die Dinge wenig Wert für mich.

Ein anderer Freund, der später eine überraschende Rolle in meinem Leben spielen sollte, war ein Anstreicher. Er war ungefähr fünfzehn Jahre älter als ich und der Freund meiner Cousine. Wenn ich in den Liberties umherstreifte, sah ich ihn oft, wie er Läden oder Häuser anstrich, und er winkte mir zu und war immer freundlich zu mir.

Wenn ich durch die Straßen wanderte, sah ich oft Leute, die krank waren. Kinder können sehr grausam zu solchen Leuten sein. Wenn jemand verkrüppelt war, wurde er »gammy leg« (Lahmbein) gerufen, oder »bandy leg«(O-Bein). Ein Geisteskranker wurde manchmal als »Bekloppter« bezeichnet. Aber ich war nie so. Und wenn ich hörte, wie Kinder böse oder grausame Dinge zu solchen Menschen sagten, reagierte ich zornig.

»Nennt ihn nicht Lahmbein«, sagte ich. »Er kann nichts dafür.«

Verstehen Sie mich nicht falsch. Wie Sie inzwischen wissen, war ich nicht gerade ein Musterkind. Aber ich war nie absichtlich grausam. Mein Lieblingsstreich war, eine Schnur an einen Türklopfer zu binden und mich dann hinter einem Strauch zu verstecken und an der Schnur zu ziehen. Wenn sich die Tür öffnete, zerriß die Schnur, und die Person hinter der Tür wußte nicht, was los war.

Ich hielt es auch für komisch, einen Mann abzupassen, der oft mit einem Pferdewagen vorbeikam. Er tauschte kleine Windmühlen und Ballons am Stock gegen Marmeladengläser und Lumpen ein. Die Kinder hörten ihn lange, bevor er zu sehen war; er rief: »Lumpen und Marmeladengläser! Lumpen und Marmeladengläser!« Wir sprangen hinten auf seinen Wagen und schnalzten mit der Zunge, damit das Pferd anfing zu laufen und wir mitfahren konnten. Der Mann wurde sehr böse und versuchte, das Pferd zum Halten zu bringen.

»Macht, daß ihr von meinem Wagen herunterkommt, oder ich bring euch um«, schrie er. Und er schlug mit seiner Peitsche nach uns. Seine Marmeladengläser fielen herunter und zerbrachen auf der Straße, und seine Flüche erfüllten die Luft. Das wiederholte sich jede Woche.

Manchmal liefen die älteren Kinder und ich zum Grand Canal, der von den Schiffen der irischen Transportgesellschaft CIE benutzt wurde, die Zucker zur Brauerei brachten. Wir schaukelten am Geländer der Zugbrücke, während die Brücke sich für die Boote öffnete. Das war sehr gefährlich. Oft fielen Kinder dabei hinunter und mußten dann ins Krankenhaus gebracht werden. Manchmal fiel auch ein Kind in den Kanal und ertrank. Es war nichts Ungewöhnliches, zu sehen, wie Kinder aus dem Kanal gezogen wurden. Jedesmal, wenn ihre Kinder nicht rechtzeitig nach Hause kamen, riefen die Mütter: »Jesus, hoffentlich liegen sie nicht auf dem Grund des Kanals.«

Starb jemand in den Liberties, brachte man ihn ins sogenannte »Totenhaus«, eine Leichenhalle hinter der »Union«. Wenn jemand, den wir kannten, im Kanal ertrunken war, wollten wir unseren Mut beweisen, und wir sagten: »Gehen wir unseren Freund im Totenhaus besuchen.« Wir schlichen uns hinein, sahen uns mit ängstlichen Blicken in dem dämmrigen Raum um und rümpften die Nasen über den schrecklichen Geruch. Wir gingen auf Zehenspitzen und betrachteten alle die Leichen, die dort lagen. Die Leichen waren mit Laken zugedeckt. Einer sagte dann immer, er habe gesehen, wie eines der Laken sich bewegte und wie der Tote darunter sich aufgesetzt und uns angestarrt hätte. Die mutigsten Jungen zogen die Laken zurück und sahen sich die Toten an.

Wir sahen darin nichts Außergewöhnliches. Als ich ein Kind war, war der Tod immer gegenwärtig. Ich bin damit aufgewachsen. Wir sprachen oft über die Toten. Das ist bei den Iren Brauch.

Während dieser Kindheitstage, selbst wenn ich auf der Straße mit anderen Kindern spielte, dachte ich oft an meine Mama. Ich war mir ihrer immer bewußt. Ich sorgte mich um sie und wollte bei ihr sein. Ich fühlte mich verantwortlich für meine Mutter und meinen Vater. Viele Leute tranken in Irland, und viele wurden betrunken. Aber nicht alle standen mitten auf der Straße, sangen und tanzten und warfen mit Geld um sich und gingen dann ins Haus, warfen Sachen durch die Gegend und schlugen ihre Frauen. Ich konnte mit meinem Vater umgehen. Wenn einer meiner Brüder ihn zu überreden versuchte, nach Hause zu gehen, wurde er sehr aggressiv. Oder er benahm sich noch idiotischer. Aber wenn er auf der Straße tanzte oder in der Wohnung mit Sachen um sich warf, konnte ich ihn davon abbringen. Manchmal. Man durfte ihn nur nicht anschreien, sondern mußte ruhig mit ihm sprechen.

»Daddy, tu das nicht«, sagte ich dann freundlich. »Alle Kinder lachen dich aus.« Oder ich sagte: »Daddy, komm rein. Ich muß dir etwas sagen.«

»Und wirst du mir dann etwas vorsingen, Ina?« fragte er.

»Ja, komm rein, und ich singe dir was vor. Ich singe die irischen Lieder.« Und dann sang ich, und er hörte aufmerksam zu, und dann fiel er ein und wir sangen zusammen und klatschten in die Hände.

Ich versuchte, Daddy von den Pubs fernzuhalten. Aber wenn man in den Liberties lebte, war der Geruch von Guinness immer gegenwärtig. Wir konnten ihm nicht entkommen. Er hing in der Luft, er durchdrang unsere Kleider und unsere Möbel und schien selbst bis in die Ziegel und den Mörtel der Häuser einzudringen. Er ist wohl auch in meinen Vater eingesickert.

Als Daddy bei Guinness arbeitete, wartete ich gewöhnlich am Tor auf ihn. Wenn er mit seinen Saufbrüdern zusammen war und sich als guter Vater zeigen wollte, dann gab er mir fünfzehn Schillinge oder sogar ein Pfund, das ich Mutter für Lebensmittel nach Hause bringen konnte. Wenn er allein war und versuchte fortzukommen ohne mir Geld zu geben, war ich sehr böse.

»Wenn du mir kein Geld gibst, komme ich dir in den Pub nach und erzähle allen, daß du deiner Familie kein Geld gibst«, sagte ich dann zu ihm.

»Sprich nicht so mit mir«, sagte er. Aber manchmal genügte die Drohung, damit er mir Geld gab.

Wenn Daddy die Guinness-Brauerei durch ein anderes Tor verließ und mir entwischte, begann ich, die Runde durch die Pubs der Liberties zu machen. Wenn ich ihn rechtzeitig fand, konnte ich ihn manchmal überreden, nach Hause zu kommen, bevor er voll war. Nachdem ich die Namen und die Lage aller Pubs, die er aufsuchte, wußte, wich er in andere Gegenden der Stadt aus, damit ich ihn nicht finden konnte.

An solchen Abenden, und davon gab es viele, schickte Mutter eines der Kinder aus, um eine einzige Portion Fisch und Chips zu kaufen. Wir nannten sie »Eins und Eins«, denn so nannten sie die Italiener, die in Dublin lebten. Wenn das Essen kam, setzte sich Mama mit uns Kindern aufs Bett. Mama segnete die Mahlzeit. Wir beteten immer vor unseren Mahlzeiten. Dann träufelten wir Essig auf den Fisch und aßen langsam, genossen Bissen für Bissen und wußten, wenn der letzte Krümel verschwunden war, würden wir immer noch hungrig sein.

Noch heute erinnert mich der Geruch von Essig an die zahllosen Abende, die wir auf dem Bett saßen und Fisch und Chips aßen, mit Essig beträufelt. Essig erinnert mich an Mama. Essig hat einen glücklichen, tröstlichen Geruch für mich. Er erinnert mich daran, daß Mama immer da war, daß wir bei ihr geborgen waren.

Aber dann mußten wir uns mit Vater herumschlagen. Schon von weitem konnte ich ihn singen und die Kinder lachen hören, wenn er versuchte zu tanzen und auf der Straße hinfiel.

Er taumelte dann in die Wohnung, zertrümmerte jedes Möbelstück, das er zu fassen bekam, torkelte quer durchs Zimmer und fiel aufs Bett. Die Lichter gingen aus, und einen Augenblick später hörte ich das verlegene und zornige Flüstern meiner Mutter: »Tom! Nicht, Tom. Nicht, wenn die Kinder im Zimmer sind.«

Aber er gab nicht nach, und ich hörte sein Stöhnen.

Die Gesundheit meiner Mutter verschlechterte sich. Sie war im Schnee böse gestürzt, als sie eine schwere Einkaufstasche trug, und offensichtlich litt sie danach immer an Schmerzen. Sie atmete schwer und schnappte oft nach Luft. Sie wurde dünner und dünner und hustete viel.

Damals schämte ich mich meines Vaters. Und ich haßte es, daß ich mich seiner schämte. Ich schämte mich, daß meine Freunde Witze über ihn machten, daß sie über ihn lachten. Wenn er ausging, ging ich hinter ihm her und tat so, als ob er nicht mein Vater wäre. Aber gleichzeitig liebte ich ihn sehr. Ich betete oft für ihn. Ich war dauernd in der Kirche und betete: »Bitte, ändere meinen Vater. Meine Mama ist müde, und wir haben kein Geld. Wir sind arm. Bitte ändere meinen Vater. Er könnte sich den Kopf aufschlagen und sterben.« Ich bettelte und flehte Gott an, ihn zu ändern.

Ich konnte nicht mehr zählen, wie oft ich ihn zu einem Priester schleppte und den Priester bat, meinem Vater ein Gelübde abzunehmen. Wenn man Gott gelobt, nicht mehr zu trinken, bekommt man eine kleine Anstecknadel. Aber es war immer umsonst.

Einmal brachte ich ihn zu Pater Alexius unten am Merchant's Quay. Pater Alexius lebte in »Adam and Eve's Friary«, einem Kloster an der Südseite des Liffey-Flusses. Ich mochte ihn, weil er Franziskaner war und eine braune Kutte mit einer Schnur um die Taille und Sandalen trug. Ich fand, er sah aus wie Jesus. Und weil er wie Jesus aussah, mußte er ein besonderes Verhältnis zu Gott haben; er konnte mehr tun als andere. Also legte mein Vater wieder das Gelübde ab. Er kam hinaus und zeigte auf die Nadel an seinem Rockaufschlag und sagte: »Ina, diesmal will ich das Gelübde einhalten. Deine Mama ist krank, und wir brauchen Geld. Ich werde ein guter Vater sein, und alles wird o.k. sein mit unserer Familie.«

Als wir nach Hause gingen, war ich so stolz auf meinen Vater! Ich ging neben ihm her, hielt seine Hand, hüpfte vor Freude auf und ab und sah voller Liebe zu ihm auf. Dann blieben wir vor einem Pub stehen, und mich verließ der Mut.

»Keine Sorge, Ina«, sagte er. Seine schönen blauen Augen funkelten, und er lächelte betörend. »Ich gehe nur rein, um die Toilette zu benutzen.«

Ich senkte den Kopf und fragte mich: »Wirklich?« Er lächelte, fuhr mir mit der Hand durchs Haar und sagte: »Ich bin gleich wieder da.« Und mein Dad ging in den Pub, zur Hintertür wieder hinaus und die Straße hinunter in einen anderen Pub, wo er sich betrank und dann nach Hause kam und meine Mutter schlug und die Wohnung ruinierte.

Am Tag meiner ersten Heiligen Kommunion.

Meine Geschwister und ich, 1950. Von links nach rechts: ich, Kathy (oben), Johnny (unten) und Andy.

Ein Panorama der Stadt Dublin mit dem Fluß Liffey. An dessen Ufern ging manchmal mein Vater mit mir spazieren und erzählte mir wunderbare Geschichten. Das waren glückliche Momente.

DROUGHT PRI

OBEN LINKS

Philomena, meine jüngste Schwester, vor der Guinness-Brauerei, in der mein Vater eine Zeitlang arbeitete und die ganz in der Nähe unserer Wohnung lag. Ein Wiedersehen voll trauriger Erinnerungen.

OBEN RECHTS

Die Siedlung in den Liberties, einem Slum-Viertel von Dublin, wo wir wohnten.

Meine Mutter (oben, die dritte von links) mit Freundinnen vor dem St. Kevin's Hospital, wo sie arbeitete.

Vier

Diesen Samstagabend werde ich nie vergessen. Ich war neun Jahre alt. Mein Vater hatte wieder einmal das Gelübde getan, aber diesmal hielt er es ein; er hatte seit Monaten nicht mehr getrunken und war ein anderer Mensch. Er gab Mama Geld für Lebensmittel. Der Strom war eingeschaltet. Und das beste von allem war, daß Vater mit uns zu Abend aß. Meinen Vater zum Essen zu Hause zu haben war wie Weihnachten. Mamas Gesicht strahlte, als sie sich auf den einzigen Stuhl setzte, der noch nicht zerbrochen und im Kamin verheizt worden war.

Wenn Daddy zu Hause war, waren wir eine Familie. Wir waren wie jede andere Familie, die man im Kino auf der Leinwand sieht. Wir waren normal. Wir hatten das Selbstvertrauen, hinauszugehen und mit Freunden zu spielen, an ihre Tür zu klopfen und zu sagen: »Kommst du heraus und spielst mit uns?« Wir spielten Fangen und wir fühlten uns, als ob wir noch tausend Jahre leben könnten.

Daddy nahm mich zu Spaziergängen an den Liffey mit, und er erzählte mir wunderbare Geschichten. Wir sprachen über Fischen und Schwimmen und Sport. Aber am meisten sprachen wir über Mama und über mein Singen und Tanzen. »Deine Mutter ist eine gute Frau«, sagte er oft zu mir. »Sie ist eine Lady. Sie kommt aus einer guten Familie.«

Ich war so stolz! Ich fühlte mich wie jedes andere Kind, das mit seinem Vater spazierengeht. Ich fühlte mich geborgen. Dann und wann hüpfte ich und zeigte ihm einen neuen Tanzschritt. »Ich zeige dir einen Dreifachen«, sagte ich, und ich führte ihm den kunstvollen Schritt vor, und er lachte sich kaputt und applaudierte.

»Hast du deine Mundharmonika in der Tasche?« fragte ich.

»Ja.«

»Und würdest du mir etwas vorspielen?«

»Aber ja, Ina, natürlich spiele ich dir was vor.« Und er spielte die irischen Lieder.

Jener Samstag, den ich nie vergessen werde, stand am Ende einer wunderbaren Woche. Meine Mama war glücklicher, als ich sie je gesehen hatte. Am Freitag hatte sie ihr Geld von der Union bekommen und ging ins Geschäft und kaufte Lebensmittel. Sie kaufte sechs halbmondförmige Sahnetörtchen, Speck, Würste und andere Eßwaren. Und vor allem kaufte sie einen kleinen elektrischen Herd. Er hatte zwei Kochplatten und einen kleinen Backofen. Mama war so stolz auf den kleinen Herd! Sie hatte so schwer für ihn gearbeitet. Dann aßen wir herrlich zu Abend, und Mama lächelte und sah voller Stolz von einem zum anderen.

Samstag morgen begann sie, die Wohnung umzuräumen. Sie überzog das Bett mit hübschen weißen Laken. Sie putzte alle Fenster und polierte die Anrichte. Alles in der Wohnung war blitzsauber. Alles war so gemütlich. Sie fühlte sich wohl. Und sie sprach über das besondere Essen, das es am Abend geben würde. Auf dem neuen Herd briet sie panierten Weißfisch, dazu kochte sie Kartoffeln und Erbsen. Sie kochte sogar Götterspeise und Pudding für den nächsten Tag. Sie stellte die Götterspeise ans Fenster, und die Sonne schien hindurch und tauchte die Spülküche in ein warmes Licht.

Wir waren so stolz auf Daddy. An diesem Samstag ging Mama aus und ließ sich die Haare schneiden. Das war ganz ungewöhnlich. Sie hatte neue Schuhe an, es war das erste Mal, daß ich sie in neuen Schuhen sah, dazu trug sie einen weißen Cardigan mit einer Bluse darunter und einen marineblauen Rock. In unserem Haus verbreitete sich das Vorgefühl eines neuen Anfangs für unsere Familie. Die Kinder wuchsen heran. Ich wußte, Mama hatte das Gefühl, daß es uns langsam besser ging. Sie war stolz darauf. Und auch wir Kinder hatten mehr Selbstvertrauen.

Wir freuten uns, daß Vater nach Hause kommen würde. Um etwa fünf Uhr nahm Mama meine geweißten Pumps und die meiner Schwestern und stellte sie zum Trocknen ans Fenster, damit sie hübsch aussahen, wenn wir am nächsten Morgen zur Messe gingen. Sie wusch unsere Hemden und Unterhosen und legte sie zum Trocknen auf einen kleinen Holzrahmen. Ein Feuer brannte im Kamin. Alles, was ich mir immer gewünscht hatte, war in unserer Wohnung. Ich hüpfte den Flur auf und ab und hielt mich für so gut wie alle anderen. Das Essen war fertig, aber Daddy war noch nicht da. Mutter setzte sich hin und stopfte meines Vaters Socken. Sie trug eine Brille, wenn sie stopfte, und die Brille war ihr auf die Nase gerutscht.

Um etwa sechs Uhr sagte Mama, Daddy habe sich verspätet, und wir sollten nun mit dem Essen anfangen. Der Fisch und der Kartoffelbrei und die Erbsen, alle auf dem neuen Herd zubereitet, waren eine Mahlzeit, die ich nie vergessen werde. Nicht so sehr wegen des Essens, sondern weil Mama glücklich war und weil wir eine Familie waren.

»Ich werde uns eine schöne Wohnung einrichten«, sagte sie beim Essen zu uns. »Wir werden uns nicht mehr schämen. Euer Daddy hat das Trinken aufgegeben.« Und sie lächelte uns alle an, und ich dachte, das Herz würde mir brechen vor Glück.

Nach dem Essen stellte Mutter Daddys Essen warm und setzte sich ans Fenster. Sie setzte ihre kleine Brille auf und begann wieder, Socken zu stopfen. Ich brachte die anderen Kinder zu Bett und setzte mich zu Mutter, um mich mit ihr zu unterhalten. Die Wohnung war warm von dem Feuer und roch nach Fisch und Kartoffelbrei und Erbsen. Es sah aus wie in einem Doris-Day-Film. Ab und zu blickte Mama von ihrer Stopfarbeit auf und schaute suchend zur Straße hinaus.

Um etwa acht Uhr wurde sie nervös und sagte zu mir: »Ina, gehst du bitte hinaus und guckst, wo dein Vater ist? Sieh zu, daß du ihn findest.«

»Arbeitet er heute länger?« fragte ich.

»Nein. Es ist Samstag, und er hat nur einen halben Tag gearbeitet.«

Also ging ich hinaus, langsam, zitternd vor Angst, was ich wohl finden würde. Ich wollte nicht in Daddys Lieblingspub suchen oder in irgendeinem anderen Pub, in dem er gewöhnlich trank. Ich setzte mich auf einen Platz, den wir »den Brunnen«

nannten, ein kleiner Platz auf der James's Street, wo die riesigen Pferde, die die großen, schwer beladenen Wagen zur Guinness-Brauerei zogen, anhielten und Wasser tranken. Hier um diesen Platz saßen die alten Männer und sprachen über die Vergangenheit. Ich wartete unter all den alten Männern und sagte mir immer wieder: »Hoffentlich kommt er hier vorbei, und hoffentlich geht er gerade.«

Um etwa neun Uhr kam Mrs. O'Neill, eine Nachbarin, vorbei. Sie blieb stehen, sah mich an und sagte: »Wenn du deinen Vater suchst, er ist dort drüben.« Sie drehte sich um und zeigte auf den Pub. »Und Jesus, ist der voll.«

Ich konnte nicht in den Pub gehen. Ich wollte meinen Vater nicht betrunken sehen. Es hätte die Welt zerstört, in der ich gelebt hatte, und hätte mir die ganzen Schrecken meines Lebens wieder vor Augen geführt. So wanderte ich eine Zeitlang herum und ging dann nach Hause und sagte Mama, ich könne Daddy nicht finden. Ich setzte mich hin und sah zu, wie sie Socken stopfte. Manchmal sah sie mit einem unendlich schmerzlichen Ausdruck aus dem Fenster. Dann beugte sie sich lange über ihre Arbeit, und ich konnte ihre Augen nicht sehen. Als sie den Kopf hob, strömten Tränen über ihr Gesicht. Sie sah mich mit einem langen Blick an und sagte: »Ina, ich glaube, er wird wieder betrunken nach Hause kommen.«

Ich stand auf, ging zu ihr hinüber und legte meine Arme um sie. »Warum tut er das, Mama? Warum?«

Sie antwortete nicht. Sie gab keinen Laut von sich, während ihr die Tränen über das Gesicht liefen.

»Ich glaube nicht, daß er sich ändern wird, Mama«, sagte ich.

Sie bewegte den Kopf hin und her, und ich wußte nicht, ob sie verneinte, was ich sagte, oder ob sie so böse auf meinen Vater war.

Ich legte meine Hand auf ihre Schulter und sagte: »Weißt du, Mammy, du bist eine sehr gute Mammy.« Und dann fragte ich sie: »Hast du mich lieb?«

Mammy konnte nicht sprechen. Aber sie nickte.

»Vielleicht wird Daddy nach Hause kommen und gerade gehen«, sagte ich.

Sie wischte sich die Augen und sah auf ihre Armbanduhr. Die Pubs hatten geschlossen, und sie wußte, daß Daddy bald zu Hause sein würde. Sie wollte nicht, daß ich sähe, was dann geschehen würde. »Geh ins Bett«, sagte sie.

»Nein, ich warte.«

»Nein, du gehst ins Bett.«

Ich sah zur anderen Seite des Zimmers. Da stand Johnny, mein jüngerer Bruder, und bohrte in der Nase.

»Johnny«, sagte meine Mutter scharf. »Bohr nicht in der Nase.«

Johnny war nervös. Er wußte, was los war. Wir alle wußten es.

Ich ging zu Bett. Aber ich konnte nicht schlafen. Ich konnte nie schlafen, wenn Daddy trinken gegangen war. Wir hatten alle zu große Angst, was geschehen würde, wenn er nach Hause kam. In vielen Nächten, mehr Nächten, als ich zählen kann, saß ich im Bett, die Hände auf den Ohren und mit angezogenen Beinen, schaukelte hin und her und wartete, daß das Gebrüll und die Gewalttätigkeit aufhören würden.

In jener Nacht hörten wir Daddy, bevor wir ihn sahen. »Get along, little dogie, get alooooooonng.«

Wir sahen ihn über den Gehsteig schwanken, als er einen Steptanz versuchte, und wir hörten sein Stöhnen, als er hinfiel.

Meines Vaters betrunkene Stimme zu hören, ihn fluchen zu hören, als er fiel, war für mich das Ende der Welt. In jener Nacht wurde all meine Hoffnung zunichte. Es wäre besser gewesen, wenn Daddy nie aufgehört hätte zu trinken. Ich hatte Angst, ich müßte hinaus auf die Straße gehen und meinen Vater aufheben. Ich hatte Angst, er würde sich über sich selbst und mich und die ganze Wohnung übergeben.

Aber Daddy schaffte es in dieser Nacht, sich die Stufen hinaufzuschleppen. Ich ging zur Tür, als er hereintorkelte. Mutter bekreuzigte sich, dann barg sie das Gesicht in den Händen und weinte.

»Wo ist mein Essen?« brüllte er.

Mutter sagte nichts. Sie stand auf und nahm sein Essen aus dem kleinen Ofen und stellte es auf den Tisch. Er rülpste und taumelte umher und kickte gegen die Möbel. Er setzte sich hin und sah auf den Teller.

»Was ist das?« knurrte er.

»Dein Essen ist trocken geworden, Tom«, sagte meine Mutter. »Es hat seit sechs Uhr im Ofen auf dich gewartet.«

Daddy grunzte, nahm den Teller und warf ihn an die Wand. Er versuchte, den Tisch und den einzigen Stuhl zu zertrümmern.

Meine kleinen Schwestern und ich standen im Türrahmen und sahen zu. Und wir hörten Mama sagen: »Tom, bitte tu uns das nicht an. Tu uns das nicht an.«

»Get along, little dogie, get aloooonnng.«

Er schaute hinüber zur anderen Seite des Zimmers und sah mich. »Ich habe in Belfast geboxt«, sagte er. »Dein Vater hätte Weltmeister werden können. Wußtest du das? Jaah, dein Vater war ein großer Sportler, das war er. Ein Champion-Schwimmer und ein großer Fußballspieler.«

Er schwankte umher und stieß sich an den Wänden und starrte Mama böse an. »Ich habe auf der amerikanischen Marinebasis in Schottland gearbeitet«, sagte er. »Sie wollten mich mit nach Amerika nehmen. Aber –«, er hielt inne und warf meiner Mutter einen haßerfüllten Blick zu. »Sie wollte nicht.« Er rülpste laut und rieb sich den Bauch.

»Schrei Mama nicht an«, sagte ich zu ihm. Mama versuchte, mit uns ins Schlafzimmer zu gehen, aber Daddy hielt sie fest und schleuderte sie brutal durchs Zimmer. Sie schlug mit dem Rücken gegen den eisernen Rahmen des Bettes, und ihre Brille flog durchs Zimmer. Ich hörte sie aufstöhnen und sah ihr schmerzverzerrtes Gesicht.

Sie stand auf und rang nach Luft, und ihr Gesicht war rot. Normalerweise war sie sehr blaß. »Tom, diesmal verlasse ich dich. Es ist mir gleichgültig, was der Priester sagt. Ich verlasse dich. Ich nehme die Kinder und verlasse dich, bevor du mich umbringst. Bevor du deine Familie zerstörst. So wahr Gott im Himmel ist, du bringst mich um. Der Teufel hat dich in seinen Klauen, Tom. Du bist dem Alkohol verfallen. Und ich kann es nicht mehr ertragen.« Sie zitterte vor Wut und Schmerz und Hilflosigkeit. Was er ihr auch in all den Jahren gegeben hatte, was immer an Gutem in den vergangenen paar Monaten in ihrem Leben gewesen war, was auch an Hoffnung sie gehabt hatte – er hatte ihr alles genommen mit fünfzehn Flaschen Guinness.

Daddy brüllte und schlug auf die Möbel ein. Meine kleinen Schwestern weinten: »Daddy, tu uns nichts. Tu Mammy nicht weh.«

»Daddy, willst du dich nicht hinlegen?« fragte ich. Doch dieses Mal hatte ich keinen Einfluß auf ihn. Er warf mich gegen die Wand und schlug dann wieder auf Mammy ein. Ich dachte, sie würde sterben. Ihr Atem ging sehr schwer.

»Du bringst meine Mama um«, schrie ich. »Gott wird dir nie verzeihen.« Er hielt inne, torkelte durchs Zimmer auf mich zu. »Bitte, tu Mammy nicht weh«, flehte ich. Ich hatte furchtbare Angst. Ich wollte meinen Vater schlagen; ich wollte ihn so fest schlagen, daß er nie mehr aufwachen würde. Daddy sah mich an, und einen Augenblick lang dachte ich, er würde mich wieder schlagen. Dann plötzlich tanzten seine blauen Augen, er setzte sich hin und zog mich auf seinen Schoß. Er lächelte, und seine blauen Augen tanzten.

»Oh Danny Boy...«, begann er mit seinem wunderschönen irischen Tenor. »Ina, wußtest du, daß dein Vater in Belfast geboxt hat? Er hätte Weltmeister im Boxen werden können. Jaah, dein Vater war ein Meistersportler.« So ging es endlos weiter. Mama dachte, er sei nun abgelenkt, und er habe sie vergessen. Sie versuchte, sich ins Schlafzimmer zu schleppen. Aber er sah sie und zerrte sie heraus, und sie mußte ihm zuhören. Wir mußten alle zuhören. Stundenlang erzählte er uns, was für ein großer Mann er eines Tages sein würde.

Fünf

Nach meiner ersten heiligen Kommunion war ich in den Augen der katholischen Kirche kein Kind mehr; nun konnte ich Recht von Unrecht unterscheiden und wußte, was Sünde war. Und von diesem Zeitpunkt an begann ich, Schuldgefühle zu haben.

Lassen Sie mich erzählen, was am Tag meiner Kommunion geschah, vielleicht werden Sie dann verstehen, warum ich von diesem Tag an die Dinge mit anderen Augen sah.

In einem katholischen Land wie Irland ist die Erstkommunion eines Kindes ein besonderes Ereignis. Ich war herausgeputzt wie eine kleine Braut, trug einen langen Schleier und weiße Schuhe, und in der Hand hielt ich einen Rosenkranz und mein erstes Gebetbuch.

Wochen vor diesem gesegneten Tag gaben mir die Leute aus der Nachbarschaft Geld. An jenem Morgen zählte ich die Münzen. Es waren elf Schilling, viel Geld für eine Sechsjährige. Sechs Schillinge gab ich meiner Mutter, um Lebensmittel zu kaufen, vier Schillinge meinem Vater, und von dem Rest kaufte ich eine feine Eistüte, eine Flasche Limonade und ein Päckchen Chips.

Mein Vater sagte, er würde das Geld für eine todsichere Wette beim Pferderennen einsetzen. Er wisse, daß er gewinnen und viel Geld bekommen würde, und dann könnten wir aus dem Mietshaus ausziehen, und meine Mutter bräuchte nicht mehr zu arbeiten.

Aber Daddy nahm das Geld, um sich zu betrinken. Er kam nicht zu meiner Kommunion.

Es war das erste wichtige religiöse Ereignis meines Lebens,

und ich benutzte einen Teil meines Kommuniongeldes dazu, eines von Vaters Besäufnissen zu finanzieren. Ich bezahlte dafür, daß sich mein Vater so betrank, daß er nicht zu meiner Kommunion kommen konnte. Ich fühlte mich deshalb schuldig, auch wenn mein Vater beteuerte, er sei nur deshalb nicht gekommen, weil seine Schuhe so abgetragen waren und er nicht wollte, daß ich mich seiner schämen mußte.

Noch schlimmere Schuldgefühle hatte ich wegen einer anderen Geschichte, die kurz nach meiner Kommunion passierte. Es fing damit an, als meine Freundin Lilly mit ganz kurz geschnittenen Haaren erschien, die eng an ihrem Kopf anliegend zurückgekämmt waren.

»Was ist das?«, fragte ich.

»Es ist ein E.S.«, sagte sie.

»E.S.? Und was ist das?«

»Ein E.S. ist ein Entenschwanz. Der letzte Schrei.«

Ich sah an ihr hinunter, und sie hatte schwarze flache Schuhe an, die neu waren.

»Und das da?«

»Boppers.«

»Boppers? Was is'n das?«

»Das Allerneueste. Die ziehst du an für Rock 'n' Roll.«

»Rock 'n' Roll? Was is'n das?«

»Ach, da rockste und da rollste. Das Allerneueste.«

Als ich Mama fragte, ob ich meine Haare wie Lilly schneiden lassen dürfe, war sie entsetzt. Ich hatte blondes Haar, das so lang war, daß es mir bis auf den Rücken fiel. Es glänzte in der Sonne, und meine Mutter war sehr stolz darauf. Sie sagte, das käme von ihrer Seite der Familie, von der deutschen Seite.

»Du hast schöne Haare«, sagte sie. »Außerdem können wir es uns nicht leisten, daß du dir die Haare schneiden läßt. Nun komm rein und sprich deine Gebete.«

Mama liebte meine Haare. Abends flocht sie winzige Stoffstreifen hinein, damit ich am nächsten Tag Locken hätte. Meine Mama war sehr altmodisch in dieser Beziehung, sie mochte keine Trends und Moden.

Auf dem Kaminsims lag eine Muschel, unter die Mutter von

Zeit zu Zeit einen Penny oder ein Sixpencestück schob. Das Geld war für die von uns so genannte »Todesversicherung« bestimmt – für Begräbniskosten. Das war meiner Mutter sehr wichtig, und ich erinnere mich, wie sehr sie sich aufregte, wenn die Versicherung verfiel. Sie verfiel oft, doch für gewöhnlich brachte sie das Geld auf, um die Versicherung wieder in Kraft treten zu lassen. Aber schließlich, und zu einer äußerst ungelegenen Zeit, verfiel sie erneut und wurde nicht wieder erneuert.

Nachdem meine Mutter gesagt hatte, ich dürfe mir die Haare nicht abschneiden lassen, überlegte ich hin und her. Dann sah ich Lilly an und entschied, daß ich auch einen Entenschwanz haben müsse. Also nahm ich das Geld aus der Muschel und ging in das Friseurgeschäft auf der Meath Street.

»Ich möchte einen Entenschwanz«, sagte ich.

»Du hast so schönes Haar«, sagte die Frau. »Bist du sicher, daß deine Mutter damit einverstanden ist, daß du es abschneiden läßt?«

»Ja, ganz bestimmt.«

Also schnitten sie mir die Haare ab und machten mir einen Entenschwanz.

Als Mama um etwa vier oder fünf Uhr nachmittags müde von der »Union« nach Hause kam, stand ich am Fenster und versteckte meinen Kopf hinter dem Vorhang.

»Was machst du denn hinter dem Vorhang?« fragte sie.

»Ich muß dir was sagen. Aber bitte schimpf nicht mit mir.«

»Komm hinter dem Vorhang hervor.«

»Ich kann nicht. Meine Haare sind ab.«

»Was?«

»Ich hab den Einser und Sechser, die unter der Muschel lagen, genommen und mein Haar schneiden lassen. Ich hab einen Entenschwanz.«

»Komm raus.«

Ganz, ganz langsam, mit gesenktem Kopf, trat ich vor.

»Oh, Ina. Du hast dein schönes Haar ruiniert. Es wird nie wieder so schön nachwachsen. Du siehst unmöglich aus! Unmöglich! Und du hast meinen Einser und Sechser genommen? Das Geld für die Todesversicherung?«

»Ja.«

Meine Mama schickte mich zur Beichte, und ich mußte beten, daß so etwas nie wieder passieren würde. Wochenlang mußte ich zu Hause bleiben. Und ich bezahlte den Einser und den Sechser zurück.

Seitdem habe ich nie wieder etwas gestohlen. Ich konnte nicht. Das hatte mit Mama zu tun und mit meinen Schuldgefühlen.

Meine Mammy war damals oft im Krankenhaus. Eines Nachts, ich war sieben Jahre alt und sie lag wieder im Krankenhaus, hörte ich durch ein zerbrochenes Fenster ein Stöhnen und Heulen, das der Wind verursachte.

Am nächsten Tag fragte ich Lilly: »Hast du letzte Nacht jemand schreien hören?«

»Ja«, sagte sie. »Gestern abend hab ich die Banshee vor eurem Fenster gesehen. Sie hat ihr Haar gekämmt und hat ihren Kamm vor eurer Wohnung fallen lassen.«

»Nein, nein«, schrie ich. »Sag das nicht!«

»Doch«, sagte sie. »Die Banshee war vor eurem Fenster.« Meine Mama würde sterben. Ich wußte es. Und zwar, weil ich meinem Vater Geld gegeben hatte, damit er sich an meinem Kommunionstag betrank, und weil ich das Geld für die Todesversicherung gestohlen hatte, um mein Haar schneiden zu lassen.

Monate vergingen. Jahre vergingen. Es gab keinen Grund mehr zu denken, der Tod würde meine Mammy holen. Sie war nicht gesund, sie war nie gesund gewesen, aber nichts deutete darauf hin, daß sie sterben müsse. Aber diese schreckliche Angst blieb. Ich konnte sie nicht loswerden.

Mit zehn Jahren feierte ich meine Firmung, die noch wichtiger ist als die erste Kommunion. Die Katholiken glauben, man wird dann vom Heiligen Geist erfüllt und gewinnt ein tieferes Verständnis vom katholischen Glauben.

Etwa eineinhalb Jahre lang hatte meine Mutter Geld beiseite gelegt, um mein Firmkleid kaufen zu können. Sie sparte Pennies, machte Überstunden und verzichtete auf vieles, damit ihre älteste Tochter eine anständige Firmung feiern konnte.

»Was kann ich nur für deine Firmung tun?« sagte sie immer wieder. »Wie machen wir das nur?«

»Kannst du nicht ein halbes Jahr mit dem Trinken aufhören, damit deine Tochter ein Firmkleid bekommen kann?« sagte sie zu meinem Vater. Sie flehte ihn an, ihr zu helfen, und jedesmal versprach er, mit dem Trinken aufzuhören und ihr Geld zu geben.

Aber Mama machte alles alleine. Sie kochte und schrubbte stundenlang in der »Union«, sie arbeitete zehn Stunden am Tag und war erschöpfter denn je. Aber sie schaffte es.

Sie kaufte mir ein schönes rosa Kleid mit einer kleinen Rosette am Gürtel, von der zwei Bänder herabhingen. Es besaß ein verstecktes Täschchen, hatte kleine weiße eingewebte Pünktchen mit etwas Flitter darin und reichte bis unters Knie. Den Saum schmückte eine breite Rüsche, den runden Kragen ein wenig rosa Spitze. Auch um die Rosetten waren Spitzen genäht, ebenso um den Saum der Puffärmel. Darunter trug ich einen Unterrock aus rosa Taft. Das Kleid wurde mit kleinen Knopfpaaren am Rücken geschlossen. Noch nie hatte ich so etwas Schönes besessen.

Als Schuhe bekam ich braune Slippers. Seit Jahren hatte ich mir ein Paar Slippers gewünscht. Alle meine Freundinnen hatten welche. Das einzige, worum ich meine Mutter zur Firmung gebeten hatte, waren braune Slippers. Sie kaufte weiße Socken mit einem schmalen rosa Rand dazu und ein braunes Korbtäschchen mit einem runden Henkel.

Über dem Kleid trug ich einen beigefarbenen, wadenlangen Mantel. Ich konnte ihn mit Gürtel, Halbgürtel oder ohne Gürtel tragen. Er war wunderschön.

Und Mama kaufte mir ein perlmuttverziertes Gebetbuch.

Die Leute aus der Nachbarschaft, alles gute Katholiken, schenkten mir Geld zur Firmung. Gewöhnlich behalten die Kinder dieses Geld. Nach ihrer Firmung gelten sie als erwachsen. Aber Daddy kam zu mir und verlangte das Geld. Er weinte und sagte: »Ina, diesmal will ich wirklich dafür sorgen, daß deine Mammy gesund wird. Ich will alles für sie tun, was ich kann. Diesmal weiß ich ein Pferd, das mit Sicherheit gewinnt. Man hat mir den Tip gegeben. Ich werde gewinnen und Sachen kaufen, die das Leben leichter für uns machen. Ich werde alle unsere Rechnungen bezahlen.«

Also gab ich ihm den Großteil des Geldes, und er ging damit in den Pub. Ich behielt genug zurück, um meiner Mama eine Flasche Gerstenwasser mit Zitronengeschmack zu kaufen. Sie sagte, das sei gut für sie. Und ich kaufte ihr Orangen, außerdem Chips und Eis am Stiel für meine kleine Schwester und meinen jüngeren Bruder.

Am Samstag vor meiner Firmung kam Mammy ins Krankenhaus. Es war März, und die Wohnung war eiskalt. Als ich am Morgen aufwachte, wußte ich, daß etwas Schreckliches geschah. Philomena und ich schliefen bei Mama, weil es so kalt war. Ich hatte lange geschlafen. Ich hatte eine Halsentzündung. Auch Philomena war krank und schlief lange. Ich wachte wohl von den Geräuschen auf, die meine Mama machte. Sie lag auf dem Rücken und rang nach Luft und keuchte. Sie war dünn wie ein Stecken, und ihr Gesicht war eingefallen und gelb. Sie mühte sich, aus dem Bett zu kommen, stützte sich auf die schwere Eichenanrichte und stand da, zusammengesunken und schwankend. Dann drehte sie sich herum und starrte lange in den Spiegel, während ich sie vom Bett aus beobachtete. Mit zitternden Fingern fuhr sie sich über die Augen, seufzte und sagte mit tonloser Stimme: »Ich sterbe.«

Sie drehte ihre Hände um und besah sich ihre Handflächen mit einem ungläubigen Gesichtsausdruck. »Ich sterbe«, wiederholte sie.

Noch immer auf die Anrichte gestützt, sagte sie zu mir: »Ina, geh nach nebenan und hole Mrs. Kelly. Bitte sie, herüberzukommen.«

Mrs. Kelly eilte herbei, sah meine Mama an und sagte: »Annie, was fehlt dir?«

Mamas Stimme war sehr schwach. »Ich weiß es nicht. Tom ist wieder fortgegangen und nicht zurückgekehrt. Das Feuer ist aus, wir haben nichts zu essen. Wir haben keinen Strom.«

Mrs. Kelly schickte mich zur Ambulanz. »Sag Doktor Finnegan, er soll sofort kommen«, sagte sie. »Deine Mutter ist sehr krank. Sag ihm, sie sei sehr krank.«

Bevor ich ging, hörte ich, wie meine Mutter zu Mrs. Kelly sagte: »Die Kinder haben seit gestern nichts mehr zu essen gehabt. Es gibt noch ein wenig Porridge in einem Karton im Schrank. Würdest du dafür sorgen, daß sie etwas in den Magen bekommen?« Mrs. Kelly guckte in die leeren Regale und schüttelte den Kopf.

Ich rannte die zehn Blocks bis zur Ambulanz. Mehrere Leute warteten dort. Ich stürzte auf den Mann beim Empfang zu und sagte: »Meine Mama ist sehr krank. Mrs. Kelly sagt, Doktor Finnegan muß sofort kommen.«

»Setz dich und warte, bis du dran bist«, sagte er zu mir.

Aber es dauerte fast zwei Stunden, bis ein Arzt kam. Mrs. Kelly führte ihn so schnell ins Schlafzimmer, daß die Tür nur angelehnt blieb. Ein paar Minuten später hörte ich den Arzt zu Mrs. Kelly sagen: »Sie müssen Mr. Byrne finden. Diese Frau liegt im Sterben.«

Mein Herz schlug wie wild. Mrs. Kelly kam aus dem Zimmer und sagte sehr freundlich zu mir, ich müsse meinen Vater suchen und ihn so schnell wie möglich nach Hause bringen.

Ich rannte und rannte, rannte in alle Pubs auf der James Street, zur Cozy Bar, zur Canal Bar, zu Maher's, zu O'Reilley's. Meine Beine waren eiskalt, und ich dachte, mit mir müsse etwas nicht in Ordnung sein. Meine Beine konnten nicht nur von der Kälte so weh tun. Ich stürzte in jeden Pub.

»Wissen Sie, wo mein Daddy ist?« fragte ich. Aber ich konnte ihn nicht finden. Und ich dachte, es sei meine Schuld, daß ich meinen Vater nicht finden konnte, wenn meine Mutter so krank war.

Von Schuldbewußtsein und vom Gefühl zu versagen überwältigt, begann ich zu weinen.

Dann sah ich einen alten Mann vor McConnell's Pub stehen. Er hatte einen dicken Schnurrbart und einen großen Hut auf. Und ich sagte zu ihm: »Wissen Sie, wo mein Daddy ist? Meine Mutter liegt im Sterben, ich muß ihn finden.«

Er hob seine buschigen Augenbrauen, sah mich an und fragte: »Kind, wer hat dir gesagt, deine Mutter müsse sterben?«

»Der Doktor hat es gesagt.«

Er schüttelte den Kopf, und ich rannte weiter. Inzwischen war es Mittag geworden, und die Menschen in den Kneipen sangen.

Ich lief überall hin, sogar hinunter zu den Kais, aber ich konnte Daddy nicht finden.

Als ich nach Hause zurückkam, setzte ich mich zu meiner Mama aufs Bett.

Philomena stand in der Ecke und weinte. Der Rost im Kamin war leer, die Asche kalt. Die Spülküche war wie tot; kein Essen, keine angenehmen Gerüche. Alles war tot.

Der Krankenwagen kam, und die Sanitäter legten meine Mutter vorsichtig auf eine Bahre und deckten sie mit einer roten Decke zu. Als sie sie aufheben wollten, hob meine Mutter die Hand zum Zeichen, daß sie warten sollten. Ihre Augen schweiften durchs Zimmer, dann sah sie Philomena und mich lange an, dann wieder das Zimmer.

»Ich glaube, ich komme nicht wieder«, sagte sie.

Draußen vor der Wohnung hatten die Nachbarskinder den Krankenwagen gesehen und mit ihren Eltern gesprochen. Als ich herunterkam, hörte ich ihr Gemurmel: »Meine Mammy sagt, Mr. Byrne hat sie umgebracht.« Ich hörte, wie ein anderes Kind sagte: »Meine Mammy hat gesagt, er bringt sie seit vierzig Jahren um, er ist ein Säufer.«

»Meine Mammy wird nicht sterben«, schrie ich sie an. »Sagt so was nicht! Und sprecht nicht so über meinen Daddy!« Dann rannte ich hinter dem Krankenwagen her, folgte ihm, während er langsam durch das Tor des Mietshauses fuhr und an der Mauer entlang, die die Guinness-Brauerei umgab.

Mein Vater kam später nach Hause. Er war viel zu betrunken, als daß wir ihm über Mammy berichten konnten, und wir ließen ihn ein paar Stunden im Sessel schlafen. Wir saßen auf dem Boden und starrten ihn an, wie er schnarchte und hustete, nach Bier stank und wie der Speichel ihm übers Kinn lief.

Gegen sechs Uhr am späten Nachmittag erzählten wir ihm von Mammy, und ich ging mit ihm ins Krankenhaus. Es war ein milder Tag, regnerisch und neblig. Im Krankenhaus war die Besuchszeit schon vorüber.

»Ich bin Thomas Byrne, und ich bin gekommen, um meine Frau, Annie Byrne, zu besuchen«, sagte Daddy zu dem Wachmann.

»Die Besuchszeit ist vorüber. Und Sie können das Kind nicht mit hereinnehmen.«

Dann sah der Wachmann meinen Vater seltsam an. »Wie war der Name Ihrer Frau?«

»Byrne. Annie Byrne. Sie ist hier. Sie ist krank geworden.«

»Können Sie einen Moment hereinkommen, Mr. Byrne?«

Der Wachmann gab mir ein Zeichen, daß ich draußen warten sollte. Er flüsterte meinem Vater etwas zu und gab ihm ein Blatt Papier. Er war sehr nett zu meinem Vater. Ich hörte ihn etwas von einem »Sterbepaß« sagen.

Als mein Vater herauskam, war er erschüttert. Ich konnte es an seinem Gesicht sehen. Ich glaubte, Tränen in seinen Augen zu bemerken. Er ging schnell und sah mich nicht an.

»Warum hat er dir das Blatt Papier gegeben?« fragte ich meinen Vater. Ich hielt mich an seinem Rock fest und versuchte, mit ihm Schritt zu halten. Er gab mir keine Antwort.

»Ich hab gehört, daß er etwas von einem Sterbepaß gesagt hat«, sagte ich. »Was bedeutet das?«

»Du bildest dir etwas ein, Kind.« Er wischte sich die Augen.

»Warum weinst du dann?«

»Das ist der Märzwind, der mich in den Augen beißt. Hör auf, so zu reden.«

»Mammy wird doch nicht sterben, oder?«

»Hör auf, so zu reden. Und sag so etwas nicht zu deiner Mutter. Und daß du mir nicht weinst. Wenn sie sieht, daß du dich aufregst, dann stirbt sie.«

Als wir auf die Station kamen, zeigte die Schwester Daddy, wo Mammy lag. Ihr Bett stand am Fenster, und sie sah hinaus in den grauen, regnerischen Tag.

Ich wollte stark sein. Ich lächelte, hielt ihre Hand und sagte: »Hallo, Mammy.« Sie bat mich um ihren Lieblingscardigan, den moosgrünen mit den rosa Streifen. Den sollte ich ihr bringen. Und sie machte sich Gedanken um den Hut, den ich zu meiner Firmung tragen sollte. Sie wünschte sich einen Halbmondhut für mich, aber es war nirgends einer zu finden, also wollte ich eine Baskenmütze aufsetzen. Sie regte sich sehr darüber auf und sprach dauernd darüber, daß ich den richtigen Hut tragen müsse.

Plötzlich sagte ich, ohne zu wissen warum: »Mammy, ich werde nicht mehr singen.«

Sie wandte den Kopf und sah mich an: »Du wirst weiter singen. Du wirst schon einen Weg finden. Es ist in deinem Blut, von klein auf.«

Sie lächelte und bat mich, ihr etwas vorzusingen. »Sing mir eins deiner Sophie-Tucker-Lieder«, sagte sie mit schwacher Stimme.

»Some of these days/ You're gonna miss me, baby...«, sang ich. Das Herz tat mir weh, aber ich sang für sie.

»Das ist sehr gut«, sagte sie. Sie hob den Finger. »Wenn du singst, sing mit deinem Herzen. Sing immer mit deinem Herzen.«

Daddy war sehr zerknirscht an diesem Tag. Er hatte sein Ich-werde-aufhören-zu-trinken-und-das-schwöre-ich-Gesicht aufgesetzt. Mammy sah ihn an und schüttelte den Kopf. Sie hatte das zu oft gehört. Sie hatte immer so getan, als glaubte sie ihm, als gäbe es Hoffnung. Aber jetzt lag sie im Sterben, und jetzt konnte sie meinem Vater endlich die Wahrheit sagen.

»Tom, du wirst dich niemals ändern«, sagte sie. Traurigkeit lag in ihrer Stimme, Traurigkeit und Zorn. »Und nun ist es zu spät, Tom. Ich werde sterben, und was wird mit meinen Kindern geschehen? Was wird geschehen, Tom?«

»Hör auf, so zu reden«, fuhr er auf. »Du bist eine junge Frau.«

»Tom, was wird mit meinen Kindern geschehen?«

Mein Vater gab ihr keine Antwort. Und nie, weder vorher noch nachher, habe ich jemals solche Angst verspürt wie in diesem Augenblick.

Plötzlich wandte Mammy sich an mich und fing wieder von meinem Hut an. »Ich möchte, daß du gehst und diesen Halbmondhut findest. Trag zu deiner Firmung nicht diese Baskenmütze.«

Daddy war still, als wir das Krankenhaus verließen.

»Was fehlt denn Mammy?«, fragte ich.

»Als sie damals in den Schnee gefallen ist, hat ihr Herz sich verschoben.«

Ich wußte nicht, was er meinte. Einen Häuserblock entfernt

von dem Krankenhaus, in dem meine Mutter im Sterben lag, blieb Daddy vor einem Pub stehen. Ich war viel zu klein, um in einen Pub zu gehen, in dem schwarzes Bier getrunken und gesungen wurde. Daddy ließ mich draußen in der bitteren Kälte stehen. Ich hockte mich neben die Tür, schlang die Arme um die Beine und kauerte mich zusammen, um mich warm zu halten. Nach langer Zeit kam Daddy heraus und gab mir ein paar Pennies. »Geh und hol dir Chips«, sagte er. Bevor ich antworten konnte, war er wieder drinnen im Pub.

Ich stand auf, die Beine steif vor Kälte, sah die Münze an und ging die Straße herunter, um eine Portion Chips zu kaufen.

Dann ging ich nach Hause. Ich hatte große Angst, daß Mama sterben würde, aber ich mußte so tun, als hätte ich keine Angst. Mama machte sich Sorgen wegen meiner Firmung und wollte sicher sein, daß meine Kleider in Ordnung waren, daß mein Haar ordentlich gekämmt war, daß alles einfach perfekt war und daß ich meinen Katechismus gelernt hatte.

Am nächsten Tag zog ich meine Firmsachen an und ging damit ins Krankenhaus, damit sie sehen konnte, wie ich in ein paar Tagen aussehen würde. Und als ich wieder fortging, hörte ich eine der Nonnen sagen: »Die arme Frau hält so lange durch, bis das Kind gefirmt worden ist.«

An jenem Abend badete ich in einer Blechbadewanne und wusch mein Haar. Ich stand am nächsten Morgen früh auf und zog meine neuen Sachen an. Ich war so stolz. Ich dachte, auf der ganzen Welt gäbe es kein Kind wie mich, so einzigartig, jeder würde mich bewundern, weil mein Kleid schöner war als das aller anderen. Ich tanzte herum wie eine kleine Elfe, und vor jedem Fenster blieb ich stehen und betrachtete mein Spiegelbild. Ich sang den ganzen Morgen fröhliche Lieder und knickste und verneigte mich, als sei ich bei Hofe. Mrs. Bourke, eine Nachbarin, die uns betreute, während Mammy im Krankenhaus war, sagte zu mir: »Hör mit dem Unsinn auf. Du wirst dich verspäten. Sing nicht so früh schon am Morgen. Du solltest für deine arme Mutter beten.«

Es müssen wohl einige Dutzend Kinder gewesen sein, die an jenem Tag gefirmt wurden. Ich erinnere mich nur, daß die

St. James's Church voller Menschen war. Im Verlauf der Feier nimmt ein Kind einen anderen Namen an, den Namen des Heiligen, den es am meisten liebt. Ich wählte den Namen Annie, wie auch meine Mutter hieß. Der Bischof stellte jedem Kind Fragen aus dem Katechismus, aber mich fragte er nichts. Er sah mich einen Augenblick an, tätschelte meinen Kopf und wandte sich dem nächsten Kind zu. Ich fand es seltsam, daß er mich nichts fragte, daß er nicht prüfen wollte, ob ich den Katechismus kannte, bevor ich gefirmt wurde.

Mein Vater war nicht unter der Menschenmenge in der Kirche. Er war betrunken. Nach der Firmung wurde ein Gruppenfoto gemacht, und dann lief ich fort ins Krankenhaus, um meiner Mutter von meiner Firmung zu erzählen.

Sie rang nach Luft, doch ihre Augen leuchteten, als sie mich sah. Sie bedeutete mir mit der Hand, mich umzudrehen, damit sie alles sehen konnte. Sie zeigte mir, wie ich die kleine Baskenmütze zurechtrücken sollte – sie mochte sie noch immer nicht und regte sich sehr auf, daß ich keinen Halbmondhut gefunden hatte –, und sie sah mich von oben bis unten an und begutachtete jede Einzelheit des Kleides.

»Mein Kleid ist wunderschön. Es ist sehr schön«, sagte ich zu ihr.

Sie starrte mich an, während Tränen langsam über ihr Gesicht liefen. Sie war heiß und blaß.

Ich sagte, ich würde arbeiten gehen und Geld verdienen und ihr ein Sofa kaufen und alles, was sie sich wünschte, und Daddy würde nicht mehr trinken, und alles würde in Ordnung kommen. Ich sagte, in ein paar Jahren, wenn ich dreizehn wäre, müßte ich nicht mehr zur Schule gehen; dann könnte ich arbeiten. Und ich sagte, ich wolle keine Gesangs- und Tanzstunden mehr nehmen, damit wir Geld sparen könnten.

Sie machte eine schwache Handbewegung zu mir und sah mich bekümmert an. »Du gehst zur Schule«, sagte sie. »Und du wirst weiter singen.« Ihre Stimme war so leise und schwach.

In diesem Augenblick kamen mein Vater und einer meiner Brüder zur Tür herein, und ich wandte mich zum Fenster, damit Mammy nicht die Tränen auf meinen Wangen sehen konnte. Ich winkte ihr zu, lief aus dem Zimmer und rannte aus dem Krankenhaus hinunter zur Grotte Our Lady of Lourdes in der Meath Street. Dort, in der Grotte, befand sich ein Stein, der kam aus Lourdes, und als ich noch ganz klein gewesen war, hatte Mammy mich dorthin gebracht und den Stein an meinen Hals gedrückt, um die entzündeten Lymphknoten zu heilen.

»Gott, Jesus und Heiliger Geist«, betete ich. »Wenn ihr meine Mammy leben laßt, werde ich in den strengsten Orden der Welt gehen und im Kloster leben. Laßt nur meine Mammy leben. Laßt sie nicht sterben.«

Ich schluchzte beim Beten. Außer einem Ministranten, der die Kerzen löschte, war niemand in der Kirche. Dann ging der Ministrant, und ich war ganz allein.

In den nächsten Tagen war unsere Wohnung voll von Verwandten, die meisten aus der Familie meines Vaters, und ich hörte einige von ihnen sagen: »Annie wird sterben.« Das sagten sie ganz gelassen.

Als ich am Samstag nach der Firmung Mutter besuchte, trug ich mein Firmkleid, weil es ihr so gefallen hatte. Ich ging durch die Korridore und sah die abblätternde, schmutzige Farbe an den Wänden und roch den schrecklichen Geruch von Desinfektionsmitteln. Ich haßte diesen Geruch schon damals und hasse ihn noch heute. Ich war zehn Jahre alt, ein Kind, und der Korridor kam mir endlos vor. An jeder Seite des Korridors standen Handwagen, gefüllt mit schmutzigen Laken, und zerbeulte Sauerstoffbehälter. Die Wände waren rot beschriftet, und dicke Rohre liefen an ihnen entlang. Alles war sehr dunkel und düster.

Als ich Mamas Zimmer betrat, stand da eine Frau, eine Nachbarin, und sah mich ganz komisch an. Nonnen huschten auf mich zu, ihre Rosenkränze rasselten, und eine von ihnen ergriff mich am Arm, zog mich heftig fort und sagte: »Kind, du kannst da nicht hinein. Deine Mutter ist sehr, sehr krank. Wir warten auf deinen Vater.«

Die Nonnen schoben mich aus dem Zimmer. Ich hörte das Murmeln lateinischer Worte und fragte mich, ob wohl der Priester da sei. Mein Magen rumorte, mein Herz schlug schnell, und ich schwitzte.

Ich rannte über den Korridor, zur Tür hinaus und um die Ecke des Hauses. Die Simse der großen Fenster waren etwa dreißig Zentimeter über dem Boden. Ich stieg auf einen Sims und spähte in das Zimmer meiner Mutter, klopfte ans Fenster und versuchte, sie auf mich aufmerksam zu machen, aber sie konnte mich nicht hören.

»Mammy, Mammy, Mammy, ich bin es. Guck mich doch an, Mammy.« Mein Gesicht war von Tränen verschmiert. »Oh, Mammy, stirb nicht.«

Ein Wandschirm stand vor Mamas Bett, so daß man sie von der Tür aus nicht sehen konnte. Kerzen brannten auf einem Tischchen neben dem Bett. Auch ein Kruzifix und ein Kelch standen auf dem Tischchen. Mama lag ganz flach. Ich sah, wie sie die Laken fortstieß. Ihr Mund stand offen, und ich konnte sehen, wie sie keuchte. Ihre Augen waren so flach wie die einer Puppe und schienen tief in dunkle Höhlen eingesunken zu sein.

Das plötzliche Gefühl, das mich überkam, war so mächtig, daß ich vom Fenstersims fiel, meine Hosen naß machte und mich übergab. Als ich aufzustehen versuchte, waren meine Beine so schwach und zittrig, daß es mir nicht gelang. Ich saß da und weinte, wie mir schien, stundenlang. Und als ich endlich auf die Beine kam, war mein Firmkleid mit Erde verdreckt und stank nach Urin.

Ich lief wieder zum Eingang des Krankenhauses und schlich mich hinein, ging vorsichtig durch die Gänge, um nicht gesehen zu werden. Ich zitterte vor Angst und dachte, ich müsse ersticken. Ich konnte nicht schlucken.

Ich tastete mich in die Station und dann über den Korridor. Niemand war im Zimmer meiner Mutter, als ich eintrat. Ich bemerkte eine angestoßene Emailleschüssel auf dem Tischchen neben ihrem Bett. Es war Blut darin. Mama atmete schwer. Einen Augenblick lang schien sie sich zu beruhigen, dann begann sie nach Luft zu ringen. Ihre Augen waren tief in ihren Kopf gesunken. Sie schwitzte entsetzlich. Blut rann aus ihren Mundwinkeln. Ab und zu hustete sie und stieß mehr Blut hervor. Sie hatte den Rosenkranz in ihrer Hand und war sehr unruhig; ihre Finger fuhren ständig über die Perlen.

Ich beugte mich über sie. »Mammy, stirb nicht«, rief ich. »Bitte, stirb nicht. Gott, bitte laß meine Mammy nicht sterben. Mammy, verzeih. Verzeih, daß ich geweint habe. Verzeih mir, daß ich ungezogen war. Es tut mir leid, daß ich Daddy nicht vom Trinken abhalten konnte.«

Sekundenlang öffnete meine Mutter die Augen. Dann wurden sie glasig, und sie erbrach einen großen Klumpen Blut, der auf die Bettdecke und mein Firmkleid spritzte.

Die Nonnen im Flur mußten gemerkt haben, daß etwas geschehen war. Sie stürzten herein. Einige beugten sich über meine Mutter, während eine andere mich am Arm packte und mich, so viel ich auch schrie, aus dem Zimmer zerrte.

»Deine Mutter geht zu Gott«, sagte die Nonne. »Und wenn du schreist, holst du sie zurück. Du mußt beten, daß ihre Seele in den Himmel kommt.« Aber ich dachte an die Hölle. Was meinte die Nonne damit, daß ich für die Seele meiner Mutter beten sollte? Meine Mutter war eine gute Frau. Sie würde in den Himmel kommen.

All das Gerede über den Himmel. Und die Nonnen waren ganz in Weiß. Sie trugen weiße Ordenstracht, weiße Schleier und weiße Schürzen.

»Ihr dürft Mammy nicht sterben lassen. Ihr kennt meinen Daddy nicht. Ihr dürft Mammy nicht sterben lassen.«

Die Nonnen brachten mich in ein Zimmer und sagten, sie würden mir das Blut abwaschen. Als eine der Nonnen etwas über Gottes Willen zu mir sagte, wurde ich sehr böse. Ich trat sie und rannte aus dem Zimmer, den Korridor entlang und aus dem Krankenhaus. Ich rannte weiter über die Straße und durch eine Gasse, lehnte mich an eine Mauer, zitterte und schluchzte. Mit dem Gesicht zur Mauer und dem Rücken zum Krankenhaus stand ich da, aber ich sah immer wieder über meine Schulter und konnte die Tore des Krankenhauses sehen und den Namen Saint Kevin's.

Plötzlich bekam ich heftigen Durchfall. Danach hatte ich krampfartige Bauchschmerzen. Ich saß da und starrte auf das Tor der Union, und fragte mich, ob meine Mutter wiederkommen würde. »Sie muß wiederkommen. Sie muß«, sagte ich.

»Oh, Mammy, stirb nicht. Stirb nicht. Was soll aus uns werden?«

Ich wiegte mich hin und her, voller Blut und Kot und Urin, und fragte mich, ob ich meine Mutter getötet hätte. Ich dachte an meine vielen Sünden. Ich hatte meine Mutter über die Dudelsackstunden belogen, hatte das Geld für meine Paradeuniform für Süßigkeiten ausgegeben und war nicht in der Osterparade mitmarschiert. Ich hatte das Geld für die Versicherung gestohlen und dazu benutzt, mir mein Haar kurz schneiden zu lassen.

Ich weiß nicht, wie lange ich dort saß. Aber ich weiß, daß ich nach einiger Zeit meine Tanten und meinen Vater aus dem Tor kommen sah. Die eine Tante trug ein Paket, aus dem der Ärmel eines Cardigans baumelte, des moosgrünen Cardigans mit rosa Streifen.

Sechs

Ich weiß nicht mehr, wie lange ich durch die Straßen lief. Ich erinnere mich nur noch, daß ich mich Stunden später westlich der Stadt und meilenweit draußen auf dem Land befand. Ich stand an einem Fluß und hörte das Rauschen des Wassers. Ich setzte mich ins hohe Gras und schaukelte vor und zurück. Ich dachte, wenn ich einschliefe und dann wieder aufwachte, wäre alles in Ordnung. Nichts von alledem wäre wirklich passiert, und meine Mammy wäre gesund, und mein Daddy würde nicht mehr trinken. Ich schlief ein.

Der Regen weckte mich. Es war dunkel, und ich zitterte vor Kälte. Ich stand auf und begann zu laufen. Als ich unter einer Straßenlaterne vorbeikam, sah ich, daß der Regen das meiste vom Blut meiner Mutter aus meinem Firmkleid herausgewaschen hatte. Die paar Flecke, die geblieben waren, schimmerten in einem verblichenen Rosa.

Während ich ging, sagte ich immer wieder vor mich hin: »Es ist nichts passiert. Es ist nichts passiert.«

Nach langer Zeit kam ich zu unserem Haus. Eine Karte war am Tor befestigt, eine weiße Karte mit schwarzem Rand, umwickelt mit einem schwarzen Band. Das Band, durchgeweicht wie es war, drehte sich und flatterte im kalten Wind. Der Regen hatte die Worte auf der Karte verschmiert, aber ich wußte, was sie bedeuteten. Ich wollte sie nicht lesen.

Ein Junge in meinem Alter kam zum Tor heraus, als ich hineinging. Er zeigte auf die Karte und sagte zu mir: »Deine Mammy ist tot, nicht wahr. Das ist deine Mammy.«

»Meine Mammy ist nicht tot«, schrie ich. »Mach, daß du fortkommst.«

Ich fror, ich war hungrig und verängstigt und dachte nur immer: Das kann nicht wirklich passiert sein. Gott hat mir meine Mammy nicht genommen. Ich ging langsam die vielen Betonstufen hinauf zu unserer winzigen Wohnung. Sie war zum Bersten voll mit Leuten, die meisten waren Daddys Verwandte, und alle redeten, tranken schwarzes irisches Bier und aßen Sandwiches, belegt mit gekochter Schweinebacke. Und alle sprachen sie über Mama. Sie erzählten Spukgeschichten über Tote und über meine Mama. Alle waren betrunken und bemerkten mich überhaupt nicht.

Ich konnte nicht fassen, was hier vorging. Alle diese Leute, und niemand hatte sich um Mama gekümmert, als sie noch lebte und als sie krank war. Was sie hier taten, nämlich sich betrinken, hatte zu ihrem Tod beigetragen. Sie tranken in ihrer Wohnung. Sie hätte das gehaßt. Daddy war sinnlos besoffen. Jetzt hatte er eine Entschuldigung dafür.

Jene Nacht ist mir nur undeutlich in Erinnerung. Ich erinnere mich nur, daß ich in meinem Firmkleid, das stank und mit dem Blut meiner Mutter befleckt war, ins Bett ging. Ich dachte an Doris Day, und ich wünschte, in Hollywood singen zu können, damit meine Mammy wirklich stolz auf mich wäre. Und bevor ich einschlief, betete ich laut: »Lieber Gott, wenn ich am Morgen aufwache, wirst du dann meine Mammy am Leben sein lassen, und wirst du machen, daß alles wieder so ist, wie es war?«

Aber am nächsten Morgen war es dasselbe. Ich hörte Daddys Familie darüber reden, daß die Ärzte in der »Union« eine Autopsie an meiner Mutter vornehmen müßten. Ich erinnere mich, daß ich mehrere Tage vor der Beerdigung schwarze Strümpfe trug. Die Strümpfe hatten Löcher. Als meine Tante die Löcher sah, sagte sie zu mir: »Wenn deine Mutter diese Löcher sähe, würde sie sich im Grab umdrehen.« Sie wollte damit sagen, daß meine Mutter meinetwegen unglücklich sei, so unglücklich, daß sie noch im Tod keine Ruhe finden könnte.

Die Familie meines Vaters hatte nichts Eiligeres zu tun, als meinen beigefarbenen Dreiviertelmantel zu nehmen, den meine Mammy mir zur Firmung gekauft hatte, und in ein Pfandleihhaus zu bringen. Sie wollten auch mein rosa Kleid, aber ich gab es ihnen nicht. Ich trug das Kleid Tag und Nacht. Sie nahmen meine anderen Kleider und verpfändeten sie, und sie nahmen den Firmanzug meines Bruders und verpfändeten auch ihn, alles nur, um mehr Geld zu bekommen für die Getränke während der Totenwache.

Am Tag vor der Beerdigung, als meine Mutter in einem Sarg im Totenhaus lag, ging die Familie hin, um sie noch einmal zu sehen. Wir mußten sie sehen, bevor sie den Deckel auf den Sarg legten und ihn zur Kirche trugen.

»Ihr müßt hineingehen und eurer Mutter auf Wiedersehen sagen«, sagte Daddy zu uns. Es regnete, wie gewöhnlich, und der Regen lag schwer auf meinen Lippen. Ich erinnere mich, daß ich den Regen von meinen Lippen leckte.

Jemand aus der Familie, einer meiner Onkel, glaube ich, machte die Runde, um Geld für die Begräbniskosten zu sammeln. Die Todesversicherung war verfallen und nicht wieder erneuert worden.

Meine Tante, eine große, schlaksige Frau, die nur einen einzigen Zahn im Mund hatte, nahm Philomena und mich mit ins Totenhaus. Sie hatte meine Mutter nicht gemocht. Meine Mutter war anders als sie und alle anderen von Daddys Seite der Familie. Zu Lebzeiten meiner Mutter hatten wir diese Verwandten nur selten gesehen.

Überall um uns herum lagen Leichen auf Tischen, mit Laken bedeckt. Der Geruch, oh, dieser Geruch! Mama lag ganz hinten rechts. Der Deckel des Sarges lag auf dem Boden. Langsam und ängstlich näherte ich mich dem Sarg. Mama hatte falsche Zähne, und die obere Platte war aus ihrem Mund gefallen und hing über ihrem Unterkiefer. Ihr Gesicht war zu einer Grimasse verzerrt. So wollte ich meine Mammy nicht in Erinnerung behalten. Ich drehte mich um. Plötzlich fühlte ich die großen, knotigen und übereifrigen Hände meiner Tante auf meinem Kopf. Sie drehte meinen Kopf zum Sarg. »Du mußt sie ansehen«, verlangte sie. »Du mußt deiner Mutter auf Wiedersehen sagen. Das gehört sich so. Los, sag deiner Mutter auf Wiedersehen.«

Ich wehrte mich. Sie griff fester zu und drückte meinen Kopf hinunter in den Sarg ans Gesicht meiner Mutter. Philomena fuhr zurück. Sie war außer sich vor Entsetzen. Sie schrie und schrie.

»Du mußt deiner Mutter auf Wiedersehen sagen«, beharrte meine Tante. Wenn sie wütend wurde, zog sich ihr Gesicht zusammen, bis ihr einziger Zahn aus ihrem Mundwinkel ragte. Ich wimmerte vor Angst.

»Schluß mit diesem Unsinn jetzt«, sagte meine Tante. »Los, gib deiner Mutter einen Abschiedskuß. Mach schon.«

»Ich will nicht«, schrie ich. »Ich will ihr keinen Abschiedskuß geben. Das ist nicht meine Mammy. Meine Mammy ist nicht tot.«

»Ach, hör auf so zu reden«, sagte sie. Sie verlor die Geduld und stieß mein Gesicht hinunter, bis es die Zähne meiner Mutter berührte. Ihr Gesicht war eiskalt. Meine warme, wunderbare Mutter war eiskalt. Und ein schrecklicher Geruch stieg von ihr auf.

In meinem Kopf fühlte ich Blut, ganze Schwaden von Blut. Als meine Tante mich in den Sarg stieß, war es, als würde ich durch Schmerz und Blut, Schwaden von Blut, gestoßen werden. Ich konnte nicht atmen.

Als meine Tante mich losließ, fiel ich zu Boden und übergab mich. Was danach geschah, ist undeutlich und vage. Ich erinnere mich nur, daß ich ganz schwach die Schreie Philomenas hörte, als meine Tante ihren Kopf in den Sarg stieß und auf das kalte Gesicht meiner Mutter preßte.

Ein paar Tage später begannen meine Alpträume. In der Nacht kauerten Menschen über mir, eigentlich nur Gesichter, körperlose, verzerrte, häßliche fremde Gesichter. Und ich wurde in die Erde gestoßen, in ein Grab. Ich rief immer wieder: »Ich bin lebendig! Ich bin lebendig!« Aber sie hörten nicht auf, mich in die Erde zu stoßen.

In einem anderen Alptraum wurde ich über die Dächer und durch die Straßen gejagt von Leuten, die mir weh tun, die mich töten wollten. Aber am schrecklichsten von allen waren die Träume, in denen ich mich in einem Schlachthof befand. Messer stießen auf mich herab, um mich in kleine Stücke zu hacken. Wieder und wieder schrie ich: »Ich bin ein Mensch! Ich bin ein

Mensch!« Aber die Messer kamen immer wieder, bis ich aufwachte.

Ich erinnere mich nicht an das Begräbnis meiner Mutter. Ich weiß nur, daß es im Jahre 1955 war und daß ich damals zehn Jahre alt war.

Meine Mutter wurde in einem Armengrab beerdigt. Ich habe das Grab mehr als dreißig Jahre lang nicht besucht. Ich wußte nicht, wo es war. Dann, vor einigen Jahren, nahm ich meine Tochter Helen mit zum Friedhof. Der Verwalter gab ihr eine Karte, und wir wanderten durch den Friedhof, bis wir die Grabstelle fanden. Kein Name stand daran.

Eines Tages, wenn ich ein paar Dollar besitze, werde ich einen Grabstein für meine Mutter aufstellen lassen. Sie muß einen Gedenkstein haben. Und auf diesen Stein werde ich ein Gedicht schreiben, in dem ich ihr sagen werde, was sie alles für mich getan hat. Und ich werde ihr von meiner Arbeit bei den Straßenkindern in Vietnam erzählen.

Eines Tages werde ich das für meine Mutter tun.

Sieben

Einige Tage nach der Beerdigung bat mich eine der Frauen aus der Nachbarschaft, in ihre Wohnung zu kommen. Ich ging sofort hin. Mammy hatte sie gut gekannt, sie gemocht und sich sehr lobend über sie geäußert, weil sie mehrere Kinder allein aufgezogen hatte, nachdem ihr Mann sie verlassen hatte. Die Frau war ein wenig schroff, aber meine Mutter hatte immer gesagt, ihr Bellen sei schlimmer als ihr Beißen.

Die Frau sagte, ich solle mich hinsetzen, und brachte mir ein großes Stück Apfelkuchen. Ich hatte kaum angefangen zu essen, da begann sie. »Ina, du bist ein nettes Kind und ein gutes Mädchen.«

Ich sah sie erwartungsvoll an. »Das ist ein sehr großes Stück Apfelkuchen«, sagte ich.

»Ich möchte offen mit dir reden, Kind. Deine Mutter hat sich immer um dich gekümmert. Aber nun hast du keine Mutter mehr. Und die Welt ist heutzutage gefährlich für junge Mädchen. Ich finde, es ist an der Zeit, daß du hier bei mir lebst. Ich möchte dich adoptieren.«

»Was ist adoptieren?«

»Du kommst hierher und lebst bei mir und bist wie meine eigene Tochter.«

»Und was wird aus meinen zwei kleinen Schwestern und meinem kleinen Bruder?« Diese Unterhaltung fing an, mir zu mißfallen. Ich begann, schneller zu essen.

Sie schüttelte den Kopf. »Ich will nur dich«, sagte sie.

»Den Teufel wollen Sie tun«, sagte ich. Ich bekam Angst. Es war das erste Mal, daß jemand darauf anspielte, meine Familie könnte auseinandergerissen werden.

»Wir werden alle zusammenbleiben«, sagte ich zornig, während ich schnell den Apfelkuchen aufaß. »Ich bin jetzt ihre Mammy.« Ich sprang auf. An der Tür drehte ich mich um. »Meine Mammy kommt wieder«, rief ich trotzig und rannte aus der Wohnung.

Als ich über die Straße zu unserem Haus lief, fragte ich mich wieder einmal, ob das nicht alles ein Traum war.

Wieder in der Wohnung, warf ich mich aufs Bett und drückte das Kissen an mich, auf dem meine Mutter geschlafen hatte. »Du kannst uns nicht verlassen. Du mußt wiederkommen«, flüsterte ich. »Oh, Gott. Behalt sie nicht im Himmel. Du brauchst sie nicht. Wir brauchen sie hier. Bitte schick sie uns zurück.«

Vielleicht war alles doch nur ein Traum, dachte ich wieder, stand auf und sah aus dem Fenster, um auf meine Mutter zu warten. Ich starrte lange Zeit hinaus, glaubte sie zu sehen, ihr dunkles Haar, den plumpen schwarzen Mantel, ihren langsamen, schlurfenden Gang, die häufigen Pausen, um Atem zu holen.

Aber sie kam nicht. Ich drückte das Kissen an mich. Als ich endlich in Schlaf versank, war das Kissen durchnäßt von meinen Tränen.

Wenn ich in meiner kindlichen Angst und Abwehrhaltung oft das Gefühl hatte, in einem bösen Traum zu leben, wußte ich doch nur zu deutlich, was mit meinem Vater geschah. Er trank noch mehr. So manche Nacht suchte ich ihn in den Pubs von Dublin. Und so manches Mal, wenn ich nach ihm fragte, lächelten die Männer in den Pubs, tätschelten mir den Kopf und sagten: »Ah, dein Vater ist ein guter Mann, ein großzügiger Mann. Er spendiert uns immer eine Runde.«

Für sie war er ein guter Mann, weil er sie reihum einlud. Aber das war Geld, das wir gebraucht hätten, für Essen und Kleider, für Strom und Heizung.

Daddy kam immer betrunken nach Hause. Er saß dann in der kalten, leeren Wohnung, voller Angst, daß er sterben müsse, voller Angst, daß er in die Hölle kommen würde. Er hatte solche Angst vor dem Teufel! Das flackernde Licht der einzigen Kerze verschärfte seine kantigen Gesichtszüge, und er sah aus wie ein in Stein gehauenes Monster.

»Siehst du den Teufel am Fenster, Ina?« fragte er. »Da ist er, wahrhaftig. Er hat schönes graues Haar, ein Gesicht wie aus Wachs, und er hat einen Smoking an. Der Teufel versucht, mich in seine Gewalt zu bekommen.« Das Licht in seinen schönen blauen Augen wurde von einer schrecklichen Angst getrübt, und er murmelte, er fürchte sich so sehr vor dem Sterben.

Wenn er nicht vor dem Teufel floh, rang er mit seiner Angst und seinen Schuldgefühlen.

»Annie, Annie«, heulte er in der Nacht. »Warum hast du mich verlassen? Komm zurück. Ich weiß, daß du da bist, ich kann dich atmen hören. Annie, komm zu mir zurück. Annie, hilf mir, diesen Krach in meinem Kopf loszuwerden. Was soll ich mit den Kindern anfangen?« Dann entstand eine lange Pause, und dann sagte er: »Annie, du bist im Zimmer. Ich weiß, daß du da bist. Ich höre dich atmen.«

»Ina, steh auf«, schrie er. »Deine Mutter ist im Zimmer nebenan. Sie weint. Sie will mit dir sprechen.«

»Daddy, du machst mir Angst.«

»Sprich mit deiner Mutter. Deine Mutter atmet nebenan. Sie will, daß du ins andere Zimmer kommst. Sie weint. Kannst du sie denn nicht hören?«

»Ich höre sie nicht, Daddy.«

»Sie dreht sich im Grab um. Sie ist sehr unglücklich. Hör doch, wie sie die Möbel herumschiebt.«

»Daddy, es sind keine Möbel da. Du hast sie verkauft, oder wir haben sie verheizt.«

»Ahhh, geh und sprich mit ihr.«

Also mußte ich mit meiner toten Mutter sprechen.

»Mammy, ich weiß nicht, ob du hier bist. Daddy sagt, du bist hier. Wenn ja, bitte komm wieder zu uns. Wir brauchen dich. Du fehlst uns. Ich habe Angst, daß sie uns alle in Waisenhäuser stecken, wenn du nicht zurückkommst.«

Oft war Daddy damit noch nicht zufrieden. »Ina, mach deiner Mutter eine Tasse Tee. Sie schiebt die Möbel herum. Sie ist unglücklich.«

»Sie ist nicht da, Daddy. Sie ist nicht da.«

Am nächsten Tag konnte es vorkommen, daß Daddy hereinkam, sich hinsetzte und lange Zeit in die Ferne starrte. Dann sagte er: »Ich möchte meine Pfeife rauchen, Annie.« Er sprach zu Mutter, als wäre sie da. »Annie, ich glaube, ich habe Aussichten auf einen guten Job am Kai. Wenn ich den bekomme, können wir uns ein Häuschen kaufen und hier ausziehen.« Pause. »Übrigens, Annie, ich habe heute Boxer Kelly getroffen. Er sieht nicht gut aus. Er trinkt zuviel, das ist es.« Und nachdem er seine Pfeife geraucht hatte, sagte er. »Es wird spät. Gehen wir ins Bett, Annie?«

Sie finden es vielleicht seltsam, daß mein Daddy dachte, er sähe meine tote Mutter, und daß er mit ihr sprach. Aber es ist nichts Ungewöhnliches in Irland, daß Leute mit den Toten oder über die Toten sprechen, als seien sie noch am Leben. Man hört immer Geschichten über die Toten. Jede irische Familie kennt das. Jemand stirbt, und unweigerlich wird ein Freund fragen: »Und um welche Zeit genau ist er gestorben?« Und der andere denkt einen Moment nach und sagt: »Neun Uhr vierzig.« Nach einer kleinen Pause wird der andere sagen: »Nun, es war zehn Uhr fünfzehn, als ich ihn auf der Straße sah. Ich erinnere mich an die Zeit, denn ich mußte um zehn Uhr den Pub verlassen und zum Flughafen fahren, um meine Tante aus Amerika abzuholen. Ich ging über die Straße, und da sah ich ihn. Er hatte den Kopf gesenkt und ging einfach so dahin. Ich sprach ihn an, aber er antwortete nicht. Ich dachte mir schon, daß da irgend etwas nicht stimmt.« Und der Mann wird diese Geschichte mit vollem Ernst erzählen. Er wäre tödlich beleidigt, wenn man andeutete, daß er verrückt sei.

Vielleicht weil es für meinen Vater so schwer war, mit dem Tod meiner Mutter fertig zu werden, und weil er ihr nie ein guter Ehemann oder Ernährer gewesen war, machte er viel Aufhebens von den seltenen Gelegenheiten, in denen er etwas zu essen nach Hause brachte. Dann stand Daddy morgens auf, und wenn er am Abend vorher ein paar Schweinsfüße oder eine Schweinebacke mitgebracht hatte, lächelte er und sagte: »Heute werde ich euch ein schönes Essen kochen.« Dann hielt er sich für den großen Ernährer. Er schnitt das Fett vom Fleisch, aß es und sagte: »So, das wird meine Lungen schmieren.« Er wies auf die Fettklumpen auf dem Teller und sagte zu uns: »Putzt das Fett weg, Kinder. Das ist gut für euch.« Danach ging er fort auf irgendeine Arbeitsstelle, und wir sahen ihn erst spätabends wieder.

Die Geräusche, die Daddy in seinem Kopf hörte, wurden immer schlimmer, so daß er manchmal ohnmächtig wurde. Er zog seinen Mund mit beiden Händen auseinander, schlug mit dem Kopf gegen die Wand und heulte vor Schmerzen.

Ich war froh, daß Michael nicht mehr bei uns lebte, Michael, der meinem Vater die Statue der Heiligen Jungfrau über den Kopf geschlagen hatte. Aber er kam von Zeit zu Zeit vorbei, wenn er wußte, daß Daddy fort war. Kam die Rede auf Vaters Trinken, geriet Michael immer sehr in Wut und lief stundenlang erregt in der Wohnung auf und ab. Er schämte sich so sehr. Er war ein fleißiger, anständiger junger Mann mit Idealen und Zukunftsplänen. Er war sauber und ordentlich, und er hatte meine Mutter über alles in der Welt geliebt. Wenn er gesehen hätte, wie schwer meine Mutter arbeiten mußte, und dann meinen Vater gesehen hätte, wie er betrunken nach Hause kam – er hätte ihn umgebracht.

Nun, da ich statt Mutter für die Familie sorgte und für meine beiden jüngeren Schwestern und meinen jüngeren Bruder verantwortlich war, machte ich keinen Hehl mehr daraus, daß ich nicht zur Schule ging. Dickie Clark klopfte ständig an die Tür. Manchmal sah er uns auf der Straße, und dann rief er: »Ina Byrne, ich werde dich fortschicken.« Er verfolgte mich oft auf seinem schwarzen Fahrrad, und sein langer Regenmantel flatterte hinter ihm wie ein Teufelscape. Er wirkte wirklich wie eine Figur aus einem Horrorfilm.

Für Philomena, Kathy und Johnny zu sorgen beanspruchte meine ganze Zeit. »Du bist jetzt die Mutter, Ina«, sagte mein Vater. Also tat ich so, als ob ich meine Mutter wäre. In gewisser Weise bedeutete das, daß sie da war, daß sie nicht gestorben war. Indem ich so tat, als ob ich Mama wäre, war es leichter für mich, mit der Leere, der Einsamkeit, dem völligen Mangel an Liebe und mit meinem Vater fertig zu werden, der verdrehter geworden war als je zuvor.

Nachdem meine Mama gestorben war, verkaufte Daddy innerhalb eines Jahres die wenigen Sachen, die wir besaßen und die noch etwas wert waren; er verkaufte sogar die kleinen Ohrringe meiner Mutter, das einzige, das uns von ihr persönlich geblieben war. Das Geld trug er in den Pub. Er hätte auch mein Firmkleid verkauft, aber ich zog es ein ganzes Jahr lang jeden Tag an. Ich wusch es und zog es naß wieder an. Es war alles, was ich besaß. Nichts in der Wohnung wies darauf hin, daß wir einmal eine Familie gewesen waren, nicht einmal Fotografien. Sie waren alle verschwunden. Nichts von unserer Kindheit war mehr da. Der Strom war seit langem abgeschaltet, und wir schälten das Linoleum vom Boden und verbrannten es im Kamin.

Ich lief in Dublin herum und sammelte Reste von den Tellern anderer Leute; Schweinefutter nannten wir es, denn manche Leute sammelten die Reste und verkauften sie für zwei oder sechs Pennies an die Bauern als Schweinefutter. Ich klopfte an die Türen und sagte: »Haben Sie irgendwelchen Abfall für die Schweine?« Ich schüttete die Abfälle in einen großen Eimer und trug ihn nach Hause. Wenn Nachbarskinder mich sahen, sagte ich zu ihnen, ich wolle den Eimer einem Bauern bringen, und ließ ihn vor der Tür stehen, bis niemand zu sehen war. Dann holte ich ihn schnell herein, legte ein Stück Zeitungspapier auf den Tisch und leerte den Eimer darüber aus. Heute noch sehe ich die kleine Philomena, Kathy und Johnny am Tisch sitzen, wie sie mit ihren großen schwarzen Augen und mit todernstem Ausdruck auf ihren mageren Gesichtchen zusahen, wie ich den Abfall durchsuchte und austeilte.

Fast täglich stand ich um vier Uhr morgens auf und ging zum Smithfield-Markt, wo die Händler ihre Stände für den Tag herrichteten. Ich wünschte, ich könnte die Geräusche und Gerüche und die Stimmung dieses Marktes wiedergeben! Er pulsierte vor Energie. Pferdehufe trappelten und glitten über die Pflastersteine, und man konnte den Fuhrmann rufen hören: »Geh mir aus dem Weg, verdammt noch mal! Ich hab's eilig.« Die Pferde rollten nervös die Augen, und der Geruch ihres Schweißes hing in der Luft. Das Geschnatter und Geplänkel im Dubliner Dialekt, das sich an solchen Morgen erhob, wird mir ewig im Gedächtnis bleiben. »Kaufen Sie Ihre Kartoffeln hier. Schöne Kartoffeln.«

Sah die Marktfrau etwa einen gutaussehenden Mann, dann rief sie: »He du, Hübscher! Komm her und laß dich mal knutschen.« Oder sie sah einen alten Mann mit griesgrämiger Miene: »Diese Kartoffeln sind die richtige Medizin für dich. Die bringen wieder Farbe in deine verwelkten Backen! Komm nur! Ich hab die besten Kartoffeln in der ganzen Straße!«

Alles, was ich an Obst und Gemüse auf der Straße fand, verbarg ich in meinen Kleidern und brachte es nach Hause für die Kleinen.

Ich ging auch auf den offenen Markt an der Moore Street. Ich konnte den Fisch schon riechen, wenn ich von der Pernell Street abbog. Langsam schlenderte ich umher und suchte nach Kohlblättern, verfaulten Orangen oder Zwiebeln, die unter die Karren gefallen waren. Ich schlich mich an das Stück Obst oder Gemüse heran, bückte mich schnell, hob es auf, verbarg es in meinem Ärmel und ging weiter. Alles, was auf die Straße fiel, war Beute. Ich wollte aber nicht, daß jemand sah, was ich tat. Dafür schämte ich mich zu sehr.

Nachdem meine Mama gestorben war, hatten wir innerhalb eines Jahres Krätze, Skorbut und Flöhe. Unsere Köpfe und Hälse waren mit Schorf bedeckt, unsere Köpfe ständig blutig gekratzt. Ich schnitt den Kleinen die Haare ganz kurz und goß dann Paraffin über ihre Köpfe, um die Läuse zu töten. Die Kleinen schrien vor Schmerzen.

Als ich eines Tages den Kleinen die Haare geschnitten hatte und all der eitrige Schorf von den aufgekratzten Wunden sichtbar war, stand Kathy lange vor dem Spiegel und starrte hinein. Dann nahm sie ein altes Paar Nylonstrümpfe, zerschnitt sie in lange Streifen und legte sie sich über den Kopf, so daß sie auf ihre Schultern herabhingen. Sie ging zum Spiegel, seufzte, schnippte die Nylonstreifen mit einer Bewegung aus dem Handgelenk zurück und sagte: »Was soll ich nur mit meinen Haaren machen? Sie werden viel zu lang.«

Allmählich wurden unsere Haare wieder länger. Es war an einem Samstag, dem Tag, an dem ich immer die Flöhe aus den Stoppeln auf Zeitungspapier kämmte und dann die Zeitung ins Feuer warf. Philomena hatte ihren hellblauen Pullover an. Da bemerkte ich, daß sich Philomenas Pullover zu bewegen schien. Ich beugte mich näher heran, zog an dem Pullover, und sah, daß Millionen von Flöhen auf ihr herumkrabbelten. Sie hatte den Pullover sechs Monate lang Tag und Nacht getragen, und er war ihr so eng geworden, daß ich ihn mit einem Messer aufschneiden mußte. Ihr Körper war mit Hunderten von Flohstichen bedeckt. Mir wurde angst und bange. Ich schüttete wieder Paraffin über sie.

»Mammy, du tust mir weh«, rief sie. Sie nannte mich Mammy, nachdem unsere Mama gestorben war.

Später ging ich hinaus und weinte. Ich haßte meinen Vater so sehr. »Ich hasse dich! Ich hasse dich!« schrie ich. Und ich bat Gott, uns sterben zu lassen, damit wir bei unserer Mammy sein konnten. Das alles tat zu weh. Ich ging auf meine Knie und sagte: »Bitte, Gott. Laß uns sterben.«

Ich wußte nicht, wie man Kinder versorgt. Ich war erst zehn Jahre alt. Johnny war damals sieben, Kathy fünf und Philomena erst zwei Jahre alt. Von Zeit zu Zeit kam Michael, aber das war beängstigend. Er lief in der Wohnung herum und murmelte: »Mein Vater hat meine Mutter ermordet. Dieser Bastard hat unsere Mutter ermordet. Wir haben nie einen Vater gehabt.«

Mein Bruder Andy half uns immer. Er brachte uns Kekse. Er warf die Kekse in eine Tasse Tee, und wir löffelten sie gemeinsam aus. An manchen Tagen war das alles, was wir zu essen hatten. An anderen Tagen kaufte ich eine Kartoffel, und wir aßen die Kartoffel an einem Tag und bewahrten die Schalen auf. Am nächsten Tag löste ich wieder ein Stück Linoleum vom Boden und machte ein Feuerchen im Kamin, kochte die Schalen und tat so, als wären sie Chips. Wir aßen die Schalen. Es gab auch Tage, an denen wir gar nichts aßen.

Manchmal waren die Sorge um meinen Vater und die Verantwortung für meine jüngeren Geschwister zuviel für mich. Dann ging ich hinüber in Richtung Guinness-Brauerei, zu einem schönen Haus mit einer großen blauen Tür und einem großen Messingklopfring. Ich setzte mich auf die Stufen und bildete mir ein, dies sei mein Haus und ich hätte ein Zimmer darin mit Büchern, Puppen, weißen Regalen und vielen Kleidern. »Möchten Sie eine

Tasse Tee?« fragte ich, wenn ich so tat, als gäbe ich eine Party. Ich stellte mir vor, ich hätte ein Puppenhaus und ein Bett mit einer großen gelben Decke. Alles in meinem Zimmer war gelb, ich weiß nicht, warum. Noch heute ist Gelb meine Lieblingsfarbe, strahlendes, kräftiges Sonnengelb.

Meine Mama war immer in meinen Tagträumen. Immer. Stets lächelte sie und umsorgte uns und holte Kuchen aus dem Ofen. Das Haus war von Essensgerüchen erfüllt. Daddy saß am Kamin und rauchte seine Pfeife. Wir hatten Teppiche auf dem Boden, und unsere Freunde besuchten uns zum Tee, und es gab süßes Gebäck. Alle anderen Kinder wollten wie ich sein. »Ich wünschte, ich hätte ein Haus wie du. Ich wünschte, ich hätte eine Mama und einen Daddy wie du«, sagten sie zu mir. Ich begann, in meiner Phantasiewelt zu leben, das entrückte mich dem Alptraum meiner Tage und den schrecklichen Alpträumen meiner Nächte. Diese Alpträume wurden schlimmer, besonders einer, in dem ich in ein Schlachthaus geschleppt und auf einen Tisch voller toter Tiere gelegt wurde. Ich wußte, daß die Tiere geschrien hatten, als sie getötet wurden. Ärzte mit Masken standen um mich herum und starrten mich an. Die Ärzte hatten lange Messer. Und ich rief immer wieder: »Ich bin kein Tier! Ich bin kein Tier!« Überall war Blut, die Ärzte waren voller Blut, Blut war auf ihren Kleidern, und es tropfte von ihren Händen. Dann rannte ich über die Dächer, zerrte meine Geschwister mit mir, und ich hatte das Gefühl zu fallen und konnte nicht atmen. Ich wurde niedergestoßen, festgehalten, lebendig begraben, in etwas Tiefes und Schwarzes hineingestoßen. Oft erwachte ich nachts; ich hatte mich in eine Ecke verkrochen, am ganzen Körper schweißbedeckt.

Und dann begann der Alptraum meiner Tage von neuem, die Sorge, für meine Geschwister etwas zu essen zu beschaffen. Ich ging auf alte Baustellen, suchte nach Holzstücken, zerhackte sie in kleine Scheite, umwickelte sie mit Nylonfäden, legte sie in einen alten Kinderwagen und zog durch die Straßen und verkaufte Bündel mit Anmachholz für einen Penny das Stück.

Oft begleitete ich ganz früh morgens ein Mädchen, deren Mutter Fisch verkaufte. Einen Mantel hatte ich nicht, und morgens war es schrecklich kalt. Ich verkaufte Makrelen, Weißfische und Heringe. Sie wurden auf ein Brett über dem Kinderwagen gelegt, und ich schob ihn durch die Straßen und rief: »Weißfisch, schöner Weißfisch! Kaufen Sie Weißfisch! Ein Penny pro Weißfisch, zwei pro Hering. Schmecken gut mit mehligen Kartoffeln. Kaufen Sie Weißfisch! Kaufen Sie Hering!«

Ich schämte mich, so durch die Nachbarschaft zu ziehen. Aber ich verdiente damit Geld, um die Kleinen zu ernähren.

Noch heute sehe ich den kleinen Johnny am Tisch sitzen und mich mit seinen vertrauensvollen blauen Augen anblicken. Er hatte blondes Haar und ein Gesicht wie ein Engel. Sein kleiner Hintern guckte immer aus seinen zerrissenen Hosen hervor. Wir sagten, er sähe aus wie Oliver Twist.

Was mich bei Verstand erhielt, war das Singen. Es war ein ungeheurer Kampf für mich, weiterzusingen, nachdem meine Mutter gestorben war, aber ich tat es. Ich hielt meine Wildlederstiefel und meinen Smoking sauber; sie waren alles, was ich auf der Welt besaß. Ich verwahrte sie zusammengerollt in einer Tasche, und oft versteckte ich sie im Abzug in der Wand; so konnte ich sicher sein, daß mein Daddy sie nicht fand und zu einem Pfandleiher brachte.

Und ich gab noch immer meine Konzerte auf den Treppen des Mietshauses, und ich sang noch immer vor den roten Rosen in der Wohnung, obwohl der größte Teil der Tapete bereits in den Kamin gewandert und mein Publikum sehr klein geworden war. Aber ich hatte Phantasie.

Gelegentlich stahl ich mich in ein Kino, wenn es einen Film mit Doris Day gab. Und wenn ich aus dem Kino herauskam und langsam zurück zur Wohnung ging, lauschte ich der Melodie von Dublin. Da stand etwa eine Gruppe Männer an der Ecke, und sie sahen ein hübsches junges Mädchen vorübergehen, und einer von ihnen sagte: »Ach, da kommt ja Mary! Gott hat dir zwar kein Hirn gegeben, aber dafür ein Paar hübsche Beine.« Und dann guckte sie über ihre Schulter, stemmte den Arm in die Hüfte und sagte: »Führ nicht solche Reden, du Schmutzfink! Du solltest zur Beichte gehen, ja, das solltest du!«

Aber Doris Day und das spaßige Geplänkel der Dubliner verblichen schließlich vor der Realität meines jungen Lebens. Ich hatte große Angst, daß wir aus unserer Wohnung fliegen würden. Eine Zeitlang versuchte ich, meinen Vater nachmittags in den Pubs zu treffen und ihn zu überreden, nach Hause zu kommen. Ich wartete vor einem beliebigen Pub, weil ich wußte, daß mein Vater gerne von einem Pub zum anderen zog. Es gab einen Pub, in dem ein ortsansässiger Priester trank. Er fing an, herauszukommen und mir Orangensaft mit Gin, den er unter seinem Talar verborgen hatte, zum Trinken anzubieten. Er sprach immer über seine schönen Möbel und die elegante Einrichtung seines Zimmers. Er sagte, ich solle sie mir ansehen.

Wenn jemand in den Pub hineinging oder herauskam, wurde er sehr streng und ermahnte mich, nicht auf den Straßen herumzulungern, und sagte, ich solle in die Kirche gehen. Aber wenn die Leute fort waren, redete er mir wieder zu, den Gin zu trinken. Ich war zehn Jahre alt, und ein Priester versuchte, mich betrunken zu machen und mit zu sich nach Hause zu nehmen!

Von Zeit zu Zeit, vielleicht einmal im Monat, brachte mein Vater einen Speckstreifen heim. Dann spielte er den großen Mann, wenn er ein weiteres Möbelstück zerlegte, um Feuer zu machen und den Speck im Kamin zu braten. Er wollte, daß wir uns überschlugen vor Dankbarkeit.

»Ah, euer Vater ist ein guter Mann«, sagte er dann, und blickte uns über die Schulter an. »Er ist ein guter Ernährer, ja, das ist er.«

Ich hätte ihn am liebsten umgebracht.

So vergingen der Frühling und der Sommer des Jahres, nachdem unsere Mama gestorben war, und als der kalte, regnerische Herbst herankam, begann ich, mich vor Weihnachten zu fürchten. Mein Geburtstag war am 23. Dezember, aber wir waren immer so arm gewesen, daß mein Geburtstag nie gefeiert wurde. Ein- oder zweimal schenkte mir Mama ein Glas Limonade zum Geburtstag. Mein Geburtstag lag zu nahe an Weihnachten. Und Weihnachten allein bedeutete genug Belastungen, da war kein Platz mehr für eine Geburtstagsfeier. Ich wußte, daß es dieses Jahr, wenn ich elf wurde, kein Glas Limonade und nichts für die Kleinen geben würde.

»Mammy«, sagte Philomena zu mir. »Was wird uns der Weihnachtsmann dieses Jahr bringen?«

»Paw Waw, was möchtest du denn, daß er dir bringt?« fragte ich. Sie hatte es immer gern, wenn ich sie bei ihrem besonderen Spitznamen nannte.

Sie lächelte, sah zu mir auf und sagte: »Ich möchte eine Puppe mit Augen, die sich bewegen, und die ›Mama‹ sagt. Und die Puppe hat ein schönes Kleid an und kleine Schuhe. Wird der Weihnachtsmann sie mir bringen?«

Ich überlegte lange. »Der Weihnachtsmann muß dieses Jahr so vielen Kindern Geschenke bringen, er kann dir nur ein kleines Geschenk geben. Wenn er dir eine Puppe schenken kann, wird er es tun.«

Mein elfter Geburtstag kam und ging, mit nicht einmal einem Nicken oder einem Lächeln von meinem Daddy, geschweige denn einem »Happy Birthday«. Und Heiligabend betete ich, daß er mit einem Sack voller Lebensmittel nach Hause kommen würde. Vielleicht würde er sogar Geschenke mitbringen. Ich stellte mir vor, daß er heimkäme mit Essen und Geschenken und, vor allem, daß er nüchtern wäre.

Ich wußte, Gott kann Wunder wirken, und ich dachte, an Weihnachten würde er vielleicht ein Wunder an meinem Vater bewirken. Aber das tat er natürlich nicht. Es gab keine Geschenke. In dem Jahr, in dem meine Mutter starb, besuchte der Weihnachtsmann uns nicht. Und am Abend versammelte ich die Kinder um mich, und sie baten mich, ihnen die Geschichte von Bethlehem zu erzählen. Ich wollte, daß sie schlafen gingen, damit ich hinausgehen konnte, um meinen Vater zu finden, bevor er betrunken war. Ich hoffte, er hätte ein paar Schillinge für uns übrig, um etwas zu essen zu kaufen. Wir hatten eine alte Decke auf dem Bett und ein paar Zeitungen und ein Mäntelchen, das Philomena gehörte. Schnee und Wind bliesen um das Stück Pappe in dem zerbrochenen Fenster, und das Zimmer wurde kalt.

Wir hatten einen kleinen Kerzenstummel, aber den wollten wir sparen. Draußen brannte eine Straßenlampe, die einen Teil des Schlafzimmers beleuchtete. Und ich legte die Arme um meine Geschwister und erzählte ihnen die Geschichte von Bethlehem. Ich erzählte ihnen, wie Jesus im Stall lag und nichts hatte. »Aber das heißt nicht, daß man nichts wert ist, nur weil man arm ist. Wenn ihr zerrissene Kleider habt, heißt das nicht, daß ihr nicht etwas Besonderes seid. Jesus war etwas ganz Besonderes, und er war ganz arm.«

Nach einer Weile schliefen sie ein, und ich ging meinen Vater suchen. Es war so kalt und dunkel, und ich hatte solche Angst! Dichter Schnee fiel. Um Mitternacht kam ich nach Hause und setzte mich auf den Steinboden vor der Wohnung und dachte an meine Mama und wie es früher war. Ich konnte mich an ein Weihnachten erinnern, an dem der Geruch von Kohl und Götterspeise, Pudding und gekochtem Schinken die Wohnung erfüllte.

Daddy kam irgendwann nach Mitternacht. Er war betrunken. Ich mußte die Kerze anzünden und auf den Tisch stellen. Die Wohnung sah besonders leer und unheimlich aus in jener Nacht. In dem flackernden Licht sah ich, daß fast die ganze Tapete ab war. Das Linoleum fehlte. Der Tisch und ein einziger Stuhl waren alles, was übrig war. Daddy saß dort am Tisch an diesem frühen Weihnachtsmorgen und rülpste und stank. Mit dem flackernden Kerzenschein auf seinem Gesicht sah er aus wie ein Monster.

Plötzlich verlor ich die Beherrschung und sprach mit meinem Vater, wie ich es noch nie getan hatte. »Ich hasse dich!« schrie ich. »Ich hasse dich! Ich hasse, was du meiner Mutter angetan hast, und ich hasse, was du uns antust! Du liebst uns nicht. Wir sind dir egal. Du bist nichts als ein schmutziger, stinkender Säufer, und ich hoffe, du stirbst und kommst in die Hölle und brennst dort für immer und ewig. Ich hasse dich!«

ACHT

Die Geräusche im Kopf meines Vaters wurden lauter und traten immer häufiger auf. Der Arzt sagte, er habe eine Warzenfortsatzentzündung am Schläfenbein und müsse operiert werden. Als Daddy erfuhr, daß er wochenlang im Krankenhaus bleiben müsse, sprach er mit seinem Bruder und seiner unverheirateten Schwester, die bei ihrer Mutter lebten, und fragte, ob sie Johnny, Philomena, Kathy und mich bei sich aufnehmen könnten.

Daddy hatte vier Kinder am Hals. Mit elf Jahren war ich die älteste. Meine beiden älteren Brüder waren fort. Andy lebte bei Freunden der Familie. Michael benutzte die Geburtsurkunde unseres verstorbenen Bruders, um zu beweisen, daß er sechzehn war, und trat in die irische Armee ein.

Daddy redete uns zu, zu Tante und Onkel zu ziehen. »Wenn es euch dort nicht gefällt, könnt ihr jederzeit wieder nach Hause kommen«, sagte er. Wir hatten keine Wahl. Wir konnten uns die Miete für unsere Wohnung nicht mehr leisten.

Wir wußten, daß Daddy, sobald er aus dem Krankenhaus käme, eine Möglichkeit finden würde, unsere Familie wieder zu vereinen. Wir würden nur vorübergehend bei Tante und Onkel wohnen.

Unser neues Zuhause war in einem der Mietshäuser in der James's Street, die noch zu den Liberties gehörten, nur zwanzig Minuten Fußweg von unserer alten Wohnung entfernt. In der St. James's Street – wir nannten sie einfach James's Street – wohnen die Snobs unter den armen Leuten von Dublin.

Daddy stopfte unsere Habseligkeiten in eine braune Papiertüte und ging mit uns zur Wohnung unserer Tante. »Ihr bleibt hier nur, bis ich aus dem Krankenhaus komme«, versicherte er uns. »Es ist nur für kurze Zeit.«

Aber wir waren nervös. Die Wohnung in der Marrowbone Lane war immer unser Zuhause gewesen. Solange wir dort lebten, fühlten wir uns Mammy nahe. Auf dem Weg schmiegten sich der kleine Johnny und meine beiden jüngeren Schwestern an mich. Ich war die Mama, ich würde sie beschützen. Sie mochten die Tante nicht. Aber Großmutter war dort, und die mochten wir.

Als wir ankamen, gab Daddy meiner Tante ein wenig Geld und das Kindergeldbuch der Sozialhilfe, das uns berechtigte, ein wenig Geld von der Regierung zu bekommen. Meine Großmutter, die sehr alt war, lächelte uns an und redete viel. Sie freute sich, daß wir da waren. Großmutter hatte Osteoporose und einen großen Kropf, und sie ging gebeugt.

Das erste, was meine Tante tat, war, mit uns ins Badezimmer zu gehen und uns alle gründlich abzuschrubben.

Ich hatte Angst vor meiner Tante. Sie war eine harte, abstoßende Frau. Sie war diejenige mit dem einzigen Zahn im Mund, die mich in den Sarg meiner Mutter gestoßen hatte. Wenn ich an sie denke, sehe ich sofort diesen hakenartigen Zahn vor mir. Ihretwegen wurde ich eine Fanatikerin, was die Pflege meiner Zähne betraf. Ich vermischte Ruß mit Salz und putzte meine Zähne mehrmals am Tag. Ich wollte schöne Zähne haben. Ich wollte niemals in ihr Alter kommen und nur noch einen Zahn haben.

Anfangs war meine Tante sehr freundlich zu uns. Sie nahm uns mit zur Messe und manchmal auch ins Kino. Sie kaufte uns Süßigkeiten und gelegentlich auch Makronenriegel. Und manchmal sah sie uns an und weinte, und ich wußte, sie dachte an unsere tote Mutter und ihren Bruder und an das Schicksal der Kinder, deren Vater arm und Alkoholiker war.

Die Wohnverhältnisse in unserem neuen Zuhause waren sehr beengt. Unsere Großmutter, der Onkel, Johnny, Philomena und ich schliefen in einem Zimmer, während Kathy im anderen Zimmer bei meiner Tante schlief. Meine Tante war Kathys Patin und mochte sie besonders gern.

Die Wohnung war von Flöhen verseucht. Als unsere Tante uns wieder in die Klosterschule schickte, hatten wir so viele Flohstiche, daß die Kinder dort dachten, wir hätten Masern. Philomena, Kathy und ich trugen die Schuluniform, ein langes Kleid mit langen Ärmeln, aber wenn wir im Schulhof spielten und unsere Ärmel hochrutschten, deuteten die anderen Kinder mit den Fingern auf uns. Bald wollte kein Kind mehr mit uns spielen. »Flohköpfe«, riefen sie uns nach.

Jede von uns hatte nur eine Uniform, und die bekamen wir umsonst, wegen der guten Werke, die meine Mutter getan hatte. Meine Tante wollte meine Uniform nicht waschen, so trug ich die Bluse, bis der Kragen ganz schmutzig geworden war; dann drehte ich die Bluse um und zog sie weiter an, bis auch die andere Seite meines Kragens schmutzig war. Erst dann wusch meine Tante sie.

Eines Abends waren unsere Tante und unser Onkel ausgegangen, um andere Verwandte zu besuchen, und wir waren mit Großmutter allein zu Hause. Es war nach Mitternacht, als sie leise nach Johnny rief.

»Johnny. Johnny.«

»Was willst du, Granny?«

»Setz einen Kessel mit Wasser auf und bring mir ein Becken.«

»Es ist mitten in der Nacht, Granny. Geht's dir nicht gut?«

»Mach schnell.«

Johnny weckte mich: »Granny ist so komisch«, flüsterte er. »Es ist nach zwölf, und sie will einen Kessel Wasser und ein Becken.«

»Granny, fehlt dir was?« fragte ich sie.

»Ich sterbe. Ich muß mich waschen«, sagte sie.

»Dir wird es bald bessergehen«, sagte ich, um sie zu beruhigen.

Nachdem Johnny Granny den Kessel und ein Becken gebracht hatte, schickte uns Großmutter ins andere Zimmer. Wir hörten, wie sie aufstand, und wußten, sie saß auf einem Sessel und wusch sich mit einem Schwamm. Als sie Johnny rief, um das Becken fortzubringen, saß sie immer noch im Sessel.

Wir alle schliefen wieder ein. Etwa eine Stunde später wurden wir von krächzenden und gurgelnden Geräuschen geweckt. Es war Granny. Wir rannten zu ihr. Aber sie war schon im Sessel vornübergesunken.

»Johnny, du solltest den Priester holen«, sagte ich. »Ich glaube, Granny ist tot.«

Großmutter wurde in das Bett gelegt, in dem Kathy und meine Tante schliefen. Als ihr Körper kalt wurde, konnten wir sehen, wie die Flöhe von ihr weghüpften.

Großmutter lag zwei Tage in dem Zimmer. Wir hatten entsetzliche Angst vor der Toten. Dauernd kamen Leute herein, um die Leiche zu sehen. Sie seufzten, weinten und heulten. Sie sprachen mit meiner toten Großmutter.

»Ach ja, Mrs. Byrne. Wir wissen, daß Sie bei Gott sind.«

»Sie hatten ein gutes Leben, Mrs. Byrne. Sie haben schwer gearbeitet.«

»Auf Wiedersehen, Mrs. Byrne.«

Viele beugten sich herab und küßten sie. Kerzen brannten überall im Zimmer. Kruzifixe waren überall. Die Vorhänge waren zugezogen. Die Leute standen herum, tranken und sprachen über den Tod und über Geister. Einer der Nachbarn sagte, er habe Granny am selben Morgen an der Küchenspüle stehen sehen. Alle nickten bestätigend. Durch die Anwesenheit so vieler Menschen stieg die Temperatur im Zimmer. Der Geruch des Leichnams wurde stärker und stärker, bis er das ganze Haus durchdrang. Der Gestank, der in diesem Raum herrschte, ist nicht zu beschreiben. Ich mußte immer an meine Mutter denken und stellte mir vor, daß sie wiederkäme. Schließlich übergab ich mich ständig in der Toilette.

Nach dem Begräbnis meiner Großmutter verschlechterte sich die Situation für uns Kinder. Mein Onkel und meine Tante sagten, es sei unsere Schuld, daß Granny gestorben sei. Mein Onkel kam betrunken nach Hause, fuchtelte mit den Armen und schrie: »Schmeiß diese verdammten Kinder hier raus. Ich will sie hier nicht haben.« Meine Tante hatte große Angst vor ihm und ließ sie an uns aus.

Mein Onkel war, wie mein Vater, Alkoholiker. Und auch meine Tante trank eine ganze Menge.

Oft hielt mein Onkel einen heißen Schürhaken ins Feuer und bedrohte Johnny damit. Mehrere Male verbrannte er Johnny.

Während wir dort lebten, hatte Johnny einmal ein gebrochenes Bein. Ich glaube, mein Onkel hat es ihm gebrochen, aber ich weiß es nicht genau. So viel aus jenen Jahren ist aus meinem Gedächtnis gelöscht. Ich erinnere mich nur, daß mein kleiner Bruder, als er aus dem Krankenhaus kam, verändert wirkte, er war still und furchtsam.

Meine Tante war eine Frau, an der ein ständiger Ärger fraß. Sie zerrte mich an den Haaren, prügelte mich mit einem Besenstiel, und mehrere Male schlug sie mir den Kopf blutig. Sie packte mich an den Haaren und schleuderte mich von einer Wand zur anderen.

Oft stieß sie mich in den Wandschrank und schloß mich ein.

»Deine Mutter ist da drinnen«, rief sie dann hämisch. »Da drin zu sitzen, bei deiner toten Mutter, wird dir eine Lehre sein.« Und einige Stunden später, wenn sie den Wandschrank aufschloß und mich herausließ, stand sie da, mit ihrem einzigen Zahn, der über ihrer Lippe hervorstand, mit Haaren, die in alle Richtungen abstanden, und mit aufgerissenen Augen. Und dann schüttelte sie den Kopf, daß ihr Speichel durch die Luft flog, und machte »Uhhhhh! Uhhhhh!«, um mich zu erschrecken. Sie sagte, das täte sie, »weil der Teufel deine Eingeweide auffrißt«.

Unsere Nahrung bestand in der Hauptsache aus »Schlabber«, aus von Lammfleisch abgeschnittenem Fett, gekocht mit Kartoffeln und Zwiebeln. Wir aßen das jeden Tag, außer sonntags und freitags. Aber an manchen Tagen bekamen wir nichts als Brot und Butter.

Kathy und Philomena konnten den Schlabber nicht essen, weil ihnen davon schlecht wurde. Doch wenn sie nicht aßen, wurden sie geschlagen, also aß ich es. Und dann wurde mir schlecht, und ich erbrach mich.

Wenn ich mich erbrach, ließ meine Tante mich zur Strafe das Erbrochene essen. Sie packte mich an den Haaren, drückte mein Gesicht in das Erbrochene und sagte: »Das ißt du. Du ißt diese verdammte Kotze, oder ich bring dich um.« Sie zwang mich,

mich auf den Boden zu hocken und das Erbrochene zu essen wie ein Hund.

Und manchmal, wenn mein Onkel betrunken nach Hause kam, schickte er uns hinüber zum Laden, um eine Portion Fisch und Chips und einen halben Liter Milch zu kaufen. Weil wir so hungrig waren, stahlen wir manchmal ein paar Chips aus dem Päckchen. Oder wir öffneten den Verschluß der Flasche, tranken ein paar Schluck Milch, füllten die Flasche mit Wasser auf und befestigten den Deckel wieder darauf. Aber mein Onkel fand es immer heraus. Und er schlug uns dafür oder warf uns von einer Wand an die andere.

Manchmal stahl ich mich davon und ging zum Armenhaus, um eine Schüssel Eintopf zu holen, sogenannte »Penny Dinners«. Die Penny Dinners waren für die Obdachlosen, für die Leute, die ich »Männer der Straße« nannte. Der Eintopf hatte einen sonderbaren und ganz eigentümlichen Geruch. Man konnte ihn kilometerweit riechen. Er war unverwechselbar. Wenn ich ein Penny Dinner kaufte, versteckte ich es, wenn ich zur Tür hinausging, unter meinem Mantel. Ich wollte nicht, daß die anderen Kinder merkten, daß ich Essen aus dem Armenhaus holte. Aber unweigerlich hörte ich, sobald ich zur Tür hinaustrat, ein triumphierendes Gebrüll: »Da kommt Byrne mit ihrem Eintopf! Fangen wir sie!« Ich rannte wie verrückt und verschüttete das Essen. Es floß über meinen Mantel, wurde sauer und hatte einen so schrecklichen Geruch, daß ich den Mantel fortwerfen mußte. Der Geruch von Penny Dinner ging nicht mehr heraus.

Unsere Gesundheit verschlechterte sich rasch. Kathy hatte Rachitis, und eines ihre Beine drehte sich nach innen. Ihr Fuß ist heute deformiert. Sie hatte auch Nierenschmerzen, aber sie fürchtete sich zu sehr vor meiner Tante, um ihr das zu sagen. Manchmal verlor sie die Kontrolle über ihre Blase. Meine Tante nahm Kathys Hand und schlug sie, und dann sagte Kathy die ganze Zeit: »Ich hab dich lieb. Ich hab dich lieb.«

Eines Tages spielte ich im Hof vor dem Haus meiner Tante, als ich plötzlich spürte, daß mein Schlüpfer naß war. Ich ging auf die Toilette und sah Blut in meiner Hose. Ich war entsetzt. Niemand hatte mir je gesagt, daß Mädchen ihre Periode bekommen.

»Meine Eingeweide sind herausgekommen«, sagte ich zu meiner Tante mit angstbebender Stimme. Ich dachte, Eingeweide wären das Böse in meinem Körper, und ich dachte, der Teufel habe sie gegessen.

»Über was zum Teufel redest du da?« bellte sie mich an. »Was meinst du damit, deine Eingeweide sind herausgekommen?«

»Ich meine, vielleicht mein Inneres. Es ist Blut in meinen Hosen von meinem Inneren.« So nannten wir unsere inneren Organe.

Meine Tante zerrte mich in die Küche, drehte den Wasserhahn auf und steckte meinen Kopf unter Wasser. »Schmutziges kleines Aas«, sagte sie. »So zu reden. Der Teufel tobt in dir. Untersteh dich, so etwas noch einmal zu sagen.«

Ich stand da, mitten in der Küche, kaltes Wasser lief mir über Gesicht und Körper, und ich war so außer mir vor Angst, daß ich mich zum Spülbecken umdrehte und erbrach. Als meine Tante hinausging, drehte sie sich um, starrte mich böse an, steckte ihren Zahn heraus und sagte: »Paß auf, daß dein Blut nicht an etwas dran kommt.« Sie ging hinaus, aber einen Augenblick später erschien sie wieder, drohte mit ihrem knochigen Finger und sagte: »Und daß du dich nicht mit Jungens einläßt!«

Später am Nachmittag besuchte ich Doreen, eine Freundin, die so alt war wie ich, und erzählte ihr, was geschehen war.

»Das ist nicht der Teufel«, sagte sie. »Mädchen kriegen das. Es bedeutet, daß du ein Baby bekommen kannst. Aber du darfst niemandem erzählen, wenn es passiert.«

Sie gab mir ein altes Unterhemd, das ihrem Vater gehört hatte. Wir versteckten es in dem Schuppen hinter ihrem Haus, und sie sagte, ich dürfe es jeden Monat benutzen. Wir schnitten das Hemd in zwei Teile. Jedesmal, wenn ich meine Periode hatte, rollte ich das halbe Hemd zusammen und steckte es in meinen Schlüpfer.

Meine Tante warnte mich zwar vor den Jungens, aber sie warnte mich nie vor meinem Onkel. Es gefiel mir gar nicht, wie er mich ansah, wenn meine Tante nicht dabei war. Und sein

Lächeln jagte mir Angst ein. Eines Nachts, als ich zwölf Jahre alt war, hörte ich ihn nach Hause kommen. Die Schlafzimmertür öffnete sich, und ich sah ihn im Dämmerlicht stehen. Er war ein schwerer Mann, sehr groß und breitschultrig. Selbst für einen Erwachsenen war er groß, für ein Kind war er riesig.

Ich schloß die Augen, als ich seine Schritte über den Linoleumboden kommen hörte. Er beugte sich ein paar Sekunden über mich, dann ging er durchs Zimmer in sein eigenes Bett. Ich hörte seine Schuhe auf den Boden fallen und hörte, wie er sich auszog. Dann saß er auf dem Rand meines Bettes. Er hielt meine Brüste und küßte mich. Ich roch das Bier in seinem Atem. Und sein langes, fettiges schwarzes Haar war in meinem Gesicht. Er versuchte gewaltsam, sich auf mich zu legen. Ich wimmerte, und das Geräusch weckte Philomena. Sie begann zu weinen. Mein Onkel rollte von mir weg, weil er Angst hatte, Philomenas Weinen würde meine Tante wecken. Lange Zeit hielt mein Onkel mich umklammert, während er wartete.

Während er mich in den Armen hielt, wunderte ich mich, warum er wohl in meinem Bett war und warum er das tat. Was hatte ich getan, das ihn veranlaßte, in mein Bett zu kommen?

Dann schlief Philomena wieder ein, und mein Onkel schob seine Hand unter meine Decke und streichelte mich. Er zwang meine Hand, seinen Penis zu halten.

»Das werde ich meinem Daddy erzählen«, flüsterte ich mit angsterstickter Stimme. Ich wollte nicht, daß Philomena wieder wach wurde. Aber ich hatte solche Angst!

»Wenn du es jemandem erzählst, wirst du fortgeschickt«, sagte er ärgerlich. »Niemand würde dir glauben. Sie würden sagen, du bist ein Teufel.«

Er hatte recht. Ich wollte nicht fortgeschickt werden. Ich wollte nicht, daß unsere Familie noch mehr auseinandergerissen wurde.

Mein Onkel hielt mein Schweigen für etwas anderes. Er streichelte mich. »Wenn du lieb zu mir bist, werde ich auch lieb zu dir sein«, sagte er.

Mein Onkel kam danach oft an mein Bett. Wenn er trinken gegangen war, erfüllte mich das Geräusch der sich öffnenden

Schlafzimmertür mit Grauen. Ich lag ängstlich und zitternd im Dunkeln. Und dann ertönten seine schweren Schritte im Flur, und der Türgriff drehte sich. Das leise Quietschen des Türknopfs wurde das Signal, das unzählige Nächte des Schreckens einleitete. Ich hörte seinen keuchenden Atem, roch das schwarze Bier und spürte seine Augen auf mir.

Solange wir bei meinem Onkel und meiner Tante lebten, wurde ich sexuell mißbraucht. Viele Male zerrte mich mein Onkel in sein Bett und versuchte, Geschlechtsverkehr mit mir zu haben. Aber er war zu groß. Nach jedem seiner Versuche brannte meine Scheide tagelang.

Ich wollte es meiner Tante sagen, aber ich hatte Angst. Was wäre, wenn mein Onkel recht hatte und die Behörden trennten uns Kinder und schickten uns fort in verschiedene Heime? Wir hatten keine Rechte. Wir waren ihnen ausgeliefert.

Um Philomenas willen faßte ich den Mut, mit meiner Tante zu sprechen. Ich wollte in ihrem Zimmer schlafen. Und ich dachte, wenn sie mich in ihr Zimmer verlegte, könnte ich Philomena mitnehmen.

»Ich will nicht mehr im Schlafzimmer schlafen«, sagte ich zu meiner Tante.

»Warum nicht?«

»Wenn Onkel Andy betrunken ist, habe ich Angst vor ihm.«

Sie fuhr herum und starrte mich an. Sie wußte, was ich damit sagen wollte. Ihre Augen waren voller Abwehr. Ihr Gesicht verzerrte sich. Der Zahn kam zum Vorschein, und Speichel tropfte aus ihrem Mund.

»Wage nicht, so zu reden«, schrie sie. »Du undankbares kleines Biest. Du wirst in einem Heim enden, paß auf.«

Also ging alles so weiter.

Und es wurde schlimmer.

Eines Nachts kam mein Onkel aus dem Fischgeschäft nach Hause. Sein Gesicht war von Fett verschmiert. Er rülpste.

»Setz dich dorthin«, befahl er und zwang mich, mich auf einen Stuhl ihm gegenüber zu setzen. Er steckte den Schürhaken ins Feuer und ließ ihn darin liegen. Er starrte mich an, während er mit dem Schürhaken spielte.

»Hast du deinen Schlüpfer an?« fragte er.

»Ja, Onkel Andy«, sagte ich.

Er zog den Schürhaken aus dem Feuer. Er war rotglühend. »Wie gefiele es dir, wenn du den zwischen deinen Beinen hättest?« fragte er lächelnd.

Ich habe mich oft gefragt, ob meine Tante darüber Bescheid wußte. Ich glaube es nicht. Sie weigerte sich, an diese Möglichkeit auch nur zu denken. So etwas gab es einfach nicht in Irland, es wurde totgeschwiegen. Allmählich fing ich an, mich für einen Teufel zu halten. Ich war kein Opfer. Ich war ein schmutziges, verdorbenes Stück mit schlechten Gedanken im Kopf. Der Teufel war in mir.

Heute weiß ich, daß das nicht der Fall war. Und ich erzähle das alles nicht, um meinen Onkel zu bestrafen. Er ist heute ein alter Mann. Er hat sich in all den Jahren selbst genug bestraft. Er hat vielleicht gebeichtet. Vielleicht ist er von der Sünde freigesprochen worden.

Aber ich mußte in all den Jahren damit leben. Ich konnte nicht beichten. Ich konnte das alles nicht in zehn Minuten bei einem Priester loswerden.

Wahrscheinlich öffnete dieser sexuelle Mißbrauch eine Tür, die zu immer größeren Problemen und immer mehr Leiden führte. Erst im Rückblick und aus dem Abstand vieler Jahre kann ich einen Sinn in diesen Problemen und Leiden sehen. Und durch dieses Martyrium fand ich schließlich meine Freiheit.

Der Anfang vom Ende kam auf eine höchst merkwürdige Art und Weise. Philomena bekam eine Ohrenentzündung, weil meine Tante sie wiederholt geohrfeigt hatte, und Kathy erkrankte an einer Nierenentzündung. Ich brachte beide zum St. Stevens Hospital. Die Ärzte und Schwestern waren entsetzt, als sie sahen, daß wir voller Läuse und Flöhe waren. Wir mußten uns ausziehen, sie brachten uns in ein kleines Zimmer, zogen Handschuhe und Kittel an, und wir mußten uns um und um drehen, während sie uns besprühten. Der Arzt fragte mich nach meiner Familie, und ich erzählte ihm, wir wohnten bei Mammy und Daddy, weil ich dachte, wenn der Arzt von unserer häuslichen Situation erfahren würde, würde er uns trennen. Wir hatten entsetzliche Angst davor, getrennt zu werden. Der Arzt fragte, ob ich zur Schule ginge. Ich ging seit Monaten nicht mehr zur Schule, aber ich sagte ihm, ich ginge in eine Klosterschule. Ich nehme an, er ahnte, daß ich ihm nicht die Wahrheit sagte. Ich konnte es seinem Gesicht ansehen. Er gab mir ein Rezept für Vitamine und Medikamente gegen die Läuse, das ich zum Apotheker bringen sollte. Ich hatte Angst, die Medizin zu meiner Tante mitzunehmen, weil ich wußte, daß sie böse werden würde.

»Gehen wir nach Hause«, sagte ich zu Philomena und Kathy. Wir dachten noch immer an unsere alte Wohnung in der Marrowbone Lane als unser Zuhause. Dort gingen wir hin, um die Medizin aufzutragen, aber die Wohnung war verbarrikadiert. Mein Vater war nach seiner Operation aus dem Krankenhaus entlassen worden, aber er konnte die Miete nicht bezahlen. Er wohnte jetzt in einer Unterkunft für Alkoholiker und Penner, einem Unterschlupf für den Abschaum der Gesellschaft.

Wir mußten zurück in die Wohnung meiner Tante und dort die Medizin anwenden. Danach versteckte ich die Medizin, aber natürlich fand meine Tante sie. Sie war sehr böse. »Du bist ein schlaues, hinterlistiges, kleines Miststück«, sagte sie. »Du wirst mit Donner und Blitz zur Hölle fahren, du Teufel.«

Das einzige, was mich damals seelisch gesund erhielt, war mein Tanzen und Singen. Ich hatte mein Tanzkostüm im Abzug der alten Wohnung versteckt. Die Wohnung war so heruntergekommen, daß niemand sie mieten wollte. Ich lief also in die Wohnung, zog mein lila Satinkostüm mit dem Zylinder und den weißen Wildlederstiefeln an und ging zu den Variety Halls.

Nicht lange nach unserem Besuch beim Arzt fand ein großer Talentwettbewerb statt, in dem ich zusammen mit einem sehr gelenkigen Akrobaten und einem Rock 'n' Roll-Sänger das Finale erreichte. Über den Gewinner sollte in einer besonderen Vorstellung auf einem großen, offenen Feld an der Cork Street entschieden werden. Die beiden anderen Finalisten gaben ihre Nummer, und dann kam ich dran. Ich legte meine ganze Seele in ein Sophie-Tucker-Lied, sang mit meinem Herzen, so wie meine Mama es von mir verlangt hatte, tanzte über die ganze Bühne, schmetterte die Worte heraus, und plötzlich – alle in der Menschenmenge überragend – stand da ein sehr großer, schwarzgekleideter Mann mit weißen Haaren.

»O mein Gott«, sagte ich. »Das ist Dickie Clark!«

Er stand da und starrte mich an, ohne zu lächeln, und sah aus, als käme er geradeswegs aus einem Geisterhaus. Er drängte sich näher und näher zur Bühne. Als meine Nummer zu Ende war, tanzte ich quer über die Bühne und ging ab. Ich blieb nicht da, um zu erfahren, wer den Talentwettbewerb gewonnen hatte, und ich hörte nicht, wie die Richter meinen Namen aufriefen. Ich hatte keine Gelegenheit, das silberne Teegeschirr in Empfang zu nehmen, das für den Gewinner bestimmt war. Ich lief vor Dickie Clark davon.

Ich entkam ihm noch einmal. Aber eines Tages, ein paar Wochen später, stand ein Mann von der Gesellschaft zur Verhinderung von Grausamkeit gegen Kinder vor der Wohnungstür meiner Tante. Er trug eine große Schirmmütze. Ich erschauerte und legte meinen Arm um Philomena. Der Mann sagte, der Arzt, der uns wegen der Läuse behandelt hatte, habe unseren Fall gemeldet, und wir müßten vor Gericht erscheinen. Unser Vater müsse uns hinbringen, oder er käme ins Gefängnis.

Einige Tage später gingen wir zu der Verhandlung im Dublin Castle. Diese Verhandlung sollte unser Leben für immer verändern.

Neun

Wir fuhren mit unserem Vater in einem Bus zum Dublin Castle. Die Sehenswürdigkeiten der Stadt, die Straßen, die wir so gut kannten, nahmen wir nicht zur Kenntnis. Wir hielten die Köpfe gesenkt und warfen verstohlene Blicke auf unseren Vater. Er starrte vor sich hin und sagte kein Wort.

Dublin Castle liegt auf einer Anhöhe südlich des Liffey. Wir gingen durch das Cork Hill Gate, ein riesiges Tor, über dem sich schwere graue Steinbögen zusammenschieben wie Fledermausflügel. Darauf steht eine Statue der Justitia, mit verbundenen Augen, die Waage in der einen Hand und das Schwert in der anderen. Als wir in den Upper Courtyard einfuhren, bemerkte ich, daß sie uns den Rücken zuwandte. Und dann schien sie im dichten Regen zu verschwinden.

Wir wurden von einem Aufseher in ein Wartezimmer im Untergeschoß von Block 5 geführt, einen Raum, der unter den Gerichtssälen des Jugendgerichts lag.

Dickie Clark war da. Es war das erste Mal, daß ich ihn lächeln sah, und da wußte ich, daß unser Leben nun für immer einen anderen Lauf nehmen würde. Dickie Clark trug seinen schwarzen Anzug, der Aufschlag seines rechten Hosenbeins war eng von der glänzenden Aluminiumklammer umschlossen. Seine Augen folgten mir, und ich konnte fast hören, wie er dachte: »Ina Byrne, ich hab dir ja gesagt, eines Tages werde ich dich erwischen.«

»O Gott«, dachte ich. »Dickie Clark wird mein Leben zerstören.«

Es waren noch andere Kinder dort. Auch sie warteten darauf, daß Dickie Clark ihr Leben zerstören würde. Einige Fürsorger waren ebenfalls da. Es war ein großer, quadratischer Raum mit einigen Stuhlreihen, ein schlichter Raum, kalt und steril. Alle Leute hier waren arm, mit abgetragenen Schuhen und schäbigen Kleidern, und einige der Jungen hatten ihr Haar mit Margarine zurückgekämmt. Niemand sah sauber und ordentlich aus. Die Mütter waren zornig und nervös und die Kinder verstockt und verängstigt.

Philomena, Johnny, Kathy und ich weinten unaufhörlich. Wir wußten, daß nun genau das eintreten würde, was wir seit dem Tod unserer Mutter am meisten befürchtet hatten – man würde uns trennen. Ich lief in dem Raum umher und suchte verzweifelt nach einer Möglichkeit für uns, zu fliehen. Aber die Polizei war da und hielt mich von den Fenstern und Türen fern.

Mein Daddy sah aus wie ein Hund, dem man in den Arsch getreten hatte.

»Daddy, du erlaubst doch nicht, daß sie uns fortschicken, nicht wahr?« fragte ich ihn.

»Nee, ihr kommt nicht fort.«

»Bitte, lieber Gott«, betete ich leise. »Mach, daß sie uns nicht trennen.«

»Es ist nur zu eurem Besten«, sagte Daddy zwei- oder dreimal. Ich muß wohl gespürt haben, daß er froh war, daß ihm die Verantwortung für seine Kinder abgenommen wurde.

Ich stand dicht neben ihm und sah zu ihm auf und sagte: »Bitte, Daddy, laß es nicht zu, daß sie uns fortbringen. Kämpfe für uns. Ich will für dich sorgen und nicht mehr mit dir schimpfen, weil du trinkst. Aber kämpfe für uns. Laß nicht zu, daß sie uns fortschicken.«

»Es ist zu eurem Besten. Es ist alles zu eurem Besten.«

Wenn Daddy unter Druck gesetzt wurde, dann setzte er sein Ich-geh-nie-wieder-in-den-Pub-Gesicht auf. Auch jetzt machte er dieses Gesicht. Ich versuchte, seine Hand zu halten, aber er entzog sie mir.

Meine Geschwister und ich weinten uns die Augen aus. Wir waren ein zerlumptes Häuflein Elend, schmutzig, voller Ungeziefer, vernachlässigt.

Aber ich fühlte mich nur von einem einzigen Menschen vernachlässigt. An jenem Tag fiel mir auf, daß mein Vater nie zu mir oder zu einem von uns gesagt hatte: »Ich hab dich lieb.« Und nun wurden wir ihm abgenommen, und er brauchte sich nie wieder um uns zu kümmern.

Wir wurden aufgerufen, nach oben zu gehen. Und ein paar Minuten später standen wir in einer Reihe vor zwei Friedensrichtern.

Ich habe nicht viel Erinnerung an die Verhandlung. Aber ich erinnere mich, daß jemand sagte, wie vernachlässigt wir seien, unterernährt, voller Läuse und Flöhe, und wie arm wir seien. Und jemand sagte aus, daß es zu unserem Besten wäre, wenn wir in Heime kämen.

Dann fragte der Friedensrichter Dickie Clark, was er empfehlen würde. Dickie Clark stand auf, zeigte auf Johnny und sagte: »Der Junge wäre in Artane am richtigen Platz.«

Mir verschlug es den Atem. Artane ist eine Erziehungsanstalt für Jungen in Dublin. Ich hatte solche Angst um Johnny! Aber ich hätte noch größere Angst gehabt, wenn ich gewußt hätte, daß Johnny bald nach Letterfrack verlegt werden sollte, eine andere Erziehungsanstalt, eine im hintersten Winkel Westirlands. Letterfrack stand in dem Ruf, der unmenschlichste Ort zu sein, an den man einen kleinen Jungen schicken konnte. Und wenn ein Junge einmal dort war, blieb er, bis er sechzehn Jahre alt war. Der Ruf der Schule war nur vergleichbar mit der Erziehungsanstalt St. Joseph's in Clifden, einer Mädchenschule.

Aber ich hatte keine Zeit, mich um Johnny zu sorgen. Dickie Clark wandte sich um, sah mich lange an und sagte zu den Friedensrichtern: »Diese hier ist eine Wilde. Sie ist des öfteren vor mir davongelaufen. Sie lebt auf der Straße. Sie geht nie zur Schule. Und einmal sang sie auf einem Talentwettbewerb, anstatt in die Schule zu gehen. Sie übt einen schlechten Einfluß aus, und ich bin der Meinung, sie sollte nicht mit den anderen zusammensein.«

Dickie Clark genoß die Situation, ich sah es seinen funkelnden Augen an. Wie oft hatte ich mich vor ihm versteckt oder war ihm entwischt, und nun hatte er gewonnen, wie er es immer angekündigt hatte.

Andere Leute, ich weiß nicht, wer sie waren, berichteten, wie grausam wir behandelt wurden und wie vernachlässigt wir waren. Sie erzählten, wie wir verwildert durch die Straßen von Dublin gelaufen seien, daß unser Vater Alkoholiker sei und unsere Tante und unser Onkel nicht geeignet seien, für uns zu sorgen.

Niemand sagte aus, daß Philomena und ich von unserem Onkel sexuell mißbraucht worden waren. Wir hielten dieses dunkle Geheimnis in unseren jungen Herzen verschlossen. Wenn die Friedensrichter das gewußt hätten, hätten sie uns für den Rest unseres Lebens eingesperrt.

Wir hofften von ganzem Herzen, daß die Friedensrichter uns wieder zu unserem Vater zurückschicken würden. Schließlich ist ein schlechter Vater, selbst wenn er Alkoholiker ist, besser als eine Tante und ein Onkel.

Man gab uns keine Gelegenheit zu sprechen. Das einzige Mal, daß wir direkt angesprochen wurden, war, als einer der Friedensrichter auf mich herabsah und sagte: »Der Aussage zufolge bist du völlig verwahrlost und mußt zu deinem eigenen Schutz in ein Heim.«

Die Friedensrichter steckten die Köpfe zusammen und flüsterten miteinander. Sie sprachen über unsere Zukunft, über unser Leben. Aber für sie waren wir nur ein Fall von vielen, und sie wollten ihn so schnell wie möglich hinter sich bringen und zum nächsten übergehen. Sie gaben der Polizei ein Zeichen, uns wieder hinunterzubringen. Die Stufen schienen endlos zu sein.

Ich dachte, nachdem die Friedensrichter eine Entscheidung getroffen hatten, würde ein paar Tage lang nichts passieren.

Als wir wieder zum unteren Zimmer zurückkehrten, sagte Daddy immer wieder: »Es ist zu eurem Besten.« Es war, als versuche er, sich selbst davon zu überzeugen. Er stand auf, und wir weinten und baten ihn, nicht fortzugehen.

»Bitte, Daddy, laß uns nicht allein. Laß uns nicht allein. Wir haben nichts Schlimmes getan, Daddy, bitte, laß nicht zu, daß sie uns fortbringen.«

»Es ist zu eurem Besten«, sagte er.

Die Polizei behandelte uns wie Verbrecher. Dabei waren wir Kinder, deren einziges Verbrechen war, daß unsere Mutter gestorben und unser Vater Alkoholiker war und daß unser Onkel und unsere Tante uns schlugen und mißbrauchten. Wir wurden wie Verbrecher behandelt, obwohl wir die Opfer waren. Die Beamten waren kalt und herzlos.

Auch mein Vater war so. Als ein großer Gefangenenwagen, die »Schwarze Maria«, vor der Tür hielt, sah Daddy mich an und sagte: »Tu, was man dir sagt. Eure Mutter wacht über euch.«

Ich sah in seine Augen und dachte: »Du hast keine Ahnung, wie wir uns fühlen, du weißt nicht einmal, daß wir dich lieben.« Und ich wußte, das war das Ende für uns als eine Familie, wir würden nie wieder zusammen leben. Dennoch machte ich einen letzten Versuch.

»Bitte, Daddy, laß nicht zu, daß sie uns fortbringen.«

»Hör auf damit«, sagte er.

Der Wagen fuhr vor die Tür, und zwei Polizisten und eine Frau stiegen mit uns in die »Schwarze Maria«.

»Es ist zu eurem Besten«, war das letzte, was ich von meinem Vater hörte, bevor er sich umdrehte und fortging.

Wir fuhren etwa eineinhalb Stunden. Die Erwachsenen saßen vor der hinteren Tür, so daß wir nicht hinaussehen konnten. Wir hatten furchtbare Angst. Dann hielten wir an, die hintere Tür öffnete sich, und Johnny wurde am Arm ergriffen.

»Ina, laß nicht zu, daß sie mich fortbringen! Bitte, Ina. Laß es nicht zu. Ina, bitte.« Seine Füße waren schmutzig, seine Hosen waren schmutzig, und seine großen Augen waren mit Tränen gefüllt, die sein schmutziges Gesicht verschmierten. »Ina, ich hab doch nichts Böses getan.«

»Ich liebe dich, Johnny«, sagte ich zu ihm. »Wir werden einen Ausweg finden, und dann hole ich dich wieder zu mir.«

»Versprichst du das, Ina? Versprich mir, daß du machst, daß ich nicht da bleiben muß!«

»Das verspreche ich dir, Johnny. Ich komme und hole dich.«

Die zwei Polizisten beobachteten mich, bereit, mich festzuhalten, falls ich versuchte, zur Tür hinauszuklettern. »Können Sie uns nicht fortlaufen lassen?« bat ich einen von ihnen.

»Ich tue meine Pflicht, Kind«, sagte er.

Ich wandte mich wieder Johnny zu. Philomena und Kathy

weinten, aber ihre Augen waren auf Johnny und mich gerichtet. Meine Augen nahmen sie alle drei in sich auf. Ich war die Mama, und sie erwarteten von mir, daß ich sagte, was sie tun sollten.

»Was auch geschieht, eines Tages werden wir uns wiederfinden«, sagte ich.

Tränen liefen über ihre Wangen.

»Jeden Abend, wenn wir ins Bett gehen, werden wir aneinander denken. Jeden Abend. Versprecht mir das.«

»Versprochen«, sagte Johnny.

»Versprochen«, wiederholten Philomena und Kathy.

Wir kreuzten unsere Finger, streckten die Hände aus, und dort, hinten in der »Schwarzen Maria«, hakten wir unsere Finger ineinander, um unser Versprechen zu besiegeln.

Und dann wurde Johnny von uns fortgezerrt, aus der »Schwarzen Maria« geholt und begann seine Fahrt nach Artane. Er war fort, meinem Schutz und meiner Familie entrissen.

Philomena, Kathy und ich standen auf und versuchten, aus dem Rückfenster zu gucken. Alles, was wir sahen, war Johnnys Kopf. Ich konnte an seinen Augen sehen, daß er entsetzliche Angst hatte.

Dann fuhr der schreckliche schwarze Wagen weiter, und nach etwa einer halben Stunde war ich an der Reihe. Ich hatte gedacht, wir Mädchen würden zusammenbleiben, daß meine Schwestern und ich, wohin sie uns auch bringen würden, zusammensein würden. Aber es sollte nicht sein. Der Wagen blieb stehen, die hinteren Türen öffneten sich, und wir sahen vor uns ein großes Backsteingebäude. Die Polizisten deuteten auf mich. Ich winkte Kathy und Philomena, mit mir zu kommen. Aber einer der Polizisten hob die Hand und hielt sie zurück.

»Ihr bleibt drinnen«, sagte er zu ihnen.

Philomena sah ihn entsetzt an, ihre Augen weiteten sich vor Angst, sie streckte die Hand nach mir aus und rief: »Mammy, Mammy, Mammy!« Sie sagte zu dem Polizisten; »Oh, bitte, nimm meine Mammy nicht fort! Bitte, bitte! Wir haben nichts Böses getan!«

Wir umklammerten einander.

»Paw Waw, ich liebe dich«, sagte ich zu ihr. »Kathy, hab keine Angst. Ich werde euch finden.«

Die Polizisten rissen uns auseinander und zerrten mich zu dem großen Backsteingebäude. Es war eines dieser altmodischen rechteckigen Bauten, die so berühmt für Dublin sind. Aber ich sah nichts Bemerkenswertes daran.

Als ich hineingeführt wurde, blickte ich zurück. Ich sah Philomenas Hand an das schmutzige Rückfenster des Wagens gepreßt und den schemenhaften Umriß ihres weinenden Gesichts. Kathy stand hinter ihr und erschien noch schemenhafter.

Der Wagen fuhr ab. Es sollte viele Jahre dauern, bis ich meine Schwestern wiedersah.

An jenem Tag verlor ich jegliches Vertrauen zu erwachsenen Menschen. Etwas geschah in mir, in meinem Innern, das mich die Erwachsenen für immer fürchten ließ.

Der Polizist zog mich am Arm durch die riesigen Tore des Waisenhauses, wo eine Nonne stand. Sie sprach ein paar Minuten mit dem Polizisten, dann nahm sie mich an der Hand und ging mit mir über einen langen Korridor. Der Fußboden war so glänzend poliert, daß sich alles darin spiegelte. Und überall waren Statuen von Maria und Jesus.

Ich stolperte, als ich durch den langen Korridor ging. »Es ist schon gut, Kind. Hör jetzt auf zu weinen. Du wirst dich schon an uns gewöhnen, so wie alle anderen.«

»Können Sie nicht meine Schwestern holen, damit sie mit mir zusammenbleiben?« schluchzte ich.

»Nein, du bist zu verwildert, um mit ihnen zusammenzusein.«

»Ich bin ihre Mama! Sie brauchen mich!«

»Rede keinen Unsinn, Kind. Du bist nicht ihre Mama.« Sie musterte mich von oben bis unten. »Du mußt mal gründlich gewaschen werden. Wir setzen dich in die Badewanne und schrubben dich ab, damit du sauber wirst.«

Als erstes kam ich in ein Badezimmer mit roten Fliesen. Sie zogen mich aus und schrubbten mich mit dicken Bürsten ab. Die Nonne gab mir einen marineblauen Rock und einen Pullover und sagte, ich solle im Waschraum warten, bis sie sich beratschlagt hätten, in welches Zimmer ich kommen solle.

Die anderen Mädchen im Waschraum starrten mich an. Keine sagte ein Wort. Ich sah eine Tür, durch die ein Licht fiel, und ich dachte, daß diese Tür vielleicht auf einen Flur oder Korridor führen würde, über den man nach draußen und in die Freiheit gelangen könnte. Ich versuchte, die Tür zu öffnen, aber sie war verschlossen. Ich sagte zu der Nonne, ich müsse auf die Toilette. Als ich aus der Toilette kam, rannte ich zu einer anderen Tür und versuchte, sie zu öffnen. Aber auch sie war verschlossen. Die Nonne lächelte. »Wir haben uns gedacht, daß du das versuchen würdest«, sagte sie. Und dann verschwand ihr Lächeln, und sie wurde sehr ernst: »Von hier kannst du nicht entkommen, Kind. Wir halten die Türen immer verschlossen. Hier bist du, und hier bleibst du.«

Ich sah zu ihr auf und sagte nichts. Sie konnten mich nicht von meinen Schwestern fernhalten.

Den ganzen Nachmittag behielten die Nonnen mich im Waschraum. Ich fühlte mich sehr fremd und verloren. Und die ganze Zeit dachte ich: »Ich will hier raus. Ich will hier raus. Ich will meine Familie wieder zusammenbringen.« Ich wußte, daß meine Geschwister in ihrem kurzen Leben sehr gelitten hatten. Ich wußte, welche Angst sie durchmachten. Ich wußte, daß sie weinten. Ich wußte, daß sie sich darauf verließen, daß ich unsere Familie wieder zusammenbringen würde. Ich war die Mama.

Eine der Nonnen führte mich zur Küche und bot mir Süßigkeiten an. Aber ich wollte keine. Ich wollte nur eins: mit meinen Geschwistern zusammensein.

Am Abend nahmen mir die Nonnen die Kleider weg und gaben mir ein langes Flanellnachthemd. Es war so oft gewaschen worden, daß es eine schmutzigweiße Farbe hatte. Aber es war dick und warm und behaglich. Und dann brachten sie mich in den Schlafsaal im zweiten Stock und schlossen mich ein. Ich sprach nicht mit den anderen Mädchen, und sie sprachen nicht mit mir. Gemeinsam beteten sie vor dem Einschlafen. Der Schlafsaal war mit mehreren Reihen Betten gefüllt. Und in diesen Betten lagen die Waisen von Irland, die Waisen – und ich, ein Mädchen, dessen Verbrechen es war, daß ihre Familie nicht für sie sorgen konnte.

Mitten in der Nacht, als alle fest schliefen, schlich ich aus meinem Bett und schob ganz leise ein Fenster hoch. Ich sah hinaus. Ein Kiesweg lief um das Gebäude herum. Der Boden schien so weit entfernt zu sein.

»Oh, lieber Gott und Jesuskind«, betete ich. »Ich werde aus dem Fenster springen und fliehen. Ich will nicht sterben. Ich möchte nur meine Familie wieder zusammenbringen. Aber wenn ich sterbe, laß mich nicht in die Hölle kommen. Ich muß meine Geschwister finden. Ich kann nicht hier eingesperrt bleiben.«

Ich schlug ein Kreuz und sprach ein Bußgebet: »Mein Gott, es tut mir von Herzen leid, dich gekränkt zu haben. Und ich verabscheue meine Sünden mehr als alles andere Böse. Denn sie mißfallen dir, mein Gott, der für seine unendliche Güte meine ganze Liebe verdient. Und ich gelobe fest, dich nie mehr zu kränken und mein Leben um deinetwillen zu ändern. Amen.«

Ich sagte im voraus, daß mir leid täte, was ich tun wollte, aber nicht, daß ich versuchen würde zu fliehen und dabei vielleicht ums Leben kommen würde.

Dann sprang ich.

Ich erinnere mich, daß ich sehr hart auf dem Boden aufschlug und das Bewußtsein verlor. Als ich gegen fünf Uhr morgens aufwachte, waren meine Nase und die Wange blutig. Ich stützte mich auf den linken Arm und versuchte, mich aufzurichten, aber der Schmerz war so groß, daß ich fast wieder ohnmächtig wurde. Ich schüttelte den Kopf und versuchte aufzustehen. Mein Bein knickte ein, und wieder war der Schmerz unerträglich. Ich rollte auf die andere Seite und begann zu kriechen, zog mich mit meinem rechten Arm über den kalten Boden. Schließlich konnte ich mich mit Hilfe des unverletzten rechten Armes aufrichten.

Mein Knöchel und mein Arm waren gebrochen. Der Arzt sagte später, ich hätte Glück gehabt, ich hätte bei dem Sturz sterben können. »Gott war mit dir«, sagte er.

Die einzige Zufluchtsstätte, die mir einfiel, war die Mietskaserne, in der ein junger Mann wohnte, den ich kannte. Es war der Anstreicher, der Freund meiner Cousine. Er war ein so netter Mann. Er hatte mir immer zugewinkt, wenn ich durch die

Liberties lief. Ich humpelte voran und blieb oft stehen, weil ich solche Schmerzen hatte. Einige Male sah ich Polizeiautos und versteckte mich hinter Sträuchern oder Abfalleimern. Es kam mir vor, als würde jeder Polizist in Dublin nach mir suchen.

Es dauerte Stunden, bis ich mein Ziel erreichte. Als mein Freund die Tür öffnete, sah er mich an und sagte: »Jesus Christus, Allmächtiger! Ich habe gehört, man hätte dich eingesperrt. Was ist passiert?« Er trug mich die Treppe hinauf, legte mich ins Bett und machte mir eine Tasse Tee.

»Ich bin fortgelaufen. Auf der Flucht habe ich mir den Arm und das Bein gebrochen.«

»Wir werden uns etwas für dich einfallen lassen«, sagte er. Ich fühlte mich geborgen. Er würde mich bei sich wohnen lassen, bis ich geheilt war und weiterziehen konnte.

»Du mußt ins Krankenhaus«, sagte er.

»Ich kann nicht. Die Polizei wird mich fassen.«

Als er nichts sagte, faßte ich ihn beim Arm. »Versprich mir, daß du niemandem etwas sagst. Versprich es mir. Ja?«

»Was willst du denn tun?«

»Ich weiß es nicht. Ich weiß es nicht. Kann ich nicht hier bei dir bleiben, bis es mir bessergeht?«

Er nickte. »Ich denke, wir können uns etwas einfallen lassen«, wiederholte er. Und dann wurde er auf einmal anders. Gerade als ich begann, mich sicher zu fühlen, veränderte er sich. Vor meinen Augen. Sein Ausdruck veränderte sich, und er kroch zu mir ins Bett und zog mich an sich und versuchte, mich zu küssen. Das erinnerte mich an meinen Onkel, und mir wurde übel.

Hier war ich, zwölf Jahre alt, lag im Bett, schmutzig, mit zwei gebrochenen Knochen, mit größeren Schmerzen, als ich sie je zuvor erlebt hatte, und ein Mann, den ich für meinen Freund gehalten hatte, versuchte mich zu küssen. Ich war entsetzt. Abscheu überkam mich.

Ich schob ihn beiseite. Er ließ nicht locker. Ich schob ihn wieder fort. »Du gehst mir verdammt auf die Nerven«, sagte er angewidert. Er stand auf und sagte: »Du mußt hier raus. Die Polizei wird hinter dir her sein, und wenn sie dich finden, werden sie sagen, ich sei mitschuldig.«

Ich bettelte, er solle mich bleiben lassen. Ich brauchte ärztliche Behandlung. Aber er sagte, ich müsse fort.

Ich begann zu weinen, weinte um meine Mutter, weinte um meine zerbrochene Familie, weinte vor Angst. Er stand auf, starrte böse auf mich herab und sagte dann mit einem Ausdruck des Abscheus: »Mach, daß du rauskommst.«

»Ich muß meine Geschwister finden«, heulte ich.

»Du bist ja verrückt.«

Ich humpelte hinaus.

Mein Vater, links, mit 83 Jahren – mit Freunden. Er fand immer noch Geschmack am Guinness.

Meine Mutter wurde in einem Armengrab beerdigt. Ich habe lange nicht gewußt, wo es war. Erst vor einigen Jahren fand ich es mit Hilfe des Friedhofverwalters und meiner Tochter Helen (LINKS). Es stand kein Name an der Grabstelle.

CHRISTINA NOBLE
FOUNDATION
Rig Aid
HO CHI MINH CITY VIET NAM
supported by the hochiminh city harley davidson club

Es war richtig, nach Vietnam zu gehen und sich um die Straßenkinder von Ho Chi Minh City zu kümmern. Vietnam war die Brücke, die mich von meinem eigenen Schmerz forttrug. Den *bui doi*, den »Wegwerfkindern« dieses kriegsverwüsteten Landes, eine Mutter zu sein, macht mich glücklich.

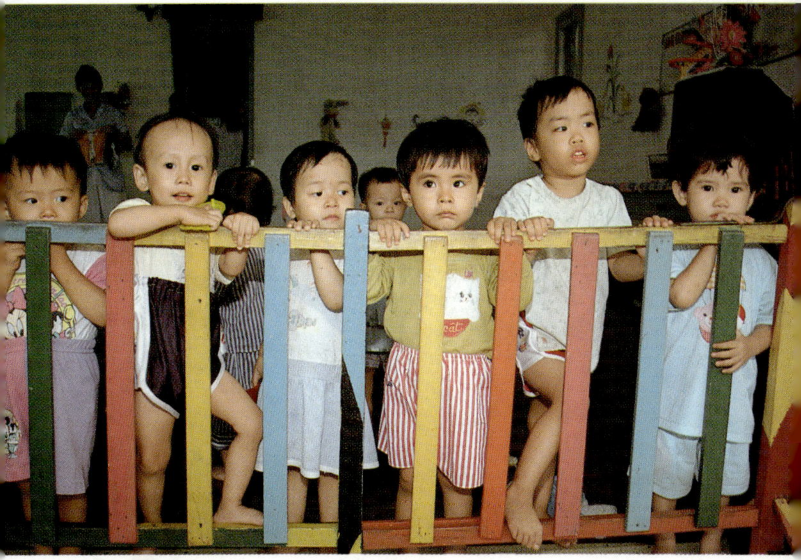

Unser Team, das die Kinder in dem Zentrum der Noble Foundation voller fürsorglicher Hingabe betreut.

Zehn

Die Schmerzen waren so groß, daß ich zum Adelaide Hospital humpelte. Als ich geröntgt wurde, flüsterten die technischen Assistenten miteinander und starrten mich an. Ich dachte, sie wüßten, daß ich fortgelaufen war. Und sobald sie den Raum verlassen hatten, stand ich langsam auf, stellte mich auf mein gutes Bein und schlich über den Korridor und aus dem Krankenhaus hinaus.

Der einzige Ort, den ich kannte und zu dem ich gehen konnte, war die Wohnung in der Marrowbone Lane, dort, wo ich geboren wurde. Ich kroch und humpelte drei Kilometer weit. Es war Nachmittag, als ich ankam. Ich klopfte bei Mrs. Sweeney, unserer früheren Nachbarin.

Als sie öffnete, blickte ich zu ihr auf und sagte: »Mrs. Sweeney, können Sie mir helfen?« Und dann wurde ich ohnmächtig.

Später erinnere ich mich dunkel an eine Krankenwagenfahrt mit Mrs. Sweeney in ein Krankenhaus, in dem mein Bein und mein Arm eingegipst wurden und wo die Ärzte mir viele Fragen stellten. Sie wußten, daß ich fortgelaufen war.

Einer der Ärzte war empört.

»Das hat sie verdient«, hörte ich ihn sagen.

»Ach, sie ist doch noch ein Kind«, sagte Mrs. Sweeney.

Mein Daddy besuchte mich. Er erwähnte mit keinem Wort die Verhandlung im Dublin Castle, die unsere Familie auseinandergerissen hatte, und er erwähnte mit keinem Wort meine Geschwister. Ich hatte das Gefühl, alle warteten, bis meine Knochen wieder zusammengewachsen waren, damit sie mich erneut ins Waisenhaus schicken konnten.

Langsam ging es mir besser, und einige Wochen später

konnte ich über den Korridor laufen, wenn ich mich an eine Wand stützte. Ich war fast geheilt.

Der Gipsverband kam von meinem Bein. Eines Tages hörte ich einen Arzt sagen: »Man könnte sie jetzt zurückschicken.« Er sagte zu einer Schwester, in der Nähe des Waisenhauses sei eine Klinik, dort könne der Gipsverband an meinem Arm in etwa einer Woche abgenommen werden.

Am Nachmittag, als Daddy mich besuchte, flüsterte ich ihm zu: »Daddy, hör mir gut zu. Heute habe ich gehört, wie ein Arzt zu der Pflegerin gesagt hat: ›Sie kann jetzt entlassen werden. In der Nähe der Schule ist eine Klinik. Sagen Sie der Polizei, sie kann jederzeit abgeholt werden.‹ Daddy, sie könnten mich zurück ins Waisenhaus schicken. Kannst du mich nicht hier rausholen?«

Daddy sah zu Boden. »Was soll ich tun?«

»Bring mir ein Kleid, ein Paar Turnschuhe und eine Strickjacke und laß mich mit dir hinausgehen.«

»Wann?«

»Um acht Uhr, wenn Schichtwechsel ist. Dann herrscht hier ein ziemliches Durcheinander.«

Daddy tat, worum ich ihn gebeten hatte. Und am Abend, als die Besuchszeit zu Ende war, zog ich das Kleid an, und Daddy ging mit mir durch den Korridor, so daß es aussah, als ob wir zusammengehörten, und nicht, als ob ich eine Patientin wäre. Schließlich würde kein Vater ein Kind mitnehmen, dessen Arm eingegipst ist. Anstatt durch das Haupttor, wo die Wache uns anhalten konnte, führte Daddy mich zum hinteren Tor, und ich kletterte darüber.

»Ich werde in ein paar Tagen eine Wohnung für uns nehmen«, sagte er. Und dann trennten wir uns.

In der Nacht schlief ich in dem Becken hinter dem Grand Canal. Es liegt hinter der Klosterschule, die ich besucht hatte, und in der Nähe der Eisernen Brücke. Ich fühlte mich wie ein Verbrecher, als ich am nächsten Morgen aufwachte, mich umsah und mir klar wurde, daß ich auf der Flucht war. Ich war zwölf Jahre alt und ein ausgewachsenes Straßenkind. Die Polizei würde nach einem Kind suchen, das einen Gipsverband trug, also mußte ich zunächst den Verband loswerden. Ich lief in Richtung James's Street, und als ich einen Mann sah, der eine Hecke zuschnitt, setzte ich mich hin und wartete. Er machte eine Pause, um eine Tasse Tee zu trinken, und ich nahm seine Schere, um mir den Gipsverband vom Arm zu schneiden.

Zwei Kinder kamen vorbei, blieben stehen und sahen mir zu. »Du«, sagte eines von ihnen. »Warum gehst du nicht ins Krankenhaus und läßt ihn dir abnehmen?«

»Ich bin auf der Flucht vor der Polizei. Sie wollen mich fortbringen. Wollt ihr mir helfen?«

Für sie war das sehr aufregend. Es war ein Riesenspaß. Sie halfen mir, den Gipsverband abzuschneiden. Und wir alle starrten den Arm an, der so weiß und dünn geworden war. Sie sahen mit großen Augen zu, wie ich langsam den Arm bewegte und ihn wieder benutzen konnte.

Jetzt konnte die Polizei mich nicht mehr erkennen.

Ich ging zu meiner Tante und fragte, ob ich bei ihr wohnen dürfe. »Hier kannst du nicht bleiben«, sagte sie. »Du wirst von der Polizei gesucht.«

Mein Vater hatte viele Verwandte in Dublin. Der Reihe nach ging ich zu allen und bat sie, mich aufzunehmen. Alle weigerten sich. Ich ging wieder zu meiner Tante und bat sie noch einmal, und erneut wies sie mich ab.

So lebte ich auf den Straßen von Dublin. Während der kalten, regnerischen Winter schlief ich in öffentlichen Toiletten und Kohlenschuppen, im Sommer und an milden Tagen unter den Büschen im Phoenix Park, wo ich so viele glückliche Stunden mit meiner Mama verbracht hatte.

Man kann meinen damaligen Unterschlupf leicht finden, wenn man durch den Haupteingang des Parks geht und dann nach links in Richtung des Wellington-Denkmals abbiegt. Hinter dem Denkmal verläuft ein eiserner Zaun, und hinter dem Zaun steht ein Wäldchen, das sich bis zu der steinernen Mauer entlang der Cunningham Road ausdehnt.

Dort, unter dem dicken wuchernden Gestrüpp entlang der Mauer, hatte ich einen kleinen Bau. Ich hatte Pappe hineingestopft, auf der ich schlief, und Zeitungen und Lumpen, mit denen ich mich zudeckte. Aber es war so kalt dort! Selbst im Sommer war es kalt. Ich besaß ein großes Stück Plastik, mit dem ich mich zudeckte, wenn es regnete, aber ich war die ganze Zeit durchnäßt und krank. Das Leben im Park zerstörte meine Gesundheit. Und schlimm an dem Leben in der Höhle unter den Büschen waren die Würmer. Ich grub eine kleine Mulde, um darin zu schlafen und um Erde zu haben, mit der ich mich bedecken konnte, und jedesmal, wenn ich grub, ringelten sich die langen schwarzen Würmer aus der Erde. Mir grauste davor, daß sie nachts über mich kriechen würden. Das taten sie zwar nie, aber ich hatte immer Angst vor ihnen.

Manchmal spielten nachmittags Kinder im Park. Sie liefen um das Denkmal herum, rannten die Stufen an seinem Sockel hinauf und herunter, und dann versammelten sie sich auf dem grünen, nassen Gras. Sie legten einen Zeigefinger unter die Nase, spazierten im Gänsemarsch durch den Park und sangen ein Lied, das alle Kinder in Dublin kannten:

Hitler has only one big ball,
Rommel has two but they're very small.
Himmler has something similar,
And Goering has none at all.*)

Später am Nachmittag sagte eines der Kinder plötzlich: »Ich muß nach Hause zum Tee. Meine Mami wird mich umbringen, wenn ich nicht nach Hause komme.«

»Ja, gehen wir lieber«, sagte ein anderes.

»Es wird langsam dunkel«, sagte ein drittes. »Sie werden sich fragen, wo wir bleiben.«

Eines der Kinder fragte mich: »Gehst du auch nach Hause?«

»Ja, aber ich nehme eine Abkürzung.« Ich bummelte über den Parkweg, der zur Cunningham Road führt, und wenn alle Kinder außer Sichtweite waren, lief ich den Hügel hinter dem Denkmal

*) Hitler hat nur ein großes Ei
Rommel hat kleine, aber zwei,
Himmler hat so was Ähnliches,
Und Göring hat überhaupt keines.

hinab, kletterte über den grünen Eisenzaun und kroch in meine Höhle unter den Büschen, in meine »Zauberhöhle«, wie ich sie nannte.

Daddy wußte, daß ich im Park lebte. »Ich will versuchen, eine Wohnung für uns zu finden«, sagte er jedesmal, wenn wir uns trafen.

Wenn ich im Park schlief, konnte ich die Eisenbahnzüge im Rangierbahnhof gegenüber der Cunningham Road hören. Die ganze Nacht tuteten und rumpelten, ruckten und rollten sie. Ich fand das wunderbar. Die Geräusche der Züge störten mich nie. Das Geräusch der Eisenbahnen bedeutete, daß ich nicht allein war. Es gab noch jemanden da draußen.

Manchmal war es zu kalt, um im Park zu schlafen. Hinter einem Haus in Rialto, einem Stadtteil Dublins, lag eine Toilette, in der ich manchmal die Nacht verbrachte. Und ich kannte ein Mietshaus, in das ich hineinkommen konnte, bevor spät abends die Türen verschlossen wurden. Ich wollte nicht an einem dieser Orte erwischt werden, deshalb wechselte ich sie oft. Und viele Male wurde ich von der Polizei verfolgt. Einmal schnappte sie mich, als ich eines Nachts in einem Eisenbahnzug schlief, aber ich sagte, mein Name sei Christina Cavanaugh und ich wäre hierher gekommen, weil meine Mammy und Daddy zu Hause Krach hätten. Sie ließen mich laufen.

Etwas zu essen zu finden war eine Dauerbeschäftigung. Ich war wie ein Tier, das sein ganzes Leben damit verbringt, Futter zu suchen. Ich aß Blätter von den Bäumen. Manchmal waren Blätter mein Frühstück und mein Mittagessen. Ich aß Blumen. Ich gab den Blättern Namen. Manche Blätter nannte ich »Speck«, andere »Käse« und andere »Brot.« Im Sommer saugte ich an Geißblattblüten und nannte das »Milch«. Ich trank Wasser aus Wasserleitungen. Und ich saß in den Parks von Dublin und sah zu, wie Leute ihren Lunch aßen und die Reste den Enten vorwarfen. Sie öffneten ihre braunen Papiertüten und zogen Sandwiches heraus. Ich konnte das Fleisch, die Zwiebeln, den Käse riechen, und meine Speicheldrüsen begannen zu arbeiten. Die Leute waren so gleichgültig, wenn sie aßen! Sie waren so gleichgültig gegenüber ihrem Essen, daß sie manchmal

Brocken von ihren Sandwiches den Enten hinwarfen. Jeder Bissen, den die Enten bekamen, zerriß mir das Herz. Nach einem gemütlichen Lunch wickelten die Leute die Reste ihrer Sandwiches ein, steckten sie wieder in die Tüten und warfen die Tüten in den Papierkorb.

Ich blieb im Hintergrund. Wenn die Leute mich gesehen und mir ein Stück Sandwich angeboten hätten, dann hätte ich abgelehnt. Ich mußte doch meine Würde wahren. Aber sobald sie den Park verlassen hatten, zog ich die Tüten aus den Abfalleimern, packte die Reste der Sandwiches aus und verschlang sie.

In manchen Nächten, wenn es zu kalt zum Schlafen war, wanderte ich durch die Straßen. Ich wanderte mehr Nächte hindurch, als ich denken kann. Oft hielten Autos an, und Männer versuchten, mich mitzunehmen. Ich war ein Kind. Aber erwachsene Männer versuchten, mich in ihr Auto zu locken. Ich gewöhnte mir an, sie nicht zu beachten.

Manchmal ging ich spät nachts hinunter zu den Kais, in die Restaurants, in denen sich Prostituierte herumtrieben, und oft gaben sie mir etwas zu essen. Manchmal nahmen sie mich sogar mit nach Hause und versteckten mich, damit ihre Mütter mich nicht sehen konnten. Es gab ein Mädchen, groß und dünn, mit grellrot bemalten Lippen, einem langen grauen Mantel und weißen Schuhen mit hohen Absätzen, das sehr freundlich zu mir war und mir oft einen Teller mit Chips und Eiern und eine Tasse Tee kaufte. Ich glaube, sie merkte, daß ich nicht gesund war. Sie schenkte mir auch eine Zahnbürste. Einmal ging ich in ein Restaurant und bestellte eine Tasse Tee, zog die Zahnbürste aus meiner Bluse, tauchte sie in den Tee und begann, mir die Zähne zu putzen. Als ich fertig war, spuckte ich in die Untertasse. Darüber regten sich die Leute am Nebentisch furchtbar auf.

»Jesus, hast du das gesehen?« sagte eine von ihnen. »Spuckt in die Untertasse. Wozu trinkt sie Tee, wenn sie ihn in eine Untertasse spucken will?«

Sie sagten es dem Kellner, und er warf mich hinaus. »Mach daß du hier rauskommst, du Schmutzfink«, rief er. Und ich ging hinaus, lief den Fluß entlang bis zur King's Bridge und bog dann ab zum Haupteingang des Parks mit meiner Zauberhöhle.

Oftmals war ich sehr hungrig und in Versuchung, Obst auf einem Markt zu stehlen oder Lebensmittel aus einem Laden oder einen Kuchen, der auf einer Theke stand. Aber ich konnte es nicht. Jedesmal, wenn mir der Gedanke ans Stehlen in den Sinn kam, konnte ich meine Mammy vor mir sehen und hörte, was sie sagte, als ich das Todesversicherungsgeld vom Kaminsims gestohlen hatte. Ich dachte, wenn ich etwas zu essen stehlen und dann im Schlaf sterben würde, dann käme ich in die Hölle.

Jeden Tag ging ich einmal zum Corporation Market gleich bei der Little Mary Street, wo ich nach Früchten und Gemüse suchte, die von den Karren heruntergefallen waren. Die Front der Markthalle faszinierte mich. Teile davon waren aus rotem, andere aus weißem Backstein, mit schmutziggrauen Pfeilern und kunstvollem Gitterwerk.

Einmal verkaufte ich Kleeblätter auf der Straße. Ich stand stundenlang in der bitteren Kälte. Meine Finger waren so kalt, daß ich sie in den Mund stecken mußte, um sie zu wärmen. Meine Beine schmerzten vor Kälte.

Manchmal ging ich auf den Iveagh Market, um Kleider abzuholen. Mrs. Sweeney, unsere Nachbarin aus der Marrowbone Lane, traf mich dort und brachte mir Kleider mit. Sie war sehr lieb zu mir. Es gab einen Detektiv, der es sich zur Aufgabe gemacht hatte, mich zu fangen und zurück ins Waisenhaus zu bringen. Lugs Brannigan hieß er. Er war ein großer Bursche. Er und mein Vater hatten früher im Ring geboxt. Er mochte meinen Vater. Aber er gab den Versuch nicht auf, mich zu fangen. Wir nannten ihn »Blumenkohlohr«. Mrs. Sweeney zog mich in eine Ecke und sagte: »Blumenkohlohr hat hier herumgelungert und dich gesucht. Geh ihm aus dem Weg.«

Viele Kinder in Dublin blieben bis abends spät auf der Straße. Aber sie hatten ein Zuhause, und dorthin konnten sie gehen, wenn es regnete oder kalt war. Ich hatte kein Zuhause. Ich konnte nirgendwohin gehen. Tagsüber wanderte ich durch die Stadt und betrachtete die Geschäfte. Ich lief stundenlang. Jedesmal, wenn ich eine der Brücken über den Liffey überquerte, sah ich nach Westen, um die hohe Spitze des Wellington-Denkmals zu suchen. Ich redete mir ein, ich sei das beneidenswerteste

Mädchen von Dublin. Das war mein Zuhause, mein Schloß. Mein Zuhause war von fast überall in Dublin zu sehen. Unterhalb meines Hauses war meine Höhle, und wenn ich zurückkam, würde sie warm und gemütlich sein.

Es war eine sehr aufreibende Zeit. Ich sah alles nur von außen, sah in die Geschäfte und Hotels und Kaufhäuser, ich durchstreifte die Seitenstraßen, wo ich in die Cafés und Restaurants hineinschaute. Manchmal war ich so müde, daß ich kaum gehen konnte. Und in fast jedem wachen Moment war ich mit einem einzigen Gedanken beschäftigt: Was wird mit mir geschehen?

Leute auf der Straße gaben mir Geld. Prostituierte gaben mir Geld. Ich half den Händlern, Obst auf den Straßen zu verkaufen; es gab Dutzende von Möglichkeiten, ein paar Schillinge zu verdienen.

Ich hielt mich oft in der Nähe des Gresham Hotels, des Jury Hotels und des Shelbourne auf, alles Hotels, in denen Amerikaner abstiegen. Ich blickte durch die Fenster und beobachtete sie. Und ich lief durch O'Connell Street, weil dort ebenfalls viele Amerikaner waren. Immer wenn ich einen amerikanischen Akzent hörte, folgte ich der Person und hoffte, sie würde mich mit nach Amerika nehmen.

Die Schaufenster der Läden in diesem Teil Dublins sind sehr elegant. Ich hoffte, dort eines Tages Doris Day zu begegnen. Sie würde mich in ein Haus voller Lichter und mit einer großen Küche mitnehmen. Sie würde mich hübsch anziehen und mich liebhaben und mich singen und tanzen lassen. Bei ihr wäre ich geborgen. Doris Day half mir durch diese Zeit. Ihre Augen waren warm und fröhlich. Ihr Lächeln war strahlend. Ich gab Geld aus, um in ihre Filme zu gehen.

Ich erinnere mich, daß sich Doris Day in einem Film in Frank Sinatra verliebte. Ich glaube, in diesem Film starb sie bei einem Autounfall. Ich weinte mir die Augen aus. Es brach mir das Herz. Niemand durfte Doris Day etwas antun.

Im Sommer schien es, als ob alle Leute in Dublin einen Sonnenbrand bekämen, den sie stolz zur Schau trugen. Aber ich bekam keinen Sonnenbrand, ich wurde braun. Ich nahm rotes Kreppapier, feuchtete es an und rieb mir damit das Gesicht ein, damit es sonnenverbrannt aussah. Sogar meine Haut war gegen mich.

Der Abwechslung halber schlief ich manchmal am Tag und wanderte fast die ganze Nacht umher. Ich sah, wie die Lichter in den Häusern erloschen, wenn die Leute schlafen gingen, und ich fragte mich, ob ich je wieder ein normales Leben führen würde.

Manchmal sah ich nachts im Park Ratten, aber ich tat immer so, als ob es Füchse wären. Und ich dachte, wenn ein Fuchs Flügel hätte, könnte er mit mir hinauf zum Mond fliegen. Und auf dem Mond angekommen, könnte ich hinuntergucken und alles sehen. Alles wäre wunderschön. Ich könnte Gärten mit Blumen sehen, und ich könnte singen und tanzen. Ich nahm mir vor, eines Tages ein Buch zu schreiben mit dem Titel: »Der Fuchs flog auf den Mond.«

Mein Gesundheitszustand verschlechterte sich. Ich war sehr dünn und hatte Entzündungen an den Beinen. Meine Halsdrüsen waren geschwollen. Ich hatte Ohrenentzündungen und war oft krank. Von Zeit zu Zeit, wenn ich dachte, die Polizei würde mich nicht sehen, ging ich ins Adelaide Hospital.

Ich mußte vorsichtig sein, wenn ich bei Nacht durch Dublin lief. Immer öfter hielten Männer an und versuchten, mich in ihr Auto zu locken. Wenn eine Gasse oder Seitenstraße in der Nähe war, rannte ich dorthin. Wenn ich nirgends hinlaufen konnte, sagte ich zu den Männern, mein Vater sei Polizist, ein sehr großer Mann, und sie sollten mich lieber in Ruhe lassen.

Manchmal sang ich beim Gehen. Mein Gesicht strahlte, und ich sang laut. Auf der Straße zu singen gab mir ein Gefühl der Sicherheit. Ich fürchtete mich nicht so sehr, wenn ich sang. Die Leute sahen mich an, und ich sang »I want to say hello/ I want to see you smile«. Oder ich sang »Wild Colonial Boy« und andere irische Lieder. Manchmal sang ich:

There's nothing left for me,
Of days that used to be.
They're just a memory
Among my souvenirs.

Und es gab noch ein anderes Lied, das ich oft sang – ich weiß nicht, wer die Verse geschrieben hat:

One night as I lay sleeping
Upon my tender bed.
An angel appeared from heaven,
And told me my mother was dead.
When I awoke the next morning
I found that it was true.
Now listen to me, good children,
And I'll tell you what to do.

Die ganze Zeit, als ich zwölf und dreizehn Jahre alt war und auf den Straßen von Dublin lebte, dachte ich immerzu an meine Mutter. Und ich dachte an meine Geschwister, an meine zerstörte Familie. Ich war noch ein Kind. Und oft weinte ich laut nach meiner Mammy.

»Oh, bitte, Mammy, komm zurück«, klagte ich. Wenn ich durch die Straßen lief, sah ich in die Gesichter von Frauen. Und manchmal, vielleicht weil ich so lange hinsah und meine Sehnsucht so groß war, sah ich eine Frau von der Seite oder von hinten und dachte, sie wäre meine Mammy. Ich sah das schwarze Haar einer Frau oder ihren Gang und dachte, Gott habe meine Gebete erhört und meine Mammy zurückgeschickt. Und ich rannte zu der Frau und sagte: »Bist du meine Mama?« Aber wenn sie sich umdrehte und mich erstaunt ansah, war es nie meine Mammy.

Das war nicht etwas, das vielleicht einmal im Monat passierte; es geschah fast täglich.

Hin und wieder sah ich meinen Vater. Und ab und zu gab er mir Geld, damit ich mir Chips und ein Glas Milch kaufen konnte. Er wohnte noch immer in den Keogh Barracks, am Ende der Welt, einem Platz für die Ärmsten der Armen.

Hin und wieder besuchte ich meinen Vater dort. Wenn ich nachts dort blieb, mußte er das Licht brennen lassen. Ich weiß nicht, ob es daran lag, daß der Strom immer abgeschaltet war, als wir in der Marrowbone Lane wohnten, oder wegen der Sache mit meinem Onkel in dem dunklen Zimmer. Ich hatte kein Licht im Park. Aber wenn ich meinen Daddy in den Keogh Barracks besuchte, mußte ich das Licht an haben.

Sein Zimmer war eine Zufluchtsstätte für mich; dort fühlte ich mich sicher. Mein Vater war zwar Alkoholiker, aber er war immerhin mein Vater. Er gehörte mit zu meiner Hoffnung, unsere Familie wieder vereinen zu können.

Wenn ich anderen Leuten über mein Leben nach dem Tod meiner Mutter erzähle und darüber, daß ich bei meinem Vater in dem winzigen Zimmer übernachtete, fragten sie manchmal, ob er mich sexuell mißbraucht hat. Das tat er nie. Mein Vater war sehr schamhaft in Gegenwart der Kinder, fast scheu. Er zeigte sich nie unbekleidet. Ein Grund, daß ich meinen Vater nie ganz aufgab, war, daß er mich nie sexuell belästigte. Bei ihm war ich sicher.

Einmal blieb ich fast eine Woche bei ihm in dem winzigen Zimmer. Es war wie in einer Zelle. Aber ich hatte das Gefühl, zu jemandem zu gehören. Eines Morgens sagte mein Dad, heute ginge er schon früh zur Arbeit, und da wußte ich, daß etwas geschehen würde. Daddy sah mich lange an, und ich sah Tränen in seinen Augen. Er stand nur da und starrte auf mich herab, und seine schönen blauen Augen waren sanfter, als ich sie je gesehen hatte. Es ängstige mich. Würde ihm etwas passieren?

»Daddy, wirst du wiederkommen?«

Er nickte. »Ja.«

»Versprichst du es mir? Kommst du heute zurück?«

Wieder nickte er. »Mach dich aus dem Staub, damit die Polizei dich nicht erwischt«, warnte er mich. »Sie suchen dich.«

An der Tür blieb er stehen und blickte kurz zurück. Dann war er fort.

Kurze Zeit danach wurde die Tür aufgetreten, und vier große uniformierte Polizisten stürzten ins Zimmer. Ich war entsetzt, und kauerte mich mit angezogenen Beinen in die Ecke, die Arme eng um mich geschlungen.

»Ina Byrne?« fragte einer von ihnen. »Bist du Ina Byrne?«

»Ja.«

Mein Mund war trocken, und mein Magen krampfte sich zusammen. Sie würden mich fortbringen. Jede Erfahrung, die ich bisher mit der Polizei gemacht hatte, war schlecht gewesen.

»Komm mit uns, Kleine.«

»Ich geh nirgends hin mit euch. Lieber sterbe ich.«

»Paß auf die auf«, sagte einer der Polizisten. »Sie ist verrückt. Sie ist schon mal aus einem Fenster gesprungen.«

»Da, wo sie hinkommt, sind die Fenster vergittert.«

»Ja, aber sie wird zwischen den Gittern durchschlüpfen. Paß auf sie auf.«

Ich trat und schrie, als die Männer mich ergriffen. »Geht weg! Faßt mich nicht an!«

Die Polizisten trieben mich schnell in eine Ecke. Als sie mich ergreifen wollten, schrie ich: »Daddy! Daddy!«

Einer der Polizisten lachte. »Du willst wohl deinen Daddy. Aber er will dich nicht. Er hat uns gesagt, wo du bist.«

Ich trat nach dem Polizisten. Er schüttelte den Kopf und keuchte vor Anstrengung. »Die ist ja wie eine Ratte, die man in die Enge getrieben hat«, sagte er.

Die Polizisten drehten mir die Arme auf den Rücken, brachten mich nach unten, schoben mich in ein Auto und fuhren mich zum Polizeirevier in der Kevin Street. Dort saß ich stundenlang. Der Polizist hatte recht gehabt, alle Fenster waren vergittert. Die Polizisten gaben mir Brot mit Marmelade und Tee. Als sie mich zur Toilette gehen ließen, versuchte ich, durchs Fenster zu klettern, aber die Gitterstäbe waren so dicht, daß ich nicht hinaus konnte.

Ein Polizist erwischte mich, als ich es trotzdem versuchte, und sagte: »Wo wir dich hinbringen, da kommst du nicht heraus. Du kommst weit fort von hier. Da kannst du nicht mehr aus dem dem Fenster springen, Mädchen.«

»Wo komme ich hin?«

»Nach Connemara.« Der Polizist lachte.

Ich wußte nicht, wo Connemara lag. Ich kannte nur Dublin und die Meeresküste.

Ein Auto kam und brachte mich zum Bahnhof. Ich wurde in den Zug gesetzt, in Begleitung zweier Frauen. Sie waren wahrscheinlich eine Art Fürsorgerinnen. Die Frauen hielten während der ganzen Fahrt ihre Hände auf meinen Armen. Und wenn ich zur Toilette ging, kamen sie mit.

Ich schaute aus dem Fenster und versuchte herauszufinden, wohin wir fuhren. Ich war entschlossen zu fliehen, und ich wollte mir merken, wie ich nach Dublin zurückfand. Wir fuhren nach Galway an der Westküste Irlands, eine Reise von mehreren Stunden. Als wir ankamen, wurden wir von einem Polizeiauto abgeholt. Die beiden Frauen stiegen mit mir aus. Sie wußten, wenn ich mich losriß, würden sie mich nicht einfangen können. Und sie waren fest entschlossen, mich nicht entwischen zu lassen. Ich fragte sie wiederholt, wo wir hingingen, aber sie gaben mir keine Antwort. Ich wurde wieder auf ein Polizeirevier gebracht, dann in ein anderes Auto gesetzt, mit denselben beiden Frauen, die mich den ganzen Weg von Dublin bis hierher festgehalten hatten. Sie zwängten mich zwischen sich auf den Rücksitz, und ein Mann fuhr uns nach Connemara, in diesen wilden, verlassenen, windumwehten, sturmgepeitschten abgelegenen Teil im Westen Irlands. Dieser Teil des Landes ist so rauh, daß nicht einmal mehr Kartoffeln dort wachsen. Hier gibt es nur Sumpf und Torf, Moor und Hügel und Felsen aus kaltem Granit.

Cromwell pflegte zu den Iren zu sagen: »Zur Hölle oder nach Cannaugh.« Viele wählten die Hölle. Er verbannte viele Iren in diese herbe, offene Landschaft. Ich konnte die schwarzen Berge von Connemara sehen, die Twelve Bins. Und ich konnte die tiefen Seen sehen. Zwischen diesen beiden großen Frauen zu sitzen und hinaus auf die großen, einschüchternden Berge zu blicken, war äußerst beängstigend. Ich fragte mich, wie ich aus dieser Gegend fliehen könnte.

»Wohin bringen Sie mich?«, fragte ich mehrmals. Sie antworteten nicht. Wohl das einzige Mal, daß sie mit mir sprachen, war, als ich eine von ihnen fragte, wie weit es bis Dublin sei.

»Mach dir nur keine falschen Hoffnungen«, sagte sie.

Eine Zeitlang sah ich aus dem Fenster, prägte mir die Straße ein, versuchte, meinen Fluchtweg zu planen. Doch ich verlor mehr und mehr den Mut, als wir tiefer und tiefer in den Westen Irlands hineinfuhren. Die Polizei brachte mich in ein Niemandsland. Es gab keinen Ort, an den man fliehen konnte.

Die Straße von Galway nach Connemara verläuft nur einspurig. An mehreren Stellen führte sie durch tiefe Felsschluchten, und ich hatte das Gefühl, daß die Berge mich erdrücken wollten. Steinmauern überall. Ich hatte in meinem ganzen Leben noch nicht so viele Steinmauern gesehen. Schafe grasten auf den nebelverhangenen Hügeln. Als wir unserem Ziel näher kamen, spürte ich die zunehmende Kälte.

Ich war ein Stadtkind. Ich war in meinem ganzen Leben nicht aus Dublin herausgekommen. Die Polizei brachte mich weit fort von all dem, was ich kannte, sie brachte mich an einen wilden und fremden Ort.

Nach etwa einer Stunde erreichten wir unser Ziel. Ich sah ein Schild am Eingang zum Dorf Clifden und schnappte nach Luft. Clifden war der Sitz der St. Joseph's Industrial School, der schlimmsten Erziehungsanstalt in ganz Irland für ein junges Mädchen. Hier verbarg Irland seine unehelichen Töchter und Waisen und versuchte, das Verbrechen, unehelich oder eine Waise zu sein, aus ihnen herauszuprügeln. Aber alles, was ich getan hatte, war, daß meine Mammy gestorben war, daß ich von einem Onkel mißbraucht worden war, daß ich auf der Straße gelebt hatte und gehofft hatte, unsere Familie wieder zu vereinen. Warum brachten sie mich nach Clifden?

Wir fuhren langsamer, als wir an einem Kloster vorbeikamen, und ich sah ein Schild mit der Aufschrift »St. Joseph's Industrial School«.

»Wir sind da«, sagte eine der großen Frauen, als wir in einen Seitenweg einbogen. »Das ist deine neue Heimat.«

Dickie Clark hatte es geschafft. Unser Mann Dickie hatte mein Leben verraten und verkauft.

ELF

Fast jeder Besucher, der durch das Haupttor der St. Joseph's Industrial School fährt, möchte die Anlagen fotografieren. Der Rasen ist grün und saftig, und die Beete sind sorgfältig gehegt. Monumentale Statuen des heiligen Joseph und der Mutter Maria erinnern daran, daß man sich an einem Ort der inneren Einkehr befindet. Das Klostergebäude vor der Schule macht einen harmonischen Eindruck, ein stattlicher Bau in zartgelbem Anstrich, mit Holzwerk in gedämpftem Grauton. Die glänzende Mahagonipforte verheißt den Besuchern, ein Asyl der Menschenwürde und Barmherzigkeit zu betreten.

Nie bin ich durch diese schönen Anlagen gegangen, und nie trat ich durch diese glänzende Mahagonipforte. Die Polizei fuhr an der Fassade des Klosters vorbei, bog dann in einen Seitenweg ein und hielt auf einem ungepflasterten Weg hinter dem Kloster. Als ich der Schule näher kam, sah ich von allen Seiten die zerklüfteten Berge von Connemara.

Tatsächlich schien die Schule aus diesen kahlen Bergen herausgewachsen zu sein. Das halbe Dutzend düsterer Gebäude aus kaltem grauen Stein sah aus, als hätte es schon seit hundert Jahren hier gestanden.

Als ich aus dem Auto stieg, schlug mir ein Wind entgegen, so kalt, daß es mir die Tränen in die Augen trieb. Die Schule lag auf dem Kamm eines Hügels, und ein feuchter Wind fegte unablässig vom Atlantischen Ozean her über die Berge, so daß wir bis ins Mark froren.

Katholiken fangen gerne alles mit einem Bad an, und so wurde ich, kaum daß ich zur Tür hereinkam, in ein Badezimmer geführt, ausgezogen und gezwungen, in siedend heißem Wasser zu baden. Das Wasser kam aus den Sümpfen von Connemara und war braun und schlammig.

Nachdem ich gründlich abgeschrubbt worden war, reichten mir die Nonnen einen verblichenen roten Kittel, der meine tägliche Uniform sein sollte. Auf dem Rücken trug er eine Nummer – 69. Die Nummer gab mir das Gefühl, eine Gefängnisinsassin zu sein. Dazu erhielt ich ein Paar plumpe schwarze Schnürschuhe sowie Sonntagskleider: schwarze Strümpfe, einen marineblauen Rock mit Bluse und eine königsblaue Strickjacke. Schließlich einen marineblauen Regenmantel, der unendlich lang war, und zwei Nachthemden aus schwerem Stoff, die mir bis zu den Knöcheln reichten. An diesen Nachthemden war nichts, was im geringsten feminin wirkte. Das war Absicht, denn die Nonnen wollten nicht, daß wir uns als junge Frauen fühlten.

Eine meiner ersten Sorgen in St. Joseph's betraf meine Zähne. Ich wollte nicht später nur einen einzigen Zahn haben, wie meine Tante. Aber es gab keine Zahnbürste. Das war sicher ein Versehen.

»Gibt es keine Zahnbürste?« fragte ich.

Eine der großen rotgesichtigen Nonnen sah die andere an. »Was hast du gesagt?« fragte mich die Nonne. »Würdest du das bitte wiederholen, Kind?«

»Ich habe gefragt, ob es keine Zahnbürste gibt. Ich brauche eine Zahnbürste.«

»Ach, hast du das gehört?« sagte die eine Nonne. »Sie kommt aus Dublin, nicht wahr, und sie ist nicht wie wir vom Land. Sie will eine Zahnbürste.«

Die Nonne wandte sich an mich. »Nein, du bekommst hier keine Zahnbürste«, schnauzte sie. »Du bekommst einmal in der Woche etwas Soda.«

So war es auch. Jeden Samstagmorgen wurde ein wenig Soda auf ein gemeinsames Waschbecken gestellt. Und damit war die Frage des Zähneputzens erledigt. Das war kein guter Anfang für mich in der Erziehungsanstalt. Und es wurde schlimmer.

Ich war in eine erbarmungslose, gnadenlose Welt eingetreten, in der es nichts als Arbeit gab. Jahre später beschrieb jemand diese Anstalt als ein Dickens'sches Armenhaus. Und genau so war es.

Die Nonnen gehörten zu den Barmherzigen Schwestern, einem Orden mit dem unpassendsten Namen, den die Kirche zu vergeben hatte, denn es war ein harter, strenger Orden. Die Nonnen waren sehr dick, hatten rote Gesichter und sprachen Gälisch. Sie konnten meinen Namen nicht aussprechen und machten daraus etwas, das wie »Christiana« klang. Sie alle schienen es als persönliche Beleidigung zu empfinden, daß ich ein Stadtkind war. Ich aber war stolz darauf, eine Dub zu sein. Und obwohl ich erst dreizehn war, wußte ich, daß man sich in ganz Irland über den Connemara-Akzent lustig macht. Wenn wir in Dublin diesen Akzent hörten, wußten wir, daß der Sprecher ein sogenannter »Culchie« war, jemand vom Lande. Nun stand ich am anderen Ende des Vorurteils. »Hello dere, you little Dublin jackeen [Hallo, du kleine Dubliner Göre]«, sagte eine Nonne zu mir. Unter lauter Gälisch sprechenden Nonnen, die sich über mich lustig machten, bekam ich Angst, daß ich bald genauso wie sie sprechen würde. Und was wäre dann, wenn ich fliehen und wieder nach Dublin zurückkehren würde? Würde ich dann wie ein Culchie klingen?

»Jesus, Maria und Joseph. Ich gebe euch mein Herz und meine Seele«, betete ich in der ersten Nacht. »Jesus, Maria und Joseph. Helft mir in meiner höchsten Not. Jesus, Maria und Joseph, ich befehle meine Seele eurem Frieden.«

Ich hielt inne, holte tief Atem und fügte hinzu: »Und bitte, lieber Gott, laß mich nicht meinen Dubliner Akzent verlieren.«

Ich war zum ersten Mal in meinem Leben fort von Dublin und in der abgelegensten und gottverlassensten Gegend von Irland gelandet. Es war hier, in der Erziehungsanstalt, daß erste Zweifel in mir aufstiegen, nicht nur an meiner Religion, sondern an Menschen, die man normalerweise für »gute Menschen« hält, in diesem Falle an den Nonnen. Ich war ein verängstigtes und verletzliches Kind, und ich befand mich an einem Ort, an dem mir sogar die Sprache fremd war. Nicht nur erwiesen mir die Nonnen keine Liebe, sie verspotteten und schlugen mich mehr als alle anderen.

Die anderen Mädchen merkten das bald und versuchten natürlich, es ihnen gleichzutun. Aber das erste Mal, als eine von ihnen mich »jackeen« nannte, drehte ich mich zu ihr um und sagte: »Ja, und ich werde dir die Haare vom Kopf reißen, wenn du nicht dein dreckiges Maul hältst.«

Damit war die Sache erledigt.

Ich bin sicher, daß jedes Kind, das an einen Ort wie St. Joseph's kommt, Anpassungsschwierigkeiten hat. Und ich war keine Ausnahme. Ich fragte eine der Nonnen, ob ich Papier und Schreibstift haben könne, um an Leute in Dublin zu schreiben und sie nach meinen Geschwistern zu fragen. »Du hast keine Familie«, sagte die Nonne. »Sie sind alle tot.«

Ich glaubte ihr nicht. Ich war zwar ein Kind und glaubte alles, was die Nonnen sagten, aber ich konnte nicht glauben, daß der kleine Johnny und meine Schwestern tot waren. Und doch lauerte im Hintergrund die Angst, die Nonnen könnten recht haben.

Zu sagen, unsere Angehörigen seien tot, war die übliche Antwort der Nonnen, wenn wir Kinder nach unseren Eltern oder Geschwistern fragten. Wie ich erst Jahre später herausfand, erhielten Verwandte, die zur Erziehungsanstalt kamen und sich nach uns erkundigten, die gleiche Auskunft. Mein kleiner Bruder Johnny war in Letterfrack. Er war vielleicht der einzige Junge, der jemals von dort fortgelaufen ist. Er hatte von Verwandten in Dublin erfahren, daß ich in St. Joseph's war, und eines Tages erschien er vor dem Kloster und fragte nach mir. Die Nonnen sagten ihm, ich sei tot. Nicht lange danach wurde Johnny erwischt und wieder nach Letterfrack gebracht.

Ich habe wohl keinen anderen Ort gesehen, an dem Grausamkeit so zum Alltag gehörte wie in St. Joseph's. Zum Teil lag das an unserer Isolation. Wir waren an einem so abgelegenen Ort, daß die Nonnen tun konnten, was sie wollten. Es gab niemanden, der sie kontrollierte.

Am zweiten Tag meines dortigen Aufenthalts sah ich ein kleines Mädchen, das mit einem nassen Laken über dem Arm auf dem windgepeitschten Hügel herumlief. Kleine Kinder, die ihr Bett naß gemacht hatten, mußten das uringetränkte Laken so lange durch die Gegend tragen, bis es trocken war.

Etwa eine Woche nach meiner Ankunft holten uns die Nonnen in den Versammlungsraum und fragten uns nach unseren Zukunftsplänen. In Wirklichkeit wollten sie auf diese Weise erkunden, ob wir die religiösen Lektionen geschluckt hatten, die sie uns täglich eintrichterten. Das Zeichen des größten Erfolgs ihrer Methoden war der öffentlich bekundete Wunsch, Nonne zu werden.

»Wer von euch will ins Kloster eintreten?« fragte eine der Nonnen.

»Ich, Schwester«, sagte eines der Mädchen. Natürlich hatte sie ebensowenig die Absicht, in ein Kloster zu gehen, wie ich. Aber die Nonnen freuten sich, als sie das hörten. Damit war die Sprecherin in den Augen der Nonnen etwas Besonderes, und das bedeutete, daß sie nicht so rauh behandelt würde wie die anderen.

»Und in welchen Orden würdest du gerne eintreten?« fragte die Nonne.

»In den der Barmherzigen Schwestern«, sagte das Mädchen mit einem glückseligen Lächeln.

»Ach, du bist ein gutes Kind«, meinte die Nonne. »Stell dich dort hinüber, näher ans Fenster.« Und als das Mädchen zum Fenster ging, nickte die Nonne beifällig, wandte sich an uns und sagte: »Seht nur, wie das Licht auf ihrem Haar glänzt. Sie ist ein so schönes Kind.«

Es gab noch mehr Mädchen, die sagten, sie wollten Nonne werden, andere Krankenschwester – ein Beruf, den die Nonnen ebenfalls billigten. Die Nonnen waren guter Laune. So viele Kinder wollten so werden wie sie. Dann blickte sich eine der Nonnen im Raum um, und ihre harten Augen blieben auf mir haften. »Dubliner Mädchen, was willst du werden?«

»Ich will Schauspielerin werden«, sagte ich. »Ich will nach Hollywood gehen und Tänzerin werden. Ich will singen.«

Damit hatte ich den Bogen überspannt. Selbst Dubliner Mädchen hielt man nicht für so verderbt und so weltlich, daß sie Schauspielerinnen werden wollten. Die Nonne war entsetzt. Sie wandte sich an den Saal und sagte: »Oh, habt ihr das gehört?« Sie deutete mit ihrem knochigen Finger gebieterisch auf mich und sagte: »Christiana, komm nach vorn und sag das noch einmal, ja? Ich habe wohl nicht richtig gehört.«

Ich wußte, daß sie mich schlagen würde. Ich wußte, was jetzt passieren würde. Ich stand kichernd von meinem Platz auf und sagte zu dem neben mir sitzenden Mädchen: »Ich hätte sagen sollen, ich will Prostituierte in London werden.« Das Mädchen konnte kaum ihr Kichern unterdrücken. Ich war ein gewitztes Dubliner Kind, und unter diesen Mädchen, die nie aus dem Gelände des Klosters herausgekommen waren, wirkte ich wie ein Wesen von einem anderen Stern. Sie wußten nicht, was sie von mir halten sollten.

Ich ging nach vorn und stand da, die Hände auf dem Rücken. Ich sah die Nonne an, lächelte und wartete. Die einzige Frage, die mich bewegte, war, ob sie mich einfach nur verprügeln oder zuerst etwas sagen würde.

»Also, würdest du wiederholen, was du gesagt hast?« herrschte sie mich an. »Ich glaube, ich habe dich nicht verstanden.« Sie erstickte fast an ihren Worten.

Die Nonne dachte, ich hätte vielleicht auf meinem Weg vor die Klasse eine Art Epiphanie erlebt, eine schnelle Erleuchtung, die mich meinen Irrweg erkennen und vor der Klasse bekunden ließ, ich wollte, wenn nicht Nonne, so doch wenigstens Krankenschwester werden.

»Ich will Tänzerin und Sängerin in Hollywood werden«, wiederholte ich. »Und ich will meinen Namen in Leuchtbuchstaben geschrieben sehen.«

Die Nonne führte mich aus dem Klassenzimmer und schlug mich kräftig mit einem Stock. Sie schlug mich lange und befahl mir dann, an meinen Platz zurückzugehen. »Wir alle wissen, wo du einmal enden wirst«, sagte sie, so daß es die ganze Klasse hörte. »Du wirst enden wie dein Vater, in der Gosse.« Und dann brachte sie hervor, was in ihren Augen die größte Beleidigung war: »Schlimmer noch«, schrie sie, »du wirst wahrscheinlich in diesem heidnischen Land, in England, landen.« Sie preßte die Lippen zusammen, schüttelte den Kopf und stieß hervor: »Oh, der Teufel brennt in dir, Kind.«

Wenn der Teufel in mir brannte, dann war ich vielleicht die

einzige, die unter derart verdrehten theologischen Ansichten litt. Denn die Mädchen an diesem Ort waren die liebsten und traurigsten Mädchen, die ich je erlebt habe. Fast hundert Mädchen waren dort, und die meisten von ihnen waren entweder unehelich oder Waisen.

In Irland ist es besser, einen Mord zu begehen, als ein uneheliches Kind zu bekommen. Die meisten der Kinder waren seit ihrer Geburt in der Erziehungsanstalt. Sie wußten nichts über ihr Leben. Sie kannten weder Mutter noch Vater, oder woher sie gekommen waren. Oft sah ich diese Mädchen ein Telefonbuch aus einem der Büros stibitzen und eifrig darin blättern. Ihre Finger suchten langsam nach jemanden mit demselben Namen wie sie, dann riefen sie die Person an, nannten ihren Namen und fragten: »Kennen Sie mich? Kennen Sie meine Mutter oder meinen Vater?«

Meine Situation war ganz anders. Ich war dreizehn, und ich hatte auf der Straße gelebt. Ich hatte eine Familie. Ich wußte, wer ich war. Und ich wußte, mehr als alles andere, daß ich unsere Familie wieder zusammenführen wollte.

Die Nonnen sagten, ich sei in diese Schule gesteckt worden, weil ich verwildert war. Sie schlugen uns oft; sie nahmen Stöcke und verprügelten uns regelrecht. »Das wird ein gutes Mädchen aus dir machen«, sagten sie, wenn sie uns schlugen. Sie rasierten uns auch die Köpfe.

Wir gehorchten ihnen aus Angst, nicht weil wir verstanden oder für richtig hielten, was sie taten. Einige Monate später erhielten wir eine ihrer Lektionen über die Verteidigung unseres Glaubens. Und alle Mädchen antworteten, wie man es ihnen beigebracht hatte.

»Und was tun die Kommunisten, Kinder?«

»Die Kommunisten foltern Katholiken, Schwester.«

»Warum foltern die Kommunisten Katholiken, Kinder?«

»Damit sie ihren Glauben aufgeben, Schwester.«

»Würdet ihr euren Glauben aufgeben, Kinder?«

»Nein, Schwester.«

Die Nonnen waren immer zufrieden, wenn wir antworteten wie kleine Roboter.

Viele der kleineren Mädchen weinten nachts. Weil ich etwas älter war, kamen ein paar kleinere Kinder zu mir, um sich auszusprechen. »Ich möchte wissen, ob ich irgendwo eine Mutter habe«, sagte ein Kind zu mir. »Und ob ich einen Vater habe.« Und ein anderes sagte: »Ich habe niemanden, der mich lieb hat.« Wenn ich nachts weinte, mußte ich es leise tun, so wie meine Mutter es getan hatte. Die Kleinen durften es nicht merken.

Manchmal besuchten Leute von außerhalb St. Joseph's. Dann mußten wir uns alle zusammen aufstellen und für die Besucher singen. Das Lied, das wir meistens sangen, hieß »Nobody's Child – Niemandskind«. Wir stellten uns alle in einer Gruppe auf, sahen die Besucher an und sangen mit unseren hellen, süßen Kinderstimmen die langsamen, ergreifenden Worte:

I'm nobody's child, nobody's child,
Just like a flower, I'm growing wild.
Nobody loves me, nobody cares.
Nobody wants me, I'm nobody's child.
I'm nobody's child, nobody's child.
No mama's kisses, no daddy's smiles.
Nobody wants me, nobody cares.
Nobody needs me, I'm nobody's child.*)

Auch wenn keine Besucher da waren, ließen die Nonnen uns manchmal dieses Lied singen. Und nachts darauf hörte man mehr Schluchzen als sonst unter den Bettdecken.

Wenn es Schlafenszeit war, mußten wir alle zuerst unser langes Nachthemd anziehen. Wir zogen uns unter dem Hemd aus. Jeder Schlafsaal wurde von einem älteren Mädchen überwacht. Sie war etwa Anfang Zwanzig, und sie hatte ihr ganzes Leben dort verbracht. Sie mußte aufpassen, daß wir alle Regeln einhielten, wenn die Nonnen nicht da waren. Nach dem Gesetz konnten

---

*) Ich bin niemandes Kind, niemandes Kind/ So wie eine Blume wachse ich wild./ Niemand liebt mich, niemand sorgt sich um mich./ Niemand will mich, ich bin niemandes Kind./ Ich bin niemandes Kind, niemandes Kind./ Keine Küsse von Mama, kein Lächeln von Dad./ Niemand will mich, niemand sorgt sich um mich./ Niemand braucht mich, ich bin niemandes Kind.

wir die Anstalt verlassen, wenn wir sechzehn Jahre alt waren. Aber diese Mädchen wußten nicht, wohin sie gehen sollten. Sie wußten nicht, wie man einen Bus nimmt oder wie man Lebensmittel einkauft, wie man eine Tasse Tee bestellt, in ein Kino geht oder in einer Wohnung lebt. Sie wußten nichts. So blieben sie weiterhin in der Schule, wurden verbittert und böse, und es machte ihnen großes Vergnügen, uns kleinere und jüngere Mädchen zu schlagen und einzuschüchtern.

Eines der großen Mädchen trug einen Stock und ging zwischen den Reihen der Betten auf und ab und suchte nach dem geringsten Grund, jemanden zu schlagen. Wenn ein Nachthemd hochrutschte und sie sah ein Stück unseres Körpers, wie klein auch immer, dann schwang sie den Stock und sagte: »Bedecke dich.« Die Erziehungsanstalt pflanzte mir eine fast fanatische Besorgnis ein, kein Stück meines Körpers sehen zu lassen. Selbst heute noch fällt es mir schwer, mich im Badeanzug zu zeigen.

Wenn wir im Bett lagen, mußten wir mit den Armen auf der Bettdecke schlafen, möglichst gekreuzt, falls wir während der Nacht sterben sollten. Wir durften unsere Hände nicht unter die Decke stecken, und wir durften keine engen Freundschaften mit den anderen Mädchen pflegen. Die Nonnen hatten Angst, wir könnten lesbisch werden. Wenn etwas darauf hindeutete, daß zwei Mädchen etwas enger befreundet waren, wurde eines von ihnen sofort in einen anderen Schlafsaal verlegt.

Wir gingen alle in St. Joseph's zur Schule. Ich war keine gute Schülerin. Ich hatte so viele Schuljahre versäumt, daß ich große Schwierigkeiten mit dem Lernen hatte. »Du bist dumm«, sagte eine der Nonnen zu mir. »Du kannst nicht einmal richtig lesen und schreiben.« Und oft sagten die Nonnen auch zu mir: »Ach, du bist eine stumpfsinnige Dubliner Schlampe.«

Ich verstand, daß die Nonnen frustriert waren über meine Lernschwierigkeiten. Aber ich verstand nicht, weshalb sie mich eine Schlampe nannten. Die bloße Tatsache, daß ich aus Dublin stammte, machte mich noch nicht zu einer Schlampe. Obwohl ich weiß Gott die Gelegenheit dazu gehabt hätte, eine zu werden, als ich auf der Straße lebte. Wenn ich ein schwacher Mensch gewesen wäre, wäre ich eine Prostituierte geworden. Das steht fest.

Der Unterricht in der Schule fand auf Gälisch statt, und ich konnte kein Gälisch. Es war für mich eine Fremdsprache.

In der Wäscherei zu arbeiten war die niedrigste und demütigendste aller Beschäftigungen in St. Joseph's. Und man drohte mir ständig mit dieser Arbeit. Die Wäscherei war in einem zweistöckigen, grauen Steingebäude neben der Anstalt untergebracht. »Du wirst in der Wäscherei enden, weil du zu dumm bist, um zu lernen«, sagte eine der Nonnen. »Du wirst niemals deine Prüfung bestehen.« Die Abschlußprüfung der Primary School macht ein Schüler mit etwa vierzehn Jahren, und wenn er sie besteht, kommt er in die höhere Schule.

Ich konnte nichts daran ändern, wenn die Nonnen mich verspotteten, weil ich aus Dublin kam. Aber ich konnte ihnen zeigen, daß ich nicht dumm war. Und ich nahm die Prüfung zum Anlaß, es ihnen zu beweisen.

Die Abschlußprüfung war von der Kenntnis des Gälischen abhängig. Ich wußte, daß der Test im Gälischen einem Band mit Aufsätzen unter dem Titel »Peann agus Duc« entnommen war, was »Feder und Tinte« heißt.

Ich war entschlossen, zwei Dinge zu tun: Erstens würde ich den Nonnen beweisen, daß ich nicht so dumm war, wie sie dachten. Zweitens würde ich es beweisen, indem ich meine Abschlußprüfung nicht nur bestand, sondern überdies für den wichtigsten und schwierigsten gälischen Teil des Examens die Note »mit Auszeichnung« erhielt.

Ein Arbeiter hatte eine Taschenlampe an der Tür zur Schule stehen lassen, und ich benutzte das Licht, um jede Nacht, nachdem es im Schlafsaal dunkel geworden war, unter der Decke zu lernen. Ich lernte jede Zeile jedes Essays und jedes Satzzeichen auswendig.

Im gälischen Teil der Prüfung mußte man einen Aufsatz schreiben unter dem Titel »Fainleoga«, das heißt »Die Schwalbe«. Ich schrieb ihn ohne einen einzigen Fehler. Ich weiß den Aufsatz noch heute auswendig und kann ihn fehlerfrei aufsagen.

Ich bestand mit Auszeichnung. Dieses kleine Mädchen, das kaum zur Schule gegangen war, bestand ihre Abschlußprüfung der Primary School mit Auszeichnung. Was für ein herrlicher Tag!

»Aha!« dachte ich, als ich das erstaunte Gesicht der Nonne sah. »Du wirst mich nicht mehr dumm nennen.« So mußten mich die Nonnen in die höhere Schule schicken, eine staatliche Schule, die an die Erziehungsanstalt angrenzte. Die Schule wurde von den Kindern aus Clifden besucht.

Eines Tages schrieb ich eine Lateinarbeit. Wir konjugierten Verben, und als ich zu dem Verb »lieben« kam, fielen meine Tränen auf das Papier und verwischten die Tinte.

Die Nonne, die den Unterricht gab, hatte einen Stock in der Hand. Sie zeigte damit auf das Papier und sagte: »Was machst du da mit deinem Papier? Die Tinte läuft aus. Du bist ein schmutziges, unordentliches Mädchen. Heb den Kopf!«

Als ich den Kopf hob, sah sie, daß ich weinte. »Hör auf zu weinen. Hör sofort auf mit dem Unsinn.«

»Ich denke an meine Mama.«

»Du denkst an deine Mama, in deinem Alter? Deine Mama ist tot und begraben.«

»Ich habe solche Sehnsucht nach meiner Mama«, sagte ich. »Ich wünschte, meine Mama wäre nie gestorben.«

Die Nonne schlug mich mit ihrem Stock. »Hör auf mit dem Unsinn und mach deine Arbeit weiter.«

Es war mir niemals möglich, um meine Mama zu trauern. Mein Onkel und meine Tante hatten mich nicht trauern lassen. Und als ich auf der Straße war, mußte ich so um mein eigenes Überleben kämpfen, daß ich nie um sie trauern konnte. Ich dachte oft an sie, aber ich trauerte nicht um sie. Und jetzt, da für mein Essen und meine Kleidung gesorgt war und ich an einem warmen sicheren Ort lebte, waren meine Gedanken oft bei meiner Mutter. Aber die Nonnen ließen mich nicht um sie trauern.

Als ich am Nachmittag zum St. Joseph's zurückging, machte ich einen Umweg durch die Felder. Ich setzte mich ins hohe Gras und weinte um meine Mama. Aber nie wieder ließ ich die Nonnen sehen, daß ich weinte.

Die Mädchen in St. Joseph's lernten jeden Nachmittag und Abend. Eine sehr dicke Nonne saß vor der Klasse und paßte auf, daß wir unsere Aufmerksamkeit den Büchern widmeten. Eines Nachmittags verließ die Nonne das Klassenzimmer, um zu ihren Vespergebeten zu gehen. Kaum hatte sich die Tür hinter ihr geschlossen, stieg ich auf ihr Pult und begann zu singen. Ich lachte und tanzte und gab eine richtige Vorstellung.

»Cupid, cupid, you're a really neat guy«, sang ich. Und als es vorüber war, sagte eines der Mädchen: »Mach weiter, Christina. Zeig was du kannst. Sing noch eins.« Und das tat ich. Die Nonnen würden mich nicht in einen Roboter verwandeln. Ich würde nicht getrampelt und geknetet und in die Form gepreßt werden, die sie wollten. Und ich begann, einen Elvis-Presley-Song vorzutragen. Ich wackelte mit den Hüften, schwang die Arme und sang: »All my love and all my kisses/ Baby you don't know what you've been missing«. Ich fand mich wirklich gut. Aber dann bemerkte ich, daß die Gesichter in der Klasse nicht länger auf mich blickten, sondern zur Tür. Ich sah über meine Schulter, und da stand die dicke Nonne. Und sie hatte einen Stock in der Hand.

»Das wird dich vielleicht tanzen lehren«, sagte sie und schwang den Stock. Sie führte mich aus dem Klassenzimmer und schlug mich auf die Beine. Wieder und wieder schlug sie mich. Und als es vorüber war, sagte sie: »Du wirst jetzt lange Zeit nicht mehr tanzen.«

Meine Beine waren noch tagelang wund. Aber das war noch nicht alles. »Ich werde den Bischof kommen lassen, der soll den Teufel austreiben, der in dir steckt«, sagte die dicke Nonne. Einmal meinte sie, sie würde mich in einen großen Aluminiumkochtopf stecken und mich darin schmoren lassen. Und die anderen Nonnen drohten, sie würden mich in ein schreckliches Asyl für Kinder schicken, das sich in Cork befand. Wir alle hatten entsetzliche Angst vor diesem Ort. »Wir werden dich nach Cork schicken, wenn du nicht brav bist«, sagten die Nonnen zu mir.

Bald danach nahmen sie mich aus der Schule. Obwohl ich eines der wenigen Mädchen war, die die höhere Schule erreicht hatten, brachen die Nonnen meine Schulbildung ab und steckten mich zweimal wöchentlich in die Wäscherei und jeden Morgen in die Molkerei. Ich mußte gegen halb vier Uhr morgens aufstehen, um in die Stadt zu gehen und die staatliche Schule anzuheizen, damit sie warm war, wenn die Schüler kamen.

Immer mußten wir arbeiten oder beten. Und es schien nie genug zu essen zu geben. Ich ging die Straße hinauf in Richtung der technischen Fachschule, stahl die Eier unter den Hühnern weg und aß sie roh. Ich war immer hungrig. Die Nonnen gaben uns morgens Brot und Tee, zu Mittag Kartoffeln und Lamm, eine Schüssel mit Porridge ohne Zucker und Milch am Nachmittag und Brot und Tee abends. Deshalb waren rohe Eier ein besonderer Genuß.

Unten an der Straße waren zwei Hühner, die der Bauer zum Schlachten mästete. Ich ließ die Hühner laufen. Und ich ließ alle Truthähne frei. Ich kann es nicht ertragen, Vögel eingesperrt zu sehen.

Die Nonnen hatten es nicht gerne, wenn wir den Hügel hinunter nach Clifden gingen. Aber einige von uns stahlen sich fort, und wenn wir ein paar Pennies hatten, liefen wir zum Süßwarenladen.

Manchmal führten uns die Nonnen über die Grenzen der Schule hinaus, dorthin, wo wir auch Leuten aus der Stadt begegnen konnten. Sie sagten, in der Stadt gäbe es Protestanten, und wenn wir unterwegs einem Protestanten begegneten, müßten wir den Kopf abwenden. »Seht ja keine Protestanten an«, sagte die Nonne.

Fragen Sie mich nicht, wie wir Kinder jemandem ansehen konnten, daß er Protestant war, aber wir konnten es. Wir irischen Katholiken können einen Protestanten schon aus einer Meile Entfernung erkennen.

Manchmal rannte ich über die großen Wiesen und saß im hohen Gras. Ich dachte immer, die Berge seien zornig. Wenn ich die nebelverhangenen Gipfel sah, dachte ich, im Himmel habe es einen großen Streit gegeben, und die Wolken und die Berge kämpften miteinander. Ich sah Connemara als ein zorniges Land, und oft wollte ich davonlaufen.

Nur auf den Wiesen konnte ich entspannt und ich selbst sein. Ich wurde langsam erwachsen. Meine Brüste wuchsen. Die Nonnen erzogen uns so, daß wir uns unserer Körper schämten und die meiste Zeit vornübergebeugt oder mit gekreuzten Armen gingen. Aber auf der Wiese war mir gleichgültig, was die Nonnen sagten. Ich streckte mich im hohen Gras aus und dachte daran zu fliehen, nach Dublin zurückzukehren und meine Familie wieder zusammenzuführen.

Eines Nachts stahl ich mich mit einer Freundin aus dem Schlafsaal, und wir rannten so schnell wir konnten über die lange dunkle Straße in Richtung Galway. Alles, was wir sehen konnten, waren Wolken und dunkle Seen. Wir hatten furchtbare Angst, in einen See zu fallen, weil wir gehört hatten, die Seen von Connemara seien voller Fische, so groß, daß sie uns fressen konnten. Wir rannten und rannten und rannten. Wir wußten nicht, wohin wir liefen. Schließlich blieben wir stehen, und uns wurde klar, daß alles Rennen keinen Zweck hatte. Wir würden niemals bis Dublin kommen. Also mußten wir umkehren und so schnell zurücklaufen, wie wir fortgelaufen waren. Aber nun hatten wir Angst, daß die Nonnen unsere Abwesenheit entdecken und uns schlagen würden. Wir waren völlig erschöpft, als wir in unsere Betten stolperten, und lagen noch keine fünf Minuten darin, als eines der älteren Mädchen mit ihrem dicken Stock kam, um uns zu wecken. Ich versuchte nie wieder, fortzulaufen.

Ich weiß nicht, was aus meinem Leben geworden wäre, wenn die Nonnen nicht beschlossen hätten, mich zurück nach Dublin zu schicken. Als ich sechzehn war, sagten sie, es sei Zeit, die Anstalt zu verlassen. Ich glaube, die Nonnen wußten, daß ich niemals Nonne oder Krankenschwester oder eine Aufsichtsperson werden würde. Sie wußten, daß sie mich niemals ändern könnten. So gaben sie mir als Geburtstagsgeschenk ein Stück Seife, eine Fünfpfundnote, einen großen Koffer, einen weiten langen Anstaltsmantel, dicke schwarze Schuhe, einen marineblauen Pullover sowie einen marineblauen Rock und setzten mich in den Zug nach Dublin. Ich war überglücklich! Ich dachte, ich würde nun wieder bei meiner Familie leben und alles würde wieder so sein wie früher.

Die Nonnen benachrichtigten meinen Vater, daß ich im Zug saß, und er holte mich an der Westland Row Station in der Nähe der College Street ab. Ich hatte ihn zweieinhalb Jahre nicht gesehen. Die größte Überraschung war, daß er nüchtern war.

»Trinkst du noch, Daddy?«

»Das Spiel hab ich weggepackt, Ina. Es ist ein Idiotenspiel.«

Seine schönen blauen Augen funkelten, als er mir erzählte, daß er ein Haus mieten wollte. »Wir werden wieder alle zusammensein«, sagte er.

Mein Herz tat einen Sprung. Hatten nicht die Nonnen gesagt, meine Geschwister seien tot? Langsam, voller Angst, fragte ich: »Wir? Du meinst, wir beide?«

Er lachte. »Nein, Ina. Ich meine, wir alle. Johnny, Philomena, Kathy und ich.«

Für einen Moment verschlug es mir die Sprache. Tränen stiegen mir in die Augen. »Daddy, die Nonnen haben gesagt, sie wären alle tot. Aber ich konnte es nicht glauben.«

»Tot? Ach, was! Johnny ist in Letterfrack. Und Kathy und Philomena sind in dem Waisenhaus draußen an der Küste.«

Die Freude wurde überschattet durch die Angst um Johnny. Ich war in St. Joseph's gewesen und wußte, wie es dort zuging. Letterfrack war noch schlimmer. Ich wußte, daß die Nonnen Johnny schlugen, und fürchtete, daß sie ihn seelisch zerstörten.

»Wir werden sie bald wiedersehen«, sagte Daddy. »Aber jetzt müssen wir uns erst mal um dich kümmern. Ich bin zu deiner Tante in den Fatima Mansions gegangen, und sie hat gesagt, du könntest dort wohnen.« Er sagte, es wäre nur für so lange, bis er das Haus beschafft und seine Kinder wieder zu sich geholt hätte.

»Hast du keinen Platz für mich? Kann ich nicht bei dir wohnen?«

»Nein, Ina. Du wirst für eine Zeitlang bei deiner Tante bleiben.«

Als wir durch die Straße gingen, sah ich zu ihm auf und sagte: »Daddy, ich habe fünf Pfund. Könnten wir Fisch und Chips essen gehen? Könnten wir zusammen essen?«

Es wäre ein solcher Luxus für mich gewesen, mit ihm Fisch und Chips zu essen, ganz wie in alten Zeiten.

Er lächelte, und ich dachte, das Herz würde mir zerspringen

vor Glück. Ich war frei, fort von St. Joseph's, meine Geschwister lebten, mein Vater trank nicht mehr, und wir alle würden bald wieder zusammen sein.

»Ich weiß auch, wohin wir gehen«, sagte er. »Wir können den Bus nehmen. Hast du Kleingeld?«

»Nein, nur den Fünfer.«

Er sah zur Tür eines Pubs nebenan, dann winkte er mir, daß ich ihm das Geld geben solle. »Gib es mir, und ich werde es wechseln lassen. Wir werden den Bus nehmen, Fisch und Chips essen, und dann gehen wir zu deiner Tante.«

Die Vergangenheit stand mir plötzlich wieder vor Augen, und sekundenlang hatte ich Angst, ihm das Geld zu geben, um damit in den Pub zu gehen. »Versprichst du mir, daß du wiederkommst, daß du nicht fortgehen wirst?«

Seine blauen Augen trübten sich vor Schmerz. Dann sagte er. »Ich komme gleich wieder heraus.«

»Kannst du nicht einfach in einen Laden gehen und wechseln lassen?« fragte ich.

»Ina, du weißt, wie solche Läden sind. Sie wechseln nur, wenn du etwas kaufst.«

Also gab ich ihm den Fünfer. »Ich muß zur Toilette, aber ich bin gleich wieder da.« Er ging in den Pub.

Ich stand draußen in der Kälte. Es war eisig kalt. Ich wartete und wartete. Und plötzlich war es wieder wie an dem Weihnachtsabend, nachdem meine Mutter gestorben war. Ich stand draußen vor einem Pub bei eiskaltem Wetter und wartete auf meinen Daddy. Nach langer Zeit ging ich hinein und suchte ihn. Aber er war zur Hintertür hinausgegangen, und ich sah ihn wochenlang nicht wieder.

Nun war ich pleite. Ich ging in eine Kirche und erzählte dem Priester, was mein Daddy getan hatte. Er schickte mich zu einer Herberge auf der Südseite der Stadt.

Ich ging durch die Stadt mit meinen Arbeitsschuhen, dem schweren Mantel und schleppte meinen großen Koffer. Endlich stand ich vor der Herberge. Ich warf einen Blick auf das Haus, drehte mich um und ging wieder. Es erinnerte mich an die Anstalt, wo ich die letzten zweieinhalb Jahre gelebt hatte; es war ein altes Gebäude voller alter Nonnen. Das konnte ich nicht noch einmal durchmachen.

Ich ging zum Haus meiner Tante an der James's Street, wartete und guckte um die Ecke herum, ob mein Onkel Andy, der Onkel, der mich sexuell mißbraucht hatte, zu Hause war. Ich mochte die Tante nicht. Ich hatte Angst vor ihr und ihrer Wut und ihrem einzigen Zahn. Aber sie war meine Tante. Sie war mein Fleisch und Blut. Eine Frau, die Orangen verkaufte, erzählte mir: »Dein Onkel Andy ist in England.« Da ging ich hinein. Ich wußte nicht, daß es meine Tante war, die fort war, nicht mein Onkel.

Ich ging ins Haus, stellte meinen Koffer ab und sah mich um. Ich war entsetzt. Die Erziehungsanstalt, was sie auch sonst alles war, sie war sauber gewesen. Ich war an Sauberkeit gewöhnt. Und als ich den Schmutz und die Flöhe sah und den Gestank dieser Wohnung roch, wußte ich, daß ich hier nicht bleiben konnte. Als ich mich umdrehte, um zu gehen, kam mein Onkel herein. Er stand zwischen mir und der Tür. Mir wurden die Knie weich. Ich zitterte vor Angst, als ich ihn da stehen sah, grinsend und mit lüsternen Blicken.

»Wann bist du denn rausgekommen, Ina?« fragte er.

Ich konnte nicht antworten. Der Mann war so groß. Ich fürchtete mich vor ihm.

Er kam näher. »Du bist kein Kind mehr.« Er griff nach mir, legte seine Hand auf meine Brust, lächelte und zog mich an sich.

Ich riß mich los und rannte. Ich ließ meinen Koffer stehen. Ich hatte nur die Kleider, die ich am Leibe trug. Ich hatte kein Geld, keine Familie, nichts. Ich wußte nicht, wo ich bleiben sollte.

In jener kalten Nacht ging ich zurück zum Phoenix Park. Es war mein erster Tag in Dublin nach zweieinhalb Jahren, und ich war wieder auf der Straße.

ZWÖLF

Nun, als Sechzehnjährige, hatte ich mehr Angst auf den Straßen als früher mit zwölf Jahren. Vielleicht war es der abrupte Wechsel von dem sauberen, ordentlichen und geregelten Leben in der Erziehungsanstalt zum Schmutz und zur chaotischen Betriebsamkeit in den Straßen von Dublin. Mein erstes und dringendstes Bedürfnis war, ein Zuhause zu finden. Ich konnte nicht im Park bleiben. Ich ging wieder in den Kohlenschuppen in Rialto. Mit Zeitungspapier versuchte ich, meine Kleider zu schützen. Wieder hatte ich Angst, daß die Leute, die im Haus wohnten, mich sehen und hinauswerfen könnten. Um diese Möglichkeit zu verringern, verbrachte ich abwechselnd eine Nacht dort und eine Nacht in meinem alten Bau im Park.

Als nächstes mußte ich eine Arbeit finden. Und ich mußte das tun, solange ich noch sauber und ordentlich wirkte. Ich wußte nur zu gut, wie ich nach einigen Wochen auf der Straße aussehen würde. Ich fand einen Job, in dem ich Telefonapparate zusammensetzen mußte. Es war mein erster richtiger Job, und ich bemerkte bald, wie ich mich von den anderen Mädchen unterschied. Sie kleideten sich besser, trugen Make-up und hohe Absätze und gaben sich unbeschwert. Ich mußte versuchen, es ihnen nachzumachen. Ich rieb rotes Kreppapier auf meine Lippen. Und ich ging auf den Markt und kaufte mir Schuhe mit hohen Absätzen. Aber ich konnte darin nicht laufen, also gab ich es wieder auf.

Nach einigen Wochen sah ich gelegentlich meinen Vater wieder. Er gab mir Brot und Butter zum Lunch.

»Daddy, es ist kalt im Park. Eisig kalt.«

»Ja. Aber du bist wirklich abgehärtet.«

Die Mädchen sprachen bei der Arbeit über ihre Mütter und Väter oder ihre Familien. »Meine Schwester heiratet am Samstag. Wir gehen alle zur Hochzeit«, sagte die eine. Es traf mich wie ein Messer. Sie sprachen über ihre Kleider, ihren ersten Tanz, über all die normalen Dinge, an denen ich keinen Anteil hatte. Ich hatte nichts von alledem, aber ich durfte es sie nicht merken lassen. Der Schmerz, so anders zu sein, war unsäglich.

Noch schmerzlicher war das Wissen, daß meine beiden kleinen Schwestern in einem Waisenhaus in Booterstown lebten und ich sie nicht besuchen konnte, obwohl das Heim nur zwanzig Kilometer entfernt war. Ich hatte kein Geld. Ich konnte ihnen nichts mitbringen. Wenn ich hinginge, würden die Nonnen die Polizei auf mich hetzen. Ich fragte mich, ob die Nonnen auch Philomena und Kathy erzählt hatten, daß ich tot sei. Eines Tages würde ich genug Geld haben, um sie besuchen und ihnen Geschenke mitbringen zu können. Und wenn sie sechzehn wären und das Waisenhaus verlassen durften, würden wir zusammenleben. Wir würden wieder eine Familie sein.

Eines Tages fragte mich eine Frau bei der Arbeit, wo ich wohnte. Ich erfand eine Adresse. Die Frau muß wohl mißtrauisch gewesen sein, denn sie sah nach und fand bald heraus, daß die Adresse nicht stimmte. Sie erzählte es überall herum.

Ich schämte mich so, daß ich die Arbeitsstelle verließ. Ich weiß, das klingt unvernünftig, wenn man bedenkt, wie nötig ich das Geld brauchte. Aber ich schämte mich entsetzlich, daß ich in einem Kohlenschuppen schlief, daß ich gelogen hatte, und ich fragte mich, ob die Mädchen bei der Arbeit wußten, daß ich obdachlos war.

Dann fand ich einen Job in einer Siebdruckwerkstatt auf der Frances Street. Die Frau, die das Geschäft führte, war sehr nett zu mir. Ich sagte ihr, ich wohnte in Rialto, und ich arbeitete dort fast ein ganzes Jahr. Mein Vater traf sich jeden Freitag mit mir, wenn ich Geld bekommen hatte, und ich gab ihm ein Drittel meines Lohns. Dann ging ich zum Iveagh Market, um Secondhand-Kleider zu kaufen. Die Schuhe, die mir gefielen, waren immer zu groß für mich, und ich mußte sie an den Spitzen mit Papier ausstopfen.

Ich wollte normal sein. Ich wollte sein wie alle anderen. Es wäre so nett gewesen, zum Tanzen zu gehen oder Arm in Arm mit einem Jungen ins Kino. Ich stand oft vor den Tanzlokalen und sah die Mädchen mit schwarzen Strumpfhosen, schwarzen Boppers, Ohrringen und zurückgekämmten Haaren. Ich versuchte, sie zu imitieren. Ich versuchte zu gehen wie sie: ein federnder, hüftschwingender, lässiger Gang. Aber jedesmal, wenn ich versuchte, in eines der Tanzlokale hineinzugelangen, schickte der Manager mich hinaus. »Geh weg, du bist noch ein Kind«, sagte er. »Und schau dich an, in welchem Zustand du bist!«

Fast nie hatte ich Gelegenheit, ein richtiges Bad zu nehmen. Hinter einer Mietskaserne an der Earl Street war außen ein Wasserhahn, dort wusch ich mir die Haare. Eines der schwierigsten Dinge, die ich je tun mußte, war, meinen Kopf unter den Wasserhahn zu halten. Ich tat das entweder sehr früh morgens oder spät abends, damit die Leute mich nicht sehen konnten. Ich hatte ein Stück Seife bei mir, damit wusch ich meinen Schlüpfer unter dem Wasserhahn und steckte ihn dann in meine Tasche.

Bei der Arbeit erzählte ich Geschichten über meine Mutter und tat so, als sei sie noch am Leben. Manchmal, Freitag abends, kauften sich die Mädchen aus der Werkstatt Eistüten, und wir begleiteten eines der Mädchen nach Hause. Wir brachten sie nur bis ans Haus, und dann ging jedes seiner Wege. Eines Freitag abends wollten sie mich nach Hause begleiten.

»Oh, nein«, sagte ich und schüttelte den Kopf. »Ich finde schon allein nach Hause.«

Aber sie hatten schon fast alle anderen Mädchen nach Hause begleitet, und nun war ich an der Reihe.

»Ich gehe nicht gleich nach Hause«, sagte ich. »Ich muß noch ein paar Besorgungen machen.«

Aber sie gaben nicht auf. Der Augenblick, den ich so lange gefürchtet hatte, war gekommen.

Also machten wir uns auf den Weg. Mein Herz schlug wie verrückt. Ich stellte mir meine Blamage vor. Schließlich standen wir vor dem Haus in Rialto, und ich sagte. »Hier wohne ich.«

Die Mädchen standen um mich herum und betrachteten das Haus anerkennend.

»Was für ein schönes Haus«, sagte eine von ihnen.

»Oh, Gott«, betete ich. »Bitte laß die Leute, die hier wohnen, nicht herauskommen. Und bitte, laß sie alle nach Hause gehen.«

Die Mädchen warteten, daß ich hineinginge, und ich wartete, daß sie fortgingen.

»Geh schon rein, Chris«, sagte eine.

»Nein, geht ihr. Ich will euch zum Abschied winken. Geht nur.«

So gingen sie langsam die Straße zurück und sahen über die Schulter, wie ich ihnen winkte, mit einem Auge auf den Mädchen und dem anderen auf der Haustür. Kaum waren sie um die Ecke verschwunden, rannte ich in die andere Richtung über die Straße.

Manchmal nahm mich das eine oder andere der Mädchen aus der Druckwerkstatt mit nach Hause. Aber ihre Mütter erklärten jedesmal, daß ich nicht über Nacht bleiben könnte. Gewöhnlich sagten sie es freundlich. »Die Kleine sollte lieber nach Hause gehen«, sagten sie.

Bald darauf verließ ich die Werkstatt. Ich wußte, daß die Mädchen dort anfingen, sich über mich Gedanken zu machen, und rückblickend glaube ich, sie müssen gewußt haben, daß ich kein Zuhause besaß.

Alles, was ich damals gebraucht hätte, wäre ein Freund gewesen, nur einen einzigen Menschen, nur einen, der mir nahestand. Ich war ein dünnes, blasses Kind, das einfach ein normales Leben führen wollte. Aber anstatt mit einem Jungen durch die Straßen zu ziehen, ging ich immer nur alleine spazieren, meistens im Park. Nach der Arbeit ging ich in den Park und wanderte den ganzen Weg bis zum anderen Ende. »So, jetzt habe ich zwei Stunden totgeschlagen«, dachte ich. »Und jetzt geh ich zurück und schlage noch einmal zwei Stunden tot.«

Oft ging ich über die O'Connell Street auf der Nordseite des Liffey oder über Stephen's Green an der Südseite. Ich hielt mich immer noch gerne vor den großen Touristenhotels auf, dem Gresham und dem Shelbourne. Die Touristen saßen auf schönen Polstersesseln hoch über der Straße und sahen auf das Menschengewimmel unter ihnen herab. »Eines Tages werde ich da hineingehen«, dachte ich.

Ich begann nun, ernste Beschwerden an meinen Beinen zu bekommen. Ich hatte schon immer eine schlechte Durchblutung gehabt, und die Zeit, die ich als Zwölfjährige im Park verbracht hatte, und die Schläge der Nonne, das alles hatte den Zustand weiter verschlechtert. Nun, als ich wieder im Park lebte und der Kälte und Feuchtigkeit ausgesetzt war, wurden die Durchblutungsstörungen noch schlimmer. Ich hatte Frostbeulen, die vereiterten und schließlich septisch wurden. Die Beschwerden wurden so schlimm, daß die Leiterin der Siebdruckwerkstatt darauf aufmerksam wurde.

»Du mußt in ein Krankenhaus gehen und dich behandeln lassen«, sagte sie. »Du kannst nicht wieder zur Arbeit kommen, bis du gesund bist.«

Etwa zur selben Zeit wurde eine Neue in der Siebdruckwerkstatt angestellt, die wußte, daß meine Mutter tot und mein Vater Alkoholiker war. Sie wußte, daß ich einmal bei meiner Tante und meinem Onkel gelebt hatte, und ich nehme an, sie wußte auch, daß ich in der Erziehungsanstalt gewesen war.

Ich konnte den anderen Mädchen nicht mehr ins Gesicht sehen. Sie wußten nun, daß ich sie belogen hatte. So ging ich fort und kam nicht mehr zurück. Wieder einmal war ich arbeitslos. Ich bat meinen Daddy, mich ins Adelaide Hospital zu bringen. Dort verbanden sie mir die Beine von den Knöcheln bis zur Hüfte und gaben mir zwei Krücken. Zwei Wochen lang humpelte ich täglich ins Krankenhaus und bekam Spritzen. Danach ging ich noch monatelang alle vierzehn Tage einmal ins Krankenhaus, um weitere Spritzen zu bekommen.

»Ich kann so nicht länger leben«, sagte ich eines Tages zu meinem Vater, als wir uns auf der Straße trafen. »Es ist zu schwer. Es ist zu schwer. Kannst du nicht versuchen, eine Wohnung für uns zu finden? Dann können wir Philomena und Kathy nach Hause holen, und wir können alle wieder zusammen leben.«

»Im Augenblick kann ich nichts für dich tun«, sagte er. »Du mußt für dich selber sorgen.«

»Daddy«, sagte ich, »ich hab immer für mich selber gesorgt. Aber jetzt brauche ich Hilfe. Ich bin krank und ich habe Angst.«

»Ich muß jetzt gehen«, sagte er. Und er machte sich auf den Weg zum Pub.

Da wußte ich, daß ich meinem Vater gleichgültig war. Er besaß eine weiche, freundliche Seite, und es gab Zeiten, in denen ich dachte, er haßte sich für das, was er tat. Aber er war ein einsamer, gebrochener Mann. Wenn ich ihm gleichgültig war, dann war er mir auch gleichgültig. Und alle anderen ebenso.

Ich kehrte zurück in mein kleines Loch unter den Büschen im Phoenix Park. An manchen Abenden aß ich tatsächlich Papier oder Pappe, um meinen quälenden Hunger zu stillen.

Inzwischen war ich körperlich erwachsen geworden. Ich besaß eine gute Figur und schönes blondes Haar. Durch die Art, wie die Männer mich ansahen, wußte ich, daß es gefährlich für mich war, nachts durch die Straßen zu laufen. Ich hatte den Körper einer Frau und das Gesicht eines Kindes. Und in vieler Hinsicht war ich auch noch ein Kind. Ich benahm mich wie ein Kind. Ich ging auf Leute auf der Straße zu und fragte: »Soll ich Ihnen etwas vorsingen?«

Nachts kehrte ich zurück zu meiner Höhle im Park. Aber oft war es so kalt, daß ich erfroren wäre, wenn ich dort übernachtet hätte. Wenn der Wind heulte, wenn der Schnee fiel, wanderte ich die ganze Nacht durch die Straßen Dublins.

Es gibt ein bekanntes irisches Lied, das heißt »A Mother's Love Is A Blessing« [»Die Liebe einer Mutter ist ein Segen«]. Es handelt von einem irischen Mädchen, das Dublin verläßt und den wilden Atlantischen Ozean nach Amerika überquert. Ihre Mutter begleitet sie zum Kai. Dort umarmen Mutter und Tochter sich, bevor sie sich trennen.

Der Refrain des Liedes lautet:

A mother's love is a blessing,
No matter where you roam.
Keep her while she's living,
You'll miss her when she's gone.
Love her as in childhood
Though feeble, old and gray.
For you never miss your mother,
' Till she's buried beneath the clay.*

Viele Nächte, wenn der kalte Regen die Straßen peitschte, verbrachte ich auf einer öffentlichen Toilette, saß da, sang dieses Lied und schluchzte herzzerreißend. Aber die Lieder Irlands erhielten mich psychisch aufrecht.

Manchmal ging ich am Nachmittag in die John's Lane Chapel, in der zu dieser Zeit meist niemand war. Kerzen brannten überall. Ich betete an allen Kreuzwegstationen, mit eiskalten Füßen und schmerzenden Beinen, und dann setzte ich mich hin und fuhr fort zu beten: »Lieber Gott, wenn du wirklich mein Vater bist, hilf mir, den Weg in ein neues Leben zu finden. Bitte, laß mir nichts geschehen. Und bitte hilf mir, ein Häuschen zu finden. Kannst du mir dabei helfen? Ich weiß, in deinen Augen bin ich nichts. Vielleicht denkst du, ich bin an allem selber schuld. Aber kannst du mir helfen? Tue es, und ich werde dich morgen wieder besuchen.«

Dann suchte ich mir geschmolzenes Wachs aus den Kerzenhaltern zusammen, ließ sie über einer Flamme weich werden, bildete mir ein, ich hätte ein großes Stück Brot gefunden, und kaute es langsam.

Manchmal bemerkte mich ein Priester, und er sagte: »Du bist sehr oft hier, Kleine. Du solltest in der Schule sein.«

Als der Priester mich dabei erwischte, wie ich Kerzenwachs

---

*) Die Liebe einer Mutter ist ein Segen,/ Wohin du auch immer gehst./ Sorge dich um sie, solange sie lebt,/ Sie wird dir fehlen, wenn sie mal tot ist./ Liebe sie wie in der Kindheit,/ Auch wenn sie schwach, alt und grau ist./ Denn du wirst sie erst vermissen,/ Wenn sie unter der Erde liegt.

aß, warf er mich hinaus. Das habe ich nie vergessen. Sie trugen warme Kleider, lebten in schönen Räumen und arbeiteten in Kirchen, die voller Gold waren. Und da war ich, ohne Schuhe an den Füßen, und sie warfen mich hinaus.

Wenn ich nachts durch die Straßen wanderte, fürchtete ich mich vor der Banshee. Die Alpträume, die nach dem Tod meiner Mutter begonnen hatten, quälten mich noch immer.

Eines Nachts, als die Banshee heulte und ich mich aus Furcht vor den Alpträumen nicht traute, schlafen zu gehen, wanderte ich durch die Straßen. Es war eine Nacht, die sich als schrecklicher erweisen sollte als alle meine Alpträume, eine Nacht, in der meine Angst all die Ängste übersteigen sollte, die ich je vor der Banshee gehabt hatte. Ich lief unten an den Kais und dann in westlicher Richtung am Fluß entlang. Es war etwa ein Uhr morgens, als ich an den Four Courts vorbeikam, dem großen, imposanten Gebäude, in dem die wichtigsten Prozesse Irlands stattfanden. Plötzlich hielt ein Auto neben mir, und die Männer, die darin saßen, fragten mich, ob ich mitfahren wolle. Ich beachtete sie nicht und ging weiter. Da sprangen zwei Männer heraus und bauten sich vor mir auf.

»Wie alt bist du?« fragte der eine und musterte mich von oben bis unten.

»Mein Vater ist Polizist. Und Boxer. Ich geh jetzt nach Hause.« Ich versuchte, die Männer zu umgehen, aber sie versperrten mir den Weg.

»Und wo bist du zu Hause?« fragte der eine mit breitem Grinsen.

Zuhause war für mich das alte Mietshaus. »Marrowbone Lane«, stammelte ich.

»Um ein Uhr morgens?« Die Männer sahen einander an. »Wie alt bist du?« fragte der eine wieder.

»Sechzehn.«

»Nun bringt sie schon rein«, brüllte jemand aus dem Auto. Die Männer packten mich, schoben mich auf den hinteren Sitz des Autos und hielten mich dort fest.

Es waren drei oder vier. Ich weiß es nicht mehr genau. Alles, was ich noch weiß, ist, daß ein Mann klein war, eine schmale Krawatte umhatte und daß sein Rockkragen schwarz war. Ein anderer Mann trug einen dicken Crombie-Mantel, hatte schwarze lockige Haare, ein breites Grinsen im Gesicht und um den Hals eine gelbe Krawatte. Die Krawatte kam mir sehr lang vor.

Über die anderen weiß ich nichts mehr. Bis sie an mich herankamen, muß ich bewußtlos gewesen sein.

»Mammy, hilf mir«, schrie ich, als wir losfuhren. »Mammy, bitte, bitte hilf mir!«

Der Mann mit den langen schwarzen Haaren lachte. »Sie ruft nach ihrer Mammy«, sagte er mit gespieltem Mitleid. Und er führte seine Hand nach unten und faßte mich an.

»Bitte, tun Sie mir nichts«, bettelte ich. »Bitte, tun Sie mir nichts.«

»Wir tun dir doch nichts, Liebes.«

Ich versuchte aufzustehen, aber der Mann packte mich an den Haaren und schlug mein Gesicht hinunter auf den Sitz.

»Laß deinen Kopf unten, verdammt«, brüllte er.

Das Auto hielt vor ein paar Mietshäusern in der Nähe der Westland Row, und die Männer führten mich bis zum Ende einer Galerie, stießen mich in ein Zimmer und warfen mich auf ein Bett.

Ich blickte hoch. Da standen vier Männer um das Bett herum und sahen auf mich herab. Ich schrie. Und nun begannen sie mich zu schlagen.

»Hilfe! Hilfe!« schrie ich.

Sie rissen mir die Kleider vom Leib, zerrten an meinen Brüsten und schlugen mich, bis ich halb ohnmächtig war. Und dann vergewaltigten sie mich, einer nach dem anderen. Ich erinnere mich nur an einzelne Fetzen ihrer Unterhaltung.

»Laß mich mal ran an ihre Möse.«

»Ich will ihre Möse essen, sie ist noch frisch.«

»Reiten wir sie die ganze Nacht.«

Gelächter. »Wer ist jetzt dran?«

Ich weiß nicht, wie lange sich das alles hinzog, aber es schien eine Ewigkeit zu sein. Einmal kam ich zu Bewußtsein und biß und kratzte einen der Männer. Er schlug mich ins Gesicht, daß ich bewußtlos wurde.

Ich erinnere mich, daß einer der Männer sagte, sie müßten

mich aus der Wohnung schaffen, bevor jemand nach Hause käme, und dann schleppten sie mich über die Galerie hinunter. Ich konnte nicht stehen. Alles ist so vage und verschwommen. Irgendwo in der Nähe der College Green warfen sie mich aus dem Auto. Sie warfen mich hinaus, als wäre ich ein Stück Dreck.

Nach einer Weile kam ich wieder zu Bewußtsein, zog mir die Kleider zurecht und stand auf. Ich zitterte und bebte und war schrecklich verwirrt. Und ich hatte solche Schmerzen! Ich begann zu laufen. Ich sah ein Polizeirevier. Aber anstatt um Hilfe zu bitten, geriet ich in Panik und flüchtete mich in eine Nebenstraße. Ich fürchtete, die Polizei würde mich fortschicken. Ich war ein Straßenkind, ich hatte keine Rechte.

Ich schleppte mich langsam durch die anbrechende Dämmerung, bis ich wieder im Park war. Ich wollte schreien, aber mein Mund war geschwollen und eingerissen und mein Gesicht entstellt, in einem Ausdruck des Entsetzens erstarrt. Meine Oberschenkel schmerzten. Mein Rücken schmerzte. Ich blutete stark und wußte, daß die Männer mir schwere Verletzungen zugefügt hatten. Es kostete mich große Mühe, über den Zaun zu klettern. Auf halbem Weg blieb ich mit den Kleidern an einer der Eisenspitzen hängen und konnte mich nicht bewegen. Ich zitterte so unkontrolliert, daß sich mein Kleid löste und ich ins Gras fiel. Langsam kroch ich in meine Höhle, kratzte herum und bedeckte mich mit Erde.

Ich hatte das Gefühl, als ob ich in ein unendlich tiefes Loch gefallen wäre. Heute weiß ich, daß in dieser Nacht begann, was später mit einem Nervenzusammenbruch endete.

Ich hatte das Gefühl, daß die Erde über mir voller Würmer war. Die Erde bewegte sich, und die Würmer fraßen sich in meinen Körper. Ich war schmutzig, besudelt und auf dem Weg zur Hölle.

»Mammy, warum hast du mich verlassen?« jammerte ich.

Ich begann, meinen Körper zu schlagen, schlug mich vor Zorn und weinte. Es dauerte lange, bis ich mich beruhigte.

»Mammy, bitte laß mich einschlafen«, weinte ich. Und endlich schlief ich ein.

Was mir von den Nachwirkungen dieses Erlebnisses am lebhaftesten in Erinnerung geblieben ist, das ist die schreckliche

Erkenntnis, daß niemand da war, niemand in meinem Leben, niemand, mit dem ich reden konnte. Ich brauchte jemanden, nur einen einzigen Menschen, der mich nicht als Stück Dreck betrachtete, nur einen einzigen Menschen, der mich nicht ansah, als wäre ich ein Tier. Es gab aber niemanden. Und das Gefühl, bestraft zu werden, das ich hatte, seit meine Mutter gestorben war, dieses Gefühl, von der übrigen Welt abgetrennt zu sein, steigerte sich zusehends.

Tagelang blieb ich in meiner Höhle. Ich kam abends heraus und aß Blätter oder Pappe und trank Wasser aus Pfützen. Eines Spätnachmittags kroch ich endlich ans Tageslicht. Mein Gesicht war noch immer voller Blutergüsse, schwärzlich und verquollen. Und ich wußte wegen der Schmerzen in meinem Bauch, daß mein anfängliches Gefühl richtig war. Ich hatte schwere innere Verletzungen von der mehrfachen Vergewaltigung davongetragen.

Ich ging zum Adelaide Hospital und versuchte, den Ärzten zu erzählen, was geschehen war. Aber ich konnte es nicht. Ich konnte niemandem von dem Horror jener Nacht erzählen, nicht nur von der mehrfachen Vergewaltigung, sondern auch den vielen, schrecklichen Schlägen.

Ich mußte mit jemandem sprechen. Ich wollte nur, daß jemand mir zuhörte. Eines Abends gegen acht Uhr klopfte ich bei einem Priester. Die Haushälterin kam zur Tür. Ich versuchte, ihr zu erklären, daß mir etwas Schreckliches passiert sei, aber sie wollte nichts davon hören. Und sie wollte den Priester nicht stören.

»Geh nach Hause und komm morgen wieder«, sagte sie. »Und sag heut abend deine Gebete.« Sie schlug die Tür zu.

Jetzt waren die Nächte zu schrecklich für mich, um im Park bleiben zu können. Die Banshee heulte oft, und meine Alpträume plagten mich Nacht für Nacht. Ich schlich mich wieder in den Kohlenschuppen, und ein paar Tage später begann ich wieder die Runde bei den Verwandten meines Vaters zu machen. Ich konnte nicht länger auf der Straße leben.

Einer nach dem anderen von den Verwandten meines Vaters wies mich ab.

Eine schlug mir die Tür vor der Nase zu.

»Dein Vater ist für dich verantwortlich«, sagte eine andere.

In meiner Verzweiflung versuchte ich es bei meiner Tante, der mit dem einzigen Zahn. Sie hatte geheiratet. Aber ihr Bruder, mein Onkel Andy, lebte noch immer bei ihr. Er war zu ihr und ihrem Mann gezogen. Sie sagte, ich könne kurze Zeit bei ihr bleiben. Ich dachte, da sie zu dritt waren, wäre ich sicher. Aber eines Freitag abends kam Onkel Andy nach Hause, roch aus dem Mund nach schwarzem Bier, wartete, bis ich aus der Toilette kam und grapschte nach mir. Ich drehte durch und rannte aus dem Haus.

Ich hatte Angst vor allem und jedem. Zu den Alpträumen, die nach dem Tod meiner Mutter begonnen hatten, kamen nun noch die Alpträume, vergewaltigt zu werden. Ich war so von Ängsten gepeinigt, daß ich keine fünf Minuten stillsitzen konnte.

Manchmal, wenn die Priester mich nicht entdeckten und hinauswarfen, schlief ich während des Tages auf einer der hinteren Bänke in verschiedenen Kirchen. Ich schlief auch auf Parkbänken. Aber oft waren nachts die Banshees zu laut und die Alpträume zu schrecklich, um schlafen zu können, und ich wanderte stundenlang umher.

»Du siehst sehr schlecht aus«, sagte mein Daddy eines Tages zu mir.

Ich konnte ihm nicht in die Augen sehen. Ich konnte nicht stillstehen. Ich schielte immer über meine Schulter und sah mich nach allen Seiten um.

»Warum bist du so nervös?« fragte er.

Ich drehte mich um und ging fort.

Drei oder vier Monate später fand ich einen Job bei der »Union«, demselben Krankenhaus, in dem meine Mutter gearbeitet hatte. Ich schrubbte und bohnerte und putzte die Krankenzimmer. Es war dieselbe erschöpfende und zermürbende Arbeit, die meine Mama getan hatte, sehr anstrengend, und ich stellte fest, daß ich immer mehr Appetit bekam. Ich begann, dicker zu werden. Ich dachte, und ich weiß, daß das seltsam klingt, aber ich dachte, das käme von dem Fisch und den Chips und den Eistüten und Süßigkeiten, die ich aß.

Ich war so beschäftigt damit, was mir in der Vergangenheit

passiert war, daß ich nicht merkte, was in der Gegenwart geschah. Eines späten Nachmittags kam die Aufsichtsperson zu mir und sagte: »Du brauchst morgen nicht wiederzukommen. Wir werden dich auszahlen.«

Man hatte mich gefeuert. Ich akzeptierte das, ohne zu fragen. Ich war ein Straßenkind und dachte, ich hätte keine Rechte. Das war nur eine weitere Strafe, die mich heimsuchte, seit meine Mutter gestorben war.

Ich wurde dicker und dicker. Eines Tages, in den frühen Morgenstunden, etwa um drei Uhr, als ich im Kohlenschuppen lag, überfielen mich schreckliche Schmerzen. Ich ging zu einer Verwandten meines Vaters. Die Frau öffnete die Tür, warf einen Blick auf mich und sagte: »Klopfe nie mehr an diese Tür.« Sie schlug mir die Tür vor der Nase zu. Und später erzählte mir ihre Tochter, ihr sei befohlen worden, nie mehr mit mir zu sprechen. Sie schämten sich meiner.

Ich ging zur Marrowbone Lane, dem einzigen Zuhause, das ich je gekannt hatte, aber keine der Nachbarinnen wollte mich aufnehmen.

»Ich an deiner Stelle würde in die Stadt gehen und mir einen Trauring aus Messing kaufen«, sagte eine von ihnen. »So wie du rumläufst, brauchst du einen Trauring.«

Was meinte sie nur?

Ich ging zu einer anderen Verwandten, die sagte, ich könne bei ihr bleiben. Aber dann kam ihr Mann, warf einen Blick auf mich und sagte: »Nein, schick sie fort. Sie muß sofort hier raus.«

Die Frau ging mit mir, als ich das Haus verließ. Sie brachte mich zu anderen entfernten Verwandten der Familie. Dort versammelten sich die Familienmitglieder und begannen, miteinander zu flüstern. Sie sprachen hinter vorgehaltenen Händen und warfen Seitenblicke auf mich. Noch heute werde ich wütend, wenn ich Leute sehe, die hinter vorgehaltener Hand sprechen und mich anstarren. Eine der Verwandten zeigte auf meinen Bauch und fragte: »Seit wann bist du in diesem Zustand?«

Ich sah verständnislos an mir herab. »In welchem Zustand?«

»Der Zustand, in dem du bist«, sagte sie ärgerlich. »Du weißt doch, daß du ein Baby bekommst? Wer ist der Vater?«

Ich war verwirrt. »Ein Baby? Der Vater? Ich weiß es nicht. Aber ich glaube, es ist ein Mann mit langem schwarzen Haar.«

Sie sahen einander erstaunt an. »Sie versteht es nicht«, hörte ich eine von ihnen sagen.

So seltsam das klingen mag, mir war nicht klar, daß ich schwanger war. Erinnern Sie sich, daß ich, als ich zum ersten Mal meine Periode bekam, nicht wußte, was mit meinem Körper geschah? In den katholischen Schulen hatte man uns nie darüber aufgeklärt. Ich wußte, wie Frauen schwanger werden, und ich wußte, wie Babys geboren werden; es war mir nur nie in den Sinn gekommen, daß es das war, was mit mir geschah.

Inzwischen hatte ich entsetzliche Schmerzen. Ich dachte, meine Eingeweide kämen heraus. Ich fürchtete mich noch mehr als damals, als ich meine erste Periode hatte. Die Verwandten brachten mich ins Krankenhaus; dasselbe Krankenhaus, in dem meine Mutter gestorben war. Es ging mir sehr schlecht. Und ich weinte nach meiner Mammy. »Mammy, wenn du da wärest, würde das nicht passieren. Sie denken, ich bin schlecht. Alle denken, ich bin schlecht.«

Eine Fürsorgerin kam in mein Zimmer und fragte mich wegen des Babys.

»Jemand hat mir weh getan«, sagte ich. »Aber ich kann nicht darüber sprechen.« Ich begann zu weinen. Die Fürsorgerin verstand mich nicht. Sie war ungeduldig. Ich weinte noch mehr. Alles Leid meiner siebzehn Jahre brach aus mir heraus, und ich legte meinen Kopf auf den Schreibtisch und schluchzte. »Wenn meine Mama da wäre, wäre alles gut«, sagte ich.

»Du bist obdachlos, nicht wahr?« fragte sie.

Plötzlich schämte ich mich. Ich hatte mich noch nie in diesem Licht gesehen. Aber sie hatte recht. Ich war eine Obdachlose.

»Wir werden dich in ein Heim für ledige Mütter schicken«, sagte sie.

Im Frühling, der herrlichsten Zeit des Jahres in Irland, brachte ich einen Sohn zur Welt. Er war ein so schönes Baby! Als ich ihn in meinen Armen hielt, war es die größte Freude, die ich je erlebt hatte. Ich war eine Mama. Ich hatte jemanden, für den ich sorgen konnte. Ich nannte meinen Sohn Thomas, nach meinem Daddy.

Mein Daddy besuchte mich, und auch einige meiner Verwandten kamen, dieselben, die mich vorher abgewiesen hatten.

Dann war es Zeit, in das Heim für ledige Mütter zu gehen. Ich gehörte nun zum Abschaum der irischen Gesellschaft. Mir graute davor, wieder in ein Heim zu kommen. Aber ich hatte keine Wahl. Sie sagten zu mir, ich müsse eine Weile warten, bis der Krankenwagen käme und mich in das Heim brächte.

Ich blieb etwa drei Monate in dem Heim, und ich gewann meinen Sohn lieb. Andere Mädchen, die dort waren, sprachen über ihre Freunde, die ihre Kinder gezeugt hatten. Wenn sie mich nach dem Vater meines Sohnes fragten, konnte ich ihnen nichts sagen, außer daß ich dachte, er habe schwarzes Haar.

Eines Tages wurde ich aufgefordert, ein paar Papiere zu unterzeichnen, die Thomas betrafen. Ich war verwirrt, müde und besorgt, was aus meinem Leben werden sollte. Ich unterschrieb, ohne zu wissen, was die Papiere bedeuteten.

Die Nonnen trennten mich von den anderen Mädchen im Heim und ließen mich in der Küche arbeiten. Die Nonne dort war freundlich zu mir. Sie gab mir nie das Gefühl, daß ich schlecht sei. Und sie ließ mich singen. Ich sang die Doris-Day-Lieder, die ich so liebte. Die Nonne legte immer den Arm um mich und sagte: »Du bist ja noch ein Kind. Du bist ein gutes Mädchen.« Nicht nur erlaubte sie mir zu singen, sie ermunterte mich sogar dazu. »Sing noch ein Lied, während du den Teig rührst«, sagte sie zu mir.

Ich wollte hart arbeiten und versuchen, ein Haus für meinen Sohn Thomas zu finden. Jetzt hatte ich meine eigene Familie. Ich hatte jemanden, den ich lieben konnte, und jemand, der mich lieben würde.

Eines Morgens fütterte ich Thomas und ging dann hinunter, um in der Küche zu arbeiten. Ein paar Stunden später, als es Zeit war, Thomas wieder zu füttern, war er fort. Ich war in panischer Angst. Ich rannte hinunter und sagte zu der Nonne: »Schwester, wo ist Thomas? Er ist nicht im Kinderzimmer. Er muß jetzt gefüttert werden.«

»Setz dich, Kind.«

Ich setzte mich und sah sie angstvoll an.

»Erinnerst du dich, vor ein paar Wochen gab ich dir ein paar Papiere zu lesen, Papiere, die die Zukunft deines Kindes betrafen und die du unterschrieben hast?«

»Thomas ist nicht da. Ist er tot? Ist es das, was Sie mir sagen wollen?«

»Nein, er ist nicht tot. Du kennst deine Situation, Kind. Du weißt, was geschehen ist. Du weißt, daß du obdachlos bist. Niemand will dich. Du kannst Thomas kein Zuhause geben. Wir haben gute katholische Menschen gefunden, die Thomas ein gutes Zuhause geben werden.«

Ich schüttelte ungläubig den Kopf.

»Wir haben eine Stelle für dich gefunden, im Haushalt eines Arztes, in einem guten katholischen Haus«, sagte sie. »Du wirst dich um seine Kinder kümmern und die Hausarbeit machen. Um zwei Uhr wirst du abgeholt.«

»Ich verstehe das nicht. Sie sagen, Thomas ist fort? Sie haben ihn fortgebracht? Aber das können Sie doch nicht! Er gehört mir!«

»Hör auf zu weinen. Dadurch ändert sich nichts. Sei froh, daß er ein gutes Zuhause gefunden hat und daß niemand ihm etwas Böses antun wird.«

»Aber ich liebe ihn! Er kennt mich! Er kennt sie nicht!«

»Du mußt lernen, damit zu leben. Das beste für dich ist, du schlägst ihn dir aus dem Kopf.«

»Er ist nicht in meinem Kopf, er ist in meiner Seele und in meinem Herzen. Er war in meinem Körper.«

Sie sah mich fest an. »Du wirst nie erfahren, wo er ist. Du wirst ihn nie wiedersehen.«

Ich wußte, daß sie die Wahrheit sagte. Ich wußte, die katholische Kirche hat einen solchen Abscheu vor unehelichen Kindern, daß es, wenn sie ihren Müttern fortgenommen werden, unmöglich ist, sie je wiederzufinden.

»Ich hasse euch«, schrie ich. »Ich hasse euch!«

Ich arbeitete nur wenige Wochen in dem Haushalt des Arztes. Alles, was ich tat, war arbeiten. Nicht einmal verloren der Arzt oder seine Frau ein einziges Wort darüber, daß sie um meinen großen Schmerz wußten, daß sie Verständnis und Mitgefühl für mich hatten. Nicht einmal fragten sie mich nach meinem Kummer. Ich ging oft hinauf in mein Zimmer, verschloß die Tür und weinte stundenlang. Ich mochte ihre Kinder nicht anfassen, wenn mir mein eigenes Kind genommen worden war.

So kehrte ich wieder zurück zu dem Mietshaus in den Liberties, unserer alten Wohnung in der Marrowbone Lane, und besuchte Mrs. Sweeney. Sie erzählte mir, daß mein Bruder Andy jetzt in England lebte, in Birmingham. Sie wußte nicht wo, sie wußte nur, daß es ein Stadtteil war, in dem viele Iren lebten.

Die billigste Art und Weise, nach England zu kommen, war auf einem sogenannten Viehdampfer, einem Schiff der B&I-Linie, das vom Nordkai des Liffey nach Liverpool hinüberfuhr.

Ich buchte die Überfahrt.

Ich wollte alles hinter mir lassen. Ich wollte Dublin vergessen. Ich sagte meinem Vater nicht, daß ich abreisen würde. Ich nahm einfach einen Bus vom Haus des Arztes und ging dann am North Wall entlang, bis ich zum Schiff gelangte. Ich fror und war traurig und dachte damals, daß ich nie wieder nach Irland zurückkehren würde. Meine Mutter lag in einem unbekannten Grab. Mein Vater war in einem Heim für unheilbare Alkoholiker. Meine beiden jüngeren Schwestern waren in einem Waisenhaus. Meine Familie war in alle Winde verstreut.

Als das Schiff an einem nassen, windigen Abend aus dem Hafen auslief, sagte ich auf Wiedersehen zu Dublin, zu der Stadt, in der ich fast die ganzen ersten achtzehn Jahre meines Lebens verbracht hatte. Die Männer, die in diesen jungen Lebensjahren eine Rolle gespielt hatten, waren ein Alkoholiker, ein perverser Priester, ein Onkel, der mich sexuell mißbrauchte, vier Vergewaltiger und ein Sohn, der mir aus den Armen gerissen worden war. Ich war froh, daß ein großes Meer zwischen Irland und England lag.

Die Irische See war wild in jener Nacht. Kalte Winde ließen die Wellen hoch schlagen. Ich stand auf dem oberen Deck, nahe beim Bug und ließ mich vom Wind peitschen und von der Gischt durchnässen. Ich stand fast während der ganzen nächtlichen

Überfahrt auf dem Deck – so weit wie möglich entfernt von den Iren, die sich in den Bars an Bord des Schiffes drängten. Die Iren mögen auf ein vollgestopftes Viehboot als billigstes Transportmittel angewiesen sein, aber sie haben immer Geld zum Saufen.

Meine Wut hielt mich warm während der Fahrt, die die ganze Nacht dauerte. »Ich werde nie wieder nach Irland zurückgehen, solange ich lebe«, gelobte ich mir. »Ich will keine Irin mehr sein. Ich bin hier in Irland gestorben, ohne daß irgendein Mensch davon Notiz nahm.«

Ich werde nie imstande sein zu beschreiben, was während dieser ersten achtzehn Lebensjahre in meinem Herzen vorging. Wenn ich einen Arm oder ein Bein verloren hätte, wäre der Verlust sichtbar gewesen. Man hätte es sehen und jeder hätte es verstehen können. Aber wenn ein Mensch innerlich fast zerstört worden ist, kann man es nicht sehen. Und doch muß dieser Mensch mit dem Verlust weiterleben. Er muß einfach weiterleben.

Und um das zu können, ging ich nach England.

Zweites Buch

ENGLAND

Dreizehn

Auf dem offenen Deck, zwischen dem finsteren Himmel und der stürmischen See, plante ich mein neues Leben. Bei meiner Ankunft in Birmingham würde ich Tina Hamilton sein, die Tochter eines reichen Mannes, der eine Süßwarenfabrik, ein schickes rotes Auto und ein großes Haus in Dublin besaß. Meine Mutter, so dachte ich mir, wäre Lehrerin und eine gütige, wunderbare Frau.

Nachdem ich in Liverpool von Bord gegangen war, wartete ich stundenlang auf den Zug nach Birmingham. Es ist eine der vielen Ironien in meinem Leben, daß ich von Dublin, der schmutzigsten, verkommensten und ärmsten Stadt Irlands, ausgerechnet nach Birmingham ging, der schmutzigsten, verkommensten und ärmsten Stadt Englands.

Birmingham ist eine häßliche Stadt in den Midlands, eine Industriestadt, deren Bewohner für wenig Geld hart arbeiten müssen. Die Männer verbringen viel Zeit in den Pubs, und die Frauen werden vor der Zeit alt. Wie in den Liberties.

Ich fragte eine Frau an der New Street Station, ob sie mir sagen könne, in welchem Stadtteil die Iren lebten. »Oh, das ist Aston«, sagte sie. Sie zeigte mir, welchen Bus ich nehmen mußte.

Ich stieg an der falschen Haltestelle aus. »Wo gehen die Iren hier hin?« fragte ich einen Mann auf der Straße.

»In die Pubs«, sagte er in einem Ton, der verriet, daß er über meine Frage erstaunt war.

Er erklärte mir den Weg zu einem der Pubs. In dem Moment, als ich den Pub betrat, wußte ich bereits, daß ich richtig war. Die Stimmen Irlands erfüllten den Raum. Ich fragte, ob jemand Andy

Byrne kenne, und sie beschrieben mir den Weg zu seiner Wohnung.

Ich klopfte an die Tür. Eine Sekunde später stand ich Andy gegenüber, der mich fragend anstarrte. Er wußte nicht, wer ich war. Wir hatten uns nicht mehr gesehen, seit er vor vielen Jahren von zu Hause fortgegangen war.

»Hallo, Andy«, sagte ich.

Er starrte mich immer noch an. Er erkannte mich immer noch nicht.

»Ich bin Ina. Deine Schwester.«

Andy war verheiratet. Er und seine Frau hatten ein kleines Mädchen, das sie Christina getauft hatten. Sie bereiteten mir ein Abendessen, das zum Teil aus Dosentomaten bestand. Ich hatte noch nie Tomaten in Dosen gesehen.

»Warum bist du herübergekommen?« fragte Andy.

»Ich kann in Irland nicht mehr leben.«

»Alles in Ordnung?«

»Ja.«

»Du mußt dir einen Job suchen.«

»Mache ich.«

Damit war das Thema erschöpft. Natürlich sprachen wir über sein Haus und seinen Job. Seine Frau und ich unterhielten uns. Aber Andy und ich konnten nicht über Irland reden und über unsere Familie. Wir hatten einander seit fast zehn Jahren nicht mehr gesehen, aber wir konnten nicht miteinander reden. Meine Geschwister und ich hatten nie gelernt, über die Dinge zu reden, die uns wirklich am Herzen lagen.

Andy und seine Frau ließen mich in der Nacht auf dem Sofa schlafen und sagten, ich könne bei ihnen bleiben, solange ich einen Job suchte.

Am nächsten Morgen versuchte ich es noch einmal.

»Wo ist Michael?«

»In Deutschland.«

»Was macht er da?«

»Weiß ich nicht.«

»Wo ist Johnny?«

»In Deutschland, bei Michael.«

Er sagte, daß die Firma GCE Frauen zum Zusammensetzen elektrischer Geräte einstellte, und dort bekam ich auch einen Job. Ich nahm ein Teil vom Fließband, schraubte ein anderes Teil hinein, legte es wieder aufs Fließband, dann nahm ich das nächste Teil.

Nach der Arbeit und an den Wochenenden verbrachte ich meine Zeit größtenteils damit, mich im Kino oder in Kirchen zu verkriechen, wie ich es bereits in Dublin getan hatte. Ich sehnte mich nach Filmen mit Doris Day, von denen ich nie genug bekommen konnte. Sie war alles, was auf der Welt gut war. Wenn ich im Kino war, rutschte ich immer im Dunkeln auf meinem Sitz herum und beobachtete nervös jeden, der durch den Gang ging. Ich fürchte mich vor der Dunkelheit und davor, wieder vergewaltigt zu werden.

Dann, eines Tages, ging ich nach der Arbeit in die Kantine, um eine Tasse Tee zu trinken, und dort lernte ich Joan kennen, eine Irin aus Cork. Sie war ein großes, quirliges blondes Mädchen, das aussah wie Barbra Streisand.

Einige Tage später sagte sie zu mir: »Tina, willst du nicht am Wochenende mit mir ausgehen?« Das brachte mich völlig durcheinander. Weshalb wollte jemand, der so extrovertiert und beliebt war wie Joan, mit mir ausgehen? Ich war ein Niemand. Wenn sie über mein Leben in Irland Bescheid wüßte, über mein wirkliches Leben, würde sie sich dann nicht von mir abwenden? Aber ich mochte sie, deshalb sagte ich, ja, ich würde mitkommen.

»Komm Freitag nach der Arbeit zu mir. Dann gehen wir zusammen aus«, sagte sie.

Joan lachte, als sie mich sah.

Ich hatte schwarze Schnürschuhe an, einen langen marineblauen Rock, eine altmodische Bluse, die bis zum Hals zugeknöpft war, und einen weiten, dicken Mantel.

»Ich will mit dir ins Rendezvous Café an der Broad Street gehen. So kannst du dich aber nicht sehen lassen«, sagte sie. »Ich muß dich erst herrichten.«

Sie gab mir eine Bluse, einen Rock und Schuhe mit hohen Absätzen. Ich konnte damit nicht laufen. Ich hatte noch nie hohe

Absätze getragen, nur einmal für einige Minuten. Ich torkelte im Zimmer herum und fiel immer wieder hin.

Sie gab mir ein Paar Strümpfe, die ich tragen sollte. Ich zog sie hoch und befestigte sie mit einem Knoten am Oberschenkel, damit sie nicht rutschten. Ich hatte keinen Strumpfhalter. Joan gab mir auch einen Büstenhalter, meinen ersten.

»Zieh den an«, sagte sie.

Ich starrte darauf, und dann nahm ich ein Laken vom Bett, zog es mir über den Kopf und versuchte, den Büstenhalter unter dem Laken anzuziehen. Die Träger verhedderten sich hoffnungslos. Einer hing über meinem Kopf.

Als ich unter dem Laken hervorkam, lachte Joan schallend.

»Hast du noch nie einen getragen?«

»Nein. Die Nonnen haben uns ein Leibchen gegeben.«

Sie streckte die Hände aus, um mir zu zeigen, wie man einen Büstenhalter anzieht. Ich zuckte zurück, weil ich mich an die Ermahnungen der Nonnen in der Erziehungsanstalt erinnerte.

»Faß mich nicht an. Nimm die Hände von mir.«

»Ich wollte dir nur helfen.«

Schließlich hatte ich es geschafft.

»Toll«, sagte Joan. »Du hast Glück. Du brauchst keine Brötchen.«

»Brötchen?«

»Die meisten Mädchen haben keine schönen Brüste. Deshalb kratzen sie den Teig aus Brötchen und stecken die obere Hälfte des Brötchens in ihren Büstenhalter. Dann denken alle, sie hätten spitze Brüste.«

Ich nickte, als ob ich verstanden hätte.

Joan bemalte mir die Lippen mit leuchtendrotem Lippenstift. Sie zündete ein Streichholz an, ließ es abbrennen, und mit der geschwärzten Spitze malte sie mir einen schwarzen Schönheitsfleck ins Gesicht.

»Das sieht schmutzig aus«, sagte ich.

Sie lachte. »Das ist große Mode.«

Sie besprühte mein Haar, kämmte es zurück, und toupierte es. Ich wollte mich schieflachen, als ich in den Spiegel guckte. Ich stolperte herum, schwankte auf meinen hohen Absätzen und lachte über mein Spiegelbild. Sie zeigte mir, wie man auf hohen Absätzen geht und wie man die Hüften schwingt. Aber ich war sehr ungeschickt und machte kleine Trippelschritte.

»Geh nicht so komisch«, sagte sie. »Du siehst aus wie ein Waisenkind.«

Ich blieb stehen und starrte sie an. Wußte sie Bescheid über mich? Wußte sie, daß meine Mama tot und mein Vater Alkoholiker war? Wußte sie, daß meine Familie vor Jahren zerbrochen war? Wußte sie, daß ich von meinem Onkel mißbraucht und von vier Männern vergewaltigt worden war? Wußte sie, daß ich auf der Straße gelebt hatte? Ich sah ihr lange in die Augen. Dann war ich erleichtert. Nein, sie wußte es nicht. Es war nur so eine Redensart. Aber es war doch komisch, daß sie so etwas sagte.

Schließlich fand sie, wir seien nun fertig, um zum Rendezvous Café zu gehen, das damals der Treffpunkt der jungen Leute von Birmingham war. Sie hatte einige junge Männer dort kennengelernt, von denen sie behauptete, sie sähen sehr gut aus.

Das Restaurant lag an der Broad Street. Ein großes Neonschild hing über dem Eingang. Rechts an der Rückwand befand sich eine Musikbox. Und hinten im Raum stand eine große Espressomaschine. Das Lokal war überfüllt.

Als wir eintraten, winkte Joan allen ihren Freunden zu, darunter auch zwei jungen Männern, die an der Bar saßen. Sie sahen wirklich sehr gut aus.

»Hallo«, sagte sie.

»Hallo, Joan.«

»Das ist Tina«, sagte sie, als wir an den zwei Männern vorübergingen. »Sie kommt aus Irland.«

Die beiden Männer hatten schwarze Haare und dunkle Haut. Ich sah sie mir nicht so genau an, stellte jedoch fest, daß sie Ausländer waren. Ich wußte wenig über Menschen aus anderen Ländern. In Dublin hatte ich kaum jemanden außer Iren und ein paar Italienern gesehen.

Ich zündete mir eine Zigarette an und beugte mich zu Joan herüber. »Sind sie Ausländer?« fragte ich.

»Natürlich.« Sie lachte. »Griechische Zyprioten. Die Eigentümer des Restaurants sind Griechen.«

Die beiden Männer kamen an unseren Tisch und setzten sich zu uns. Sie bestellten Kaffee, und dann wandte sich einer der Burschen an mich. Sein Name war Mario. Mario Pistolas. »Was möchtest du essen?« fragte er. Er hatte einen sehr starken Akzent.

»Oh, er spricht so komisch«, sagte ich zu Joan.

»Weil er aus Zypern kommt«, sagte sie.

»Ich kann nichts essen«, sagte ich. Meine Erfahrungen mit Männern waren äußerst begrenzt. Bisher hatte ich kaum je so etwas wie ein normales geselliges Beisammensein gekannt. Es war das erste Mal, daß ich das Gefühl hatte, zur menschlichen Rasse zu gehören. Ich existierte. Ich war ein normaler Mensch. Aber ich wußte nicht, wie ich mich verhalten sollte.

Mario bot mir eine Zigarette an. Und dann gab er mir Feuer. Er war furchtbar nett. Aber ich hatte Angst.

»Also Sie kommen aus Irland?« fragte er. »Kommen Sie auch aus Cork?«

»Nein, ich komme aus Dublin.«

»Und was haben Sie dort gemacht?«

»Ach, nichts Besonderes. Wissen Sie, mein Vater besitzt eine Süßwarenfabrik, und meine Mutter ist Lehrerin. Wunderbare Eltern. Manchmal durfte ich das rote Auto meines Vaters fahren. Und meine Freunde besuchten mich in unserem neuen Haus. Es liegt nördlich vom Liffey. Kennen Sie Dublin?«

»Nein.«

»Nun, wissen Sie, die Nordseite Dublins ist die bessere Gegend. Und da hat mein Vater unser neues Haus gebaut. Es ist sehr groß. Und schön.«

Er lächelte.

»Was möchten Sie essen?« wiederholte er.

Ich schüttelte den Kopf. »Ich kann nichts essen.«

»Natürlich können Sie etwas essen«, sagte Mario.

Joan nickte mir ermunternd zu.

Nach einer langen Pause sagte ich: »Könnte ich ein Wurstsandwich haben? Und vielleicht ein Päckchen Bonbons?«

Die Bonbons waren wie kleine Flitterplättchen. Ich steckte ein paar davon in den Mund, streckte die Zunge heraus und fragte:

»Welche Farbe hat meine Zunge?« Ich war ein wenig albern. Ich versuchte, meine Angst zu verbergen.

»Sie sind wie ein Kind«, sagte Mario.

Der Kellner brachte das Wurstsandwich. Mario reichte es mir. Mir ein Wurstbrot zu kaufen, war das Netteste, was je ein Mensch für mich getan hatte. Ich war überwältigt.

Nach einer Weile luden Mario und sein Freund uns zu einer Spazierfahrt im Auto ein. Meine Augen weiteten sich.

»Nein«, sagte ich, bevor Joan antworten konnte. Sie sah mich erstaunt an. »Ich muß nach Hause«, sagte ich. »Mein Bruder hat gesagt, ich sollte nicht so spät heimkommen. Ich möchte lieber mit dem Bus nach Hause fahren.«

»Es ist gefährlicher, mit dem Bus zu fahren. Und dann mußt du noch durch die dunkle Straße gehen«, sagte Joan.

Sie hatte recht. Aber ich keuchte, und mein Herz hämmerte. Ich schwitzte, und meine Hände zuckten.

»Ich habe Angst«, sagte ich. »Sie könnten mir etwas tun.«

Mario fuhr überrascht zurück. »Warum haben Sie Angst? Wir tun Ihnen nichts.«

Joan war es peinlich. Sie beugte sich näher zu mir herüber und flüsterte: »Sie werden dir nichts tun.«

»Ich bin nicht gern in Autos.«

»Es ist in Ordnung«, beharrte Joan. Sie wurde ungeduldig. Ich hatte Angst, sie würde bereuen, daß sie mich mitgenommen hatte. »Sie wollen nur mit uns spazierenfahren.«

»Nein«, sagte ich und schüttelte den Kopf.

»Sie werden dir nichts tun. Sie fahren mich immer nach Hause. Es sind anständige Leute.«

»Es ist alles in Ordnung«, sagte Mario. »Es wird Ihnen nichts geschehen.«

Es dauerte eine Weile, bis sie mich überzeugt hatten, daß ich ruhig mit ihnen im Auto fahren könnte. Als wir zum Auto gingen, hielt ich mich die ganze Zeit an Joan fest.

»Darf ich am Fenster sitzen?« fragte ich.

Joan kroch auf den Rücksitz. Ich wartete, bis Mario eingestiegen war, damit ich am Fenster sitzen konnte, aber er stand da und lachte, weil ich so nervös war. Und der Fahrer sagte wiederholt, einer von uns solle einsteigen. Also stieg ich ein, und Mario folgte. Ich saß zwischen Mario und Joan.

Meine Kehle war wie zugeschnürt. Ich war in Panik. Das einzige Mal, als ich mit jungen Männern in einem Auto gesessen hatte, war in der schrecklichen Nacht in Dublin gewesen, und der Schmerz und die Angst überfielen mich wieder.

Als das Auto anfuhr, hielt ich mich an Joans Arm fest. Ich dachte, ich würde ohnmächtig werden. »Ich kann nicht atmen«, sagte ich. »Ich fühle mich nicht wohl.«

Sie sah mich verwundert an.

»Sie werden uns doch nichts tun, oder?« fragte ich sie.

Mario drehte sich um. Und mit einer sehr freundlichen Stimme sagte er: »Wir sind zivilisierte Menschen. Wir werden Ihnen nichts tun.«

Mario benahm sich wie ein Gentleman, als wir vor Andys Haus ankamen. Wir gaben uns die Hand. »Auf Wiedersehen«, sagte er.

Am nächsten Tag rief er Joan an und sagte, er wolle mich wiedersehen.

»Wirklich? Er will mich wiedersehen? Warum will er mich wiedersehen?«

»Er findet dich reizend und unschuldig.«

»Das bin ich nicht. Und ich will ihn nicht treffen.«

»Es ist doch nichts Ernstes. Geh aus und amüsier dich.«

Die Schatten meiner Vergangenheit lasteten schwer auf mir, als Mario und ich uns einige Tage später in einem Café an der Coventry Road trafen. Er brachte jemanden mit, der Joan kennenlernen wollte. Sie hatte mir zu dieser Verabredung ihren cremefarbenen Plastik-Regenmantel geliehen. Weil sie so groß war, war mir der Mantel viel zu lang. Aber er war sehr schick, und ich fühlte mich selbstbewußt darin. Ich ging zu einer Verabredung mit einem Mann. Er war der erste freundliche und rücksichtsvolle Mann, den ich kennenlernte. Er sah auch sehr gut aus und war schick angezogen. Einige seiner Brüder besaßen Fisch-und-Chips-Restaurants, und eines Tages wollte Mario auch ein solches Restaurant eröffnen. Er war sehr ehrgeizig. Ich fragte mich, was er an jemandem wie mir fand.

Im Café rückte er einen Stuhl für mich heran. Niemand hatte das je für mich getan. Und er kaufte mir ein Sandwich. Er war so nett. Ich wußte nicht, warum in aller Welt dieser Mann mich wiedersehen wollte. Er war so weltmännisch.

Danach sah ich Mario regelmäßig. Und mein Bruder regte sich über mich auf, weil ich immer später nach Hause kam. Andy gefiel es nicht, daß ich den Namen Tina Hamilton führte. Er machte sich Sorgen um mich. Er kannte England besser als ich und billigte nicht, daß ich mich mit einem Griechen verabredete.

»Du kannst nicht immer so spät nach Hause kommen«, sagte er.

Wenn jemand so viel umhergestoßen worden ist wie ich, erwartet er diese Art Behandlung. Wenn ein Hund oft getreten worden ist, erwartet er, getreten zu werden.

Ich zog zu Joan in die Wohnung. Mario und ich kamen uns sehr nahe. Wir verbrachten immer mehr Zeit miteinander. Mit ihm zusammenzusein war so aufregend, daß ich eine Woche lang nicht zur Arbeit ging. Dann schlug Mario vor, daß wir zusammen eine Wohnung nehmen sollten. Auch andere Mädchen, die ich kannte, lebten mit ihren Freunden zusammen. Ich konnte nicht vergessen, wie nett Mario zu mir gewesen war. Er hatte mir beim ersten Mal, als wir uns sahen, ein Wurstsandwich gekauft, und das war das Netteste, was je ein Mensch für mich getan hatte. Er war der bestaussehende Mann, den ich je kennengelernt hatte. Ich fragte mich jeden Tag, was er an jemandem wie mir fand. Ich wollte ein Familienleben, das ich nie gehabt hatte; ich wollte normal sein. Deshalb zog ich mit Mario zusammen, und ein paar Monate später war ich schwanger.

Ich war achtzehn Jahre alt. Aber wegen der Umstände, in denen ich aufgewachsen war, war ich noch ein Kind. Das war einer der Gründe, weshalb Marios Verwandte mich behandelten, als gäbe es mich gar nicht. Sie sprachen immer griechisch, und sie bemühten sich nie, mich in ihre Gespräche einzubeziehen. Aber ein weiterer Grund, weshalb sie mich so schlecht behandelten, war, daß sie altmodische Ansichten über Frauen hatten. Für sie waren Frauen kaum mehr als Gebärmaschinen.

Das einzige, was ich an meinem Verhältnis mit Mario nicht

mochte, war Sex. Ich hatte nie Freude an Sex mit ihm. Ich ermunterte ihn nie dazu. Ich fürchtete mich davor. Es war mir sehr peinlich, nichts als eine Pflicht. Ich war immer froh, wenn es vorüber war. Ich wußte, das war die Folge der Vergewaltigung, aber ich war offensichtlich unfähig, meine Angst vor Sex und meine Angst vor fremden Männern zu überwinden.

Eines Tages ging ich ins Krankenhaus zu einer Untersuchung. Ich kam früher als erwartet wieder zurück in die Wohnung, und als ich die Tür öffnete, saß Mario auf unserem Bett und unterhielt sich mit einem hübschen jungen Mädchen.

Er sah auf und war sehr überrascht. Aber nicht so überrascht wie ich. »Was soll das bedeuten?« fragte ich.

Er stand auf, drohte mir mit dem Finger und schrie: »Das geht dich nichts an!«

Ich trat näher. Ich liebte ihn und wollte ihm nahe sein, wenn wir miteinander sprachen. Aber er stieß mich zurück und blieb neben dem Mädchen stehen. Sie blieb auf meinem Bett sitzen und lächelte zu mir herauf. Ich hatte sie schon oft im Fisch-und-Chips-Restaurant gesehen. Plötzlich wurde mir klar, daß sie ein Verhältnis mit Mario hatte.

»Mario . . .«, begann ich.

»Ach, halt den Mund«, sagte er verächtlich.

Mario und das Mädchen verließen unsere Wohnung, und er kam erst sehr spät abends zurück.

»Ich weiß, daß du mit diesem Mädchen schläfst«, sagte ich zu ihm.

Er starrte mich an und gab keine Antwort. Dann sagte er ganz langsam und sehr betont: »Das geht dich nichts an. Ich bin Grieche. Ich tue, was ich will, und du hast kein Recht, mich auszufragen. Du hältst jetzt den Mund.«

»Warum tust du das?« Ich weinte. Ich hatte Angst, er würde mich verlassen. Was sollte ich dann tun?

Mario wurde weich. »Schon gut«, sagte er zärtlich. »Ich werde sie nicht mehr sehen. Sie ist nur eine *budana.*« Er versprach, sich nicht mehr mit ihr zu treffen.

Um Geld zu sparen und mehr Zeit im Fisch-und-Chips-Restaurant verbringen zu können, zogen Mario und ich in ein Zimmer im Haus seines Bruders, das neben dem Restaurant lag. Jeden Morgen ging ich hinunter und arbeitete den ganzen Tag im Restaurant. Ich arbeitete für etwas, das auch mir gehörte. Ich hatte ein Gefühl der Sicherheit. Das war etwas Neues.

1966 wurde Helen geboren. Sie war unser erstes Kind, und sie war entzückend. Mario war sehr angetan von ihr. Er war ein wunderbarer Vater. Er nannte sie »Prinzessin«, und wenn sie groß war, sollte sie einen griechischen Magnaten heiraten.

Als Entgelt für unsere Arbeit im Geschäft hatten Mario und ich freie Wohnung und ein kleines Gehalt. Mario verwaltete unser Geld. Jeden Montag brachte er unser wöchentlich ausgezahltes Gehalt zur Bank. »Eines Tages werden wir uns unser eigenes Fisch-und-Chips-Restaurant kaufen«, sagte er oft. Er war sehr zuversichtlich.

Ich war damals so optimistisch. Ich arbeitete für etwas, das Mario und Helen und mir zugute kommen würde. Das gab mir ein Gefühl großer Sicherheit. Es war alles so aufregend. Nachdem Helen geboren worden war, bedrängte mich Mario ständig, ihn zu heiraten. Wie es immer geschieht, wenn zwei Menschen zusammenleben, lernte er meine schwachen Seiten und meine Ängste kennen. Und meine größte Angst war, daß Helen mir von der Fürsorge genommen würde, daß meiner Tochter das gleiche Schicksal widerfahren würde wie mir.

Das war meine Befürchtung. Aber das einzige wirkliche Problem in meinem Leben war die wachsende Spannung zwischen mir und meiner Schwägerin. Sie wollte mich nicht im Haus haben. Gewöhnlich sprach sie mich auf griechisch an, obwohl sie wußte, daß ich diese Sprache nicht verstand. Sie war sehr schroff. Sie sagte, alle englischen Mädchen seien *budana*.

Dann entdeckte ich, daß Mario mir über die Frau, mit der ich ihn erwischt hatte, nicht die Wahrheit gesagt hatte. Das Verhältnis hatte nie aufgehört. Wenn er mir sagte, er gehe zum Kartenspielen, war er in Wirklichkeit zu ihr gegangen.

Ich stellte ihn zur Rede, aber er stieß mich weg und sagte, ich solle den Mund halten und nie wieder davon anfangen. In vieler Hinsicht war ich immer noch ein Straßenkind aus Dublin. Ich dachte, ich hätte keine Rechte. Also akzeptierte ich die Situation.

Ich wollte das Zimmer über dem Fisch-und-Chips-Restaurant nicht verlieren. Ich wollte nicht wieder obdachlos sein. Wohin sollte ich gehen? Was sollte ich tun? Ich hatte solche Angst. Ich war eine Gefangene meiner eigenen Gefühle.

Sei es wegen seiner Schuldgefühle oder vielleicht, weil er einfach eine so geringe Meinung von Frauen hatte, konnte ich Mario nichts recht machen. Er war sehr kritisch; selbst wenn es um Kleinigkeiten ging, etwa wie ich seine Kleider aufhängte. Er wollte seine Sachen, besonders seine Anzüge, auf eine ganz bestimmte Art und Weise auf die Bügel gehängt haben. Er sah in den Schrank und beklagte sich, daß ich seine Kleidung nicht ordentlich aufgehängt hätte.

An einem Sonntagabend, einige Monate nachdem wir in das Haus neben dem Fisch-und-Chips-Restaurant gezogen waren, zog Mario sich sehr elegant an und sagte, er würde mit seinem Bruder ausgehen, einem Mann, der sehr gerne um Geld spielte. Beim Hinausgehen deutete er auf die Kleider, die er auf den Boden geworfen hatte, und sagte: »Häng sie auf.«

Ich tat es.

Mario hatte mir vor einigen Monaten erklärt, er wolle nicht, daß ich rauche. Das gehörte zu seinen Kritteleien. Aber an diesem Abend, nachdem er gegangen war, zündete ich mir eine Zigarette an und schaltete das Fernsehgerät im Wohnzimmer ein. Meine Schwägerin schaltete es aus. Weil ich so wütend auf Mario war, beschloß ich, mich auf eine Kraftprobe mit ihr einzulassen. Sie sollte nicht glauben, mich wie Dreck behandeln zu können. Ich schaltete das Fernsehgerät wieder ein. Sie schrie mich auf griechisch an und schaltete es aus. Ich schaltete es erneut ein.

Sie ging zum Telefon, wählte eine Nummer und sagte schnell etwas auf griechisch. Dann grinste sie mich an und setzte sich hin, als ob sie auf etwas wartete.

Eine halbe Stunde später stieß Mario die Tür auf und kam mit großen Schritten ins Zimmer, wie ein wütender Tiger. Sein Mantel hing über seinen Schultern, und sein Gesicht war blaß vor Wut. Ich fürchtete mich und saß zitternd auf dem Bett. Mario sagte kein Wort. Er kam auf mich zu und boxte mich auf den Mund, als ob ich ein Mann wäre. Ich stürzte benommen zu

Boden, Blut schoß aus meiner Lippe. Ich habe bis heute eine Narbe am Mund von seinem Schlag. Er stand über mich gebeugt und schrie: »Ich habe dir verboten zu rauchen! Du rauchst nicht! Du tust, was man dir sagt!«

»Ich rauche, wann ich es will«, sagte ich.

Er beugte sich herab und verpaßte mir einen weiteren Fausthieb. Er packte mich an den Haaren und stieß meinen Kopf auf den Boden. Er trat mich in die Rippen und schlug mich grün und blau. Jeder Atemzug tat mir weh.

»Wo sind die Zigaretten?«

»Ich weiß es nicht.«

Aber er fand sie. Er zündete eine nach der anderen an, zwängte sie zwischen meine Lippen, bis ich ein Dutzend Zigaretten im Mund hatte.

»Jetzt kannst du rauchen«, schrie er.

Er begann, mich brutal zu schlagen. Als er sich aufrichtete, um zu verschnaufen, sah er, daß einer seiner Anzüge auf dem Bett lag.

»Du blödes irisches Miststück! Du gehorchst deinem Mann nicht!«

Er zog mich an den Haaren und sagte, ein Bügel für einen Anzug sei gebogen und ein Jackett müsse so aufgehängt werden, daß die Biegung die Vorderseite des Jacketts nach vorn drücke. Ich wußte nicht, wovon er sprach. Er schlug mich mit einem Kleiderbügel, bis ich zusammenbrach.

Er stand über mir mit erhobenem Zeigefinger. »Du rauchst nicht, wenn du mit einem Griechen verheiratet bist. Du trägst keinen Lippenstift. Du gehst nicht vor die Tür. Du tust genau das, was man dich heißt. Und du hängst meine Anzüge ordentlich auf.«

Mario spuckte mich an. Dann setzte er den Fuß auf meine Hand, die Hand, die die Zigarette gehalten hatte, und bohrte seinen Absatz bis in die Knochen. Ich wurde fast ohnmächtig vor Schmerz.

»Das wird dir eine Lehre sein«, schrie er. »Du lernst von den Griechen. Du wirst so leben wie die Griechen, sonst kann es dir passieren, daß ich dich umbringe, klar?«

Ohne einen Blick zurückzuwerfen, ging er hinaus. Ich lag auf dem Boden und weinte vor Entsetzen und Fassungslosigkeit. Ich hatte kein neues Leben in England gefunden; statt dessen war ich in einen Horror geraten, der noch schlimmer war als der in Irland.

Von nun an ging es mit meinem Leben immer weiter bergab. Mario hatte keine Geduld mit mir. Alles, was ich tat, ärgerte ihn. Ich weiß, daß seine Kritik zum Teil berechtigt war. Aber ich hatte keine Lebenserfahrung. Zum Beispiel gab Mario mir einmal fünf Pfund, um Lebensmittel einzukaufen, und ich gab sie nur für Götterspeise aus. Götterspeise in allen Farben. Ich liebte Götterspeise. Als Kind hatte es mir an allem gemangelt. Einmal im Leben wollte ich genug Götterspeise haben. Ich wollte sie in den Schrank stellen und ansehen und die Sicherheit und den Trost haben, daß sie da war.

Mario hatte dafür kein Verständnis. Er kam nach Hause, ging in die Küche, sah sich um und sagte: »Wo sind die Einkäufe?«

»Ich habe Götterspeise gekauft.«

Er starrte mich an. Er wußte, daß ich Angst vor ihm hatte. »Willst du mir sagen, du hast das ganze Geld für Götterspeise ausgegeben?«

Ich nickte.

»Bist du verrückt? Wer soll das alles essen?«

Mario seufzte und schüttelte den Kopf.

»Du bist verrückt!« schrie er. »Du bist verrückt!«

In den nächsten Jahren wurde ich immer wieder schwanger. Ich hatte drei Fehlgeburten. Aber wir bekamen drei Kinder. Die Kinder sind das Wunderbarste, das mir in den dreizehn Jahren, die ich mit Mario lebte, widerfuhr. Das zweite Wunder in jenen Jahren war, daß ich etwas Geld sparte, einige Geschenke kaufte und nach Dublin fuhr, um Philomena und Kathy zu besuchen. Es war das erste Mal, seit unsere Familie damals im Dublin Castle auseinandergerissen worden war. Daddy hatte mir mitgeteilt, daß sie in einem Waisenhaus in Booterstown lebten. Nun war die Zeit für ein Wiedersehen gekommen. Zwar fürchtete ich noch immer, ich hätte mich zu sehr verändert und meine Schwestern würden mich wegen allem, was geschehen war, nicht mehr mögen. Aber ich mußte sie einfach wiedersehen; unsere Familie mußte wieder zusammensein. Ich rief im Waisenhaus an, und die Nonne gab mir die Erlaubnis, sie zu besuchen. So nahm ich den Zug nach Holyhead, ein Schiff hinüber nach Dun Laoghaire und dann einen Bus zum Waisenhaus in Booterstown. Es war Ostern, und ich brachte Häubchen mit für meine kleinen Schwestern.

Ich hatte nicht gewußt, daß den Mädchen im Waisenhaus verschiedene Aufgaben zugewiesen wurden. Eine davon war, die Tür zu öffnen, wenn jemand anklopfte. Ich zitterte vor Aufregung, als ich vor dem Waisenhaus stand. Ich klopfte an die Tür, und sie wurde von einem großen Mädchen mit langen Beinen geöffnet, einem sehr dünnen Mädchen mit großen blauen Augen.

»Hallo«, sagte ich. »Mein Name ist Christina Byrne. Ich bin gekommen, um meine Schwestern zu besuchen, Philomena Byrne und Kathy Byrne.«

Die Augen des Mädchens weiteten sich, und für einen Moment dachte ich, sie würde anfangen zu weinen. Sie trat einen Schritt zurück. Sie wandte die Augen nicht von mir ab. »Ich bin Philomena Byrne«, flüsterte sie mit gequälter Stimme. »Aber Sie können nicht Christina Byrne sein. Sie ist tot. Meine Schwester ist tot.«

»Ich bin nicht tot. Und ich bin deine Schwester.«

»Das sind Sie nicht. Die Nonnen haben gesagt, meine Schwester ist vor langer Zeit gestorben. Wer sind Sie? Warum sagen Sie, Sie seien meine Schwester? Sagen Sie das nicht.«

»Ich bin nicht tot, Paw Waw.«

Sie erstarrte. Ihre Augen weiteten sich, und ihre Lippen zitterten. In diesem Augenblick wußte sie, daß ich ihre große Schwester war. Sie riß die Tür weit auf. »Mammy, Mammy«, rief sie. »Komm rein.«

Wir umarmten und küßten uns und tanzten im Kreis herum, sahen uns an, umarmten uns wieder und weinten. Dann drehte sich Philomena um und rief mit einer Stimme, so laut, daß man sie durchs ganze Waisenhaus hören konnte. »Sie haben gesagt, meine Schwester sei tot! Aber meine Schwester lebt, und sie ist hier!«

Philomena nahm meine Hände und sagte: »Mama, ich liebe dich.« Sie zog mich über den Flur zu Kathy, und zusammen fuhren wir nach Dublin. Ich kaufte ihnen Schuhe und Socken und Eiscreme. Und wir machten Pläne für die Zeit, wenn sie, mit sechzehn, das Waisenhaus verlassen durften.

Später am Tag brachte ich sie zurück ins Waisenhaus. Wir waren traurig, als wir uns trennten. Aber es war auch Freude dabei. Das wichtigste war: Wir lebten! »Wir werden wieder zusammensein«, versprach ich ihnen. »Es mag eine Weile dauern. Ich muß Geld sparen und eine Wohnung für uns mieten. Ihr und Daddy werdet nach England kommen und bei mir leben. Unsere Familie wird wieder zusammensein.«

Vierzehn

An vieles aus den dreizehn Jahren mit Mario kann ich mich nicht mehr erinnern; aber manches werde ich nie vergessen. Eine furchtbare Dunkelheit liegt über diesen Jahren, die um so furchtbarer ist, als damals meine Hoffnungen und Träume von einem normalen Leben für immer zerstört wurden.

Wie viele Einwanderer arbeitete Mario sehr fleißig. Außer dem Fisch-und-Chips-Restaurant neben unserem Haus besaß seine Familie eine bekannte Grillbar, die Mexicana. Wenn diese Restaurants sich rentieren sollten, mußte er Tag für Tag achtzehn Stunden arbeiten, und ich werde Mario immer dankbar sein für die Arbeitsmoral, die er unseren Kindern vorlebte.

Eine weitere Eigenschaft der Immigranten, neben ihrem Arbeitseifer, ist der Wunsch, sich der Lebensweise der Einheimischen anzupassen. Nicht alles, was Mario tat, um sich Anerkennung zu verschaffen, konnte ich verstehen, zum Beispiel den Gebrauch von Marihuana und etlicher anderer Drogen. Wenn ich ihn nach dem eigentümlichen Geruch seiner Zigaretten fragte, sagte er, das sei »türkischer Tabak«. Seine Familie lachte immer, wenn er das sagte. Mario verkaufte alle möglichen Pillen, mit Namen wie »Blues« und »Purple Hearts« und viele andere. Die Polizei hatte Mario im Verdacht, ein Drogendealer zu sein, und sie durchsuchten unser Haus mehrere Male. Aber sie erwischten Mario nie. Er wurde jedoch so paranoid, daß er einen großen, scharfen Schäferhund kaufte. Er mißhandelte den Hund so lange, bis das Tier Angst vor ihm hatte und fast gemeingefährlich wurde.

Mario verstrickte sich immer tiefer in das Netz aus Drogen, Glücksspiel und Frauen. Ich mochte das Spielen nicht, und ich haßte Drogen, aber das mit den Frauen verletzte mich am tiefsten. Er hatte so viele Affären!

Marios Familie wußte, daß er sich herumtrieb, aber es schien sie nicht zu stören. Es wurde mehr oder weniger erwartet, daß griechische Männer hinter englischen Mädchen her waren.

Am 15. Dezember 1968 bekamen Mario und ich eine zweite Tochter, Androula, deren dunkles Haar und ruhiges Wesen einen wunderbaren Gegensatz zu Helens blondem Haar und ihrer Lebenslust bildeten.

Es war an einem Nachmittag, ich reinigte gerade das Restaurant nach dem Mittagsbetrieb, als die Wehen einsetzten.

Mario war mit einer Freundin ausgegangen, so ging ich allein ins Krankenhaus. Ich nahm ein Taxi. Der Fahrer hatte Angst, ich würde das Baby in seinem Auto bekommen, und er durchfuhr eine Einbahnstraße in der falschen Richtung, um mich schneller ins Krankenhaus zu bringen.

Die Wehen waren sehr schmerzhaft. Mein Fruchtwasser ging nicht ab, so daß die Ärzte eingreifen mußten. Ich weiß den medizinischen Ausdruck dafür nicht, wir nannten es »trockene Wehen«.

Wie schon bei Helens Geburt wurde ich nicht gefragt, wie mein Kind heißen sollte. Dafür waren Mario und seine Familie zuständig. Tatsächlich war er empört, daß ich es überhaupt wagte, einen Namen vorzuschlagen.

»Du verlangst, daß meine Tochter einen irischen Namen bekommt?« schrie er ärgerlich, als traue er seinen Ohren nicht. »Eh das passiert, bring ich dich um.«

Als Helen geboren wurde, hatte Mario entschieden, daß sie Helenita Savvas Pistolas heißen sollte.

Das brach mir das Herz. Aber ich konnte wenig dagegen tun. Schließlich glaubte Mario, mein Name sei Tina Hamilton.

Nachdem Androula geboren war, wollte Mario mich nicht aus dem Krankenhaus abholen. Ich verließ es, wie ich gekommen war: in einem Taxi. Mario gab mir nie Geld. So mußte ich, bevor ich Androula nach Hause brachte, beim Restaurant anhalten und ihn bitten, das Taxi zu bezahlen.

Am nächsten Abend kam eine seiner Freundinnen ins Haus,

ging ins Schlafzimmer, wo ich mein neugeborenes Baby stillte, und sagte: »Jetzt, wo du das Baby hast, kann ich es dir ja sagen: Mario liebt mich. Er möchte mit mir zusammenleben.«

Ich hatte nicht die Kraft, ihr zu widersprechen oder mit ihr zu streiten. Ich sagte, sie solle mein Haus verlassen. Ich wußte, daß Mario mit der Frau ein Verhältnis hatte. Er ging jede Woche zwei oder drei Nächte zu ihr. Als ich ihn fragte, warum er sie besuche, sagte er: »Ihr Türschloß ist kaputt. Ich habe ihr versprochen, es zu reparieren.« Wenn ich Mario noch weitere Fragen gestellt oder angedeutet hätte, daß ich ihm nicht glaubte, hätte er mich geschlagen. Also sagte ich nichts mehr.

Aber wenn eine Frau in mein Schlafzimmer kam und mir sagte, der Vater meiner beiden Kinder wolle mit ihr zusammenleben, dann glaubte ich das Recht zu haben, Fragen zu stellen. Mario sagte, er würde mich ihretwegen nicht verlassen. Aber er machte sich immer noch an ihrem Schloß zu schaffen. Ich habe noch nie jemanden gesehen, der so viele Probleme mit seinem Türschloß hatte wie diese Frau. Mario mußte es jede Woche zwei- oder dreimal reparieren. Man sollte denken, sie hätte einen besseren Handwerker finden können.

Androula war erst einige Wochen alt, da sagte Mario: »Du gehst jetzt wieder zur Arbeit. Ins Restaurant. Es wird Zeit.«

»Ich kann noch nicht zur Arbeit gehen«, sagte ich erstaunt. »Es geht mir noch nicht gut. Und was soll mit Androula geschehen?«

»Flossie kann sie versorgen«, sagte er. Flossie war unsere Nachbarin von gegenüber. Sie hatte fünf Kinder und wollte noch mehr. Ich habe nie jemanden kennengelernt, der Kinder mehr liebte als sie. Mario sagte, er habe Flossie bereits Geld gegeben, damit sie Androula versorgte.

»Ich finde, es ist nicht gut für Androula, dorthin gebracht zu werden«, sagte ich. »Sie ist noch zu klein. Laß sie mich mit ins Restaurant nehmen. Ich lege sie in eine Wiege und füttere sie dort.«

Mario starrte mich an, und ich wußte, noch ein Wort und er würde mich verprügeln. Seine Stimmung konnte innerhalb des Bruchteils einer Sekunde umschlagen.

So blieb Androula tagsüber bei Flossie, und ich ging wieder zur Arbeit.

Helen war damals zwei Jahre alt und kam jeden Tag mit mir ins Restaurant.

Die beiden Mädchen jeden Morgen fertigzumachen schien eine Ewigkeit zu dauern. Eines Morgens, als Androula ein paar Monate alt war, hatte ich eine Vorahnung, daß ich an diesem Tag Helen nicht zur Arbeit mitnehmen sollte. Ich verstand nicht, warum, aber ich ließ mir länger Zeit als gewöhnlich, die Mädchen fertigzumachen. Das Gefühl war so stark, daß ich zu Mario sagte: »Ich möchte Helen heute nicht mit zur Arbeit bringen.«

»Warum nicht?«

»Es wird etwas passieren.«

»Du verrückte Irin! Was soll das heißen? Wir müssen das Restaurant aufmachen. Los, komm.«

Aber ich bat Flossie, beide Mädchen zu betreuen. Mario war wütend und fuhr auf dem Weg zum Restaurant sehr schnell. Wir saßen in seinem neuen Auto, einem schicken metallic-blauen Ford Corsair, den wir uns eigentlich nicht leisten konnten, aber er hatte darauf bestanden, ihn zu kaufen.

»Mario, bitte fahr langsamer.«

»Sei ruhig.«

»Mario, du fährst zu schnell.«

»Ich hab gesagt, halt den Mund.«

Er raste über eine Kreuzung und stieß direkt mit einem riesigen Lastwagen zusammen.

»Oh, mein Gott«, war alles, was ich sagen konnte, bevor der Lastwagen die linke Seite des Autos traf, genau an der Stelle, an der Helen gesessen hätte. Ich bin überzeugt, daß sie tot gewesen wäre, wenn wir sie mitgenommen hätten.

Ich erlitt eine Gehirnerschütterung und schwere Verletzungen an meinem linken Bein und wurde ins Krankenhaus gebracht. Mein Bein war noch wochenlang schwarz und blau und tat entsetzlich weh. Ich konnte nicht gehen. Schließlich bekam ich eine Knochenmarksentzündung, und nachdem ich wochenlang die Schmerzen zu Hause bekämpft hatte, ging ich wieder ins Krankenhaus. Der Arzt sagte, wenn ich noch länger gewartet hätte, dann hätte er das Bein amputieren müssen. Ich mußte die klaffenden Wunden an meinem Bein täglich ausstopfen und dann jeden Abend den Verbandsmull herausziehen. Ich konnte nicht richtig gehen und zog das Bein nach.

»Gehen Sie richtig«, sagte der Arzt. »Sie müssen den Blutkreislauf in Bewegung bringen, oder Sie werden das Bein verlieren.« Ich mußte jeden Tag eine Meile laufen. Es tat schrecklich weh. Und am Ende des Spaziergangs waren die Verbände blutgetränkt.

Die Kunden in unseren Restaurants und die Leute, mit denen wir gesellschaftlich verkehrten, fanden Mario wunderbar. Sie erzählten mir alle, wie witzig und amüsant und charmant er wäre, daß er allen Getränke spendiere und wie beliebt er sei. Und sie sagten, ich könne mich glücklich schätzen, einen solchen Mann zu haben. Es war das gleiche, was die Leute auch über meinen Vater gesagt hatten.

Und eines Tages wurde mir klar, daß mein Leben in Birmingham nicht viel anders verlief als in Dublin. Der Mann in meinem Leben war ein Suchtkranker, nur daß er statt nach Alkohol süchtig nach Frauen war. Und er mißhandelte mich – nicht wie mein Vater, durch Verrat und Gleichgültigkeit –, sondern verbal und physisch.

Mario bedrängte mich immer noch, ihn zu heiraten. Er sagte, wenn wir nicht verheiratet wären, würde das Jugendamt mir meine beiden Töchter wegnehmen. Er sagte, wenn die Mädchen zur Schule kämen, würde man sie Bastarde nennen.

Ich war in meinem eigenen Gefängnis eingeschlossen. Ich hatte Angst, obdachlos zu sein, verstoßen und verlassen zu werden. Ich hatte einen Horror, in die Welt, der ich entflohen war, zurückkehren zu müssen. Da draußen hatte ich keine Rechte. Ich wollte keine Ausgestoßene, kein Niemand mehr sein. Das Verhältnis mit Mario mußte klappen. Und ich hatte Angst, daß ich, wenn ich jemanden um Hilfe bat, in ein Heim gesteckt würde.

Mein Wunsch, meine Kinder zu schützen, wog schwerer als mein Urteil über Mario.

Wir heirateten.

Ich trug Schwarz.

Obwohl Mario Verhältnisse mit anderen Frauen hatte, verlangte er weiterhin, daß ich mit ihm schlief. Es war fast wie Vergewaltigung. Ich wurde wieder schwanger.

Marios Schwägerin Rita, diejenige, die ihn an dem Abend damals angerufen und ihm gesagt hatte, daß ich rauchte, verfolgte mich mehr denn je mit ihren Feindseligkeiten. Sie war wütend, weil sie den Verdacht hatte, daß ihr Mann seine Nächte mit einem englischen Mädchen verbrachte. Sie war neidisch auf mich und ließ ihren Zorn auf ihren Mann an mir aus. Sie erzählte Mario oft Lügen über mich. Sie sagte, daß ich ununterbrochen rauchte, daß ich mir die Lippen schminkte, sobald er abends das Haus verlassen hatte, und daß ich die ganze Zeit telefonierte. Er ergriff immer ihre Partei. Gewöhnlich schlug er mich. Und das gab ihr noch mehr Macht über mein Leben. Sie ließ mich nicht fernsehen, und sie ließ mich nicht die Waschmaschine benutzen.

Ich sagte Mario immer wieder, daß Rita log. Eines Abends zog er sich um, ging aus und schlich sich dann aber wieder zurück ins Haus und hörte ihre Tiraden auf griechisch, ihre Beleidigungen und Drohungen. Er schrie sie an und warnte sie, nie wieder in dieser Weise mit mir zu reden.

Das gab mir viel Kraft. Auch am nächsten Abend ging Mario aus dem Haus. Er war nur wenige Minuten fort, als Rita sich die Bemerkung erlaubte, meine Kinder seien Bastarde.

»Ich geb dir einen Bastard!« schrie ich, schnappte mir einen Mop aus einem Eimer in der Ecke und drohte: »Ich brech dir deinen dreckigen Hals für all die Jahre, in denen du mich gepeinigt hast!«

Ich jagte sie durch das Haus und verprügelte sie erbarmungslos mit dem Mop. Als sie zu erschöpft war, um weiterzulaufen, und auf den Boden fiel, goß ich das schmutzige Wasser aus dem Eimer über sie.

»Wer ist jetzt der Bastard?« Ich beugte mich über sie, drohte ihr mit dem Finger und sagte: »Du hast mir oft geschadet. Ich weiß, das tust du, weil dein Mann herumvögelt. Aber guck dich mal an! Du bist so häßlich, daß es kein Wunder ist, daß er nie zu Hause ist. Und laß dir eines gesagt sein: Wenn du mich noch einmal bedrohst, beleidigst, verleumdest oder frech mit mir redest, bringe ich dich um.«

Ich schwang ihr den Mop übers Gesicht. »Na, tut das gut?«

Dann ging ich durchs Zimmer, schaltete das Fernsehen und die Waschmaschine an und blickte sie herausfordernd an. Sie war völlig verängstigt.

Aber für den Kampf und die Anstrengung mußte ich büßen. In derselben Nacht hatte ich eine Fehlgeburt.

Meine Arbeit im Fisch-und-Chips-Restaurant wurde nie weniger. Eine meiner Tätigkeiten bestand darin, schwere Kartoffelsäcke zu schleppen, sie hochzustemmen und in eine Maschine zu schütten, die die Kartoffeln schälte und in Stücke schnitt. Ich war im fünften Monat schwanger und hob immer noch diese schweren Säcke. Das einzig Gute daran war, daß ich, wenn ich mit der Arbeit fertig war, nur ein paar Schritte weit nach Hause und ins Bett hatte. An jenem Tag putzte ich den Boden und legte Zeitungen darauf, damit ich darauf laufen konnte, ohne Spuren auf dem Boden zu hinterlassen.

Spät nachts wachte ich mit starken Schmerzen im Bauch auf. Ich stand leise auf und ging ins Badezimmer, kauerte mich auf den mit Zeitungspapier bedeckten Boden, schlang die Arme um mich und biß mir vor Schmerzen auf die Lippen. Ich krümmte mich vor Qualen. Ich dachte, meine Eingeweide würden herauskommen. Plötzlich ergoß sich Blut aus meinem Körper über die Zeitungen, und ich hatte schreckliche Angst, daß Mario sehen würde, was für eine Schweinerei ich auf dem Fußboden gemacht hatte. Er würde wütend werden. Etwas kam aus mir heraus, ich dachte, es sei meine Niere. Ich kannte meinen Körper nicht. In vieler Hinsicht war ich schrecklich naiv.

Ich säuberte den Fußboden und sagte am nächsten Morgen Mario nicht, was geschehen war. Er ging fort, um einen Herd für das Restaurant zu kaufen, und befahl mir, mit den Kartoffeln fertig zu sein, bevor er am Nachmittag zurückkäme. Ich war sehr schwach und wußte, daß ich eigentlich zum Arzt gehen sollte. Aber Mario hatte darauf bestanden, daß meine Arbeit getan sein mußte, und so dauerte es bis zum Nachmittag, bis ich ins Krankenhaus gehen konnte. Ich trug Helen, als ich durch den peitschenden Regen den Hügel hinauf zum Krankenhaus ging. Außerdem hatte ich eine Leinwandtasche dabei. Und in der Tasche, eingewickelt in Zeitungspapier vom Boden, war das undefinierbare Etwas, das ich in der vergangenen Nacht ausgeschieden hatte.

Ich saß im Wartezimmer und genoß die Ruhe und Stille. Der Raum war ziemlich klein, mit einem verglasten Empfang auf einer Seite und einem Tisch in der Mitte, auf dem ordentlich aufeinandergestapelt Zeitschriften lagen. Auf einem kleinen Sims vor dem verglasten Empfang stand eine Glocke, die die Patienten läuteten, um das Personal zu rufen.

Nach einer Weile zupfte mich die Frau, die neben mir saß, am Ärmel und sagte: »Sie sehen sehr blaß aus. Was fehlt Ihnen?«

»Ich weiß es nicht«, sagte ich. »Aber ich glaube, ich habe letzte Nacht meine Niere verloren.«

Sie riß die Augen weit auf und fuhr überrascht zurück. »Ihre Niere?«

»Ja. Meine Niere. Wollen Sie sie sehen?«

Bevor sie etwas erwidern konnte, griff ich in die Leinwandtasche, nahm das in Zeitungspapier gewickelte Päckchen auf meinen Schoß und begann es zu öffnen. Die Frau sah fassungslos zu. Sie bekam einen entsetzlichen Schock. »Ooooohh! Oooooh! Ooooohh!« rief sie und schlug sich die Hand vor den Mund.

»Liebe Frau, das ist keine Niere«, sagte sie. »Das ist ein Baby.« Sie sprang auf, schlug kräftig auf die Glocke und verlangte, daß die Schwester sofort den Arzt holte. Der Arzt warf einen Blick auf das aufgeschlagene Zeitungspapier und wies mich sofort ins Krankenhaus ein. Er war wütend. »Warum hat Ihr Mann uns nicht angerufen?« sagte er.

»Er weiß es gar nicht.«

Der Arzt sah mich erstaunt an. »Er weiß es nicht? Aber Sie haben gesagt, es sei mitten in der Nacht passiert. Sie hatten eine Fehlgeburt mitten in der Nacht, und Ihr Mann weiß es nicht?«

»Ich wollte ihn nicht wecken. Er wäre sehr böse geworden,

wenn er gesehen hätte, daß ich den sauberen Fußboden schmutzig gemacht hatte.«

Einige Tage später wurde ich entlassen und ging wieder zur Arbeit. Und Mario schlug mich noch brutaler. Er knallte meinen Kopf so oft an den Wandschrank, daß das Holz zersplitterte. Oft war ich grün und blau geschlagen. Er brach mir zweimal das Nasenbein. Ich habe zahlreiche Narben, die ich seiner Brutalität verdanke. Aber die größten Narben sind unsichtbar, denn sie sind in meinem Herzen.

Als meine Kinder älter wurden, sahen sie, was vorging. Eines Abends kuschelte ich im Bett mit Helen und Androula, als Mario von einer seiner Frauen zurückkam. Es gefiel ihm nicht, wie ich ihn ansah, und er schlug mich ins Gesicht, daß das Blut im Zimmer umherspritzte. Das war das erste, aber nicht das letzte Mal, daß er mir die Nase brach. Schließlich mußte ich operiert werden, damit ich wieder richtig atmen konnte. Einmal schlug er mich so entsetzlich, daß ich nicht mehr richtig gehen konnte. Mit gekrümmten Schultern bewegte ich mich seitwärts wie ein Krebs.

Ich konnte Mario nichts recht machen. Wie sehr ich es auch versuchte, ich konnte seine Kleider nicht so aufhängen, daß es ihn zufriedenstellte. Er öffnete die Schranktür, und sein Rückgrat versteifte sich. Dann drehte er sich um und sagte: »Du dummes irisches Miststück! Kannst du noch nicht mal ein Jackett aufhängen?« Und dann schlug er mich.

Helen, die eine sehr begabte Sängerin wurde, als sie erwachsen war, sang schon als Kind. Zusammen standen wir in der Küche, sangen Pop-Songs, lachten und tanzten. Dann hörten wir Mario an der Tür, und sofort verdüsterte sich unsere Stimmung. Helen sang daraufhin griechische Lieder, die Mario lieber mochte.

Ich versuchte mehrmals, Mario zu verlassen. Das erste Mal lief ich davon, ging mit Helen und Androula zurück nach Irland, mietete ein winziges Zimmer und arbeitete in einem Fisch-und-Chips-Restaurant. Aber Mario fand mich zwei Wochen später. Er entdeckte auch, daß mein Vater Alkoholiker war und in einem schrecklichen Heim für Männer lebte, statt Besitzer einer

Süßwarenfabrik zu sein, daß meine Mutter tot war und daß ich nicht Tina Hamilton hieß. Als er mich wegen all dieser Dinge zur Rede stellte, erzählte ich ihm, daß ich von einer Bande von Männern vergewaltigt worden war, als ich auf der Straße lebte.

Eine Zeitlang war Mario lieb und freundlich zu mir. Ich erzählte ihm, daß meine Mama mich gebeten hatte, mich um meinen Daddy zu kümmern, und daß ich mir sehr wünschte, meinem Daddy ein Zuhause zu geben, das Zuhause, das er mir nie gegeben hatte. Ich sagte ihm, das Herz täte mir weh, wenn ich daran dachte, daß mein Vater so lebte, wie ich gelebt hatte. Und Mario, der so lieb und freundlich sein konnte, erlaubte mir, meinen Vater zu uns nach England zu holen.

Mein Vater war alt geworden, aber sonst hatte er sich nicht verändert. Es dauerte nicht lange, bis die Trinkerei meines Vaters enorme Probleme verursachte, und Mario sagte, er müsse aus dem Haus. Ich kann ihm das wirklich nicht verübeln. Daddy war noch immer laut und ausfallend, wenn er getrunken hatte, er sprach immer noch von seinen gescheiterten Hoffnungen und daß er ein berühmter Boxer hätte werden können. Zum ersten Mal in meinem Leben sah ich meinen Vater so, wie er wirklich war. Ich wurde weich und nachsichtig ihm gegenüber und begann, ihn »Pop« zu nennen. Schließlich fand ich eine kleine Sozialwohnung für ihn, und dort lebte er jahrelang und besuchte die Pubs mit schöner Regelmäßigkeit.

Zwei Jahre später, als sie fünfzehn Jahre alt war, kam Philomena zu uns. Eigentlich hätte sie im Waisenhaus bleiben müssen, bis sie sechzehn war, aber aufgrund eines Fehlers in ihren Akten wurde sie früher entlassen.

Bis dahin hatte ich nicht gewußt, daß Kathy bereits entlassen worden war. Eine Zeitlang arbeitete sie in einem Krankenhaus in Irland, dann ging sie nach Surrey, wo sie eine Stelle in einem Pflegeheim fand. Sie heiratete mit neunzehn. Seit einigen Jahren hatte sie etwa drei Stunden von mir entfernt gelebt, und ich hatte es nicht gewußt.

Ich erinnere mich nicht im einzelnen, wie ich das alles herausfand. Aus Gründen, auf die ich später zurückkommen werde, ist dies alles in meiner Erinnerung verschwommen. Aber als ich erfuhr, wo sie war, rief ich sie an, und sie kam mich besuchen. Zu der Zeit war ich sehr krank, ein Tumor hatte sich in einem meiner Eierstöcke gebildet, und ich stand vor einer schweren Operation. Kathy sagte, ich habe ausgesehen wie eine alte Frau.

Während meines Krankenhausaufenthalts schickte Mario Helen und Androula nach Irland in die Obhut einer Nonne. Ich kann meine Schuldgefühle nicht beschreiben, als meine Kinder in ein katholisches Haus geschickt wurden. Ich wollte nicht, daß meine Kinder Nonnen anvertraut wurden. Und ich holte sie nach Hause, sobald ich von meiner Operation genesen war.

Nach einiger Zeit begann Philomena, sich von der schrecklichen Erfahrung zu erholen, in einem Waisenhaus aufgewachsen zu sein. Es war nur natürlich, daß sie abends lange mit Gleichaltrigen ausbleiben wollte. Mario paßte das nicht. Er beschwerte sich mehrmals darüber. Aber sie war jung, und sie sollte mit ihren Freunden ausgehen dürfen. Eines Abends, als sie spät nach Hause kam, griff er sie an. »Du wirst aufhören, so spät nach Hause zu kommen, und aufhören, dich wie eine Hure zu benehmen«, sagte er. »Du tust, was ich dir sage, wenn du hier wohnst.« Er schlug sie und stieß sie durch die Küche.

»Schlag meine Schwester nicht«, schrie ich.

Mario schleuderte mich gegen die Wand. »Halt dich da raus, oder ich schlage euch beide zusammen.«

»Tu ihr nicht an, was du mir angetan hast! Sie ist erst sechzehn. Wenn du meine Schwester noch einmal anrührst, bring ich dich um!«

Marco, der große Schäferhund, begann in dem Lärm und Aufruhr zu knurren. Marios Gebrüll regte den Hund so auf, daß er Philomena biß. Mario fand das komisch. Er lachte, nahm einen Kessel mit kochendem Wasser vom Herd und schüttete ihn über dem Biß aus.

»Das wird die Keime töten«, sagte er.

Philomena schrie und wurde fast ohnmächtig.

Ich brachte sie so schnell wie möglich ins Krankenhaus. Der Arzt wußte, daß ihr die Verbrennung absichtlich zugefügt worden war. Aber meine Schwester und ich hatten wahnsinnige Angst vor Mario, und wir blieben dabei, daß die Verbrennung ein Unfall gewesen sei. Philomena und ich hatten kein anderes Zuhause. Wir wußten nicht, wo wir bleiben sollten. Und tief in meinem Herzen fragte ich mich, ob dies alles nicht meine Schuld war. Vielleicht erwartete ich zuviel von meiner Ehe. Ich wußte, daß ich meine Eigenheiten hatte, die Narben, die aus den Jahren in Dublin zurückgeblieben waren. Ich hatte entsetzliche Angst, geschlagen und vergewaltigt zu werden. Ich hatte Angst, in einen Sarg gestoßen zu werden. Die Alpträume, die nach dem Tod meiner Mutter begonnen hatten, verfolgten mich noch immer. Mir war vollkommen klar, daß ich anders war als andere Menschen und daß das Zusammenleben mit mir schwierig war. Und es war unvermeidlich, daß ich mich fragte, ob ich die Schläge und Mißhandlungen nicht verdiente. Schließlich war meine Mutter die Güte selbst gewesen, und auch sie war von ihrem Mann mißhandelt worden.

Wieder einmal verließ ich Mario. Natürlich nahm ich meine Kinder mit. Ich hätte sie niemals verlassen können. Und wieder holte Mario mich zurück, nicht so sehr, weil es ihm um mich ging, sondern weil er die Kinder nicht verlieren wollte.

Mario schlug Philomena oft. Sie war wie ich, auch sie dachte, sie hätte keine Rechte und dies sei einfach ihr Los im Leben.

Nach einiger Zeit zog Philomena in eine Wohnung, die sie sich mit einem anderen Mädchen teilte. Dann ging sie nach Surrey und fand Arbeit bei British Olivetti. Marios Mißhandlungen konnte sie nie verwinden. Noch heute fängt sie an zu stottern, sobald jemand nur seinen Namen erwähnt.

Mein Leben in Birmingham war völlig von der Arbeit bestimmt. Ich arbeitete täglich von früh bis spät in beiden Restaurants. Ich arbeitete ununterbrochen. Nach der Arbeit brachte Mario seine Freunde mit, ließ sie umsonst essen, und alle rauchten Marihuana. Aber wenn ich armen Leuten trockenes Brot gab, beschwerte er sich. Und wenn ich Obdachlose am Restaurant vorüberschlurfen sah und sie hereinrief und ihnen Teller voll Essen gab, schlug er mich.

»Chris«, sagte er. »Wir betreiben ein Geschäft, um Geld zu verdienen. Und wir können kein Geld verdienen, wenn du Essen verschenkst.« Da hatte er recht. Das verstand ich.

Es war während dieser Zeit meines Lebens, einer Zeit voller Elend und Kummer, daß ich den Traum von Vietnam hatte. Ich weiß nicht, warum ich von Vietnam träumte. Vielleicht, weil das Land damals so oft in den Nachrichten vorkam.

In meinem Traum rannten nackte vietnamesische Kinder über einen Feldweg auf der Flucht vor einem Napalmangriff. Der Boden unter den Kindern war rissig und brach auf, und die Kinder streckten die Arme nach mir aus. Eines der Mädchen hielt mir die Hand entgegen und hatte einen Blick in den Augen, der mich anflehte, sie auf den Arm zu nehmen und zu beschützen und in Sicherheit zu bringen. Über den flüchtenden Kindern, am Himmel hinter ihnen, erstrahlte ein weißes Licht, ein blendendes, sehr weißes Licht, in dem das Wort »Vietnam« erschien.

Zu dieser Zeit wußte ich noch nicht einmal, wo Vietnam lag. Ich wußte nichts über die Menschen dort. Aber nach diesem Traum wußte ich, daß es meine Bestimmung war, nach Vietnam zu gehen und den Kindern zu helfen.

Am nächsten Tag erzählte ich Mario von meinem Traum und daß ich eines Tages nach Vietnam gehen würde. Er schnaubte verächtlich. »Bist du verrückt? Du kannst ja noch nicht einmal allein über die verdammte Straße gehen! Du wirst nie nach Vietnam gehen.«

Am selben Tag erzählte ich einem Kunden im Restaurant: »Eines Tages gehe ich nach Vietnam und arbeite für die Kinder dort.« Und oft sagte ich in Gesprächen mit Leuten: »Eines Tages gehe ich nach Vietnam. Ich weiß nicht, wann. Aber wenn die Zeit gekommen ist, werde ich es wissen. Ich muß dorthin und den Kindern helfen.«

Das Gerede über Vietnam machte Mario sehr böse und war für ihn ein Vorwand, mich zu schlagen. Nicht, daß er wirklich eine Entschuldigung dazu gebraucht hätte. Oft, nachdem er mich geschlagen hatte, wollte Mario mit mir schlafen. Es war unvermeidlich, daß ich wieder schwanger wurde. Einige Monate später sprach ich wieder über Vietnam, und Mario sagte, er habe es satt, davon zu hören. Er trat mich in den Bauch, und ich mußte ins Krankenhaus. Ich verlor das Baby.

Ein paar Monate später wurde ich erneut schwanger, und dann wurde Nicolas geboren, mein drittes Kind und einziger Sohn.

Mein Leben nahm einige unerwartete und ziemlich bizarre Wendungen, als ich in Birmingham lebte. 1974 nahm Mario uns alle mit nach Zypern. Wir ließen Helen dort bei ihrer Großmutter. Mario wollte, daß seine Tochter Griechisch lernte.

Nicht lange danach marschierten die Türken in Zypern ein, und plötzlich war Helen in großer Gefahr. Mario selbst wollte sie nicht holen. Er hatte Angst, er würde zum Militär eingezogen werden, wenn er dorthin zurückkehrte.

Aber ich hatte nicht die Absicht, meine Tochter in einem Kriegsgebiet bleiben zu lassen. Das Außenministerium sagte, Zypern sei zu gefährlich und ich könne nicht dorthin reisen. Aber ich flog nach Griechenland, besorgte mir eine Mitfahrgelegenheit nach Piräus und fand Helen in einem Dorf in Zypern in der Nähe der Kampfzone.

Die Ausreisepapiere zu erhalten war sehr schwierig. So zogen Helen und ich in ein Flüchtlingslager, wo ich griechisch-zypriotischen Flüchtlingen half. Eines Tages fuhr ich nach Nicosia, um mich wegen der Papiere zu erkundigen. Währenddessen brachen die Kämpfe erneut aus. Ich mußte aus der Stadt fliehen und versuchte zurückzufahren, bevor es dunkel wurde. Aber ich verrechnete mich und war lange nach der Ausgangssperre noch unterwegs. Und zu allem Überfluß bog ich in die falsche Richtung ab. Als ich anhielt, um umzudrehen, hörte ich Schüsse.

Bevor ich flüchten konnte, tauchten Soldaten auf und zerrten mich aus dem Auto.

»Irlandaise«, rief ich. »Irlandaise.«

Die Soldaten durchsuchten das Auto. Sie bauten sogar die Sitze aus. Dann durchsuchten sie mich. Einer der Soldaten richtete sein Gewehr auf meinen Kopf und sagte: »Du Agent. Du Agent.«

»Irlandaise«, sagte ich. Ich verschränkte die Arme und wiegte sie hin und her. »Baby. Baby. Irlandaise.«

Es gefiel mir gar nicht, wie die Soldaten mich anstarrten. Plötzlich schoß mir wieder die Erinnerung an die Vergewaltigung durch den Kopf, und ich bekam wahnsinnige Angst. Ich wollte diese Erfahrung nicht noch einmal durchmachen.

»Erschießt mich! Erschießt mich!«, rief ich, und breitete die Arme weit aus. Niemals wieder wollte ich das durchmachen!

Als ich die Arme ausbreitete, riß mir der oberste Knopf meiner Bluse ab, und die Soldaten sahen, daß ich ein griechisches Kreuz trug.

»Warum trägst du ein Kreuz?« fragte einer.

»Mein Mann ist Grieche.« Ich sprach ein paar Worte Griechisch mit ihnen und versuchte dann, in einer Mischung aus Griechisch und Englisch, die Sache mit Helen zu erklären. Die Soldaten gaben sich zufrieden und sagten, ich könne weiterfahren.

»Du hast Glück gehabt«, sagte ein Offizier. »Letzte Nacht haben wir hier einen Agenten erschossen. Wenn du fortgelaufen wärest, hätten wir dich getötet.«

Ein paar Tage später konnten Helen und ich Zypern mit einer Maschine der britischen Luftwaffe verlassen. Wir landeten auf dem Royal-Air-Force-Flughafen Brize Norton und fuhren dann mit dem Auto nach Birmingham.

Weil meine Mission so erfolgreich war, fragten mich rund ein Dutzend Leute in Birmingham, ob ich nicht Geld nach Zypern zu Freunden und Verwandten bringen könne, die das Land verlassen wollten. Ich willigte ein, und einige Wochen später verließ ich England auf einem Schiff mit einem kleinen Vermögen in bar in meinem Koffer.

Ich hatte mich einem guten Werk verpflichtet, das mehreren Engländern helfen sollte. Ich war fort von Mario. Ich war voller Energie. Meine Persönlichkeit veränderte sich. Ich war frei und offen und voller Freude.

Die Beamten an Bord des Schiffes mußten wohl Verdacht geschöpft haben, daß viele Leute Bargeld bei sich hatten. Über den Lautsprecher kam die Ankündigung, daß alles Geld, das einen bestimmten Betrag überstieg, abgeliefert werden müsse.

»Das kann ich nicht tun«, sagte ich mir. »Diese Leute haben

mir vertraut. Es ist nicht mein Geld; es ist für die Leute in Zypern bestimmt, die fort müssen. Ich muß alles tun, damit das Geld zu diesen Leuten gelangt.«

»Haben Sie gehört, was die im Lautsprecher gesagt haben?« fragte ich eine Engländerin, die ich auf dem Schiff kennengelernt hatte. »Ich kann mein Geld nicht abliefern. Ich trage ein Vermögen bei mir. Was soll ich nur machen?«

Ich sehe nicht aus wie ein Mensch, der ein Vermögen mit sich herumschleppt. Sie dachte, ich scherze. Sie deutete auf zwei Männer, die erster Klasse reisten. »Diese Männer sind Diplomaten«, sagte sie. »Sie werden nicht durchsucht. Sie werden das Geld für Sie aufbewahren.« Sie lachte.

Aber ich ging direkt auf die Männer zu. »Entschuldigen Sie«, sagte ich. »Ich höre, Sie sind Diplomaten. Stimmt das?«

Die beiden Männer sahen mich erstaunt an. Der eine nickte.

»Und aus welchem Land kommen Sie?« fragte ich.

Nach einer langen Pause sah einer der Männer sich langsam um, dann neigte er sich zu mir herüber und sagte mit leiser Stimme: »Wir sind aus Libyen.«

»Das ist reizend«, sagte ich. »Mein Name ist Christina. Sie kennen mich nicht. Aber ich bin hier, um Leuten zu helfen, damit sie nach England gehen können. Ich habe eine Menge Geld bei mir, das ich den Leuten geben soll, die ihre Häuser und ihr Geld verloren haben und nichts mehr besitzen. Nun habe ich gerade über den Lautsprecher gehört, daß ich es abliefern muß. Würden Sie es für mich aufbewahren?«

Die Männer starrten mich an. Ich fragte mich, ob sie die Sprache verloren hätten.

Ich lachte. »Ich tue nichts Schlechtes. Es ist nur Geld. Sie können nachsehen, wenn Sie wollen.«

Sie sahen einander an. Dann schauten sie mich an. Dann nickte der eine der beiden langsam. Ich gab ihm die Aktentasche. »Versprechen Sie mir, daß Sie sie mir zurückgeben.«

Er lächelte. »Sie werden sie wiederbekommen«, sagte er. Er war ein wahrer Gentleman.

Als wir in Zypern anlegten, war ich ziemlich nervös. Mein Gepäck war nach Geld durchsucht worden. Anderen Leuten war

Geld abgenommen worden. »Ich hoffe, diese Arschlöcher sind nicht mit meinem Geld abgehauen«, dachte ich. Aber da, am Fuße des Laufstegs, stand eine große schwarze Limousine mit einer kleinen Flagge am vorderen Kotflügel. Die Leute betrachteten das Auto bewundernd. Dann surrte das Rückfenster herunter, und ein Gesicht blickte heraus, das ich wiedererkannte. Der Mann reichte mir die Aktentasche durchs Fenster.

»Danke, *me darling*«, sagte ich zu ihm. »Mögen Jesus, Maria und der Heilige Joseph von Cupertino Sie schützen.« Ich lachte schallend. Sie versuchten, nicht zu lachen.

Ich neigte mich näher zu ihnen. »Und ich hoffe, Ihr schöner schwarzer Haarschopf wird noch lange nicht grau werden«, sagte ich zu dem einen, der der Ranghöhere zu sein schien. »Gott segne euch, ihr Lieben. Ich werde Sie nie vergessen, solange ich lebe. Geben Sie mir Ihre Hand.«

Er streckte die Hand aus, und ich schüttelte sie. Der andere Mann tat desgleichen.

»Und woher kommen Sie noch mal?« fragte ich.

»Libyen«, sagte der eine. Diesmal senkte er nicht die Stimme. »Wir besuchen die libysche Botschaft hier.«

»Libyen. Na, das ist ja toll. Ich hab noch nie jemanden aus Libyen kennengelernt. Darf ich mal vorbeikommen und eine Tasse Tee bei Ihnen trinken? Ich bin noch nie in einer Botschaft gewesen.«

Der Mann lachte wieder. Ich glaube, er begann Spaß an der Unterhaltung zu haben. »Ja. Kommen Sie zum Tee zu uns.«

Später am selben Tag, nachdem ich Vereinbarungen getroffen hatte, um das Geld an die rechtmäßigen Besitzer weiterzugeben, ging ich zur Botschaft, wo meine neuen Freunde mich würdig und respektvoll behandelten.

»Ich halte Sie für Gentlemen«, sagte ich. »Und ich habe, nachdem wir uns gekennengelernt haben, mit verschiedenen Leuten gesprochen, und sie sagten, die Libyer haben Menschen die Köpfe abgeschlagen. Das kann ich nicht glauben.«

Wir alle lachten schallend.

Ich rückte näher heran. »Sie haben wohl jetzt kein Geld bei sich, oder? Wie ich höre, sind Sie sehr reich. Und ich brauche mehr Geld, um diesen Leuten hier zu helfen, nach England zu kommen.«

Einer der Männer lachte so sehr, daß er nicht sprechen konnte. Der andere wischte sich die Tränen aus dem Gesicht, griff in seine Tasche und schenkte mir hundert Dollar. Ich gab das Geld einer Engländerin, die nach Hause fahren wollte.

Diese zweite Reise nach Zypern war eine wunderbare Episode in meinem Leben. Ich fühlte mich leicht und frei und glücklich. Aber als ich nach Hause zurückkam, begann Mario mich wieder zu mißhandeln.

Die Furcht, geschlagen zu werden, und meine Lebensangst wurden so stark, daß ich oft das Gefühl völliger Hilflosigkeit hatte. Meine Angst vor Männern und vor einer Vergewaltigung wuchs. Ich hatte entsetzliche Angst, in einen Sarg gestoßen zu werden. Ich hatte niemanden, mit dem ich reden konnte. Ich hatte Angst, Mario oder seine Familie würden mich einsperren lassen und ich würde meine Kinder verlieren. Nachts zog ich nie meine Kleider aus. Selbst im Bett trug ich lange Kleider. Ich schloß die Tür ab, wenn ich ein Nachthemd anzog, und ich schlief zusammengerollt mit über der Brust gekreuzten Armen.

Ich begann, Briefe an meine Mama zu schreiben. Ich wußte, daß sie tot war, aber ich schrieb ihr lange Briefe und erzählte ihr, was mit mir geschah und wie mir ums Herz war. Ich bat sie, mir zu helfen, denn ich wollte nicht, daß meinen Kindern etwas zustieße. Ich erzählte ihr, wie furchtbar einsam und todtraurig ich war und daß es Dinge in meinem Innern gab, die ich nicht verstand.

Ich dachte, mein Leben in England sei nun auf dem Tiefpunkt und könnte nicht mehr schlimmer werden. Dann, um etwa drei Uhr morgens im Fisch-und-Chips-Restaurant, überkam mich ein ganz seltsames Gefühl. Ich saß auf einem Barhocker hinter der Theke, als plötzlich mein Kopf ganz leicht wurde und ich zu zittern begann. Die Haare an meinen Armen sträubten sich, und ich bekam eine Gänsehaut. Ich dachte, ich müßte sterben.

»Mario«, sagte ich. »Mit mir stimmt etwas nicht.«

Er rauchte Marihuana, lachte und winkte ab.

Ich ging um etwa sechs Uhr morgens ins Bett und hoffte,

unter den warmen Decken Geborgenheit zu finden. Ich dachte an meine Mutter, und daß alles gut würde, wenn sie zurückkäme und sich um mich kümmerte. Aber es half nichts. Ich hatte das Gefühl, tiefer und immer tiefer in einen schwarzen Tunnel zu fallen. Ich öffnete die Augen, damit der Schwindel aufhörte, aber er hörte nicht auf. Dann dachte ich, ich wäre blind geworden. Mir ist klar, daß das alles unwahrscheinlich klingt, aber mein Geisteszustand war mir selbst unverständlich. Es war alles so schrecklich. Mein ganzes Ich, mein Geist und mein Körper, drehten sich und fielen einen langen schwarzen Tunnel hinab, und eine böse rote Welle überspülte mich, mein Gesicht, meine Brust und den ganzen Körper und wollte mich ersticken.

»Mario, ich kann nicht mehr sehen. Ich bin blind«, rief ich.

»Was ist los mit dir?« knurrte er, als er aufwachte. »Was willst du?«

»Mario, mir ist so unheimlich. Ich falle in einen schwarzen Tunnel.«

Ich fing an zu singen »Oh Salutaris« und »Sweetheart of Jesus«, Lieder, die ich in der Kirche gesungen hatte, als ich acht Jahre alt war, die Lieder meiner Kindheit in den Liberties. Ich begann, ein Bußgebet zu sprechen.

Mario brachte mich sofort ins Krankenhaus, wo ich, während wir warteten, fortfuhr, laut zu beten und lateinische Hymnen zu singen. Mario lachte vor Verlegenheit. Dann untersuchte mich ein Arzt und sagte: »Diese Frau ist körperlich und seelisch erschöpft. Sie braucht Erholung. Sie muß sich lange und gründlich erholen.«

Fünfzehn

Es war mehr als Übermüdung, die mich ins Krankenhaus brachte; es war eine beängstigend tiefe Depression. Sie war die Folge von all dem, was mir in Irland und dann in England widerfahren war. Ich kam aus dem Krankenhaus zurück und war ungeheuer verängstigt. Ich zitterte ständig am ganzen Körper. Ich zupfte an meinen Haaren und an meinem Gesicht herum und hatte Angst, ich müßte sterben, Angst, eine Gehirnblutung zu bekommen, Angst, daß mein Herz aufhören würde zu schlagen.

Ich ging zu einem anderen Arzt, der sagte, ich hätte eine Angstneurose. Es wurde so schlimm, daß ich nicht über die Straße gehen konnte, ohne mich fortwährend umzudrehen. Ich geriet in Panik bei dem Gedanken, jemand könnte mich überfallen. In eine Badewanne zu steigen war, als stiege ich in einen Sarg. Ich rannte, wenn ich Priester und Nonnen sah. Ich war kaum fähig, normal zu atmen. Ich wußte, daß ich auf einen Nervenzusammenbruch zusteuerte.

Ich hörte einen Begräbnisgottesdienst im Radio und dachte, er sei für mich. Ich fiel tiefer und tiefer in den schwarzen Tunnel. Ich dachte, mein Herz würde explodieren. Ich bekam Verstopfung, das psychosomatische Symptom für alles, was sich in mir angestaut hatte. Ich ging zu einem Psychiater, der sagte, ich hätte einen Nervenzusammenbruch. Er wies mich in ein psychiatrisches Krankenhaus ein, und dort blieb ich sechs Wochen. Während dieser Zeit erhielt ich keine Beratung, keine Therapie, nur starke Medikamente.

Wenn ich auf diese schreckliche Zeit zurückblicke, erinnere ich mich hauptsächlich daran, daß niemand mir glaubte, was ich über Irland, über Mario, über meine Ängste erzählte. Die Einstellung der Ärzte mir gegenüber war: »Sie müssen mit sich selbst ins reine kommen.« Ich fühlte mich wie ein Außenseiter.

Ich wurde entlassen und kam nach Hause. Etwa zwei Monate lang ging alles gut.

Die Alpträume suchten mich fast Nacht für Nacht heim, und sie wurden noch drastischer und furchterregender. Eines Nachts, nach einem besonders lebhaften und beängstigenden Traum, stand ich auf und ging durchs Haus, um einen klaren Kopf zu bekommen.

Ich ging ins Frühstückszimmer, und da sah ich Mario und eine meiner Freundinnen auf der Couch miteinander schlafen. Ich wurde blaß und zitterte so heftig, daß ich mich an der Tür festhalten mußte. Ich durfte mich nicht von meinem Zorn beherrschen lassen. Noch immer zitternd ging ich zurück in unser Schlafzimmer, wo ich mir ein Kissen an die Brust drückte und mich schluchzend auf und ab wiegte.

Aber alles, woran ich denken konnte, und alles, was ich innerlich vor mir sah, war Mario, der unten mit einer anderen Frau Sex hatte. Er machte es mit ihr in unserem Frühstückszimmer. Ich erhob mich mit Anstrengung aus dem Bett und ging mit tränenüberströmtem Gesicht hinunter. Ich machte genug Geräusche, daß Mario und meine Freundin mich die Treppe herunterkommen hörten. Als ich ankam, saßen sie da und unterhielten sich ganz ruhig. Ich sagte Mario, was ich gesehen hatte. Ich warf ihm seine Untreue vor und erinnerte ihn an seine früheren Versprechen.

Er stieß mich gegen die Wand und sagte: »Du verdammtes irisches Miststück! Du bist einfach zu dumm! Du bildest dir das nur ein.«

Er stritt alles ab. Er sagte, es sei gar nichts vorgefallen. Und während der ganzen Zeit saß die Frau da und grinste mich an. Ich drehte mich um und ging langsam die Treppe hinauf in unser Schlafzimmer.

Die Sinnlosigkeit meines Daseins lastete schwer auf mir. Ein paar Tage später lief ich wieder fort. Und wieder fand mich Mario. Manchmal frage ich mich, ob ich vielleicht wollte, daß er mich fand. Aber andererseits kannte Mario alle Leute, die ich kannte. Er kannte mich gut genug, um zu wissen, wie ich in bestimmten Situationen reagierte. Es gab kein Versteck für mich. Als mich Mario dieses Mal wiederfand, schlug er mich nicht nur, sondern er tat etwas, was mich noch heute entsetzt, wenn ich daran denke. Als er mich auf unser Bett legte, band er den großen Schäferhund an den Pfosten. Ich konnte keinen Muskel rühren. Der Hund saß angespannt da, Speichel floß ihm vor Erregung aus dem Maul, und er wartete nur darauf, daß ich mich bewegte. Wenn ich mich bewegt hätte, dann hätte der Hund mich zerfleischt. So lag ich einen halben Tag.

Ich machte einen halbherzigen Selbstmordversuch mit einer Überdosis Tabletten. Ich wollte nicht sterben, ich wollte nur, daß mir jemand half.

Wieder wurde ich ins psychiatrische Krankenhaus gebracht.

Ich war versunken in den Kummer und die Leiden meiner Vergangenheit. Wenn Mario und ich doch nur zusammen an die See fahren könnten! Wenn nur Mammy nicht gestorben wäre! Wenn nur mein Vater kein Alkoholiker gewesen wäre!

Ich wurde in eine andere psychiatrische Klinik verlegt und wochenlang mit starken Medikamenten behandelt. Es gab keine Therapie, keine Beratung, niemand wollte mir zuhören. Ich wollte jemandem über mein Leben erzählen, über alles, was früher gewesen war, über alles, was heute geschah.

Mario kam ins Krankenhaus und war so beflissen! Er schenkte den Pflegerinnen Blumen und den Ärzten goldene Füllfederhalter, rollte seine dunklen Augen und sagte zu allen: »Bitte kümmern Sie sich um sie.« Sie fanden, er sei ein wunderbarer Mann.

Mario erzählte ihnen, wie sehr er mich liebe, und daß er gar nicht verstehen könne, warum ich fortgelaufen sei und einen Selbstmordversuch unternommen habe. Er sagte zu den Ärzten, er würde mit mir aus Birmingham weggehen, fort von allem, was dort geschehen sei. Er sagte, er wolle mit mir nach Australien auswandern, dort würden wir zusammen ein neues Leben anfangen. Die Ärzte dachten alle, ein neues Leben sei die Lösung, und sie entließen mich.

Aber anstatt mit mir nach Australien zu gehen, ging er mit mir nach Zypern. Nicht lange nach unserer Ankunft kochte seine Mutter eine große Mahlzeit. Sie kochte Schweinefleisch. Ich hatte Magenschmerzen, und mir war übel. Ich dachte, das käme daher, daß er mich tags zuvor geschlagen hatte.

»Ich kann das nicht essen«, sagte ich.

Marios Gesicht verzerrte sich vor Wut. »Du beleidigst meine Familie. Du darfst meine Familie nicht beleidigen. Wir sind Griechen, und uns beleidigt man nicht.« Er schlug mich brutal auf den Bauch.

Am nächsten Tag wurde ich zu einer Notoperation ins Krankenhaus gebracht, wo sie mir den Blinddarm entfernten. Als wir nach Birmingham zurückkamen, schrieb Mario an den Präsidenten der Vereinigten Staaten und fragte, ob jemand in Amerika eine Lobotomie an mir vornehmen könne. Natürlich erhielt er keine Antwort. Aber dann schrieb er an jemanden in Moskau. Ein russischer Beamter antwortete und sagte, sie würden eine Lobotomie machen, aber zuerst müßte ihnen meine Krankengeschichte vorliegen. Mario war sehr stolz auf diesen Brief. Er bewahrte ihn auf, solange ich ihn kannte. Er wedelte damit durch die Luft und sagte: »Die Russen haben meinen Brief beantwortet. Sie haben eingewilligt, eine Lobotomie an dir vorzunehmen. Der amerikanische Präsident hat nicht geantwortet, aber die Russen.«

»Was ist eine Lobotomie?« fragte ich.

»Sie nehmen ein kleines Stück aus deinem Gehirn heraus, und du wirst alles vergessen. Du wirst aufstehen, wenn man es dir sagt, und dich hinsetzen, wenn man es dir sagt.«

»Mit meinem Gehirn ist alles in Ordnung«, sagte ich. »Du bist das Problem, nicht mein Gehirn.«

Wieder lief ich fort. Aber Mario fand mich, brachte mich nach Hause und schlug mich.

Dann machte ich einen ernsthaften Selbstmordversuch. Ich wollte wirklich sterben. Ich wollte nichts mehr fühlen und nichts mehr denken. Ich konnte das Leben einfach nicht mehr ertragen. Ich wollte nur noch schlafen. Ich kaufte eine Flasche Gin, aber es war ein so furchtbares Zeug, daß ich es nicht trinken konnte. Ich goß die Hälfte des Gins aus und vermischte ihn mit

Limonade, dann warf ich einige Dutzend Schlaftabletten und andere Medikamente hinein. Ich brachte es fertig, alles hinunterzuschlucken, dann taumelte ich hinüber zum Bahnhof. Falls der Gin und die Tabletten nicht wirkten, wollte ich mich vor den London Express werfen.

Aber der Gin und die Tabletten machten mich bewußtlos, und ich brach auf dem Bahnsteig zusammen. Als ich aufwachte, war ich auf der Intensivstation eines Krankenhauses. Bald darauf wurde ich in eine Nervenklinik verlegt. Und dort durchlebte ich jene Hölle, die eine Nervenklinik manchmal sein kann. Ich wurde als schizophren, soziopathisch, psychotisch und depressiv diagnostiziert; sie nannten mich alles, was es nur gab.

Ich erzählte den Ärzten von meiner Kindheit. Ich erzählte ihnen, daß ich Angst vor der Dunkelheit hätte. Ich erzählte ihnen über meine schrecklichen Alpträume. Als sie mich nach Sex fragten, erinnerte mich das an meinen Onkel, und ihre Fragen verstörten mich. Wenn ich an meinen Onkel dachte, sah ich, wie sich der Griff der Schlafzimmertür drehte, und ich sah seinen mächtigen Körper, der sich im Dunkeln über mich beugte; ich roch seinen Bieratem und fühlte, wie er sich neben mich fallen ließ.

Wenn ich die Ärzte fragte: »Warum hat meine Mama mich verlassen?« verstanden die meisten von ihnen nicht, daß meine Mutter noch kein Jahr tot gewesen war, als mein Onkel sich mir aufzwang. Ich erzählte ihnen über die mehrfache Vergewaltigung, aber ich glaube nicht, daß sie mir zuhörten.

Sie waren der Ansicht, daß ich niemals auf Psychotherapie ansprechen würde. Sie verschrieben mir Elektroschocktherapie.

Ich bekam mehrmals im Monat Elektroschocks, ich weiß nicht mehr, wie oft. So viel aus dieser Zeit bleibt verschwommen. Aber ich erinnere mich, daß nach einer kurzen Pause die Behandlungen wieder begannen. Die Therapie wurde im Stockwerk über der Station, der ich zugewiesen worden war, durchgeführt. An den Behandlungstagen bekam ich kein Frühstück. Sie gaben mir Valium, bevor ich hinaufgebracht wurde, und eine Betäubungsspritze, gewöhnlich war es Pentothal. Um meinen Körper zu entspannen und damit die Konvulsionen nicht zu Wirbelsäulenschäden führten, gaben sie mir Tubocurarine, eine Form von Curare. Es war nicht nur ein Entspannungsmittel für die Muskeln, sondern führte auch zum Verlust des Kurz- und Langzeitgedächtnisses.

»Ich will diese Scheißelektrizität nicht in meinem Körper«, schrie ich sie an. »Geht weg mit dieser Scheißnadel.« Ich mußte mich einfach wehren, obwohl ich den Verdacht hatte, daß sie, je mehr ich schrie und je mehr ich mich wehrte, um so überzeugter waren, daß ich verrückt sei.

Sie gewannen immer. Wie sehr ich mich auch wehrte, es endete immer damit, daß sie mich zu einer Station mit einer Bettenreihe an jeder Wand hinaufbrachten.

»Ich brauche das nicht, ich will es nicht«, beharrte ich.

Ich hörte die Geräusche aus dem Behandlungsraum, ein schmorendes, brutzelndes Geräusch, und dann das Aufschlagen eines Körpers, der von epileptischen Anfällen geschüttelt wurde. Ein scheußlicher Geruch, ich weiß nicht, nach was, drang aus dem Raum. Noch heute werden mir die Knie weich vor Angst, wenn ich den Bohrer eines Zahnarztes oder ein tiefes summendes Geräusch höre.

Als ich in den Raum gefahren wurde, sah ich die bewußtlosen Körper der Patienten, die bereits behandelt worden waren, auf Betten ausgestreckt liegen. Die Krankenpfleger schoben mein Rollbett neben den Kasten, aus dem schwarze Drähte herauskamen, öffneten gewaltsam meinen Mund, stopften mir einen großen Gummiblock zwischen die Zähne, befestigten die Elektroden mit Klebestreifen an meinen Schläfen, führten einen Narkosetubus in meine Luftröhre ein, dann lösten sie die Gurte und traten zurück. Ein gewaltiger Stromschlag durchfuhr meinen Körper. Mein Körper wurde von einer so heftigen Konvulsion geschüttelt, daß nur noch meine Fersen und mein Hinterkopf das Bett berührten. Und dann war ich lange ohne Bewußtsein.

Die Behandlungen waren so häufig und so intensiv, daß ich wochenlang wie ein Zombie durch die Stationen lief. Mein Blick war leer, und ich murmelte vor mich hin. Als die Behandlungen weniger wurden, stand ich in einer Ecke und beobachtete die anderen Patienten. Ich war sicher, wenn ich jemals so sein würde wie sie, dann wäre ich wirklich wahnsinnig. Ich wußte, daß ich krank war, aber ich war krank vor Kummer. Ich war verwirrt. Aber ich war nicht verrückt. Und alles was ich wollte, war, daß jemand mich liebte und mich nicht verletzte und schlug. Ich wollte wie ein Mensch und mit Achtung behandelt werden. Ich wollte eine Familie haben und genug zu essen und ein Feuer im Kamin. Ich dachte, wenn jemand mich liebte und ich könnte mit freudigem Herzen zu ihm nach Hause gehen, dann wäre alles gut. Ich sorgte mich ununterbrochen um meine Kinder, und es gab Zeiten, da fragte ich mich, ob es ihnen nicht ohne mich besser ergehen würde. Vielleicht bin ich ein schlechter Mensch, durch und durch schlecht, dachte ich. Vielleicht steckt der Teufel in mir, wie die Nonnen gesagt hatten. So zog ich mich ganz in mich selbst zurück. Ich traute niemandem im Krankenhaus. Ich lief mehrmals davon. Aber jedesmal erwischten sie mich, und jedesmal bekam ich wieder eine Elektroschocktherapie.

Wir Patienten wußten fast so viel über das Personal wie dieses über uns. Wir wußten vielleicht mehr über ihr Privatleben als sie über das unsere. Wir wußten zum Beispiel, daß der Chefarzt einen sehr schwierigen Scheidungsprozeß durchmachte. Er hatte sich in eine andere Frau verliebt und lange Zeit ein Verhältnis mit ihr gehabt, bevor er sich entschloß, sich von seiner Frau scheiden zu lassen. Als ich ihm erzählte, daß Mario eine Affäre mit meiner besten Freundin hatte, wollte er nichts darüber hören.

Eine Nervenklinik ist ihrer Natur nach eine sonderbare und verwirrende Welt. Ich erinnere mich noch heute an einige der Patienten. Ein Mann hielt sich für eine Feuersirene. Ein anderer hielt sich für einen Krankenwagen. Eine Frau wusch sich täglich Dutzende Male. Ein Mann lief mit heraushängendem Penis herum. Ein anderer dachte, er sei Gott und alle Patienten seien seine Jünger. »Ich habe dich zu Petrus gesalbt«, sagte er einmal zu mir.

»Solange du nicht denkst, ich sei Maria Magdalena, soll es mir recht sein«, erwiderte ich.

Ich war monatelang mit diesen Menschen zusammen. Und wieder war es die Musik, die mich durch diese schrecklichen

Monate hindurchtrug. Ich saß in einer Ecke und sang »Danny Boy« oder »When Irish Eyes Are Smiling«. Ich dachte an Doris Day und sang »Over the Rainbow«. Wenn ich die Augen schloß, sah ich ihr Lächeln. Ich sah sie in einer Schürze, wie sie Kuchen aus dem Backofen holte, und roch den Duft des Kuchens, der sich durch das ganze Haus zog. Doris Day war immer bei mir.

Schließlich wurde ein anderer Arzt auf meinen Fall aufmerksam, und wir führten viele Gespräche. Eines Tages sagte er zu mir: »Ich glaube, Sie sind sehr, sehr einsam. So viele Dinge sind in Ihnen verschlossen, die Sie nicht ausdrücken können. Ich werde Sie in eine Klinik schicken, in der man Ihnen, wie ich glaube, helfen kann. Ich kenne einen Professor im Queen Elizabeth Hospital, der wird Ihnen helfen.«

Das Queen Elizabeth Hospital war fast wie ein Zuhause. Die meisten Patienten waren Psychologen, Lehrer oder Ärzte. Wir kochten uns unser Essen selbst, und jeder hatte ein Zimmer für sich. Es herrschte nicht diese hektische Atmosphäre wie in anderen Nervenkliniken. Ich begann mich zu entspannen, zu fühlen, daß die Menschen hier mir helfen konnten, daß sie zuhören würden.

Und dann erfuhr ich, daß Mario mit den Ärzten darüber gesprochen hatte, eine Lobotomie an mir durchzuführen. Die Ärzte brachten mich in einen großen Hörsaal, in dem ich stundenlange Gespräche mit Professoren, Studenten und Ärzten führte. Sie gaben mir zahlreiche Elektroenzephalogramme. Einige davon deuteten auf eine Gehirnverletzung hin, aber andere Tests ergaben, daß alles in Ordnung war. Sie gaben mir so viele Medikamente, daß mein Körper nicht mehr darauf reagierte, und sie mußten alle Medikamente absetzen.

Ich kann nicht beschreiben, wie sehr ich mich vor der Lobotomie fürchtete. Aber Mario bestand immer noch darauf und meinte, daß mein Leben durch diese Operation wunderbar werden würde. »Ich hole deine Krankenberichte und kaufe dir ein Flugticket nach Rußland«, sagte er. »Das wird dich beruhigen. Es wird dir all deinen Zorn und deine Ängste wegnehmen.«

Eines Tages brachten mich die Ärzte in das Auditorium und setzten mich mitten unter Dutzende von Ärzten, die mich anstarrten, als sei ich eine Art Affe im Zoo. Eine Videokamera lief, die diese lange Diskussion über meine Lobotomie aufnahm. Als ich mich in diesem Haufen umsah, konnte ich nur denken, daß sie mich wie ein Versuchskaninchen behandelten, daß ich ein Niemand für sie war, daß sie in mir nur jemanden sahen, an dem sie herumexperimentieren könnten. Ich sprang auf und rannte hinaus. Einige Stunden später kam ich zurück, und das Kollegium diskutierte lange über mich, ob die Operation gemacht werden sollte oder nicht. Sie neigten eigentlich dazu, aber am Ende beschlossen sie doch, die Lobotomie nicht vorzunehmen.

Schließlich entschieden die Ärzte, daß mein Problem nichts weiter als eine außerordentlich schwere Depression sei. Die Jahre, in denen ich immer wieder in psychiatrische Kliniken eingeliefert wurde, weckten in mir das unersättliche Verlangen, alles, was ich konnte, über mich selbst zu erfahren, klarzukommen mit allem, was mir in Irland und England widerfahren war, und mich zu bemühen, mein Leben selbst in die Hand zu nehmen.

Als es vorüber war, wollte ich wissen, wie die Ärzte in Birmingham mein Problem diagnostiziert hatten. Ich mußte lange kämpfen, bis ich meine ärztlichen Unterlagen einsehen durfte. Ich wollte das aus zwei Gründen: Erstens wußte ich, daß ich eines Tages ein Buch schreiben würde, und die Jahre der Therapie sollten ein Teil der Geschichte sein. Zweitens mußte ich wissen, was die Ärzte über mich gesagt hatten, damit ich meine Gedanken davon befreien konnte.

Endlich erhielt ich die Unterlagen, und was ich darin las, machte mich sehr zornig. Einer dieser Ärzte, ein bekannter Arzt, der mich des öfteren behandelt hatte, hatte nie gewußt, wer ich war, er hatte keine Ahnung, was für ein Mensch ich war.

Zum Beispiel hatte ich ihm erzählt, wie sehr ich meine kleine Schwester Philomena liebte. Ich erzählte ihm, daß Philomena mich »Mama« genannt hatte und daß ich sie jahrelang betreut hatte. Aber er sah darin ein Zeichen für lesbische Liebe und schrieb, daß er nach Anhaltspunkten für ein solches Verhalten zwischen mir und meiner Schwester geforscht, aber nichts gefunden habe. Er schrieb, ich sei frigide. Aber was mich am meisten ärgerte, bezog sich auf einen Epileptiker, einen Mann, mit dem ich mich angefreundet hatte. Er war ein lieber, netter Mann, ein sanfter Mensch, und ich saß oft auf seinem Bettrand, und wir unterhielten uns über alles mögliche. Ich fand nichts dabei, neben diesem Mann auf dem Bett zu sitzen. Aber der Arzt schrieb in seinem Bericht, ich sei eine »femme fatale«. Ich wußte gar nicht, was das ist. Ich mußte im Wörterbuch nachsehen. Ich war wütend. Wie konnte ich zugleich frigide und eine »femme fatale« sein?

Aufgrund dessen, was ich dem Arzt über meinen Vater erzählt hatte, schrieb er, Daddy sei schizophren und ich hätte diese Geistesstörung geerbt. Der Grund, weshalb er das behauptete, war, daß Daddy mit meiner toten Mutter gesprochen hatte. Die Engländer sprechen noch nicht einmal mit den Lebenden, kein Wunder, daß sie nicht verstehen konnten, daß wir in Irland auch mit den Toten sprechen.

Inzwischen habe ich von einer Studie in Wales erfahren, in der festgestellt wurde, daß fünfzig Prozent der Bewohner eines Dorfes mit den Toten sprachen und daß dreißig Prozent behaupteten, die Toten hätten ihnen geantwortet. Jede Person, die für die Studie interviewt wurde, sagte, sie sei sich zeitweise der Gegenwart von Toten bewußt.

Aber weil mein Daddy zu meiner toten Mammy gesprochen und weil ich einen Brief an meine tote Mammy geschrieben hatte, behauptete der Arzt, ich sei »auf morbide Weise mit dem Leben nach dem Tode beschäftigt«.

Später kam ich nach Birmingham zurück und besuchte den Arzt, der mich als schizophren diagnostiziert hatte. Ich setzte mich ihm gegenüber an seinen Schreibtisch und sagte: »Sie sollten nicht hinter diesem Schreibtisch sitzen. Sie sollten hier sitzen, wo ich sitze, und ich sollte dort sitzen, wo Sie sitzen. Eines Tages werde ich ein Buch über mein Leben schreiben, und ich werde die Wahrheit über meine psychischen Probleme berichten. Und ich werde die Wahrheit über Sie schreiben.«

Heute besitze ich alle Unterlagen über meine Aufenthalte in psychiatrischen Kliniken. Sie befinden sich in Helens Haus in Surrey. Wenn ich aus Vietnam nach England komme, um Geld für das Medizinische und Soziale Zentrum für Kinder aufzutreiben, das ich aufgebaut habe, dann blättere ich manchmal in diesen Papieren. In meiner Familie nennen wir sie die »Verrücktenpapiere«.

Es ist kaum verwunderlich, daß meine Erinnerung an jene Jahre in England so vage sind. Ich halte das für einen Schutzmechanismus. Es waren die Jahre, in denen ich geschlagen, verängstigt, deprimiert und immer wieder in psychiatrischen Kliniken war. Es waren die Jahre, als eine enge Freundin eine Affäre mit meinem Mann hatte. Es waren die Jahre, in denen ich in ständiger Furcht lebte, daß das Jugendamt mir meine Kinder wegnehmen würde.

Schließlich wurde den Ärzten klar, daß ich nur genesen könnte, wenn ich Mario verließe, wenn ich meine Eheprobleme lösen würde. »Werfen Sie einen Stein hinter sich, und sehen Sie sich nicht danach um «, riet mir einer der Ärzte.

Und diesen Rat befolgte ich.

Sechzehn

Nachdem mich Mario wieder einmal geschlagen hatte, traf ich die schwierigste Entscheidung meines Lebens: Ich ließ meine Kinder zurück und ging fort. Männer können vielleicht nicht so gut verstehen wie Frauen, weshalb ich so handelte. Aber ich wußte, daß er mir nicht nachlaufen würde, wenn ich die Kinder nicht mitnahm. So verließ ich 1976, nach vierzehn Jahren, mit nur zwanzig Pfund in der Tasche und ein paar Kleidern meine Kinder und mein Zuhause. Ich war in Birmingham angekommen als ein verängstigtes und verletztes achtzehnjähriges Mädchen; ich verließ die Stadt als eine noch immer verängstigte und mehr denn je verletzte Frau von zweiunddreißig Jahren; eine Frau mit drei Kindern, drei Fehlgeburten und einem gewalttätigen Ehemann. Birmingham zu verlassen war nicht viel anders, als damals Dublin zu verlassen. Ich verließ Dublin, nachdem ich eine Vergewaltigung erlitten hatte und sie mir meinen Sohn Thomas genommen hatten. Ich verließ Birmingham, nachdem ich unzählige Male geschlagen worden war, und ich ließ drei Kinder zurück. Mein Vater war gleichgültig und verletzend gewesen, mein Ehemann war genauso. Mein Vater war dem Alkohol verfallen, mein Mann den Frauen. Beide, mein Vater und mein Ehemann, hatten mich im Stich gelassen.

Wieder einmal begann ich ein neues Leben.

Als ich Irland verließ, dachte ich, es könne keinen größeren Schmerz geben, als einen Sohn zu verlieren. Aber ich hatte mich geirrt. Als ich Birmingham verließ, ließ ich drei Kinder zurück. Helen, meine älteste Tochter, hatte mir oft geraten, mich von ihrem Vater zu trennen. Aber als ich schließlich wirklich fortging, konnte ich ihr nichts davon sagen. Mehr als alles auf der

Welt wünschte ich, meinen Kindern erzählen zu können, daß ich jeden wachen Augenblick eines jeden Tages darauf richten wollte, genug Geld zu verdienen, um ein Haus zu kaufen, einen Anwalt zu nehmen, mich von ihrem Vater scheiden zu lassen und wieder das Sorgerecht für sie zu bekommen. Aber ich konnte es ihnen nicht sagen, denn ich fürchtete, daß sie Mario erzählt hätten, wo ich war und was ich tat. Und ich war nicht stark genug, um mich gegen ihn zu wehren. Noch nicht.

Ich ging nach Südengland, nach Surrey, wo Kathy und Philomena lebten. Wie es Menschen nach einer tiefgreifenden und aufwühlenden Veränderung in ihrem Leben oft geschieht, wurde ich schwer krank. Die Ärzte fanden einen großen Tumor in meinem Magen. Als ich im Krankenhaus lag, fürchtete ich, sterben zu müssen. Ich rief in Birmingham an, um mit meinen Kindern zu sprechen. Mario legte den Hörer auf. Später erfuhr ich, daß er, nachdem er aufgelegt hatte, den Kindern sagte: »Eure Mutter hat gerade aus einem Striptease-Club in London angerufen. Aber sie wollte nicht mit euch sprechen.« Ich rief oft an, aber er ließ mich nie mit den Kindern sprechen, und meistens sagte er ihnen nicht einmal, daß ich angerufen hatte.

Nachdem ich aus dem Krankenhaus kam, bewarb ich mich um einen Job bei British Olivetti, wo Kathy arbeitete. Ich teilte meinem zukünftigen Arbeitgeber mit, daß ich meinen Mann verlassen hatte und daß er vielleicht kommen und mich suchen würde.

»Haben Sie etwas dagegen, wenn ich meinen Namen ändere?« fragte ich.

Der Mann erlaubte mir netterweise, dort unter dem Namen Christina Nicola zu arbeiten. Ich wohnte in einer Sozialwohnung und begann, Vorbereitungen zu treffen, mich von Mario scheiden zu lassen und das Sorgerecht für meine Kinder zu erhalten.

Als ich bei British Olivetti arbeitete, stellte Kathy mich Simon Noble vor, dem Assistant Export-Import Manager einer großen Fotofirma in London. Seine Arbeit führte ihn oft zu British Olivetti. Simon wurde der Wendepunkt in meinem Leben. Er war der erste wirklich gute und liebevolle Mann, dem ich je begegnete. Simon wird für mich immer der Mann sein, der mein Leben von Grund auf veränderte.

Simon und ich trafen uns eines Tages zum Lunch in Beacon Hill, und eines der ersten Dinge, die ich zu ihm sagte, war: »Wissen Sie, eines Tages werde ich nach Vietnam gehen. Ich muß nach Vietnam, um den Kindern dort zu helfen. Ich weiß nicht, wann es sein wird. Aber eines Tages werde ich gehen.«

»Warum nach Vietnam?«, fragte er.

»Wegen des Traums«, sagte ich. »Ich hatte einen Traum. Ich sah es in den Lichtern.« Und ich erzählte ihm alles über den Traum und das weiße Licht, in dem das Wort »Vietnam« erschien.

»Dort findet jetzt kein Krieg mehr statt«, sagte er. »Ist es denn noch so wichtig?«

»Doch, es ist wichtig. Der Traum hat mir gesagt, ich muß dorthin gehen. Vietnam ist ein Teil meines Lebens, meiner Bestimmung. Und wenn die Zeit gekommen ist, dann werde ich gehen.«

Simon verstand mich. Er lachte mich nicht aus oder verspottete mich. Er wußte einfach von Anfang an, daß ich nach Vietnam gehen mußte.

Bald darauf reichte ich die Scheidung ein und beantragte das Sorgerecht für die Kinder. Mario sagte den Kindern nichts davon.

Meine Scheidung wurde ausgesprochen. Doch bevor eine Sorgerechtsverhandlung stattfinden konnte, rief Helen Kathy an und fragte, wo ich mich aufhielte. »Ich will bei meiner Mammy sein«, sagte sie. »Ich glaube nicht, daß sie tot ist, wie mein Daddy sagt. Ich möchte sie in London treffen.« Helen war damals zwölf.

Als Helen und ich wieder vereint waren, forderte ich sofort eine einstweilige Sorgerechtsverhandlung. Mario war wütend. Er nahm sich einen sehr teuren und sehr guten Rechtsanwalt. Der stand im Gerichtssaal auf und erwähnte all die psychiatrischen Kliniken, in denen ich gewesen war, die Elektroschocktherapie, und daß ich meine Familie verlassen hatte. Er sagte, ich sei nicht religiös, und ich hätte keinen Kontakt mit meiner

Familie gehabt, seit ich sie verlassen hatte. Dann schilderte er dem Gericht, was für ein feiner, respektabler, finanzkräftiger Geschäftsmann und wunderbarer Vater Mario wäre.

Mit einem Anwalt des Rechtshilfesystems, der mich vertrat, stand ich auf und sagte zu dem Richter: »Ich kann mir nicht einen solchen Anwalt leisten wie er. Aber ich stehe für mich, und ich sage die Wahrheit.«

Ich erzählte dem Richter, was ich während meiner Ehe mit Mario durchgemacht hatte, von den vielen Malen, in denen ich versucht hatte, die Kinder anzurufen, und wie er entweder aufgelegt oder ihnen gesagt hatte, ich arbeite in einem Striptease-Club.

»Ich habe keinen Psychiater aufgesucht, seit ich diesen Mann verlassen habe«, sagte ich dem Richter. »Ich habe nicht eine einzige Beruhigungspille genommen. Ich habe jetzt einen guten Job bei British Olivetti. Und ich habe ein Haus in Surrey für meine Kinder. Ich möchte, daß alle meine Kinder bei mir sind.«

»Wie viele Zimmer haben Sie in Ihrem Haus?« fragte der Richter.

»Ich habe drei Schlafzimmer.«

Der Richter erteilte mir das einstweilige Sorgerecht für Helen. Nicht lange danach rief Nicolas an, und seinetwegen mußte ich noch einmal das gleiche Verfahren durchlaufen.

Dann kam Androula zu uns in das Haus in Surrey.

In der letzten Sorgerechtsverhandlung erteilte der Richter mir das Sorgerecht für meine drei Kinder.

»Möchten Sie das gemeinsame Sorgerecht mit Ihrem ehemaligen Gatten?« fragte er.

»Ich möchte, daß die Kinder ihn besuchen können, wenn sie es wünschen«, sagte ich. »Ich will nicht, daß sie auseinandergerissen werden. Solange ihnen keine körperlichen und seelischen Qualen zugefügt werden, darf er sie sehen. Aber er soll meinem Haus fernbleiben.«

Als ich Helen über Simon erzählte, leuchteten ihre Augen, und sie umarmte mich. »Schreit er dich an?« fragte sie. »Wird er böse? Darf ich in seiner Gegenwart so sein, wie ich bin?«

Sie fand schnell heraus, wie liebenswert er war, und sie kamen gut miteinander aus.

Simon war etwa mittelgroß. Er hatte sanfte blaue Augen, trug einen Vollbart und zog sich sehr gut an. Simon war sehr belesen. Ich habe nie jemanden gesehen, der so viel las wie er.

Simon war der Sohn von Sir Frazier Alexander Noble, dem ehemaligen Vizekanzler der Leicester University. Seine Mutter war Lady Barbara Sinclair Noble.

Natürlich waren Simons Eltern schockiert über mich. Ich war irisch, katholisch und geschieden, hatte drei Kinder, aber keine Schulbildung. Simons Vater war sehr weltoffen, und ich hatte das Gefühl, daß er mich mochte. Mit seiner Mutter war es etwas anders.

Nachdem Simon seine Stelle verloren hatte und zu mir gezogen war, kam Lady Barbara zum Tee zu uns. Da wurde mir der ungeheure Unterschied unserer Herkunft klar. Simon hatte eines Tages mit mir telefoniert und jemand hörte mit, wie er seinen Chef kritisierte. Er wurde entlassen. Ich sagte ihm, er solle wieder hingehen und seinem Chef sagen, die Firma könne ihn nicht einfach rauswerfen. Einige Tage später kam er herein, eine Hand in der Tasche, ganz weltmännisch, lächelte und sagte: »Ich hab's getan. Ich hab's getan! Ich habe ihnen gesagt, sie wären Arschlöcher und sie könnten mich nicht einfach feuern.«

Es war fast unerheblich, daß er entlassen worden war. Das wichtigste war, daß Simon sich zum ersten Mal Autoritätspersonen widersetzt hatte. Dann zog er bei mir ein, und wir berieten uns in langen Gesprächen über seine Zukunft.

»Simon, deine Herkunft, deine Erziehung haben dich zu weit von gewöhnlichen Menschen, von der wirklichen Welt entrückt«, sagte ich zu ihm. »Du solltest einen Job als Pförtner in einem Krankenhaus annehmen und dann eine Zeitlang mit Kindern arbeiten. Du mußt gewöhnliche Menschen kennen und verstehen lernen. Dann solltest du wieder zur Universität gehen und einen Beruf studieren, in dem du Menschen helfen kannst. Du bist ein so guter, liebevoller Mensch. Du wärest wunderbar geeignet für einen solchen Beruf.«

Da trat seine Mutter dazwischen. Der Gedanke, daß ihr Sohn als Pförtner arbeiten sollte, beunruhigte sie.

Kathy, Helen und ich beschlossen, Lady Barbara zum Tee einzuladen, damit sie mich und meine Familie etwas besser kennenlernte und damit sie sah, wie sehr Simon und ich einander liebten.

Wir brieten eine Ente mit Orangen, backten Teekuchen und bereiteten allerlei Delikatessen zu. Ich war nervös, denn im Innersten wußte ich, daß Lady Barbara mich nicht akzeptieren würde. Simon kannte mich gut genug und hatte Angst vor meiner Reaktion. Deshalb versprach ich ihm, mich besonders anzustrengen, um ihn nicht zu blamieren.

An diesem Tag klingelte das Telefon, und eine gebieterische Stimme fragte: »Ist das die Wohnung von Simon Noble?«

Ich bin ein Kind der Liberties. Und als ich diese britische Stimme hörte, behauptete sich die Irin in mir, und alle meine guten Vorsätze waren vergessen.

»Yeah«, sagte ich rüde. »Ich bin Christina.«

Die lange Pause verriet mir, daß sie ihre Befürchtungen bestätigt fand. »Ich bin Lady Barbara. Kann ich mit Simon sprechen?«

Simons Mutter und zwei seiner Onkel kamen zum Tee. Sie waren sehr förmlich, sehr distanziert, und sie sprachen nur mit Simon. Sie knabberten kaum an all den Delikatessen, die wir zubereitet hatten. Kathy war aufgebracht, daß sie ihre Teekuchen nicht essen wollten.

Auch sie ist ein Kind der Liberties. Sie nahm einen Teekuchen, hielt ihn Lady Barbara unter die vornehme Nase und sagte: »Na, kommen Sie schon. Machen Sie den Mund auf und schlucken Sie das runter.«

Kathy stopfte sich ein ganzes Cremetörtchen in den Mund. Ihr Gesicht war total verschmiert. »Na, das nenne ich einen Fraß«, schmatzte sie.

Simons Familie betrachtete das Essen, als wäre es ein Teller voll Zyanid. Sie schnitten sich winzige Stückchen Kuchen ab und knabberten lange daran herum. Ich könnte in einer Sekunde essen, wozu sie eine halbe Stunde brauchten. Wie können Men-

Auch Spaß muß sein. Es ist so schön, wenn man diese Kinder aus ärmsten Verhältnissen so lachen sieht.

Zuwendung und mütterliche Zärtlichkeit sind für die Kinder ebenso lebenswichtig wie Nahrung.

Nguyen Than Tam, geboren 1982, kam im April 1993 zu uns. Er sagte, er würde so gerne zur Schule gehen. Seitdem besucht er unsere Sunshine School. Er ist ein guter Schüler. – Die kleine Than Thi Nhung, geboren 1987, geht seit Mai 1993 bei uns zur Schule. Ich nenne sie »Kleine Blume«.

Das glückliche Gefühl, eine Familie zu sein, zu jemandem zu gehören, gemeinsam zu essen …

Bei einem Auftritt im Thanh Nien Café in Ho Chi Minh City, um Geld für meine Stiftung zu sammeln.

Ein Kellner aus dem vornehmen Rex Hotel in Ho Chi Minh City, wo ich ganz zu Anfang wohnte. Hier schmuggelte ich die ersten Straßenkinder hinein, um mich um sie zu kümmern.

schen Spaß am Essen haben, wenn sie so winzige Bissen zu sich nehmen?

Nach dem Tee sagte Simons Mutter zu ihm: »Ich möchte, daß wir beide einen kleinen Spaziergang machen.«

Er erzählte mir nie, worüber sie gesprochen hatten. Aber ich wußte, wir waren so verschieden wie Tag und Nacht, und sie wollte nicht, daß wir zusammenlebten. Und sie wollte auch nicht, daß er als Krankenhauspförtner arbeitete. Simon war erwachsen, aber seine Eltern behandelten ihn wie einen kleinen Jungen. Er erzählte mir, daß sie ihn als Kind dabei erwischt hatten, wie er seine Schwester durchs Schlüsselloch beobachtete und dabei Götterspeise aß. Sie waren darüber so außer sich, daß sie ihn zu einem Psychiater schickten.

Es war wahrscheinlich das erste Mal in seinem Leben, daß sich Simon den Wünschen seiner Eltern widersetzte. Wir heirateten. Er teilte es seinen Eltern in einem Telegramm mit, und sie schickten ihm aus Jersey einen Karton mit halbverwelkten Blumen.

Simon und ich genossen unser gemeinsames Leben. In seinem Wesen war nichts Gewalttätiges, und unser Zusammenleben war gut. Wir waren unternehmungslustig wie alle Jungverheirateten. Einmal gingen wir sogar zu einem Autorennen nach Thruxton. Wenn Simons Eltern nicht so spießig gewesen wären, wäre er vielleicht Autorennfahrer geworden. Dafür konnte er sich begeistern.

Aber so wurde er zunächst Krankenhauspförtner, und dann arbeitete er mit Kindern, bevor er wieder auf die Universität ging.

Dann kam ein weiterer Wendepunkt in meinem Leben. Eines Abends hielt ein Auto vor unserer Haustür, und Mario, in Begleitung eines Mannes und einer Frau, drang gewaltsam in unser Haus ein. Simon lief in die Küche und rief die Polizei an.

Mario war gekommen, um Nicolas zu holen. Der große Schlägertyp, den er mitgebracht hatte, drängte mich gegen die Wand, während Mario und die Frau versuchten, Nicolas hinaus und ins Auto zu zerren.

»Mammy, hilf mir«, schrie er.

Ich sah rot. Ich habe zwar ärztliche Unterlagen, die beweisen, daß ich nicht wahnsinnig bin, aber ich glaube, an jenem Abend war ich für kurze Zeit wahnsinnig. Ich schlug die Tür über dem Arm des großen Schlägers zu und verletzte ihn schwer.

»Lauf, Nicolas«, rief ich. Er riß sich los und rannte in die andere Ecke des Zimmers.

Mario sah mich bitterböse an. Er dachte, er könnte mich noch immer einschüchtern und ich würde demütig in alles einwilligen, was er verlangte. Er war ziemlich überrascht, als ich auf ihn zutrat, ihm den Finger drohend vor die Nase hielt und sagte: »Wenn du jemals wieder wagst, meinen Sohn anzurühren, dann bringe ich dich um!«

Die Frau kam von hinten angerannt und versuchte, mich wegzuziehen. Sie riß mich an den Haaren. Ich drehte mich um und trat sie fester, als Mario mich je getreten hatte.

Sie ließ mich los und hinkte hinaus.

»Niemand rührt meine Kinder an!« schrie ich Mario an. Ich zitterte vor Wut. Ich wäre mit einem Dutzend von ihnen fertig geworden. Zwei waren gar nichts. »Wenn einer von euch noch einmal meine Kinder anrührt, mache ich euch fertig!« drohte ich.

Mario sah mich lange an. Dann gab er seinen Freunden einen Wink, und sie fuhren ab. Und das war das Ende. Es war endlich vorbei. Es war Marios letzter Versuch. Nun konnten meine Kinder und ich ein neues Leben anfangen.

Ich habe Mario nie vor meinen Kindern kritisiert oder schlecht über ihn gesprochen. Ich erklärte ihnen, daß alles seine zwei Seiten habe und daß sie ihren Vater nicht verurteilen dürften.

»Oh, Mammy«, sagte Helen eines Tages verärgert zu mir. »Wann wirst du aufhören, ihn in Schutz zu nehmen? Er hat dir Schreckliches angetan.«

Sie sagte, sie hätten gesehen und gehört, wie er mich schlug. Sie wußten, daß er Drogen nahm. Sie wußten von seinen Frauengeschichten.

Auch als Mario endgültig aus meinem Leben verschwunden war, gab es noch vieles, womit ich fertig werden mußte. Und ich wollte es für mich selbst tun, nicht weil jemand mich dazu zwang. Ich sprach mit Simon darüber. Ich erklärte ihm, fast jeder Mensch erleide in seinem Leben irgendwann schreckliche traumatische Erlebnisse, worüber er mit jemandem sprechen müsse. Aber mein ganzes Leben war eine Litanei des Schmerzes. Da war kein Anfang und kein Ende. Immer war Schmerz in meinem Leben gewesen. Ich wollte mich durch den Schmerz hindurcharbeiten und die Sonne finden.

Ich begann nun mit meiner Therapie, die sich über Jahre erstrecken sollte. Am Anfang hatte ich eine Therapeutin namens Madeline. Sie kam vom Royal Hampton Institute. Ich hatte Angst, sie würde mich verurteilen. Ich hatte Angst, wenn sie erst meine Therapiegeschichte erführe, würde sie mich für verrückt halten. Aber ich blieb vier Jahre bei ihr. Und sie war wunderbar. Ich erzählte ihr von Vietnam, und sie verstand mich.

Dann fand ich einen Hypnotherapeuten in Surrey, einen weisen, geduldigen Arzt und wunderbar lieben Menschen namens Sean O'Connell. Ich war anfangs scheu in seiner Gegenwart. Aber er sah viel Gutes in mir und brachte es zum Vorschein.

»Sie sind eine ganz besondere Frau«, sagte er oft zu mir. Und er sagte auch: »Sie bringen immer Sonnenschein mit, wenn sie hereinkommen.«

Etwa sieben Jahre lang wanderte er mit mir durch das Tal der Schatten, und er war bei mir, als ich auf der anderen Seite herauskam. Man sagt immer, wir sollten unser Leben neu aufbauen. Aber manchmal gibt es keine Ersatzteile. Ich mußte den Kreislauf durchbrechen. Ich mußte die Ersatzteile finden und sie zusammenfügen und alles verstehen.

Simon nahm notgedrungen an allem teil, was ich durchmachte, als ich meine Kindheit, meine Jugend und meine erste Ehe noch einmal durchlebte. Es war nichts als eine Ansammlung von Schmerzen, und ich mußte sie alle nochmals durchleben. Natürlich wirkte sich das auch auf Simon aus.

Wenn mich die Alpträume heimsuchten, erwachte ich mitten in der Nacht, schreiend vor Angst. Simon war immer da, um mich zu trösten. Er tat es jahrelang. Ich fragte mich, ob er mich verlassen würde, aber er war immer da. Durch Simon lernte ich, daß ich Rechte hatte, daß ich zählte, daß ich nicht dumm war.

Ich lernte durch Simon, daß es Ruhe und Frieden gibt auf der Welt. Er reagierte niemals zornig oder verächtlich auf irgend etwas oder irgend jemanden. Er war immer vorurteilsfrei. Er verstand es, meinen Zorn und meine Ausbrüche abzuwenden. Wenn ich vom Therapeuten nach Hause kam und ganz durcheinander war, beruhigte er mich jedesmal.

»Das kann nie wieder passieren«, sagte er. »Du warst klein und verletzlich, als das alles geschah. Du bist nie mit dem Tod deiner Mutter fertig geworden. Die Therapie macht dich zusehends stärker.«

Simon war mein Fels. Er änderte sich nie. Eines Tages hatte ich eine so starke Gebärmutterblutung, daß ich eine Transfusion brauchte. Eine Blutkonserve erwies sich als falsch und mußte schnell wieder entfernt werden. Das Blut ergoß sich über mein Bett. Ich sah es, und alles, woran ich denken konnte, war der Augenblick, als meine sterbende Mutter Blut über die Bettdecke erbrach.

»Laßt mich nicht sterben!« schrie ich. »Laßt mich nicht sterben!«

Simon war da. Und er hielt mich in den Armen. Und durch all die Jahre der Therapie hindurch, die eine schmerzerfüllte Hölle für uns beide waren, war er für mich da. Doch dann kam ein neuer Wendepunkt: Das Ende meiner Beziehung mit Simon.

Simon beendete sein Studium an der Universität, bekam eine Stelle als Bewährungshelfer und wurde sehr schnell befördert. Durch mich hatte er Stärke und Selbstvertrauen gewonnen und begann ein neues Leben, unabhängig von seinen Eltern. Und ich lernte durch ihn, daß es sanfte, freundliche, liebevolle Männer auf dieser Welt gibt. In gewisser Beziehung war Simon mein Vater. Er war sechs Jahre jünger als ich, aber er war der Vater, den ich nie gehabt hatte. Er schrie mich nie an. Er nutzte niemals meine Schwächen aus, während ich in der Therapie war. In einer Zeit, in der ich mich mit allem, was in meinem Leben geschehen war, auseinandersetzte und in der ich nachts oft schreiend und weinend, in kalten Schweiß gebadet, aufwachte, war er für mich da.

Die Jahre der Therapie waren schwierig für Simon. Und als es uns beiden besserging, als wir einander das gegeben hatten, was wir gebraucht hatten, gingen wir getrennte Wege. Simon fand eine andere Frau, und ich fand mich selbst. Ich sage das nicht leichthin, ich weiß heute nur, daß es für uns beide eine vorübergehende Beziehung war. Unsere Trennung war unvermeidlich. Sie war sehr schmerzlich, aber sie war unvermeidlich.

Danach war ich ein ganzer Mensch. Ich war ich selbst. Ich war unbeschwerter. Ich knüpfte Beziehungen zu anderen Menschen an. Und der Wunsch, meinen Traum zu verwirklichen und nach Vietnam zu gehen, wurde immer stärker. Aber es war noch nicht an der Zeit. Meine Kinder wuchsen heran, und ich mußte bei ihnen bleiben. Doch Vietnam war immer gegenwärtig. Und ich fragte mich oft, wie ich wissen würde, wann die Zeit gekommen war.

Während jener Jahre in Surrey, als meine Kinder heranwuchsen, mußte ich viele verschiedene Jobs annehmen, um meine Kinder zu ernähren und meine Therapie bezahlen zu können. Jahrelang verdiente Simon überhaupt kein Geld. Nachdem ich British Olivetti verlassen hatte, wurde ich Hilfskrankenpflegerin, dann Hilfspflegerin in einem Altenheim und eröffnete schließlich einen Party Service. Im Laufe mehrerer Jahre hatte ich damit Erfolg. Ich hatte keine Ahnung von diesem Gewerbe. Das erste Geschäftsessen, das ich lieferte, war für zwölf Personen bei McDonnell-Douglas in Woking, Surrey, bestimmt. Ich besaß einen großen blauen Brotbehälter aus einer Bäckerei, der sich perfekt zum Transport der Speisen eignete. In den Container packte ich drei verschiedene Salate, drei verschiedene Sorten Quiche, Spargel, einen in Honig gebackenen Schinken und eine große Torte.

Ich fuhr jeden Tag von Surrey zu einem kleinen Restaurant, das ich am Cobham Airport im Zentrum Londons betrieb. Viele Flugzeugbesatzungen aßen dort. »Nun kommt schon herein, setzt euch hin und eßt eure Suppe, bevor ihr in dieses große Flugzeug steigt«, ermunterte ich sie. Ich sang auch im Restaurant. Die Kunden waren begeistert. Eines Morgens kam ich ganz früh, um Mahlzeiten für die Besatzung und Passagiere eines Firmenflugzeugs zuzubereiten. Aber sie vergaßen ihr Essen und rollten zum Start hinaus. Ich rannte hinaus auf das Rollfeld und stoppte das Flugzeug.

Als der Kapitän das Fenster öffnete, rief ich wütend: »Untersteht euch, noch einmal abzufliegen, ohne das Essen mitzunehmen, das ich für euch zubereitet habe! Ich bin um halb fünf hierhergefahren bei diesem verdammten Schnee. Ich bin es nicht gewohnt, diesen dummen Lieferwagen zu fahren. Jetzt macht mal die Tür auf und kommt runter und holt das Essen. Und tut das nie wieder.«

Ich wußte nicht, daß die Fluglotsen im Turm sich auf dem Boden wälzten vor Lachen. Einer erzählte mir später, er wünschte, er hätte eine Kamera gehabt, um mich zu fotografieren, wie ich hinter dem Flugzeug herjagte.

Mein Betrieb wuchs, trotz meiner Bemühungen, ihn klein zu halten. Ich wollte nur ein kleines Geschäft, um mich und meine Kinder zu versorgen. Ich wollte ein Geschäft, das mir Sicherheit gab. Aber es wurde zu groß, und das machte mir Angst. Die größte und erfolgreichste Party, die ich belieferte, war für den St. George's Tennis Club, den reichsten Tennisclub in Großbritannien.

Ich wurde aufgefordert, mich um den Auftrag für ein Bankett zu bewerben, das der Klub veranstalten wollte. Viele große Firmen reichten ihre Angebote ein. Ich sah mich im Warteraum um und sah die Vertreter mit ihren großen Glanzbroschüren dasitzen, und ich hatte nichts. Ich saß dort wie beim Zahnarzt.

Als ich an der Reihe war, sagte ich: »Hören Sie, ich will ganz ehrlich mit Ihnen sein. Ich hasse langes Herumgerede. Das kostet mich zuviel Zeit. Ich habe keine Broschüren. Alles, was ich habe, sind Empfehlungen, und alles, was ich habe, das bin ich selbst. Aber ich verspreche Ihnen, daß Sie mir am Ende des Abends die Hand schütteln und glücklich sein werden. Sie müssen mir vertrauen. Hier sind die Speisekarten. Wenn Ihnen die nicht zusagen, sagen Sie mir, was Sie wollen, und ich mache es.«

Vier Tage später läutete das Telefon, und ein Mann sagte: »Sie haben den Auftrag.«

Das Dinner war für nahezu zweihundert Personen. Ich hatte kein Personal. Es gab nur mich, einen kleinen Kühl- und Gefrierschrank und einen Herd mit vier Kochplatten.

»In Ordnung«, sagte ich zu dem Mann am Telefon. »Schreiben Sie mir alles genau auf, und dann kümmern Sie sich nicht mehr darum. Überlassen Sie alles mir. Und bitte schicken Sie mir einen Vorschuß.«

Ich benutzte den Vorschuß, um einen Ballen roten Stoff zu kaufen, und ließ daraus zehn Schürzen und zehn Fliegen nähen. Dann ging ich in eine Sozialsiedlung, suchte sieben Mädchen und drei Männer und lernte sie sehr schnell an. Seid höflich, aber nicht vertraulich, und der Kunde hat immer recht, schärfte ich ihnen ein. Ich kleidete sie in weiße Hemden, schwarze Hosen, rote Schürzen und rote Fliegen.

Ich ließ ein Mädchen fünfundzwanzig Torten backen, die ich in einer gemieteten Gefriertruhe unterbrachte. Zwei Tage und zwei Nächte blieb ich auf und briet Puter, machte Salate und bereitete die Mahlzeit vor. Ich weiß nicht, wie ich es schaffte. Aber am Ende des Dinners gaben sie mir einen großen Blumenstrauß und eine große Flasche mit etwas Trinkbarem. Jedesmal, wenn ich mich nach diesem Abendessen umdrehte, schüttelte mir jemand die Hand, gratulierte mir und versprach mir weitere Aufträge. Die Leute vom Tennisclub forderten das Personal auf, sich der Party anzuschließen und zu tanzen. Es war wie ein Traum. Alles, was vom Essen übrigblieb, schenkten sie dem Personal. Ich zahlte jeden aus, und die Leute schliefen auf dem Fußboden in meiner Wohnung ein. Die Reste des Essens brachte ich den Armen.

Dieses Dinner bewies mir, daß alles möglich ist. Aber es erschreckte mich auch. Ich wollte kein großes Geschäft.

Ich fand viele Freunde in Surrey und in London während dieser Jahre. Und allen erzählte ich von Vietnam und von meinem Traum.

Obwohl es schien, als ob ich die ganze Zeit arbeitete, hatte ich immer Zeit für meine Kinder. Wir hatten ein gutes Familienleben. Ich dachte wie jede Mutter, daß meine drei Kinder gute Kinder waren. Aber eines Tages sah ich sie mir mit etwas mehr Distanz an, und ich stellte fest, daß sie mehr als gut waren. Sie waren außergewöhnlich. Sie waren erwachsen, und sie waren stark, und sie konnten sich in der Welt zurechtfinden.

Helen, mein ältestes Kind, sieht mir sehr ähnlich. Sie ist blond, übersprudelnd und hat meinen Anflug von Hartnäckigkeit. Und wie ich zeigte sie von klein auf eine musikalische und tänzerische Begabung. Ganz wie meine Mutter in meinem Falle war auch ich entschlossen, Helens Stimme ausbilden zu lassen. So steuerten alle Kinder und ich Pennies bei. Oft lebten wir tagelang von Bohnen und Toast.

Heute ist Helen bei Atlantic Records unter Vertrag und hat schon zwei Schallplatten herausgebracht. Sie ist dabei, in Europa eine große Karriere zu machen.

Helen hängt an Mario und spricht gelegentlich mit ihm. Sie will, daß er ihren Schmerz zur Kenntnis nimmt. Sie will mit ihm über ihre Kindheit sprechen, über ihr griechisches Erbe und darüber, daß sie kein schlechter Mensch ist, wenn sie keinen Griechen heiratet. Aber er hat sich nicht geändert. Er ist mit zunehmendem Alter etwas umgänglicher geworden, aber nicht genug, daß seine Kinder sich in seiner Gegenwart frei fühlen könnten. Und das ist ihr verzweifelter Wunsch. Sie lieben ihn, und er liebt sie. Doch immer, wenn er ihnen Geld schickte, war es an Bedingungen geknüpft. Er ist ein typischer Grieche vom alten Schlag.

Androula ist groß, dunkel und hat braunes Haar mit rötlichem Schimmer. Sie war anfangs sehr unsicher, als sie zu mir kam, um bei mir zu leben. Ich fragte sie so oft »Stimmt etwas nicht?«, daß sie sagte, ich solle damit aufhören. Androula ist eine glänzende Studentin, sehr zielstrebig, und sie gewann nicht nur einen Literaturpreis an der Universität, sondern wurde sogar mit der jungen Sylvia Plath verglichen. Ihre Gedichte wurden veröffentlicht, und man zählt sie in England zu den Lyrikerinnen der jungen Generation.

Sie machte an der London University ihren Magister in Kinderpsychologie mit einer Arbeit über das Thema Kindesmißhandlung. Wenn sie die Mittel auftreiben kann, möchte sie nach Vietnam kommen, um ihre Dissertation über meine Arbeit mit Straßenkindern zu schreiben.

Sie mochte Simon immer gerne, doch sie standen sich nicht besonders nahe. Sie hat Schwierigkeiten, einem Mann zu vertrauen, nachdem sie einen so furchterregenden und dominierenden Vater wie Mario erlebt hat. Sie ist ruhig, ernst, sehr fleißig und recht witzig.

Und sie ist idealistisch und engagiert. Vor ein paar Jahren protestierte sie stundenlang in eisiger Kälte vor dem Schlachthaus dagegen, daß an Weihnachten so viele Puter geschlachtet werden.

Nicolas hatte ein distanziertes Verhältnis zu Simon. Wegen Mario fühlte er sich von älteren Männern eingeschüchtert. Seit seiner Geburt hatte Mario ihm eingehämmert, daß ein Mann, der Gefühle zeigt oder weint, schwach ist. Nicolas ist ein sehr sensibler junger Mann. Als Kind maß er häufig seine Nase mit einem Stück Schnur. Er fürchtete, er würde als Erwachsener eine lange griechische Nase bekommen. Ich sagte, er dürfe ruhig weinen, für einen Mann sei Weinen ein Zeichen von Stärke, nicht von Schwäche, und er brauche sich dafür nie zu schämen. Langsam wird er innerlich selbständig. Und er fühlt sich als mein Beschützer.

Nicolas möchte in die Geschäftswelt und eine Import-Export-Firma gründen. Auch er möchte nach Vietnam kommen und zwischen diesem Land und England Geschäftsverbindungen aufbauen.

Meine Kinder hatten nie Scherereien mit der Polizei. Sie konsumierten nie Drogen. Sie haben nie jemandem etwas zuleide getan. Als sie aufwuchsen, hatten sie nur einander, mich und viel Liebe. Wir waren nicht reich. Aber wir machten einander das Leben schön. Ich weiß, meine Mama wäre stolz auf sie.

Wenn meine Kinder mir Karten nach Vietnam schreiben, sind immer Kinderbilder darauf. Und ich spreche nie mehr als ein paar Sekunden mit einem von ihnen, ohne zu sagen: »Ich liebe dich.« Es ist die große Freude meines Lebens, daß meine Kinder und ich einander sehr nahe stehen, daß sie tatsächlich meine besten Freunde sind. »Du bist unsere Mama«, sagen sie zu mir. »Aber du bist auch unser Vorbild.«

Ich spreche oft über Schmerz. Denn so viel in meinem Leben war schmerzlich. Und ich kann dem Schmerz nicht entfliehen. Aber dann setze ich mich hin und mache mir klar, daß ich eine der glücklichsten Frauen der Welt bin, weil ich drei solche Kinder habe.

Es sieht aus, als sei mein Leben schwer gewesen. Aber Gott hat es wiedergutgemacht, indem er mir drei der wunderbarsten Kinder der Welt geschenkt hat, drei Blumen im Sonnenschein. Sie geben mir die Energie, die ich brauche, um mit meiner Arbeit und meinem Leben weiterzumachen.

Es gab Zeiten in meinem Leben, da kniete ich nieder und hob meine Augen und meine Hände zu Gott und bettelte und weinte und fragte, warum ich so leiden muß. Die ganze Welt leidet. Ich bin nicht die einzige. Aber bei mir schien es nie aufzuhören.

Heute glaube ich – vielleicht weil ich es glauben will, vielleicht, weil ich den Schmerz und das Leiden rechtfertigen muß –, daß alles geschah, um mich darauf vorzubereiten, für die Leidenden und Kranken zu sorgen.

In meiner Seele, in meinem Innersten, glaube ich an Gott. Ich glaube, Gott hat mich dorthin geführt, wo ich heute bin. In all den Jahren hat er mich darauf vorbereitet.

Eines Tages, nachdem meine Therapie beendet war, nachdem meine Alpträume aufgehört hatten und ich imstande war, die ersten dreieinhalb Jahrzehnte meines Lebens zu überblicken, setzte ich mich hin und schrieb ein Gedicht über meinen Vater.

Ich hatte keine Schuldgefühle mehr und fühlte mich nicht länger für ihn verantwortlich. Es war therapeutisch wichtig für mich, das Gedicht zu schreiben. Es war das erste Mal, daß ich fähig war, mir nachdenkend und schreibend über meinen Vater klarzuwerden.

Seine blutunterlaufenen Augen, die verzerrte Lippe,
Der tote Blick einer leeren Wand spiegelt in Grau,
Die Schatten seiner Vergangenheit, abgestanden
in Alkohol.
Er seufzt und stöhnt,
Keine lieben und freundlichen Laute.
In der Stille der Dunkelheit brennen große,
emporschießende, flammende Bilder,
Auf einem Stuhl in einem leeren Raum allein
zusammen, tanzend in der Düsternis.
Er zerriß mir das Herz,
Er ermüdete meine Liebe.
Er konnte verletzen, ohne verletzt zu sein,
frieren machen, ohne zu frieren.
Doch er konnte nie den Schmerz in sanften Regen
auftauen.
Oh, dieser törichte Mann, er wird nie erwachsen.
Aber ich brauchte ihn, weiß Gott.
Und wo ist die Zeit geblieben, alter Mann?
Du hast keine Zeit, seit du mich in meiner Mutter
Leib abgelegt hast,
Die krallende schwarze Wolke, der splitternackte
Mond.
Ich hab dich in deinem Grab zurückgelassen.
Whiskey Soda sauer, kein bittersüßer Geschmack
mehr.
Ach, alter Mann, dein kleines Mädchen hat nun
die Tür geschlossen.

Nachdem ich das Gedicht geschrieben hatte, wußte ich, daß ich meinem Vater vergeben hatte. Manche haben gemeint, ich hätte es mir zu leicht damit gemacht, ich hätte niemals den ganzen Zorn, den ich auf ihn hatte, durchgearbeitet. Vielleicht, aber mir genügte es.

Wir hatten unsere Rollen nun vertauscht, wie es oft geschieht, wenn ein Kind erwachsen wird und ein Elternteil alt. »Pop« lebte noch immer in Birmingham in seiner kleinen Sozialwohnung, ging noch immer zum Pub, wie er es sein ganzes Leben getan hatte. Ich besuchte ihn jeden Monat mehrmals. Er meckerte, weil ich das Licht anhaben wollte, wenn ich schlief, aber er war schließlich weicher geworden. Ich glaube, im tiefsten Herzen war die Erinnerung an die Zeit in Irland ein großer Schmerz für ihn.

Anfang 1989 hatte ich das Gefühl, daß eine neue Phase in meinem Leben begann. Ich dachte an kaum etwas anderes als an Vietnam. Im Geiste sah ich das kleine Mädchen aus meinem Traum, das die Arme nach mir ausstreckte. Ich versuchte alles, um diese Vision einer Entscheidung zuzuführen. Einmal rief ich sogar das Britische Rote Kreuz an und sagte: »Ich hatte einen Traum. Es war eine Vision, die mir bedeutete, daß ich nach Vietnam gehen muß, um den Kindern zu helfen. Können Sie mir helfen, nach Vietnam zu kommen?«

»Wir werden Sie anrufen«, sagte die Frau. Aber sie tat es nicht.

Dann lernte ich einen Mann kennen. Natürlich erzählte ich ihm von meinem Traum und meiner Berufung, nach Vietnam zu gehen. Eines Tages teilte er mir überraschend mit, ihm sei ein Job in Vietnam angeboten worden. Er flog ab, und mehrere Wochen später rief er mich aus Ho Chi Minh City an. »Wenn du wirklich mit Kindern arbeiten willst, dann wirst du hier viel Gelegenheit dazu finden«, sagte er. »Die Straßen sind voller Kinder. Sie sind überall. Und sie brauchen Hilfe.«

Die Zeit war gekommen.

Ich nahm keine Aufträge für meinen Party Service mehr an. Während der nächsten vier Monate kam ich allen meinen Verpflichtungen nach und schloß dann das Geschäft, packte einen Koffer und fuhr im Herbst 1989, mit nur ein paar hundert Pfund in der Tasche, mit Helen, Androula und Nicolas zum Flughafen Heathrow.

Was vor mir lag, war keine Urlaubsreise. Ich flog um die halbe Welt. Obwohl ich seit fast zwanzig Jahren von diesem Augenblick geträumt hatte, war mir beklommen zumute. Vielleicht war es ja wirklich nur ein Traum gewesen. Vielleicht war alles nur Blödsinn. Ich wußte nicht, was in Vietnam geschehen würde. Ich wußte nicht, was mich dort erwarten würde. Ich wußte nicht, was ich tun würde nach meiner Ankunft. Alle meine Unsicherheiten, wie ich sie früher gehabt hatte, stürmten wieder auf mich ein und überwältigten mich fast.

Aber ich konnte die Wahrheit nur herausfinden, indem ich ging.

So weinte ich, küßte meine Kinder zum Abschied und stieg die vielen, vielen Stufen hinauf an Bord des Flugzeugs. Als wir abflogen, sah ich aus dem Fenster und sagte den grünen, grünen Feldern Englands goodbye.

Auf welche Weise auch immer, nun würde sich meine Bestimmung erfüllen.

Drittes Buch

VIETNAM

Siebzehn

»Wie heißt ihr?« fragte ich die beiden kleinen Mädchen, die an jenem Tag im Park, kurz nach meiner Ankunft in Ho Chi Minh City, auf meinem Schoß saßen. Wie die meisten Straßenkinder verstanden sie genügend Englisch, um mit Hilfe der Zeichensprache und viel Einfühlung meine Frage verstehen zu können.

Sie hießen Huong und Hang.

Nach mancherlei Versuchen, meinen Namen auszusprechen, beließen sie es schließlich bei »Mama Tina«, dem Namen, unter dem mich alle Straßenkinder von Ho Chi Minh City schließlich kennen sollten.

»Ich werde für euch kämpfen«, flüsterte ich ihnen zu. In diesem Augenblick wußte ich noch nicht, wie bald schon ich mein Versprechen einlösen mußte.

Ich sah mich um. Bald würde es dunkel sein. Ich mußte etwas für diese beiden kleinen Mädchen tun. Aber was?

Ich hob sie auf. Die weit geschnittene Bluse, die ich trug, bot Platz für beide. Huong kuschelte sich rechts und Hang links unter die Bluse. Beide saßen rittlings auf meiner Hüfte und hatten die Beine um mich geschlungen. Ich legte meine Arme unter sie, schob sie etwas höher hinauf und vergewisserte mich, daß ihre Beine von meiner Bluse verdeckt wurden. Sie waren federleicht, aber es war ein bißchen schwierig, sie im Gleichgewicht zu halten. Ich machte mich auf den Weg zum Rex.

Damals war Vietnamesen der Zutritt zum Rex Hotel verboten. Es war eines der feinsten Hotels von Ho Chi Minh City und ausschließlich Ausländern vorbehalten. Überall stand Sicherheitspersonal, besonders im Foyer. Ich sah, wie sie mich anstarrten, als ich vorsichtig die Stufen zum Eingang hinaufstieg. Es war offensichtlich, daß ich etwas unter der Bluse trug. Und ich ging ganz krumm und gebückt, da ich gleichzeitig versuchte, Huong und Hang auf meinen Hüften sitzen zu lassen und ihre Beine unter meiner Bluse hochzuhalten.

Die Sicherheitsmänner an der Hoteltür starrten mich an, aber sie sagten nichts. Als ich das Hotel betrat, bog ich gleich rechts um die Ecke, um ohne Zwischenfall die Fahrstühle zu erreichen. Die Empfangsdame, eine Frau mittleren Alters, blickte gerade in dem Moment auf, als Huongs Bein unter meiner Bluse hervorrutschte. Ich lächelte sie an.

Da fiel Hangs Bein herunter.

Ich lächelte noch breiter.

Ich schubste die Kinder in dem Bemühen, ihre Beine unter meine Bluse zu stecken, und gleichzeitig lächelte ich wie eine Irre. Man muß wissen, daß kleine Angestellte in Vietnam wie kleine Angestellte überall auf der Welt sind, nur noch schlimmer. Für einen Moment hatte ich Angst, daß die Angestellte in der Empfangsdame über die Mutter in ihr die Oberhand bekommen würde. Ich spitzte die Lippen und machte »Schhhhhh!«, wie Mütter auf der ganzen Welt es machen, wenn ihre Kinder sich ruhig verhalten sollen. Die Empfangsdame wandte ihre Aufmerksamkeit wieder ihrer Arbeit zu. Aber ich sah ihr flüchtiges Lächeln.

Der erste Fahrstuhl war offen, und ich eilte hinein, drückte mit dem Ellbogen den Knopf und stieg schnell wieder aus, als wir im dritten Stock angekommen waren. Die Ausländer in Ho Chi Minh City, von denen die meisten im Rex wohnten, nannten dieses Stockwerk den »Legionärsgang«, weil so viele Leute durch die Klimaanlage krank geworden waren. Er lag direkt unter dem als »Salmonellenhöhe« bezeichneten Stockwerk.

Huong und Hang waren fasziniert von meinem kleinen Hotelzimmer. Sie wanderten umher, betrachteten alles und baten mich mit Blicken um Erlaubnis, das Bett, den Spiegel und die Kleider anfassen zu dürfen, die ich herumliegen lassen hatte. Das erste, was diese beiden kleinen Mädchen nötig hatten, war ein Bad. Sie waren völlig verdreckt. Ich lachte, als ich die Wanne mit heißem Seifenwasser vollaufen ließ. Für Katholiken ist ein Bad immer der erste Schritt zur Lösung, für welches Problem auch immer. Die Mädchen starrten die Wanne an, dann mich. Sie fanden die Wanne riesig.

Ich wickelte ein Handtuch um Huong und zog sie unter dem Handtuch aus. Auch ein Kind hat Schamgefühle. Sie war immer noch in das Handtuch gewickelt, als ich sie hochhob und langsam in die Wanne setzte. Erst dann nahm ich das Handtuch weg. Dasselbe tat ich mit Hang. Die kleinen Mädchen saßen in der Badewanne, bis zum Hals im Seifenwasser, lächelten und kicherten, planschten und spielten wie alle kleinen Kinder. Sie hatten einen Riesenspaß. Nachdem ich ihnen die Haare gewaschen und sie abgeschrubbt hatte, war ich erstaunt über ihre Verwandlung. Ihr schwarzes Haar glänzte, und ihre Gesichter strahlten, als ginge die Sonne auf. Sie waren noch schöner, als ich gedacht hatte.

Als ich sie abgetrocknet hatte, sah ich mir ihre schmutzigen, zerfetzten Kleider an, und fand, ich könne ihnen unmöglich diese Lumpen wieder anziehen. Sie brauchten Kleider, richtige Kleidchen für kleine Mädchen, mit Spitzen und Bändern. Ich steckte sie ins Bett und deckte sie zu, so daß nur ihre Gesichtchen noch zu sehen waren. Ihre dunklen Augen starrten mich über die Laken an, als ich mir Rock und Bluse zurechtzog und ihnen gestikulierend erklärte, daß ich nun ausginge, um ihnen Kleider zu kaufen. Sie verstanden mich.

Ich sprang von den Stufen vor der Hoteltür mit einem einzigen Satz auf die Straße, lief nach rechts bis zur Ecke und bog dann wieder rechts in die Le-Loi-Straße ein.

Mittlerweile wurde es langsam dunkel, und ich mußte mich sehr beeilen, um vor Sonnenuntergang noch irgendwo Kinderkleider zu bekommen.

Meine Freundin My Loc, die ich vor ein paar Tagen kennengelernt hatte, besaß einen kleinen Laden in der Nähe. Ich rannte durch die Nebenstraßen dorthin, schoß hinein und rief: »Wo kann ich Kleider für kleine Mädchen kaufen?«

Wieder fuhren Leute mit Motorrädern durch die offene Tür in den Laden. Die Abgase erstickten mich fast. »Abgase schlecht für Brust«, sagte ich hustend und klopfte mir an die Brust. »Jesus, das bringt einen um.«

My Loc lächelte und bot mir eine Schüssel mit Essen an. Ich warf einen Blick darauf. Ich dachte, es sei Hundefleisch. Ich deutete auf die Schüssel und dann auf My Locs großen Schäferhund. Er hieß Tiu.

My Loc schüttelte bestürzt den Kopf. »Nein, wir essen kein Hundefleisch«, sagte sie. »Tiu ist ein Freund.«

Ich wies das Essen zurück. »Ich hab keine Zeit zum Essen. Ich möchte Kleider kaufen«, erklärte ich ihr. »Ich will hübsche Kleider für zwei kleine Mädchen kaufen.« Ich hüpfte von einem Fuß auf den anderen.

My Loc lächelte und nickte. »Morgen ich werde mit dir gehen«, sagte sie.

»Nein, jetzt!«

Sie war erstaunt über meine Ungeduld.

»Jetzt«, beharrte ich.

Sie bedeutete einer Cousine durch Kopfnicken, sich um den Laden zu kümmern. Dann ging sie mir voraus. Die enge Straße war fast dunkel, nur kleine Holzkohlefeuer glimmten, auf denen Menschen ihr Essen kochten. Wir liefen durch die Gasse, überquerten enge Straßen, wichen Leuten aus, die in vollgestopften Buden alles, von Sonnenbrillen und Gürteln bis hin zu Schuhen, verkauften. Der Anblick einer blonden Europäerin weckte ihre Geschäftsinstinkte. Sie stellten sich uns in den Weg, hielten ihre Waren hoch und flehten mich an, etwas zu kaufen. Ich beachtete sie nicht und folgte My Loc.

Wir sprangen über Rinnsteine, die nach menschlichen Exkrementen stanken. Menschen schliefen auf der Straße. Ratten begannen, aus den Abwasserrohren zu kriechen. Sie steckten ihre Schnauzen witternd heraus, bevor sie ihre nächtliche Jagd nach Eßbarem begannen. Vor mir hockte ein Mann, der seine Hosen heruntergelassen hatte und über den Rand des Gehsteigs seine Notdurft verrichtete.

Gelegentlich blieb My Loc vor einer Bude stehen, in der Mädchenkleider verkauft wurden, aber ich sah mit einem Blick, daß sie nicht das waren, was ich suchte. Wir eilten weiter durch die zunehmende Dunkelheit. Und dann waren wir in einem riesigen kaufhausartigen Gebäude, in dem sich zahllose kleine Geschäfte befanden, die alles, von Haushaltswaren bis zu Kleidern, verkauften. Es war ein Kaninchenbau voller verwirrender Windungen und Ecken, Buden und Leuten. Hunderte von Menschen liefen durch diesen überfüllten Bau.

Wir rannten die Gänge auf und ab, hin und her und suchten nach Kleidern. Was ich wollte, sah ich im Geiste vor mir, und mir war klar, in dem Moment, in dem ich die Kleider erblickte, würde ich wissen, daß es die richtigen waren. Aber ich mußte mich beeilen. Huong und Hang waren allein im Zimmer, und ich wollte so viel für sie tun, ihnen so viel zeigen!

Wir bogen um eine Ecke, und da waren sie. Etwa eineinhalb Meter über meinem Kopf befanden sich mehrere Reihen Kleider für kleine Mädchen. Genau wie ich sie mir vorgestellt hatte. Spitzensäume, Taftröckchen, kleine Rosetten vorn, Volants, Puffärmel und Satingürtel – genau wie mein Firmkleid. Ich kaufte ein rosafarbenes und ein gelbes Kleid, dazu weiße Söckchen, Höschen und weiße Schuhe mit Riemchen. Ich wartete nicht, bis die Kleider eingepackt waren, sondern nahm sie einfach unter den Arm.

»Tschüs, My Loc«, rief ich, als ich zum Hotel zurückrannte, zurück durch diese verwinkelten, dunklen, schlammigen, stinkenden Straßen, die versuchten, von Huong und Hang Besitz zu ergreifen.

Als ich die Tür zu meinem Zimmer aufstieß, lagen Huong und Hang noch immer im Bett, fühlten sich offensichtlich ganz behaglich und spielten mit einer Schachtel Papiertaschentücher. Sie sahen mich mit großen Augen an. Ich hielt die Kleidchen triumphierend hoch. Dann zog ich ihnen ihre Höschen, Socken und Schuhe an und schließlich die hübschen Kleider. Ich frisierte ihnen die Haare und stellte sie vor den Spiegel, und sie starrten lange hinein. Sie zupften an ihren Kleidchen, sahen auf ihre Schuhe herab, wahrscheinlich die ersten, die sie je getragen hatten, und dann guckten sie wieder in den Spiegel; es war, als könnten sie nicht fassen, was sie sahen. Ich beobachtete sie, als sie einander ansahen, dann in den Spiegel blickten, dann wieder einander ansahen. Wieder zupften sie ungläubig an den reizenden, rüschenbesetzten Kleidchen. Sie kicherten.

Am nächsten Tag kaufte ich ihnen mehrere Kombinationen von Shorts und T-Shirts. Und ich lächelte vor mich hin, als ich die Sachen wusch und sie zum Trocknen aufhängte.

Noch mehrere Tage blieben Huong und Hang bei mir im Hotel. Aber ich wußte, es konnte nicht von Dauer sein. Ich zeigte den kleinen Mädchen ein Video mit Mickey Mouse, aber sie fürchteten sich davor. Ich kaufte ihnen Puppen und Spielzeug sowie ein Malbuch und Buntstifte. Wir verbrachten wunderbare Stunden miteinander. Sie waren für mich wie kleine Schwestern, aber ich war auch ihre Mama. Langsam erwachten ihre Sinne zum Leben, und sie verwandelten sich von Straßenkindern, die nichts empfanden, in kleine Mädchen, die ein Zuhause haben, mit Puppen spielen und sich hübsch anziehen wollten.

Nach einigen Tagen begann ich, Huong und Hang aus dem Hotel zu schicken, wenn es Abend wurde. Sie kamen jeden Morgen zurück, und wir spielten, und sie machten sich fein, und ich hielt sie an den Händen, wenn wir in der Stadt spazierengingen. Bald lernte ich auch ihre Eltern kennen, ein gebeugtes, kränkliches Paar, und ich fand heraus, daß die kleinen Mädchen jeden Tag auf der Straße verbrachten. Manchmal kamen sie nachts nach Hause, und manchmal schliefen sie nachts auf der Straße. Die Eltern wollten, daß ich Huong und Hang bei mir behielte. Sie hatten die Kleider gesehen, die sie jetzt trugen, und daß sie sauber gewaschen waren, und sie sahen wohl auch, wie gern ich ihre Kinder hatte. Irgendwie müssen sie gespürt haben, was mir in Dublin widerfahren war. Sie lebten auf der Straße und hatten ihren Kindern nichts zu bieten. Ich traf sie manchmal. Mit viel Zeichensprache und ein wenig Englisch konnten wir uns verständigen. Der Vater hatte so sanfte Augen! Aber es lag so viel Schmerz in ihnen. Er sah mich an, hob die Hand in die Luft, als sei sie ein Flugzeug und deutete dann auf mich und seine beiden Kinder. »Amerika«, sagte er. »Du nehmen.« Wieder zeigte er auf mich, auf die beiden Mädchen und imitierte ein Flugzeug mit der Hand.

Er war bereit, das höchste Opfer zu bringen, seine Kinder mit einer Fremden fortzuschicken, damit sie ein besseres Leben hätten, ein Leben, das er ihnen nicht bieten konnte. Ich versuchte ihm zu erklären, daß das nicht ging. Aber er verstand es nicht. Danach sah er mich jedesmal, wenn er mich traf, mit diesen schmerzerfüllten Augen an, machte die Flugbewegung mit der Hand und sagte: »Amerika.«

Huong und Hang erzählten anderen Kindern über mich und was ich für sie getan hatte, und mehr und mehr Straßenkinder begannen, jeden Morgen zum Rex zu kommen und nach »Mama Tina« zu fragen.

Sehr zum Ärger der Sicherheitsleute des Hotels versammelten sich die Kinder jeden Morgen vor Sonnenaufgang auf der gegenüberliegenden Straßenseite. Ganz gleich wie früh ich auch ausging, Kinder in immer wachsender Anzahl warteten auf mich. Und wenn sie mich sahen, hüpften sie auf und ab, winkten und lachten und riefen: »Mama Tina!«

Ich weinte die ersten Male, als das geschah. Diese ernsten und vorzeitig gealterten kleinen Gesichter plötzlich in einem sonnigen Lächeln aufstrahlen zu sehen und ihre süßen Stimmen »Mama Tina, Mama Tina« rufen zu hören, erfüllte mich mit Freude. Selbst heute noch, wenn ich durch die Straßen von Ho Chi Minh City gehe und ein schmuddeliges kleines Straßenkind sehe, das zu mir aufschaut, mich erkennt und »Mama Tina« ruft, hüpft mir das Herz.

Jeden Tag spielte ich stundenlang mit den Kindern. Im Park auf der gegenüberliegenden Straßenseite vom Rex spielten wir blinde Kuh und Versteck, und das Gelächter der Kinder erfüllte die Luft.

Die Ausländer aus dem Rex sahen herüber und schüttelten entsetzt die Köpfe. Sie dachten alle, ich sei ein bißchen schrullig. »Sie verschwenden nur Ihre Zeit«, sagten sie zu mir, als ich ihnen erzählte, daß ich mit den Straßenkindern arbeiten wolle. Einige von ihnen steckten die Köpfe zusammen und sprachen mißbilligend über mich. Sie schämten sich meiner.

Es war sehr schwierig, für die Kinder genug zu essen und zu trinken aus dem Hotel zu bringen, und ich begann deshalb, die Kinder mit ins Hotel zu nehmen. Das erste Mal, als das geschah, war das Personal zu schockiert, um etwas zu sagen. Die Exilanten wandten sich angewidert ab. Ich wußte, was sie dachten; sie wohnten im feinsten Hotel von Ho Chi Minh City, und da kam eine Frau, umgeben von einem Dutzend schmutziger und verwahrloster kleiner Straßenkinder in zerrissenen Kleidern. Viele der Kinder husteten. Manche hatten offene Wunden. Ihre Nasen trieften, ihre Augen tränten, und Läuse und Flöhe schienen sie zu plagen, denn sie kratzen sich ununterbrochen.

Aber ich fand sie wunderbar. Immer wenn ich dem schockierten Blick eines Exilanten begegnete, lächelte ich und sagte: »Sie sind wunderbar, nicht wahr? Wunderbare Kinder.«

Dann versammelte ich die Kinder um mich, und wir drängelten uns in den Fahrstuhl und fuhren in den fünften Stock, zum Dachrestaurant des Rex, einem der berühmtesten Restaurants der Stadt.

Damals hatte das Restaurant einen riesigen Elefanten aus Metall anfertigen lassen, der in der Ecke stand, mit Aussicht auf die belebte Straßenkreuzung von Nguyen Hue und Le Loi. Das Emblem des Rex war eine Krone. Auf allen Gegenständen des Hotels waren Kronen. Ein Elefant und Kronen, die Symbole des Imperialismus, befanden sich überall, und da war ich nun mit einer Horde Straßenkinder.

Es war verrückt. Die Gäste auf der Dachterrasse des Hotels saßen in der Sonne, unterhielten sich zwanglos und nippten an ihren Drinks. Sie waren elegant gekleidet. Und da kam ich an der Spitze einer streitenden, lärmenden, sich schubsenden Horde Straßenkinder und platzte mitten in ihre kleine Teeparty.

Ich zählte die Kinder. Es waren zehn. Dann wandte ich mich an einen Kellner, der wie versteinert dastand. »Bringen Sie mir zehn Glas Orangensaft«, sagte ich zu ihm. Ich hob den Zeigefinger. »Das sind meine ganz besonderen Gäste. Also bringen Sie mir keine alten, wiederverwerteten Strohhalme. Bringen Sie uns neue Strohhalme, mein Lieber.«

Er brachte das Tablett mit den Säften und setzte sie den mit großen Augen staunenden Kindern vor.

»Setzen Sie das auf meine Rechnung, *sweetheart*«, sagte ich zu ihm. Er starrte mich an. »Sie sind doch ein *sweetheart*«, sagte ich.

»Nicht wahr? Nun können Sie gehen, und wir lassen uns unseren Saft schmecken.«

Die Kinder hüpften herum und lachten und spielten, wie es sich für Kinder gehört. Keines von ihnen war jemals zuvor in einem Restaurant gewesen, und ihr Benehmen war nicht das beste.

An den folgenden Tagen brachte ich oft Kinder auf das Dach des Rex. Ich begann, sie durch die Restaurantabteilung zu führen, vorbei an dem Garten mit dem kunstvoll beschnittenen Buschwerk, vorbei an den kleinen Teichen mit Koi-Fischen, dem Stolz des Rex, und vorbei am Swimmingpool. Ich mußte die Kinder immer im Auge behalten, wenn wir an den flachen Teichen mit den Koi vorübergingen. Das erste Mal, als die Kinder die Fische sahen, wollten einige von ihnen in den Teich springen und sie herausholen. Sie wollten sie kochen. Eines Tages schmuggelten mehrere Kinder eine graue alte Straßenkatze hinauf aufs Dach und warfen sie in den Fischteich. Mein Gott, war das ein Chaos!

Wenn die Kinder den Swimmingpool sahen, konnte man ihr aufgeregtes Gequietsche hören. Mehrere sprangen in ihren Kleidern ins Wasser. Der eigentliche Grund aber, weshalb ich die Kinder dorthin brachte, waren die Duschen. Zwischen dem Pool und dem neuen Flügel des Hotels befanden sich mehrere Duschen und Waschbecken. Ich brachte die kleinen Mädchen in die eine Duschkabine und die Jungen in die andere, dann mußten sie sich ausziehen und mir ihre Kleider hinausreichen. Ich trug ihre Kleider in den Waschraum und wusch sie, während die Kinder unter den Duschen spielten und kreischten und schrien. Die zerlumpten Fetzen hängte ich über Gestelle, an denen sie in der heißen Sonne schnell trockneten.

Ende 1989 waren die Russen in Ho Chi Minh City noch zahlreich vertreten. Viele von ihnen wohnten im Rex. Vielleicht weil sie aus einem kalten Klima kamen, waren sie die einzigen, die sich morgens schon am Pool aufhielten. Die Russen wußten nicht, was sie von den Straßenkindern halten sollten. Sie beobachteten voller Staunen, wie die Kinder Dosen und Flaschen und sich gegenseitig in den Pool warfen. Von den Fenstern der Restaurantküche aus konnte man auf den Pool blicken, und oft, wenn ich aufsah, sah ich ein Dutzend Gesichter aus den Fenstern starren, die über den Gesichtsausdruck der Russen lachten. Die Vietnamesen mögen die Russen nicht besonders.

Ich war zu der Zeit ein wenig rundlich, und als die Kinder mich ein wenig besser kannten, gaben mir einige den Spitznamen »Madame Sowjet«.

Die Russen beschwerten sich über die Kinder, und der Mann, der den Pool beaufsichtigte, forderte mich auf, die Kleinen unter Kontrolle zu halten, oder er würde sie hinauswerfen.

»Das sind eure Kinder«, sagte ich zu ihm. »Das sind vietnamesische Kinder. Euer Fleisch und Blut. Sie müssen essen und sie müssen baden. Würden Sie sie hinauswerfen und die Russen hierbleiben lassen? Was sind Sie bloß für ein Mensch?«

Der Mann starrte mich an. »Du Amerikaner?«

»Nein. Irin.« Ich wußte, was er wollte. »Laß die Kinder dableiben, und ich bringe dir Englisch bei«, bot ich ihm an. »Jeden Tag, wenn sie im Wasser sind, werde ich dir eine Englischstunde geben. Bald wirst du sehr gut Englisch sprechen. Alle deine Freunde werden dich bewundern, weil du so gut Englisch sprichst.«

Sein zufriedenes Lächeln zeigte mir, daß ich richtig geraten hatte. Die Kinder durften bleiben. Es waren die Russen, die den Rückzug antraten. Nach einigen Tagen nahmen sie, sobald sie meine Kinderschar hörten, ihre Badetücher und verdrückten sich.

Ich lächelte; Irland – Rußland: eins zu null.

Im Verlauf der kommenden Wochen wuchs die Zahl meiner Kinder, so daß ich sie schließlich nur noch in Gruppen ins Hotel führen konnte. Es waren zu viele geworden, um sie alle gleichzeitig aufs Dach des Rex zu bringen. Manchmal kamen auch Mütter von der Straße, Mütter mit fehlenden Gliedmaßen oder Mütter, die krank waren, Mütter mit Kindern an der Brust. Mütter sollten schließlich ebensowenig von der Gesellschaft ausgeschlossen sein wie ihre Kinder.

Es wurde zunehmend schwierig für mich, so viele Kinder zu duschen und ihre Kleider zu waschen. Das war es nicht, was mein Traum bedeutet hatte. Ich war nicht um die halbe Welt gereist, um mich um ein paar Kinder an einem Swimmingpool zu kümmern. Es gab Tausende von Straßenkindern in Ho Chi Minh City, und ich mußte einen Weg finden, um sie zu erreichen. Abgesehen davon war es ein schrecklicher Schock für die Hotelgäste und eine ständige Prüfung für das Personal, wenn ich die Kinder ins Rex mitbrachte. Das ging nur so lange gut, weil ich eine blonde Europäerin war und weil ich, wenn es notwendig wurde, dem armen Personal mit meiner irischen Tour zusetzte.

Ich war zunehmend frustriert und schließlich der Verzweiflung nahe. Meine Geldmittel schmolzen rasch dahin. Eines Tages würde ich aus dem Rex ausziehen müssen.

Achtzehn

Bevor ich mit meiner Geschichte fortfahre und Ihnen mehr über diese entscheidenden Tage gegen Ende des Jahres 1989 berichte, möchte ich Ihnen etwas über die Straßenkinder erzählen: Wer sie sind, was sie tun und wie die Regierung ihre Einstellung ihnen gegenüber änderte.

Heim und Familie sind für die meisten Menschen fundamentale Werte. Aber wenn das Heim einem Kind nichts bietet als Vernachlässigung, Gewalttätigkeit, Schmerz und Gleichgültigkeit, dann faßt es manchmal den schwerwiegenden Entschluß, seine Familie zu verlassen. Das Kind ist dann frei, nicht nur von der Familie, sondern von allen Einschränkungen, Regeln und Konventionen, die die Gesellschaft ihm auferlegt. Das Kind stellt damit die grundsätzlichen Werte der Gesellschaft in Frage. Und die Einrichtungen der Regierung, wie Polizei, Wohlfahrtsbehörden und soziale Organisationen, haben die Funktion, das Kind so unter Druck zu setzen, daß es seinen Schritt bereut.

Wer in einem behaglichen Heim mit einer zufriedenen Familie lebt, möchte glauben, daß Straßenkinder sich danach sehnen, in ein solches Heim zurückkehren zu können. Man vergißt dabei oder weiß vielleicht gar nicht, daß viele Kinder ein solches Familienleben nie gekannt haben. Die meisten Straßenkinder wollen die Freiheit und Unabhängigkeit nicht aufgeben, die das Leben auf der Straße für sie bietet. Für sie bedeutet ein Zuhause nicht Liebe, Sicherheit, Wärme und Nahrung, sondern Angst, Schmerz, Schläge und Unterdrückung.

Es gibt verschiedene Arten von Straßenkindern hier in Ho Chi Minh City. Kinder, die entweder ihr Elternhaus verlassen oder überhaupt kein Zuhause haben und auf der Straße leben. Dann

Kinder, die mit ihrer ganzen Familie auf der Straße schlafen, und schließlich Kinder, die während des Tages auf der Straße leben und abends nach Hause gehen.

Kinder, die auf der Straße schlafen, sind äußerst gefährdet, beraubt und geschlagen zu werden. Es besteht auch immer die Gefahr der polizeilichen Festnahme. Und es besteht die Gefahr, von Fremden sexuell mißbraucht zu werden. Diese Kinder brauchen dringend eine Unterkunft. Sie müssen vor der Witterung geschützt und vor Menschen geschützt werden, die sich diese Kinder als Opfer aussuchen.

Ich schätze, daß mehr als siebzig Prozent der Straßenkinder hier in Vietnam entweder als Straßenhändler oder als Abfallsammler leben. Die Straßenhändler verkaufen Zigaretten, Landkarten, Bierdosen oder Metallteile, die nach einem Motorradunfall auf der Straße liegenbleiben – also einfach alles. Ich will damit sagen, daß die meisten der Straßenkinder in Ho Chi Minh City nicht kriminell sind.

Es gibt jedoch auch Straßenkinder, besonders in Cholon oder um den Ben-Thanh-Markt herum, die sich als Zuhälter und Diebe betätigen, und das sind ziemlich rauhe Typen.

Zwei weitere Tatsachen über die Straßenkinder hier sind bemerkenswert. Erstens werden sehr wenig Drogen konsumiert. Das ist wahrscheinlich einer der wenigen Vorteile des amerikanischen Embargos, das Vietnam seit 1975 von der übrigen Welt abgeschnitten hat. Und zweitens, mehr als die Hälfte der Straßenkinder können lesen und schreiben. Die meisten von ihnen sprechen ein wenig Englisch. Und sie sind praktisch alle vom Westen fasziniert.

Wie die meisten Länder, die eine große Anzahl von Straßenkindern haben, betrachtet auch Vietnam diese Kinder als Belästigung. Und lange Zeit wurde das Problem von offizieller Seite dadurch »gelöst«, daß man die Kinder zusammentrieb und sie in Anstalten oder Lager sperrte. So war es noch, als ich dort ankam. An jenem Samstagmorgen 1989, als ich mich mit der Polizei in der Eisdiele anlegte, verhielt man sich noch nach dieser alten Methode.

Seitdem hat sich viel geändert. Heute schwanken die Behörden zwischen der althergebrachten Gepflogenheit, die Kinder in Lager zu stecken, und dem ständig zunehmenden Bemühen, den Kindern zu helfen und sie wieder in die Gesellschaft einzugliedern. Die Behörden erkennen heute, daß unschuldige Kinder zu Kriminellen werden, wenn man sie in Lager steckt. Zwar wird die alte Methode immer noch angewandt, doch inzwischen sieht man es zunehmend als wichtiger an, sich um die Kinder zu kümmern.

Ich möchte behaupten, daß ich ein wenig zu dieser positiven Entwicklung beigetragen habe.

Neunzehn

Weihnachten nahte. Ich mußte immer an das Weihnachten damals denken, nachdem meine Mutter gestorben war. Ich erinnerte mich, wie ich mit meinem Bruder und meinen Schwestern in einer eiskalten Wohnung saß und ihnen die Geschichte von Bethlehem erzählte, und wie ich versucht hatte, ihnen zu erklären, warum kein Weihnachtsmann kommen würde. Und daß ich gesagt hatte, wenn Jesus arm und hungrig war, dann sei es nicht so schlimm, daß auch wir arm und hungrig seien. Während die Kleinen und ich uns in der kalten, dunklen Wohnung aneinanderkauerten, machte mein Vater draußen die Runde durch die Pubs.

Ich war überrascht, daß so viele Menschen in diesem kommunistischen Land Weihnachten kannten. Jemand erklärte mir, daß es in Vietnam und besonders in Ho Chi Minh City aufgrund der französischen Kolonialzeit viele Katholiken gibt. Das erklärte alles. Wir Katholiken feiern gern Weihnachten.

Ein paar Weihnachtskerzen tauchten in den Geschäften auf. Manchmal sah ich Leute, die Weihnachtsbäume hinten auf ihren Motorrädern festgebunden hatten. Sie lächelten alle, und ich merkte ihnen an, daß sie sich auf Weihnachten freuten. Ich erinnerte mich, wie ich in Dublin zusehen mußte, wie alle Leute sich über ihre Weihnachtsgeschenke freuten, während wir nichts hatten. Ich erinnerte mich an die lärmenden Feste der anderen, während ich mich von allem ausgeschlossen fühlte.

Eines Tages ging ich mit einer Gruppe von Kindern über die Le Loi. Wir blieben vor einem Geschäft stehen, in dem Weihnachtslichter flimmerten, und starrten sehnsüchtig in ein Schaufenster, in dem der Weihnachtsmann saß. Ich drehte mich um und sah überall auf der Straße Leute, die mit Geschenkkartons und Kuchenschachteln beladen waren. Und ich sah den sehnsüchtigen Ausdruck auf den Gesichtern der Straßenkinder, die sich um mich geschart hatten. Ihr Schmerz, ihre Ausgeschlossenheit und ihr Verlangen, auch an Weihnachten teilzuhaben, schrie mir aus ihren Gesichtern entgegen. Als ich sie so ansah, da sah ich mich selbst, damals in den Straßen von Dublin. Ich fragte mich, ob es jemanden gab, der diesen Kindern die Tür öffnen würde. Und ich fragte mich, ob die Kinder nicht schon dachten, es sei zu spät – und daß sowieso alles egal sei.

Da gab es nur eines: Ich mußte eine Weihnachtsparty für die Straßenkinder veranstalten, ein fröhliches Weihnachtsfest mit Geschenken, Essen und Liedern, das sie nie vergessen würden.

Als ich My Loc erzählte, daß ich eine großartige, herrliche Party für die Kinder geben wollte, starrte sie mich nur an. »Ist das dein Ernst?« fragte sie.

»Natürlich ist das mein Ernst. Also, wo kann ich Hüte kaufen und diese kleinen Pfeifen, die sich aufrollen, wenn man hineinbläst? Und wo kann ich Geschenke und Weihnachtspapier bekommen? Und ich möchte, daß jemand Gitarre spielt.«

»Warum willst du das denn tun? Was geht es dich an?«

»Das sind wunderbare Kinder. Aber sie sind so arm. Sie müssen eine Weihnachtsparty haben.«

Sie lächelte mich an, so wie die Vietnamesen Ausländer anlächeln. Ich kam nicht an sie heran.

»Hör mal«, sagte ich. »Vor achtzehn Jahren – im Jahr 1971 – träumte ich von Vietnam und den Kindern. Als ich hierher kam, habe ich mich anfangs gegen diesen Traum gewehrt. Aber Huong und Hang sind der Beweis, daß Gott will, daß ich hierbleibe. Er hat sie benutzt, um mir zu zeigen, daß ich hierbleiben muß. Ich weiß nicht, ob du an Gott glaubst. Aber Gott will, daß ich das tue. Also muß ich es tun.«

My Loc hielt mich wohl langsam für eine verrückte Irin.

Ich ging durch die Flure des Rex und klopfte an jede Tür. Und wenn die Gäste die Tür öffneten, sagte ich: »Ich gebe eine Party für die Straßenkinder. Könnten Sie mir etwas Geld dafür geben?« Einige sagten nein, die meisten behaupteten, sie seien zu beschäftigt, aber einige gaben mir Geld. Nachdem ich das Rex abgeklappert hatte, ging ich in andere Hotels, in denen ausländische Gäste wohnten. Ich hielt jeden auf der Straße an, den ich für einen Ausländer hielt, und bat ihn zu helfen. Ich brachte den Gegenwert von mehreren hundert Dollar zusammen. Dann ging ich zum Manager des Saigon Floating Hotel. Es ist ein sehr berühmtes Hotel, das einmal am Great Barrier Reef vor der Küste Australiens verankert gewesen war. Dann wurde es hierher geschleppt und auf dem Saigon-Fluß verankert, wo es sofort das schickste Hotel der Stadt wurde. Patrick, der Manager, gab mir noch zweihundert Dollar dazu.

Mit Ausnahme von Patricks Großzügigkeit war ich über die Resonanz enttäuscht. Ich dachte, Weihnachten sei die Zeit im Jahr, in der die Erwachsenen allen Kindern helfen wollten. Aber sie fühlten sich nur schrecklich belästigt von mir.

Trotz allem hatte ich das Geld für eine Party. Sie würde zwar nicht so großartig sein, wie ich gehofft hatte, aber es war immerhin etwas.

Ich ging zum Manager eines damals sehr großen Restaurants im Parterre des Rex Hotel. Er trug einen schwarzen Anzug und eine Fliege, und an der Art, wie er mich ansah, merkte ich gleich, daß er ein richtiger Geschäftsmann war.

»Nun, mein Lieber«, sagte ich zu ihm. »Ich möchte Ihr Restaurant für den Weihnachtstag buchen. Ich gebe ein privates Fest für etwa hundertfünfzig bis zweihundert Gäste.«

Er nickte erfreut. Der arme Mann nahm wohl an, daß meine Gäste so wie ich Europäer seien. Und da sein Restaurant sich etwas abseits vom Foyer befand, hatte er mich nie mit meiner Kinderschar hereinkommen sehen. Er mit seiner kleinen Fliege dachte, eine große Gesellschaft von Leuten aus der westlichen Welt wollte hier Weihnachten feiern.

»Wir werden nur eine einfache Mahlzeit haben«, sagte ich zu ihm. »Meine Gäste essen gern etwas ganz Einfaches. Wir möchten Huhn und Reis und ein großes Glas Orangensaft. Können Sie das arrangieren?«

Er nickte. Er war ein wenig verblüfft. Aber natürlich konnte er das tun. Der Mann zitterte vor Aufregung bei dem Gedanken, daß das ganze Restaurant gebucht worden war.

»Meine Gäste werden um etwa drei Uhr kommen«, informierte ich ihn. »Wir werden Geschenke unter den Weihnachtsbaum legen, und bevor wir essen, werden wir sie den K . . ., meinen Gästen geben. Und ein Gitarrespieler wird kommen. Es wird eine große Sache sein. Ist das klar?«

Der Mann konnte nicht aufhören zu nicken. Er war hoch erfreut. Das würde selbst für sein Restaurant ein Ereignis von sehr hohem Prestigewert sein.

Während der nächsten paar Tage war ich unablässig unterwegs. Ich kaufte Kinderkleidung, Dosenmilch, Schachteln mit Gebäck und große Kartons voller Süßigkeiten, die alle in Weihnachtspapier verpackt wurden. Ein paar Vietnamesen, die mir halfen, wurden ungeduldig und wollten die Geschenke zur Party bringen und sie unverpackt verteilen. Der bloße Gedanke entsetzte mich. »Kinder müssen Geschenkpapier sehen«, erklärte ich. »Sie müssen etwas auspacken können. Das ist sehr wichtig für sie.«

Wir brauchten zwei Tage und zwei Nächte, um die Geschenke zu verpacken. Ich verbrachte den 23. Dezember, meinen fünfundvierzigsten Geburtstag, mit dem Einpacken von Geschenken. Ich sagte zu Tinh, einem Vietnamesen, der mir neuerdings bei den Kindern half, daß es der schönste Geburtstag sei, den ich je erlebt hätte.

Am Weihnachtstag steckte ich eine grüne Rosette an meine Bluse und grünes Lametta in die Haare. Ich mußte doch ein wenig die Irin herauskehren. Dann wartete ich gespannt auf die Kinder. Ich wußte, wenn die Straßenkinder eines nach dem anderen hereinzottelten, dann würde die Polizei sie abholen und die Party wäre zu Ende, bevor sie begonnen hatte. Deshalb hatte ich ihnen eingeschärft, daß sie sich einen Block entfernt versammeln und dann alle zusammen um Punkt drei Uhr ins Rex kommen sollten.

Um zwei Uhr stand ich im Speisesaal und schickte ein Stoßgebet zum Himmel, daß die Kinder nicht in ihrem Übereifer vor drei Uhr kommen würden.

Ich war auch ein wenig besorgt, weil der Speisesaal nur einhundertfünfzig Kinder faßte, und ich fürchtete, es würden viel mehr kommen. Ich beauftragte mehrere Leute, die Menge zu zählen und dafür zu sorgen, daß nicht mehr als einhundertfünfzig Kinder ins Restaurant kamen.

Ich musterte den Manager und das Personal. Der Manager hatte dafür gesorgt, daß alle korrekt angezogen waren. Die Frauen trugen schwarze Röcke und rote Schleifen in ihrem schwarzen Haar, die Männer schwarze Anzüge und kleine rote Fliegen. Genauso hatte ich mein Personal ausstaffiert, als ich den Party Service in London betrieb.

»Sie sehen sehr schick aus«, lobte ich den Manager.

Um drei Uhr schritt ich auf und ab, aufgeregt und nervös, und prüfte die großen Kartons mit Süßigkeiten und Keksen, und die kleinen Milchflaschen mit Saugern für die Babys.

»Lieber Gott«, betete ich. »Das ist so wichtig für die Straßenkinder. Das weißt du doch. Dein Sohn hat selbst einmal in einem Stall gelegen. Bitte sorge dafür, daß alles gutgeht.«

Ein paar Sekunden nach drei Uhr tauchten die Kinder aus dem Nichts auf. Plötzlich guckten Dutzende von großen Augen aus schmutzigen kleinen Gesichtern durch die Fenster in den Saal. Sie hatten Angst vor der Polizei und waren entschlossen, sich Weihnachten nicht verderben zu lassen. Wie sie zum Hotel gekommen waren, weiß ich nicht. Wahrscheinlich durch Hinterhöfe und Abkürzungen, die kaum jemand in der Stadt kannte. Nun klopften sie an die großen Glastüren.

Der Manager war schrecklich aufgebracht. Er gab seinem Personal Zeichen, die Kinder zu verscheuchen.

»Nein, wartet, das sind meine Gäste«, rief ich durch den ganzen Saal.

Der Manager starrte fassungslos, als die Kinder durch die Türen strömten. Ein paar Mütter, kränklich und hinkend und mit Babys an der Brust, waren mitgekommen. Aber die meisten Gäste waren Kinder. Die Kinder waren verwahrlost und schmutzig und zerlumpt. Ihre Nasen liefen, sie hatten Läuse und Flöhe und Triefaugen und offene Wunden. Sie riefen, lachten und schubsten, polterten mit den Stühlen, schwatzten und zerrten einander von den Tischen weg. Alle versuchten, einen Platz zu ergattern, um nicht ausgeschlossen zu sein.

Der Manager, der Arme, war wie vom Donner gerührt. Ebenso sein Personal. Schließlich schüttelte der Manager seine Lähmung ab und kam herbeigeeilt. »Nein, nein, nein! Das geht nicht! Keine Straßenkinder hier! Keine *bui doi!*«

»Dies sind meine Gäste, meine wunderbaren Gäste!« erklärte ich ihm. »Und es sind eure Kinder, keine Fremden. Sie sind euer Fleisch und Blut. Ist es nicht viel schöner, an Weihnachten Vietnamesen hier zu haben als Fremde? Sie haben ihr ganzes Leben Probleme mit Fremden gehabt. Es ist gut, daß vietnamesische Kinder hier sind.« Ich wartete einen Augenblick. Er kapierte nicht. Ich beugte mich näher zu ihm hinüber und sagte: »Ich habe Sie bezahlt. Also sorgen Sie dafür, daß meine Gäste ihren Spaß haben.«

Er trat einen Schritt zurück und sah mich an. Ich konnte fast hören, wie sich die Rädchen in seinem Kopf drehten. Er wußte immer noch nicht, wie er sich verhalten sollte.

Ich wandte mich an das Personal. Ihre Augen waren auf den Manager fixiert, und ich wußte, sie warteten auf sein Stichwort. Ich mußte schnell handeln.

Ich schritt die Reihe der Kellner und Kellnerinnen ab. »Na los, Leute«, befahl ich, »Steht nicht herum. Holt den Orangensaft. Die Kinder warten darauf, bedient zu werden.«

Ich gab ihnen ein Zeichen, in die Küche zu gehen. Dann rannte ich selbst in die Küche und begann, den Saft zu servieren. Ich mußte das Personal in Bewegung bringen. Ich mußte Schwung in die Sache bringen, bevor der Manager zur Besinnung kam.

Das Personal brachte den Orangensaft und die Teller mit dem Essen heraus und servierte alles sehr schnell. Die Kellner schoben alles einfach über den Tisch. Sie waren beleidigt, daß die Straßenkinder sich ihres Restaurants bemächtigt hatten.

»So macht man das nicht«, sagte ich. Ich gebot ihnen Einhalt und zeigte ihnen, wie man das Essen richtig serviert. »Macht es, wie es sich gehört«, sagte ich. »Und schenkt jedem Kind ein Lächeln und eine Umarmung. Heute ist Weihnachten.«

Ein Kellner war besonders unfreundlich. Ich beobachtete, wie er die Kinder anpfiff und sie herumstieß. Ich trat von hinten auf ihn zu, faßte ihn am Arm, drehte ihn herum und hielt ihm meinen Finger unter die Nase. »Du behandelst sie menschenwürdig«, sagte ich mit ganz süßer Weihnachtsstimme. »Denn wenn du das nicht tust, mein Schatz, dann brech ich dir dein verdammtes Genick. Verstehst du mich?«

Er verstand.

Ich setzte einen Hut mit einer großen Feder auf und begann herumzulaufen und auf einem Pfeifchen zu blasen, einem von der Sorte, die sich auf- und zurollen. Mehr Pfeifen lagen auf dem Tisch, und bald standen die Kinder auf den Stühlen, bliesen darauf und machten Krach und lachten.

Dann war ich wieder in der Küche. »Serviert schneller«, befahl ich. »Sie brauchen ihren Saft.«

Die Kellner waren fassungslos, daß ich mich in ihre Arbeit einmischte, aber sie sagten nichts. Ich kommandierte sie herum und brachte sie auf Trab.

Und dann geschah etwas Wunderbares. Es begann, als ich meine Arme um einen besonders schmutzigen, verwahrlosten kleinen Jungen legte, der von einem Stuhl gestoßen worden war und bitterlich weinend auf dem Boden saß. Ich kniete mich nieder, zog ihn an mich heran und küßte ihn. Ich hielt ihn so lange, bis er aufhörte zu weinen, und dann gab ich ihm eine Pfeife und setzte ihn auf einen Stuhl. Ich blickte auf und sah, wie in den Augen einiger Kellnerinnen, die zugesehen hatten, eine Verwandlung vorging. Es war ein universeller Blick der Liebe, dieser Blick, den Menschen überall auf der Welt Kindern schenken. Und plötzlich wurde alles im Saal langsamer. Die Kinder wurden langsam und menschenwürdig bedient. Die Bedienung lachte und sprach mit den Kindern. Plötzlich war alles in Ordnung. Plötzlich sah das Personal die Straßenkinder als Menschen an.

Plötzlich hatten wir eine richtige Weihnachtsparty.

Und in diesem Augenblick war alles der Mühe wert. Ich erkannte, sobald ein einziger Mensch im Restaurant seine Meinung über die Kinder geändert hatte, sobald nur ein einziger

Mensch sie nicht mehr als *bui doi* betrachtete, sondern als Kinder mit den gleichen Tränen und der gleichen Sehnsucht und den gleichen Gefühlen wie andere Kinder, war das Weihnachtswunder geschehen.

»Danke, Gott«, flüsterte ich.

Nachdem die Kinder gegessen hatten, stellte ich mich vorn in den Saal und sang »Jingle Bells« und »I'm Dreaming of a White Christmas«. Natürlich verstanden die Kinder die meisten Worte nicht. Aber sie verstanden das Gefühl. Ich steppte und sang, und die Kinder schrien vor Lachen. Ich entschuldigte mich bei ihnen, daß ich keine vietnamesischen Lieder kannte.

Nachdem der Gitarrespieler gespielt hatte und die Geschenke verteilt worden waren, ging die Party langsam zu Ende. Ich sagte zum Manager und dem Personal: »Wir wollen uns alle an den Händen fassen und noch ein Lied singen. Laßt uns singen ›We are the World‹. Denn schließlich sind wir alle gleich.«

Der Manager kündigte auf vietnamesisch an, daß wir noch ein letztes Lied singen würden und daß die Kinder gut aufpassen sollten, wenn ich ihnen die Worte auf englisch vorsagte. Langsam wiederholte ich die Worte. Dann ließ ich die Kinder aufstehen und sich an den Händen fassen. Der Manager und das Personal reihten sich ein. Wir alle hatten uns an den Händen gefaßt. Und dann begannen die Kinder zu singen. Sie vergaßen die meisten Worte, und die einzige Stelle, an der sie laut und deutlich zusammen sangen, waren die Worte:

We are the world. We are the children.

Als wir zu dieser Zeile kamen, sangen sie so laut, wie sie nur konnten.

Ich blickte in die Runde über ihre kleinen, schorfbedeckten Körper, ihre triefenden Nasen und verlausten Köpfe, aber alles, was ich sah, war das Lächeln auf ihren Gesichtern und der Glanz in ihren Augen.

We are the world. We are the children.

Sie sangen es wieder und wieder an diesem Nachmittag.

We are the world. We are the children.

Mehrere Mitglieder des Personals weinten. Einige deutsche Touristen hörten den Lärm und kamen von der Straße herein, und als sie erfuhren, was los war, begannen auch sie zu weinen.

Dann war es Zeit, die Party zu beenden. Ich sah hinaus, und da waren Dutzende von Gesichtern an den Fenstern, die Gesichter von Kindern, die von der Party gehört hatten, aber nicht hereinkommen konnten. Ich wußte, was es heißt, draußen zu stehen und hineinzugucken, und ich war entschlossen, daß das diesen Kindern nicht passieren würde. Ich öffnete meine Handtasche. Ich hatte nicht mehr genug Geld übrig, um sie im Hotel zu bewirten. Aber ich hatte genug, um sie in eine Eisdiele mitzunehmen.

Also ging ich hinaus und sagte zu den Kindern, wir würden zu Weihnachten Eiscreme essen. Ich hob die Hände hoch, um sie um mich zu versammeln, ballte die Fäuste und rief: »Gehen wir! Wir sind die Welt!«

Die Kinder, die mir aus dem Hotel nachgekommen waren, dachten, das sei das Stichwort. Sie begannen zu singen.

We are the world. We are the children.

Die Leute auf der Straße waren verblüfft. Da war eine blonde Europäerin, die über hundert singende Straßenkinder durch eine der belebtesten Hauptstraßen von Ho Chi Minh City führte. Viele Leute starrten uns verwundert nach. Einige lächelten. Einige applaudierten.

Die Kinder, die draußen gewartet hatten, schnappten schnell die Worte des Liedes auf. Unsere Stimmen erhoben sich in einem Gesang, den man durch mehrere Straßen hören konnte.

In der Eisdiele bemerkte ich, daß ein paar Kinder die Köpfe zusammensteckten und miteinander flüsterten. Dann trat ein kleiner Junge vor, der Stadtpläne auf der Straße verkaufte. Ganz langsam überreichte er mir einen Stadtplan. Als er ihn mir gab, sahen die Kinder einander an, und auf ein Zeichen sagten sie auf englisch: »Happy birthday, Mama Tina!«

Tinh hatte ihnen erzählt, daß ich gerade Geburtstag gehabt hatte.

Einen Moment lang konnte ich nicht sprechen.

Später erfuhr ich, daß der Plan der letzte war, den der kleine Junge hatte. Die anderen Kinder hatten ihn überredet, ihn mir zu schenken. Sie sagten, sie würden ihn ihm nach und nach bezahlen. Der Stadtplan kostete 2 000 Dong, etwa einen Schilling, aber für den kleinen Jungen hätte er ebensogut hundert Pfund kosten können.

Ich drückte den Plan an meine Brust und versuchte, meine Stimme zu beherrschen, als ich zu den Kindern sagte: »Danke. Danke. Danke! Das ist das wunderbarste Geschenk, das ich je in meinem Leben bekommen habe. Nichts ist mir je mit so viel Liebe gegeben worden. Ich weiß, was dieser Plan für euch bedeutet, und ich möchte, daß ihr wißt, daß er mir ebensoviel wert ist. Das ist die wahre Bedeutung von Weihnachten. Dies ist das herrlichste Weihnachten, das ich je erlebt habe.«

Ich wischte mir die Tränen ab, brachte ein Lächeln zustande, hob beide Arme hoch und rief: »Und nun, meine Lieben, laßt uns noch einmal singen.«

Und ihre Stimmchen, süß wie ein himmlischer Chor, erhoben sich wieder:

We are the world. We are the children.

ZWANZIG

Dieses Weihnachten war ein Wendepunkt. Obwohl der Tag die Erinnerung an das Weihnachten nach dem Tod meiner Mutter nicht auslöschen konnte, hatte er mich damit ausgesöhnt. Aber weit wichtiger war, was die Party anderen bedeutet hatte. Für ein paar Stunden hatte es keine Vietnamesen und keine Iren gegeben – nur Kinder. Und diese Kinder hatten nun eine gute Erinnerung an Weihnachten. Kinder brauchen gute Erinnerungen.

Ein paar Tage nach der Party fragte mich der Stellvertretende Oberstaatsanwalt von Ho Chi Minh City, ob ich in einem Sprachinstitut am Ort einen Vortrag halten wolle. Er gehörte zum Vorstand der Schule, und er bat mich, über mein Leben und meine Arbeit mit den Straßenkindern zu sprechen. Natürlich sagte ich zu. Es war mir sehr wichtig, daß vietnamesische Amtspersonen, besonders Vertreter der Polizei, der Gerichte und des Rechtssystems, sich für die Kinder zu interessieren begannen.

Als ich in der Schule ankam, sprach ich zunächst mit den Lehrern und der Schulverwaltung. Ich erzählte ihnen von meinem Traum, von Huong und Hang und von meinen Plänen, mit Straßenkindern zu arbeiten. Dann bat mich der Staatsanwalt, nun zu den Studenten zu sprechen.

Für eine Weile sprach ich ganz allgemein zu den Studenten. Dann fragte ich sie: »Wie denkt ihr über die Straßenkinder? Wie seht ihr sie?«

Die Studenten sahen mich an und dann alle Beamten, die anwesend waren. Sie wollten nicht recht mit der Sprache heraus.

»Habt keine Angst«, ermunterte ich sie. »Nur wenn ihr mir

sagt, was ihr empfindet, kann ich euch verstehen und helfen.« Ich zeigte auf den Staatsanwalt, Mr. Bong, und sagte: »Mr. Bong hier ist sehr daran interessiert, den Kindern zu helfen. Deshalb hat er mich gebeten, heute abend zu kommen. Er möchte besser verstehen, wie diese Kinder leben.«

Die Studenten tauten langsam auf.

»Straßenkinder sind schmutzig«, sagte einer.

»Sie gehen nicht zur Schule.«

Die negativen Bemerkungen sprudelten nur so heraus.

»Sie sind Taschendiebe, und sie stehlen.«

»Sie passen nicht in die Gesellschaft. Man sollte sie alle in Lager bringen.«

»Ich mag sie nicht. Niemand mag sie. Sie sind gefährlich.«

»Sie haben keine Zukunft. Sie sind sehr dumm.«

Ich wartete und sagte nichts, bis alle Studenten gesprochen hatten.

»Ich verstehe, warum ihr das sagt, und ich verstehe, warum ihr sie so seht«, sagte ich. »Aber habt ihr jemals mit ihnen gesprochen?«

Niemand in der Klasse hatte je mit einem Straßenkind gesprochen.

»Hat eines der Straßenkinder jemals in eure Taschen gegriffen oder euch etwas angetan?«

Wieder war keiner der Studenten belästigt worden oder kannte jemanden persönlich, der von einem Straßenkind belästigt worden war.

»Wechseln wir das Thema«, sagte ich. »Anstatt über die Straßenkinder zu sprechen, laßt uns über mich sprechen. Was denkt ihr über mich?«

Sie sahen einander verlegen an.

»Sie scheinen eine nette Dame zu sein«, sagte ein Student. Mehrere andere nickten zustimmend.

»Denkt ihr, ich bin dumm?«

Sie schüttelten verneinend die Köpfe.

»Denkt ihr, ich bin schmutzig oder ein Dieb? Denkt ihr, ich habe keine Zukunft? Denkt ihr, ich werde euch in die Taschen greifen? Ich will mein Leben der Arbeit mit den Straßenkindern hier in Ho Chi Minh City widmen. Denkt ihr also, ich habe eurer Gesellschaft nichts zu bieten?«

Vietnamesische Studenten sind sehr höflich. Inzwischen schüttelten alle die Köpfe.

»Nun, angenommen, ich erzähle euch, daß ich ein Straßenkind gewesen bin. Angenommen, ich erzähle euch, daß ich gelebt habe wie sie, daß ich schmutzig, elend, krank, hungrig und traurig war und mir einen Freund wünschte. Angenommen, ich sage euch, daß ich nichts hatte und daß die anderen Kinder nicht mit mir spielen wollten. Angenommen, ich erzähle euch, daß ich alles das war, was ihr über Straßenkinder behauptet?«

Sie schüttelten ungläubig die Köpfe.

Ich war von dem verzweifelten Wunsch erfüllt, diesen Studenten, den künftigen Führungskräften Vietnams, die Lage der Kinder ihres Landes begreiflich zu machen. Und es war mir ungemein wichtig, daß Mr. Bong wußte, wie ich über die Kinder dachte.

»Nun bin ich erwachsen«, sagte ich. »Ich habe drei Kinder. Sie sind fertig mit ihrer Ausbildung. Und jetzt versuche ich, den Straßenkindern zu helfen, denn ich kenne ihr Leben. Ich war einmal genauso, wie sie heute sind. Alles, was ich brauchte, war eine Chance. Alles, was ich brauchte, war jemand, der mich liebte, der an mich glaubte, der mir eine Chance gab. Alles, was ich brauchte, war ein Freund, ein einziger Mensch.«

»Sie sind Ausländerin, Sie kommen aus der westlichen Welt«, sagte ein Student. »Das ist etwas anderes.«

»Ja, ich bin Ausländerin. Aber zunächst einmal bin ich ein Mensch. Der einzige Unterschied zwischen uns ist der Unterschied, den wir selbst machen. Wenn wir einander lieben und die Kinder verstehen wollen, dann werdet ihr feststellen, daß sie nicht anders als ihr seid. Sie haben es nicht so gut wie ihr. Wenn sie stehlen, dann tun sie es, weil sie hungrig sind. Wenn sie nachts durch die Gassen laufen, dann deshalb, weil sie einen sicheren Schlafplatz suchen. Wenn sie euch aggressiv vorkommen, dann deshalb, weil sie, wenn sie durch eine enge Gasse gehen, nicht wissen, ob sie am anderen Ende wieder herauskommen.«

An den Gesichtern der Studenten konnte ich sehen, daß sie nie darüber nachgedacht hatten. Und was noch wichtiger war, ich konnte an den Gesichtern von Mr. Bong und den Verwaltungsbeamten sehen, daß auch sie noch nie auf diese Gedanken gekommen waren. Ich sprach zu den Studenten, aber eigentlich war es Mr. Bong, an den mein Appell sich richtete.

»Versucht, die Straßenkinder kennenzulernen«, sagte ich. »Seht sie so, wie sie sind. Lernt sie kennen. Vielleicht könnt ihr ihnen helfen. Vielleicht werden sie eines Tages da sitzen, wo ihr jetzt sitzt, und dieselben Rechte haben, die ihr habt.«

Ich sah Mr. Bong an. Er zuckte mit den Achseln. »Ich bin Ausländerin«, sagte ich. »Ich bin eine weiße Frau. Ich glaube, es ist besser, wenn Mr. Bong zu euch spricht. Ich habe nicht das Recht, hier zu stehen und euch zu belehren. Ich bin ein Niemand. Ich liebe nur zufällig Kinder, ganz gleich aus welchem Winkel der Erde sie kommen. Ich glaube, daß Kinder Rechte haben, daß sie Freiheit und Gerechtigkeit brauchen. Wenn nicht, welchen Sinn hat dann ihr Leben? Welchen Sinn? Es ist besser, im Mutterleib zu sterben, als ein Leben voller Leiden und Hoffnungslosigkeit zu leben.«

Sie begannen zu applaudieren. Ich fiel auf die Knie und breitete die Arme weit aus und bat sie inständig: »Klatscht nicht. Denkt nur an die Kinder. Sie brauchen eure Freundschaft. Sie brauchen euer Mitgefühl.«

Dann sprach Mr. Bong zu der Klasse auf vietnamesisch und ermahnte die Studenten, daß es ihre Pflicht sei, mehr über die Straßenkinder in Erfahrung zu bringen. Schließlich seien die Straßenkinder Vietnamesen. »Sie sind eure Kinder«, sagte er.

Da wußte ich, daß ich den Staatsanwalt von Ho Chi Minh City zum Freund gewonnen hatte. Ich wußte nicht, ob er mich unterstützen würde, aber ich wußte, daß er in mein Herz gesehen und sich nicht abgewandt hatte.

Ein drittes Ergebnis der Weihnachtsparty betraf Huong und Hang. Jeden Tag, nachdem sie die kleinen Mädchen zum Betteln auf die Straße geschickt hatten, suchten ihre Eltern mich auf. Der Vater machte die Flugbewegung mit der Hand und starrte mich an. Ich konnte die Kinder nicht zu mir nehmen, aber es gelang mir, Onkel und Tante der Mädchen ausfindig zu machen, und sie willigten ein, nicht nur Huong und Hang, sondern, wenn ihnen finanzielle Unterstützung gewährt wurde, auch ihre Eltern aufzunehmen. Ich bettelte und schnorrte genug Geld zusammen, um dem Vater ein Cyclo zu kaufen und ihm damit eine Verdienstmöglichkeit zu geben. So fanden Huong und Hang ein Zuhause. Auf mein Drängen hin wurden sie in die Schule geschickt. Heute leben sie außerhalb von Ho Chi Minh City und sind keine Straßenkinder mehr.

Mehr konnte ich für Huong und Hang nicht tun. Die Kinder, die mich dazu gebracht hatten, in Vietnam zu bleiben, hatten ein Zuhause gefunden. Noch Monate danach besuchte ich sie, brachte ihnen Geschenke und vergewisserte mich, daß sie nicht wieder auf der Straße lebten. Aber es gab viele andere Kinder, die Hilfe brauchten.

Sosehr ich offizielle Organisationen und Bürokratie hasse, ich sah ein, daß es notwendig war, meine Arbeit zu organisieren. Aber ich hatte kein Geld, kein Büro, und ich sprach nur ein paar Worte Vietnamesisch. Wie konnte ich meinen Traum verwirklichen, den Straßenkindern in größerem Rahmen zu helfen?

Eines Tages machte ich einen langen Spaziergang, um zu einer Entscheidung zu kommen. Ich kannte die Stadt nicht besonders gut und hatte kein bestimmtes Ziel. Ich hatte gebetet, und ich wußte, Gott würde mich zu einem Ort führen, an dem ich die Antwort finden würde. Ich ging durchs Stadtzentrum, durch das Hafenviertel und dann zurück über die Dong Khoi, am Caravelle Hotel und dem Continental Hotel vorbei. Ich ließ das Geschäftszentrum hinter mir und wanderte weiter in nordwestlicher Richtung.

Nach einer Weile sah ich auf und stand vor einer katholischen Kirche. Es war eine schöne rote Backsteinkirche, die während der französischen Kolonialherrschaft mit importierten Backsteinen gebaut worden war. Eine kleine Grünanlage befand sich vor der Kirche, und mitten darauf stand eine Statue der Jungfrau Maria.

Ich seufzte. Das mußte ein Irrtum sein. Ich mag keine Kirchen, besonders keine katholischen. Aber ich hatte Gott um

Weisung gebeten, so mußte es wohl einen Grund haben, daß ich hier war. Ich ging hinein, kniete in der vordersten Reihe nieder und betete. »Gott, du weißt, ich komme nicht gern in solche Gebäude. Aber ich bin gekommen, um dir zu erklären, um dir zu zeigen, daß ich diese Arbeit unbedingt tun muß. Ich weiß, daß du mich hierher geschickt hast. Es spielt keine Rolle, mit wie vielen Menschen ich schon gesprochen habe. Du bist der einzige, der weiß, wie hart ich gekämpft habe. Ich weiß durch meinen Traum, daß alles, was in meinem Leben geschehen ist, einen Sinn hatte. Es war meine Vorbereitung. Nun, bitte, sag mir, was ich tun soll.«

Ich kniete länger als eine Stunde dort. Aber nichts offenbarte sich mir. Ich war schweißgebadet. Dann, fast wie in einem Akt der Verzweiflung, verließ ich die Bank und ging zum Altar vor, wo ich laut betete: »Gott, ich habe so viel Schmerz und Leiden hier in Vietnam gesehen. Es tut mir sehr weh, Gott. Diese Schmerzen und Leiden fühle ich in meinem Innersten. Ich könnte diesen Ort verlassen und mir alles aus dem Herzen schneiden. Das könnte ich tun, und ich könnte es rechtfertigen. Aber ich kann mich nicht einfach abwenden.«

In meiner Hilflosigkeit rief ich laut: »Gott, du mußt mir helfen, einen Weg zu finden. Ich weiß nicht, was ich tun soll.«

Mehrere Minuten stand ich abwartend da. Ich hörte nichts. Gott sagte mir nicht, was ich tun sollte. Ich drehte mich um und ging langsam aus der Kirche und stand auf der Straße. Ich wußte nicht, wohin ich gehen und was ich tun sollte. Das Herz war mir schwer. Ich hatte zu Gott gesprochen, aber keine Antwort erhalten. In meiner Verzweiflung, meinem Kummer und meiner Verwirrung drehte ich mich um und ging weiter. Ich ging, wie ich vor so langer Zeit in Dublin gegangen war, die Hände in den Taschen, mit gesenktem Kopf, gebeugten Schultern. Ich ging stundenlang.

Und auf einmal stand ich vor dem Zentrum für unterernährte Waisenkinder.

Einundzwanzig

Nachdem ich die Kirche verlassen hatte, ging ich am Palast der Wiedervereinigung vorbei. Von geheimnisvollen Kräften geführt, trieb es mich in nordwestliche Richtung und über die breite Dien-Bien-Phu-Straße mit ihren Scharen von Radfahrern, Cyclos und Motorrädern. Ich ging ein paar Blocks weiter, ohne auf das Gedränge und Gewühl auf einer der belebtesten Straßen von Ho Chi Minh City zu achten. Ich wußte nicht, wohin ich ging, und es war mir gleichgültig. Es zog mich immer weiter nach Nordwesten, dann bog ich in die Le-Qui-Don-Straße ein. Plötzlich blieb ich stehen. Als ich aufblickte, sah ich das Schild der Tu-Xuong-Straße. Ich bog in die Straße ein und ging weiter. Alle meine Sinne waren plötzlich wach, und ich wußte, der Grund, weshalb ich in diesen ruhigen Stadtteil gekommen war, würde sich bald offenbaren.

Ein paar Häuser weiter hielt ich inne und lauschte. Was war das doch für ein Geräusch? Ich ging noch ein paar Schritte, blieb vor einem grünen Tor stehen und lauschte wieder. Ich hörte Kinder. Viele Kinder. Einige weinten. Ich blickte auf, und über dem Tor auf einem Schild las ich Ba Muoi Tam Xuong, oder Tu-Xuong-Straße 38.

Ein Wächter stand am Tor. Er starrte mich an. Ich versuchte, mit ihm zu sprechen, aber er sprach kein Englisch, und mein Vietnamesisch war nicht gut genug, um mich ihm verständlich zu machen. Er rief ein junges Mädchen herbei, das auf dem Grundstück stand. »Hallo«, sagte sie. »Hallo. Hallo. Hallo.« Ich dachte, das sei alles, was sie an Englisch konnte, aber dann blieb sie stehen und fragte: »Du Amerikaner?«

»Nein. Irin.«

Sie lächelte. Aber ich merkte, daß sie noch nie etwas von Irland gehört hatte. Und ich hatte gedacht, jeder kennt uns.

Ein anderes junges Mädchen kam heraus und starrte mich an. Damals gab es nicht viele weiße Frauen in Ho Chi Minh City. Sie dachten alle, ich sei Russin.

»Darf ich hereinkommen und die Kinder besuchen?« fragte ich.

Der Wächter und die beiden Mädchen blickten über ihre Schultern. Sie nahmen eine respektvolle Haltung an, als eine Frau auf uns zukam. Sie ging sehr aufrecht, und ihr Gesicht hatte einen strengen Ausdruck. Ihr schwarzes, welliges Haar war zurückgekämmt und in einen Knoten geschlungen. Sie trug die traditionellen schwarzen Hosen und eine lose weiße Bluse. An den Füßen trug sie Sandalen. Sie war offensichtlich verantwortlich für das Haus.

Sie war Madame Nguyen Thi Man, einer der disziplíniertesten und selbstsichersten Menschen, denen ich je begegnet bin.

Mit Hilfe einer der Angestellten, die ein wenig Englisch sprach, und mit Hilfe vieler Gesten, langsamem Sprechen und Wiederholungen konnte ich mich mit Madame Man verständigen. Sie verstand, daß ich hereinkommen und die Kinder besuchen wollte. Sie sah mich unverwandt an.

»Woher kommen Sie?« fragte sie, als wir langsam über den Hof gingen.

»Ich komme aus Irland, aber ich habe jahrelang in England gelebt.«

Sie führte mich in das Gebäude. Es war dunkel und trist. Einige Kinder, manchmal befanden sich zwei oder drei in einem Bett, waren sehr krank.

Die Pflegerinnen waren barfuß und trugen altmodische Häubchen.

Madame Man begleitete mich nach oben. Das obere Stockwerk war in Stationen unterteilt, in denen behinderte und verunstaltete Kinder untergebracht waren. Ich blickte Madame Man fragend an. Was hatte diese Kinder so schrecklich verstümmelt?

»Agent Orange«, sagte sie.

Ich sah mich voller Entsetzen um, als mir zum ersten Mal die weitverbreiteten und bleibenden Auswirkungen des Krieges mit dem Westen bewußt wurden. Später erfuhr ich, daß Vietnam die höchste Rate von Hautkrebs und ungewöhnlicher Formen von Krebs in der ganzen Welt aufweist.

Da wußte ich, daß Vietnam den Krieg nicht gewonnen hatte. Niemand gewinnt jemals einen Krieg. Und obwohl die Geschichtsbücher den Krieg mit Amerika als einen großen Sieg für die Vietnamesen feiern, ist es vielleicht der größte Pyrrhussieg der Weltgeschichte.

Nach einer Weile stand ich auf und ging von einem Kind zum anderen. Viele Kinder nahm ich auf den Arm. Ich wollte sie alle liebhaben.

Madame Man hatte mir unausgesprochen die Erlaubnis gegeben, damit fortzufahren. Ich ging von Kind zu Kind, nahm jedes Baby auf den Arm, hielt es, streichelte es, küßte es, liebkoste es. Ich wollte jedes Kind im Waisenhaus in den Armen halten. Kinder müssen gehalten und geliebt werden. Und sie spüren, wenn jemand sie liebt. Innerhalb von Minuten hoben die Kleinkinder die Ärmchen und zupften an meinen Hosenbeinen. Ihre Händchen kamen aus allen Richtungen. Als ich in ihre Gesichter sah und auf ihre ausgestreckten Händchen, lief mir plötzlich ein Schauer über den Rücken. Diese kleinen Hände waren dieselben Hände, die ich in meinem Traum gesehen hatte.

Gott hatte mir nicht nur den Traum geschickt, er hatte mich dorthin geschickt, wo der Traum Wirklichkeit werden würde. Von diesem Augenblick an hatte ich keine Zweifel, daß ich dort war, wo Gott mich haben wollte, und daß ich tat, was Gott von mir wollte. Dieses Wissen gab mir mehr Selbstvertrauen und mehr Sicherheit, als ich je gekannt hatte. Nun war es gleichgültig, welche Hindernisse sich mir in den Weg stellten. Sie waren nur dazu da, meinen Glauben auf die Probe zu stellen. Aber nichts und niemand sollte mich aufhalten, meine Aufgabe zu erfüllen. Dieses Haus sollte mein Herz, mein Heim, meine Operationsbasis werden.

In diesem Augenblick der Erleuchtung wußte ich, daß ich tat, was Gott von mir verlangte. Ich setzte mich auf den Boden, zog einen Arm voller Kinder an mich und setzte sie auf meinen Schoß.

Ich war endlich angekommen.

Endlich konnte ich mein Werk beginnen.

Ich weinte lange.

Dann gingen Madame Man und ich nach unten. Bevor ich mich verabschiedete, sah ich mich noch einmal in der Station um, wo es an so vielem fehlte. Ich nahm alles, was ich an Geld bei mir trug, aus meiner Handtasche, umgerechnet etwa hundert Dollar, und gab es Madame Man.

»Nehmen Sie es«, sagte ich. »Nehmen Sie es und verwenden Sie es für die Kinder.«

Sie nahm das Geld, aber sie sagte nichts. Nun wurde ich allmählich aufgeregt. Wenn ich hier arbeiten wollte, mußte ich gleich anfangen.

Madame Man und ich gingen vor die Tür, und ich bemerkte an der Rückseite der Anlage ein leeres, baufälliges Gebäude. Ich zeigte darauf und fragte Madame Man: »Würden Sie mir erlauben, in diesem Gebäude ein medizinisches und soziales Zentrum für die Kinder einzurichten?«

Sie antwortete nicht. Ich würde mich dieser Frau beweisen müssen.

»Es wird für die Kinder sein«, sagte ich. »Für die kranken, für die armen Kinder, für die Straßenkinder.«

Dann sprach Madame Man. Mit langsamer, tiefer, herrischer Stimme fragte sie: »Sind Sie eine reiche Lady aus dem Westen?«

»Nein. Ich bin eine arme Lady aus dem Westen. Aber ich war eine Waise. Ich habe auf der Straße gelebt. Ich kenne das Leben der Armen. Wollen Sie mir vertrauen? Wollen Sie mich hier eine Klinik und ein Gemeinschaftshaus aufbauen lassen? Sagen Sie ja, und ich werde alles tun, was ich kann, um den Kindern Ihres Landes zu helfen.«

»Warum wollen Sie das tun?«

Ich erzählte ihr von meinem Traum. Ich erzählte ihr von Irland.

Wir sprachen lange Zeit, und als ich ging, sagte ich zu ihr: »Sie werden mich wiedersehen. Ich verspreche es Ihnen.«

Ein kleines Lächeln verzog ihre Lippen. Sie wußte, ich würde wiederkommen. Vietnamesen sind nicht so spontan und demonstrativ, wie wir Iren es sind. Ich wußte, es war falsch, was ich tat, aber ich konnte nicht anders: Ich streckte die Hände aus, umarmte sie und küßte sie auf die Wange. Sie war überrascht. Vielleicht freute es sie sogar.

Als ich mit schnellen Schritten das Grundstück verließ und wieder auf der Tu-Xuong-Straße stand, war ich restlos erschöpft, körperlich, geistig und seelisch. Ich war ausgelaugt. Aber dann wurde mir bewußt, daß ich stundenlang durch die Stadt gelaufen war, bevor ich vor diesem Gebäude landete, und daß ich keine Ahnung hatte, wie ich den Weg zurück zum Rex finden sollte. Ich winkte ein Cyclo heran und sank auf den Sitz. Als ich beim Rex ankam, fiel mir ein, daß ich Madame Man mein ganzes Geld gegeben hatte. Ich mußte hinaufrennen und ein paar Dong zusammenkratzen, um den Cyclofahrer zu bezahlen. Ich war fast pleite. Ich besaß nur noch ein paar Dollar. In ein paar Tagen würde ich aus dem Rex ausziehen müssen. Wenn ich mich nicht selbst erhalten konnte, was konnte ich dann schon für die Kinder tun?

Ich saß lange in meinem Zimmer und überlegte, wie ich meine neue Arbeit im Waisenhaus anpacken sollte. Wie konnte ich tun, was getan werden mußte? Ich wußte, daß dieses Unternehmen einen offiziellen Segen brauchte. Ich mußte die Genehmigung der vietnamesischen Regierung erhalten. Das bedeutete eine Reise nach Hanoi, um die Erlaubnis zu erwirken, für die Kinder zu arbeiten. Ich mußte auch meine Pläne und Ziele schriftlich niederlegen. Ich mußte einen Bericht verfassen, über das, was ich gesehen hatte und was ich tun wollte.

Ich schrieb mühsam alles mit Bleistift auf dem Briefpapier des Hotels nieder. Dann lieh ich mir eine Schreibmaschine aus und tippte das Geschriebene ab. Das nahm mehrere Tage in Anspruch. Ich begann, die Runde zu machen und um Spenden zu bitten. Ich begann mit viel Energie und leichten Herzens. Die Leute würden nicht zögern, glaubte ich, ein so verdienstvolles Projekt zu unterstützen. Der Projektmanager der BP Oil Company lehnte ab. Er sagte, was ich mir vorgenommen habe, sei unmöglich. Ich konnte nicht zählen, wie viele japanische Geschäftsleute meine Idee ohne weiteres verwarfen. Sie wollten nicht über Kinder nachdenken. Viele ausländische Geschäftsleute waren in Ho Chi Minh City, um Reis zu kaufen. Die Mexikaner, Taiwanesen, Japaner, alle wiesen sie mich ab. Mehrere deutsche Geschäftsleute schickten mich fort. In der Geschäftswelt schien man allgemein der Ansicht zu sein, daß es so viele arme und verlassene Kinder gab, daß das, was ich tun wollte, unmöglich sei. Was immer ich auch erreichen würde, es wäre nichts als ein winziger Tropfen im Ozean. Alle waren so negativ.

Alle ausländischen Geschäftsleute, mit denen ich mich verabredete, wollten mich im Floating Hotel treffen. Der Speisesaal dort ist der vornehmste in der Stadt. Jedesmal, wenn ich dort aß, nahm ich eine große Tasche und einen großen Plastikbeutel mit und bestellte die größte Pizza oder das üppigste Gericht auf der Speisekarte. Ich wußte, daß ich nur einen Teil davon essen konnte. Die Reste wanderten in meinen Plastiksack und in meine Tasche, und ich gab sie den Kindern. Wenn ein Kellner kam, um den Tisch abzuräumen, schob ich seine Hand beiseite. »Lassen Sie das. Ich nehme es mit«, sagte ich.

Das war den Ausländern, die im Speisesaal saßen, sehr peinlich. Schließlich war man in Vietnam, und man konnte an den Verhältnissen nichts ändern. Niemand wird gerne an Armut, Krankheit und Hunger erinnert.

Nach einigen Wochen war ich erschöpft und deprimiert. Mein Visum würde bald ablaufen. Ich war pleite. Wie konnte Gott mir so deutlich zeigen, was ich tun sollte, und mir dann so viele Hindernisse in den Weg legen? Und ich fragte mich, ob ich mich nicht geirrt hatte an dem Tag, als ich dachte, ich würde Gottes Willen tun. Wenn Gott an dieser Sache interessiert wäre, hätte alles viel glatter gehen müssen.

Meine einzige gute Erinnerung an jene Tage war die Zeit mit den Kindern auf der Straße. Ich verbrachte jeden Tag und jeden Abend viele Stunden mit den Kindern. Ich sang mit ihnen. Ich tanzte mit ihnen. Ich ging spazieren und spielte mit ihnen. Die Leute in Ho Chi Minh City begannen, mich als eine irische Närrin zu betrachten, diese Frau, die ihre ganze Zeit mit diesen elenden schmutzigen kleinen Kindern verbrachte.

Ich hatte schon fast die Hoffnung verloren, als ich einen Mann namens Jeremy Martin von der Enterprise Oil Company besuchte. Ich erzählte Jeremy von dem Medizinischen und Sozialen Zentrum, das mir vorschwebte. Er war sehr nett, und er hörte mir zu, aber ich merkte, daß er nicht überzeugt war.

»Kommen Sie mit«, sagte ich. Ich stand auf und nahm ihn bei der Hand. »Ich möchte, daß Sie mit mir kommen und sehen, wovon ich spreche. Ich möchte, daß Sie die Kinder sehen.«

»Nein, nein, ich verstehe schon«, sagte er.

Aber ich bestand darauf. Und so ging er mit mir ins Zentrum für unterernährte Kinder, und ich nahm einen kleinen Jungen hoch und legte ihn Jeremy in die Arme. »Dieser kleine Junge hat keinen Vater«, sagte ich zu ihm.

Der kleine Junge sah Jeremy mit dunklen, traurigen Augen an.

Ich berichtete Jeremy schnell und in groben Umrissen über die Straßenkinder von Ho Chi Minh City und was ein Medizinisches und Soziales Zentrum für sie bedeuten würde. Während ich sprach, hob der kleine Junge die Ärmchen, legte sie um Jeremys Hals und schmiegte sich eng an ihn.

Jeremy räusperte sich. »Lassen Sie mich mit dem Rechnungsführer sprechen«, flüsterte er.

Er ging hinaus und wischte sich die Augen.

»Danke, Gott«, sagte ich.

Einige Tage später kamen Les Blair und Tom Newman, leitende Angestellte von Enterprise Oil, zu Madame Man und ließen sich von ihr berichten, was sie brauchte. Danach sagte Les Blair, Enterprise Oil sei genügend interessiert, um noch einmal darüber zu sprechen, diesmal mit dem Manager des Unternehmens.

Eine Woche später luden mich die leitenden Angestellten nach An Puh ein, eine Gegend im Süden von Ho Chi Minh City, wo viele Ausländer leben und arbeiten. Ich überreichte ihnen den Bericht, den ich geschrieben hatte, und erklärte ihnen meine Pläne.

Sie fragten: Warum ein Medizinisches und Soziales Zentrum? Ich sagte, die Klinik würde sich um die körperlichen Bedürfnisse der Straßenkinder kümmern, während das Gemeinschaftshaus sich der Kinder annehmen würde, die nicht körperlich krank, sondern verwaist oder verlassen wären. Beides sei notwendig.

Die Männer waren hartgesottene Geschäftsleute, und sie stellten knallharte Fragen. Nie war ich mir meines Mangels an Bildung so bewußt gewesen wie in diesem Gespräch mit ihnen. Und obwohl es abwegig war, hatte ich das Gefühl, daß wenn sie meine Idee ablehnten, sie damit meine Person ablehnen würden. Ich war in meinem ganzen Leben abgelehnt worden, und ich war hin und her gerissen zwischen der Angst, wieder einmal abgewiesen zu werden, und dem Wissen, daß mein Traum mich hierher geführt hatte und daß ich Gottes Willen tat.

»Sind Sie Krankenpflegerin?« fragte einer von ihnen.

»Nein.«

»Warum wollen Sie das tun?«

Ich erzählte ihnen von meinem Traum. Und ich kehrte die Irin heraus. Les Blair ist Schotte. Er durchschaute meinen Trick und lächelte. Ich entschied, daß die Schotten fast so gut sind wie die Iren.

Als alles vorüber war, sagte der Manager zu mir: »Wir kommen mit und sehen uns das an.« Madame Man wurde verständigt, und sie erlaubte den Besuch. Die Geschäftsmänner kamen, sahen sich um und fanden, daß etwas getan werden müsse. Sie sagten, sie wollten diese Angelegenheit weiter untereinander diskutieren.

Sie waren sehr gründlich und geschäftsmäßig, und ich wußte, daß meine Idee ihnen als Geschäftsleuten einleuchten mußte, oder sie würden niemals Geld dafür geben. Ich wußte nicht, was sie dachten, bis zwei Wochen später Les Blair mich anrief und sagte: »Christina, wir haben eine Entscheidung getroffen. Erwarten Sie mich im Rex, und wir werden darüber sprechen.«

Ich war schrecklich nervös. Seine Stimme hatte mir nichts verraten. »Könnten Sie nicht wenigstens eine kleine Andeutung machen, Les?«

»Auf Wiedersehen im Rex.«

»Gut. Bis dann.«

Wir saßen auf der Terrasse in der Sonne und machten Konversation. Ich trank Kaffee, und Les trank ein Bier. Ich sah auf die kleinen Teiche, wo meine Straßenkinder versucht hatten, die Fische herauszuholen, und hinüber zum Swimmingpool, von dem meine Kinder die Russen vertrieben hatten.

Les merkte, wie angespannt ich war. Ich fragte mich, wann er wohl zum Thema käme. Er wollte über tausend andere Dinge sprechen. Ich war sehr nervös. Plötzlich lächelte er und sagte: »Christina, wir spenden zehntausend Dollar.«

Ich sah ihn an, dann sprang ich in die Luft und schrie auf vor lauter Glück. Ich applaudierte Les. Ich küßte ihn auf die Wange und sagte: »O Gott, danke! Das ist phantastisch! Das ist der Anfang. Nun kann es losgehen!«

Zweiundzwanzig

Ich hatte kein Geld mehr und mußte aus dem Rex in ein kleines Zimmer in einem Haus auf der Le-Loi-Straße umziehen, das einem Ausländer gehörte. Er benutzte das Haus als Büro. Eines der drei leerstehenden Zimmer wurde mir mietfrei zur Verfügung gestellt. Die vietnamesischen Angestellten bereiteten ihren Lunch im Haus zu, und ich aß mit ihnen. Es war meine einzige Mahlzeit am Tag. Alles Geld, das ich von Enterprise Oil bekommen hatte, wurde in die Renovierung des künftigen Medizinischen und Sozialen Zentrums der Christina Noble Foundation gesteckt. Ich nannte es bald schon kurz nur »das Zentrum«. Ich hatte kein eigenes Geld, und ich wurde immer dünner und schwächer.

Ich konnte nicht meinen Kindern schreiben und sie um Geld bitten. Sie machten sich schon genug Sorgen, auch ohne daß ich sie brieflich um Geld anging. Damals war ich einmal so hungrig, daß ich in ein Hotelrestaurant ging und um etwas zu essen bat. Während ich wartete, sah ich einen europäischen Touristen, der nur ein paar Bissen von seiner Mahlzeit aß und dann aufstand, um fortzugehen. Ich ging schnell auf ihn zu, lächelte, nickte, berührte seinen Arm und sagte ein paar Worte. Der arme, verwirrte Mann ging weiter, bezahlte sein Essen und verließ das Restaurant. Ich setzte mich an seinen Tisch und begann zu essen. Als ein Kellner auf mich zukam und mich zur Rede stellte, tat ich ganz empört.

»Das war mein Mann, der hier saß«, sagte ich. »Er hatte eine Verabredung und mußte gehen. Nun machen Sie, daß Sie fortkommen, und lassen Sie mich in Ruhe essen.«

Madame Man schlug mehrmals vor, ich solle nach Hanoi

gehen und die Erlaubnis erwirken, mit den Kindern zu arbeiten. Aber ich schob die Notwendigkeit, Architekten zu befragen und über Pläne für das alte Gebäude zu sprechen, vor, um die Reise zu verschieben. Wir mußten entscheiden, ob wir das alte Gebäude abreißen und ein neues errichten oder ob wir es renovieren sollten. Am Ende ließen wir die Treppen und einige Mauern stehen, aber praktisch alles andere wurde neu gebaut.

Das heutige Medizinische und Soziale Zentrum für Kinder war am 23. Dezember 1990, meinem Geburtstag, fertig. Aber wir konnten es nicht eröffnen, denn es gab nichts als das Gebäude. Die Einrichtung fehlte.

Ich brauchte mehr Geld, um Personal für das Zentrum einzustellen, Medikamente und Möbel, Ärzte, Schwestern und Helfer zu bezahlen und Lebensmittel für die Kinder zu kaufen. Ich brauchte Geld, um eine Schule zu gründen und verschiedene soziale Programme für Kinder aufzubauen. Die Bedürfnisse waren endlos. Aber die dringendste Notwendigkeit von allen war die Klinikeinrichtung. Das Zentrum einzurichten und in eine regelrechte Kinderklinik zu verwandeln würde ein Vermögen kosten. Es war notwendig, mehr Geldspenden aufzutreiben.

Wieder einmal begann ich die Runde bei den ausländischen Geschäftsleuten in Ho Chi Minh City zu machen. Neil Rigden war ein englischer Berater, der nach Südostasien geschickt worden war, um die Leitung für die Bohrungen von Enterprise Oil zu übernehmen. Ich nahm ihn mit zum Zentrum, erzählte ihm von meinem Vorhaben und fragte ihn, ob er helfen wolle. Er gab mir einen Scheck über neuntausend Dollar.

Neil Rigden war in Singapur gewesen, bevor er nach Vietnam kam, und kannte dort einen Priester mit einer sehr wohlhabenden Diözese. Er gab mir dessen Namen und Telefonnummer, und ich flog nach Singapur. Ich wußte, daß die katholische Kirche sich gut darauf verstand, vermögenden Leuten Geld abzuknöpfen. Nun würde ich also herausfinden, wie gut die Kirche sich darauf verstand, bedürftigen Leuten Geld zu geben.

Ich lieh mir das Geld für das Flugticket. Als ich in Singapur ankam, rief ich Pater Simon an, stellte mich vor und erklärte ihm mein Vorhaben. Er sagte, er würde mich am nächsten Tag zum Lunch einladen, dann könnten wir darüber sprechen. Ich rief auch bei Freunden Neil Rigdens an, die ebenfalls im Ölgeschäft waren. Ihnen entlockte ich das Versprechen, mir Spenden in Höhe von dreitausend Dollar zu schicken. Ich wußte, daß das Geld bald in Vietnam eintreffen würde. Ich war hoch erfreut. Diese Reise war vielversprechend. Aber das große Geld würde von Pater Simon kommen.

Pater Simon sah aus wie ein Priester, der eine Herde von Millionären weidet. Er kam in einem großen Mercedes, der in der Sonne glitzerte. Er trug eine goldene Armbanduhr und sehr elegante Lederschuhe. Seine Fingernägel waren manikürt. Er war aalglatt und höflich, und seine Stimme war sanft. Dieser Mann hatte die Ressourcen, die wir brauchten, um das Medizinische und Soziale Zentrum für Kinder eröffnen zu können.

Ich trug, was ich gewöhnlich trage, Jeans, T-Shirt und Sandalen. Wegen meiner Aufmachung wurden wir in das erste Restaurant, ein sehr vornehmes Lokal, nicht eingelassen. Pater Simon lächelte und schlug eine nahegelegene Cafeteria vor, die aber auch sehr fein war.

Man muß sich erinnern, daß die meisten Länder das Embargo einhielten, das seit 1975 gegen Vietnam verhängt worden war, und daß das Land zunehmend unter den schrecklichen Folgen seiner Isolation litt. Viele der notwendigsten Dinge, die die meisten Menschen als selbstverständlich betrachten, wie frische Milch, waren in Ho Chi Minh City fast nicht zu bekommen.

Hingegen herrschten in Singapur, wohin ich auch sah, Reichtum und Überfluß. In dieser Cafeteria zum Beispiel gab es mehr zu essen, als ich in meinem Leben je auf einmal gesehen hatte. Tatsächlich war genug Essen auf Pater Simons Teller, um viele Kinder satt zu machen. Aber er schien nicht besonders daran interessiert zu sein. Er schob das Essen auf seinem Teller herum, und seine Augen schweiften im Restaurant umher, während ich sprach.

Ich war erschöpft. Die monatelange Arbeit am Zentrum und die Jagd nach Geld hatten mich zermürbt. Aber ich versuchte, höfliche Konversation mit Pater Simon zu machen. Er konnte so viel für mich tun! Um sein Interesse zu wecken, erzählte ich ihm von all den Katholiken in Vietnam.

Er lächelte. »Sie sagen, sie seien katholisch, aber sie sind es nicht. Sie tun nur so.«

Ich wußte nicht, was er damit meinte.

Ich kam zum Thema. Ich erzählte ihm über mich, über das Zentrum, und dann sagte ich: »Vater, können Sie mir helfen?« Ich lud ihn ein, das Zentrum zu besuchen, um sich die Arbeit, die dort getan wurde, anzusehen.

Er nickte und sagte, am Abend habe er eine Versammlung mit seinen Gemeindemitgliedern, und er werde mir Bescheid geben, bevor ich am nächsten Tag nach Vietnam zurückkehrte.

Am nächsten Tag wurde mir die Zeit knapp. Ich mußte noch mit ein paar Leuten von den Ölgesellschaften reden, und ich mußte einen großen Pandabär und einen großen Teddybär für die Kinder kaufen. Wenn ich mein Flugzeug nach Vietnam noch erreichen wollte, mußte ich bald zum Flughafen aufbrechen, und ich hatte immer noch nichts von Pater Simon gehört. Ich wartete und wartete. Ich kaute an meinen Fingernägeln. Pater Simon würde helfen. Ich wußte es. Ich wußte es einfach. Dann, in allerletzter Minute, als ich gerade zum Flughafen rasen wollte, erschien ein Bote. Er brachte zwei Päckchen von Pater Simon, ein großes und ein kleines. Das kleine Päckchen fühlte sich an wie ein Bündel Geldscheine.

»Oh, danke, Gott. Er hat mir das Geld gegeben«, dachte ich. Aber ich wollte die Päckchen noch nicht öffnen. Ich wollte warten, bis ich im Zentrum war, um sie vor Madame Man und dem Personal und den Kindern aufzumachen. Ich wollte, daß sie das Geld sähen, wenn ich es aus dem Umschlag zog.

Ich flog mit dem Fischflieger von Singapur nach Ho Chi Minh City, ein Flug, der zweimal wöchentlich Passagiere und Fracht befördert. Die meiste Fracht besteht aus Fisch.

Am Flugplatz scherzte ich mit einem der Männer, die große Lagerroste mit gefrorenem Fisch trugen. Er nahm einen großen Lachs und gab ihn mir.

»Nehmen Sie den mit«, sagte er lachend.

Ich lachte schallend. Als ich den Fisch auf den Kopf stellte, reichte mir der Schwanz fast bis an die Schulter. Er muß dreißig Kilo gewogen haben. Ich wickelte ein Stück Plastik um die Mitte des Fisches und schleppte ihn mit. Als ich durch den Zoll ging, riß eine meiner Sandalen. Ich steckte sie in die Tasche. Ich hatte eine Sandale an und eine aus. Den Fisch hatte ich unter dem einem Arm, und den Pandabär und den Teddybär unter dem anderen. Und in einem großen Plastiksack trug ich Flaschen mit frischer Milch und andere Sachen, die es in Ho Chi Minh City nirgends zu kaufen gab.

Im Flugzeug stellte ich den Lachs auf den Kopf und verstaute ihn vor meinem Sitz. Der Lachs begann ein kleines bißchen aufzutauen. Ich bemerkte, wie Wasser herunterlief, und sagte laut: »Oh, Gott, laß diesen verdammten Fisch nicht im Flugzeug schmelzen.«

Nach einer Stunde wurde der Fisch ziemlich schlaff. Eine große Pfütze bedeckte den Boden des Flugzeugs. Aber die Leute an Bord nahmen es mit Humor, und alle fanden es lustig, auf einem Fischflieger zu sein. Sie wollten sich schieflachen über meinen Fisch, den Pandabären und den Teddybären.

Wir landeten in Tan Son Nhat, und unter den Beifallsrufen der Passagiere rannte ich zum Terminal. Die Plastikhülle um den Lachs bedeckte nur seine Mitte, während Kopf und Schwanz herunterbaumelten. Die Taschen mit der Milch dehnten sich und würden gleich einreißen, so zog ich eine Flasche heraus und gab sie einem Engländer.

»Wollen Sie eine Flasche Milch?« fragte ich ihn. »Wäre doch fein zu einer Tasse Tee.«

Er sah mich nur an und sagte nichts. Er starrte die Milchflasche an, als sei sie vergiftet. Sie wissen ja, wie die Engländer sind.

»Na, los!« sagte ich zu ihm. »Nehmen Sie sie schon. Ich weiß, wie gern Sie eine Tasse Tee mit Milch trinken.«

»Vielen Dank«, sagte er vorsichtig.

»Nichts zu danken, mein Lieber. Vielleicht geben Sie mir eines Tages Geld für die Kinder.«

Natürlich war man beim Zoll sehr neugierig, was ich da mitbrachte. Sie betrachteten beklommen meinen schlappen Fisch.

»Machen Sie sich keine Sorgen um den«, sagte ich. »Stecken Sie ihn nur nicht in euren altmodischen Durchleuchtungsapparat, oder ihr werdet ihn verstrahlen. Er ist aus Alaska, wissen Sie. Und er ist mausetot. Er beißt nicht.«

Und mit einem Schuh noch immer in meiner Tasche, meinem Plastiksack mit der Milch und anderen guten Sachen darin und mit einem auftauenden Fisch, der eine Wasserspur hinterließ, floh ich aus dem Flughafen. Mein erster Stopp war bei Enterprise Oil. Ich schenkte meinen Lachs den Leuten im Büro.

Dann rannte ich zum Zentrum, setzte mich mit Madame Man und ein paar Kindern hin und berichtete ihnen von dem Geld, das von den Ölmenschen in Singapur kommen würde. Ich erzählte ihnen von Pater Simon, und ich hob die beiden Päckchen hoch und begann sie zu öffnen. Die Kinder waren ganz aufgeregt.

Das große Paket enthielt ein Bild mit den Fußspuren Jesu im Sand.

»Ohhh, wie schön«, sagte ich. »Aber das kann ich den Kindern nicht zu essen geben.«

Das Geld mußte in dem kleineren Päckchen sein. Ich öffnete es langsam, zog das Papier beiseite und erstarrte vor Enttäuschung. Mehrere hundert Karten, kleinere Reproduktionen das großen Bildes, befanden sich darin. Ein Kärtchen von Pater Simon lag dabei. Langsam nahm ich es heraus und las laut vor: »Sie arbeiten an einem wunderbaren Werk. Gott hat Sie erwählt, Seinen Willen zu tun. Aber Sie sehen müde aus und müssen besser auf Ihre Gesundheit achten. Gott segne Sie. Wir werden alle für Sie beten.«

Das war alles. Ich weinte. Ich verschenkte das Bild von Jesu Fußspuren und schmiß die kleinen Karten weg. Ich warf mich auf ein Bett, weinte und erinnerte mich an meine Kindheit in Irland, als ich keine Schuhe und nichts zu essen hatte und in die Kirche ging, um Hilfe zu erbitten.

Sie gaben mir Gebete, um sie an meinen Füßen zu tragen, und Gebete, um zu essen. Heute brauchte ich Geld, um Lebensmittel und Medikamente zu kaufen und das Zentrum für die Kinder von Vietnam einzurichten, und die Kirche gab mir Gebete.

Nichts hatte sich geändert. Nichts.

Dreiundzwanzig

Madame Man schien nicht sonderlich überrascht zu sein über die mangelnde Unterstützung durch die katholische Kirche. Sie ist ein überzeugtes Mitglied der kommunistischen Partei, und die Kommunisten haben kein Vertrauen zur Kirche. Sie war viel besorgter darüber, daß ich noch nicht nach Hanoi gereist war. Sie sagte, meine Sorge um die Klinikeinrichtung und die Medikamente sei zweitrangig, zuerst müsse ich die Genehmigung der Regierung einholen, für die Kinder zu arbeiten. Sie bestand darauf, daß ich die Reise nach Hanoi unternahm und den Regierungsbeamten erklärte, was ich tun wollte und wie ich es tun wollte. Madame Man war sehr einflußreich in Regierungskreisen. Wenn sie sagte, ich müsse nach Hanoi gehen, dann mußte ich es tun.

Ich hatte mich vor der Reise gefürchtet. Das ging noch immer auf den Einfluß der Nonnen zurück. Jedesmal, wenn ich daran dachte, nach Hanoi zu gehen, hörte ich die Nonnen in der Erziehungsanstalt fragen: »Und wenn die Kommunisten euch an die Wand stellen würden und drohten, euch zu erschießen: Würdet ihr dann eurem Glauben abschwören?«

Wenn 1990 Leute aus dem Westen von Ho Chi Minh City in andere Gegenden Vietnams reisen wollten, brauchten sie eine Sondergenehmigung der Regierung. Ich erhielt sie, und einige Tage später stieg ich in ein altes russisches Propellerflugzeug. Ich war die einzige westliche Person auf diesem Flug von Ho Chi Minh City nach Hanoi. Ich trug weiße Hosen und ein grünes T-Shirt, auf dem eine Harfe und die Aufschrift »Irland« prangte. Um den Hals hatte ich ein grünes Tuch geschlungen. Es kann nie schaden, das irische Grün zu tragen.

Als ich an Bord ging, bemerkte ich, daß die Räder des Flugzeugs abgewetzt waren. Drinnen gab es keine reservierten Sitzplätze. Die Leute setzten sich, wohin sie wollten. Sobald sich die Tür schloß, hörten wir ein zischendes Geräusch, und dicker Nebel breitete sich in der Kabine des Flugzeugs aus. Ich geriet in Panik. »Oh, Gott«, dachte ich. »Die Nonnen hatten recht. Die Kommunisten vergasen uns alle, nur weil sie es auf mich abgesehen haben.« Ich hatte solche Angst, daß es mir fast die Gedärme verdrehte. Die Crew gab keine Erklärung ab, aber ein anderer Passagier sagte mir, es sei nur ein Insektenspray.

Niemand forderte uns auf, die Sicherheitsgurte anzulegen. Einige Leute standen in den Gängen und unterhielten sich vom Moment des Abflugs an bis zur Landung. Es war wie in einem ordinären Bus. Alle rauchten. Als ein Imbiß verteilt wurde, warf ich einen Blick darauf und schüttelte den Kopf. »Das sieht aus wie Hund«, sagte ich. »Ist das Hund?« Die Flugbegleiterin lächelte und schüttelte den Kopf; sie hatte mich nicht verstanden.

Am Flughafen von Hanoi, der weit außerhalb der Stadt liegt, nahm ich ein Taxi. Die Straße zur Stadt war voller riesiger Schlaglöcher, aber der Fahrer nahm darauf keine Rücksicht. Er fuhr sehr schnell. Wenn uns ein anderer Wagen entgegenkam, weigerte er sich, auch nur einen Zentimeter auszuweichen. Ich war auf einen Unfall gefaßt.

Mein Termin beim Ministerium für Arbeit, Behinderte und Soziales war am nächsten Morgen. Als ich um zehn Uhr das Regierungsamt betrat, saßen drei Männer und eine Frau an einer Seite eines Tisches, der mitten im Raum stand.

»Wir wissen, daß Sie an Kindern interessiert sind und ein sogenanntes Medizinisches und Soziales Zentrum für Kinder eröffnen wollen«, sagte Mr. Nghiem Xuan Tue, der Stellvertretende Direktor der Abteilung für Internationale Beziehungen im Ministerium für Arbeit, Behinderte und Soziales. Er war der ranghöchste der anwesenden Beamten. »Wir möchten, daß Sie uns erzählen, warum Sie das tun wollen. Warum kommt jemand aus dem Westen hierher und möchte sich um die Kinder kümmern?«

Alle, die am Tisch saßen, starrten mich an. Wir befanden uns

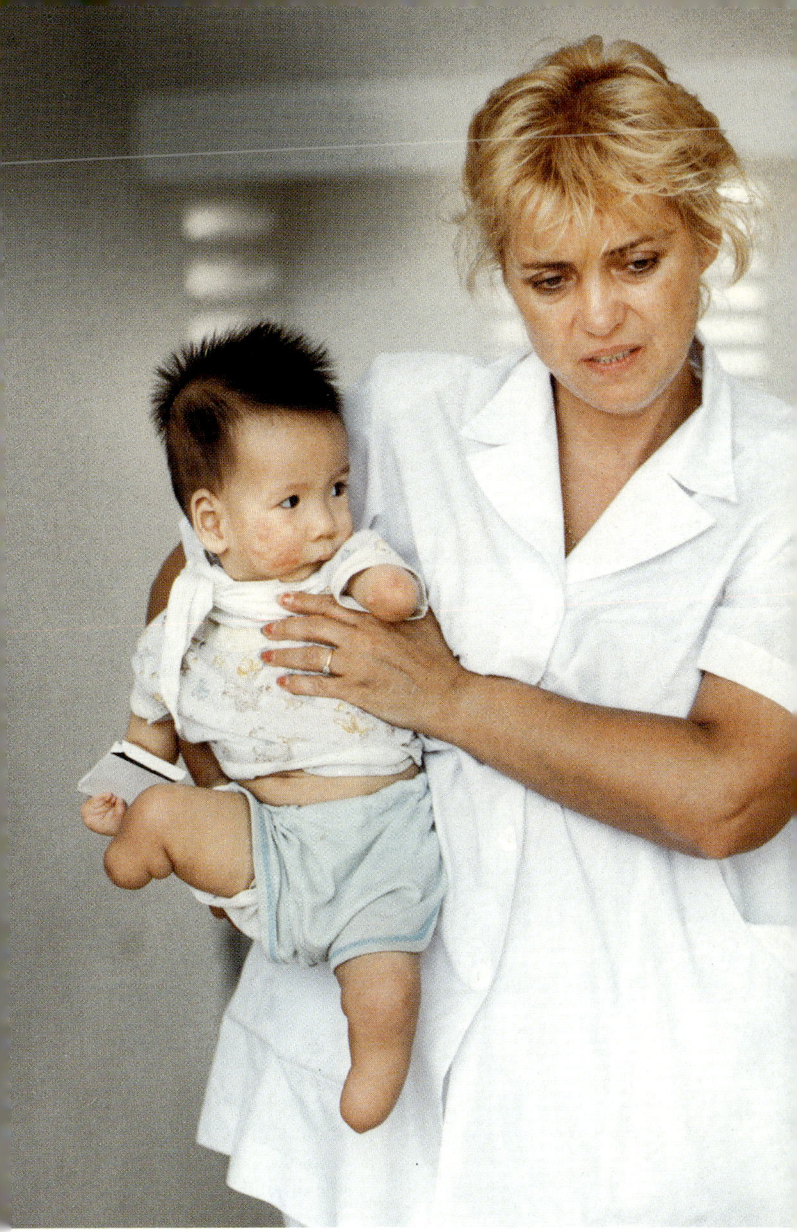

ı Opfer von Agent Orange: Noch immer kommen in Vietnam
:le Kinder mißgestaltet zur Welt.

Meine Schwester Philomena, Androula und ich. Philomena war aus Kanada zu Besuch gekommen. Philomena erinnert mich sehr an meine Mutter. Androula bereitete sich gerade auf ihren Magister in Kinderpsychologie an der Londoner University vor.

Meine Kinder aus meiner ersten Ehe und ich. Nicolas, Helen und Androula, bei einem glücklichen Wiedersehen im Garten von Helen.

Zusammen mit Helen. Sie ist eine erfolgreiche Sängerin; in Finnland hat sie mit einem ihrer Alben eine goldene Schallplatte gewonnen. Von meinen Kindern ist sie mir am ähnlichsten.

In der kurzen Zeit, seit das Zentrum besteht, haben wir große Fortschritte gemacht. Das Wichtigste bei allem ist allerdings noch immer ein liebevolles Verhältnis zu den Kindern.

in einem Konferenzsaal, in dem formelle Sitzungen stattfinden. In der Mitte des Raums stand ein schöner, ovaler Tisch aus hellem, poliertem Holz, an dem Mr. Tue saß, von einem Dolmetscher und zwei Assistenten flankiert. Ich saß ihm gegenüber. Dazwischen befand sich eine kostbare, mit Blumen gefüllte Vase aus lackiertem Holz. An den Wänden des Saals standen Stühle mit geraden Rücklehnen. Der einzige Schmuck an den Wänden war ein Porträt von Ho Chi Minh, den die Vietnamesen ehrerbietig als Onkel Ho bezeichnen.

»Ich weiß, Ihr Land ist sehr arm«, begann ich. »Die Amerikaner haben seit fünfzehn Jahren ein Embargo über Vietnam verhängt. Ihre Regierung braucht Geld in jedem Bereich. Ich komme aus Irland. Ich habe kein Geld. Aber ich liebe die Kinder. Das ist der Grund, weshalb ich das tun will. Ich liebe diese Kinder von ganzem Herzen.«

»Aber warum gerade diese Kinder? Sie kommen doch aus dem Westen.«

»Ja, ich komme aus dem Westen. Aber ich war eine von ihnen. Ich war ein Straßenkind. Ich komme aus dem Westen, aber ich habe ein Leben voller Armut, Schmerzen, Entbehrungen und Mißhandlungen hinter mir. Ich komme aus dem Westen, aber ich will helfen. Ich komme aus dem Westen, aber ich bitte Sie, mir zu glauben und zu vertrauen.«

»Aber warum gerade Vietnam? Warum wollen Sie in Vietnam arbeiten?«

Ich erzählte ihnen von meinem Traum, aber ich hatte das Gefühl, sie verstanden mich nicht. Ich wußte, die Vietnamesen lieben Gleichnisse und Rätsel, und so zuckte ich mit den Achseln und sagte: »Warum sticht die Biene?«

Das war keine gute Antwort, deshalb fuhr ich schnell fort. »Es ist ganz einfach: Die Kinder sind Menschen. Ich bin ein Mensch. Es ist normal, daß man helfen will. Das ist die Wahrheit. Entweder Sie glauben mir oder Sie lassen es bleiben. Aber das ist die Wahrheit. Ich bin ein einfacher Mensch. Ich bin nur eine Mama. Ich habe nichts Hochgestochenes an mir. Ich habe keinen gesellschaftlichen Schliff.«

Dann sprachen wir über die Klinik, über die Einrichtung, das

Personal, die Versorgung; alles, wie ich es mir vorstellte. Sie erklärten, daß sie vorsichtig sein müßten, um nicht die Kompetenzen des Gesundheitsministeriums zu verletzen.

Wir sprachen weiter. Ich kehrte die Irin heraus. Ich weinte. Ich fuchtelte mit den Armen. Ich redete unaufhörlich. Ich sah wohl, daß Mr. Tues Mund sich öffnete und wieder schloß, als er sich bemühte, mich zu unterbrechen, aber ich sprach weiter. Dies war meine einzige Chance, und ich mußte sie nutzen. Endlich lehnte sich der arme Mann einfach zurück und hörte zu. Ich redete über eine Stunde. Ich fiel auf die Knie. Ich verausgabte mich völlig. »Sie müssen mir vertrauen«, sagte ich. »Es geht um die Kinder.«

Es dauerte fast zwei Stunden, bis ich zum Ende gekommen war. Mr. Tue lächelte, vermutlich vor Erleichterung, und sagte: »Wir vertrauen Ihnen.«

Ich lachte. »Ah, Sie vertrauen mir nicht, aber Sie wollen mir auch nicht gerade mißtrauen. Das soll mir recht sein. Ich sage es Ihnen gleich, ich bin darauf angewiesen, im Westen Geld aufzutreiben, und um das zu tun, muß ich Reklame machen. Und wenn ich Reklame mache, das sage ich Ihnen auch, werde ich mich aus der Politik heraushalten.« Ich schüttelte den Kopf und öffnete die Arme mit einer weit ausholenden Geste. »Ich verstehe nichts von Politik. Ich bin nur an den Kindern interessiert.«

Sie nickten und lächelten. Ich schüttelte allen die Hände und stand auf, um zu gehen. Ich war schon zur Tür hinaus, als mir klar wurde, daß ich in einem Land, das so in seine Bürokratie verliebt war wie Vietnam, den Beweis für die Einwilligung in der Hand haben mußte. Ich brauchte ein Blatt Papier mit Unterschriften und einem Siegel der Regierung.

Ich rannte zurück in den Saal. Sie erschraken und sahen überrascht auf. »Können Sie es mir schriftlich geben?« fragte ich.

Sie verstanden mich nicht.

»Ich brauche ein Papier. Nichts Kompliziertes. Es braucht nicht so lang zu sein. Nur ein Blatt Papier, auf dem steht, Christina Noble darf mit den Kindern von Ho Chi Minh City arbeiten.

Nein, sagen Sie, mit den Kindern von Vietnam. Und würden Sie eine Ihrer hübschen roten Marken daraufkleben?«

Sie starrten mich immer noch an.

»Ich werde Sie nicht enttäuschen.«

Sie steckten die Köpfe zusammen und flüsterten. Nach einer Weile nickte Mr. Tue. »Kommen Sie morgen um drei Uhr nachmittags wieder«, sagte er.

»Morgen, drei Uhr«, sagte ich, bevor ich denken konnte. »Das kostet mich wieder Geld für eine weitere Übernachtung im Hotel. Ich versuche, Geld zu sparen.«

Sie lachten, als der Dolmetscher ihnen übersetzte, was ich gesagt hatte. Aber am nächsten Tag war das Papier fertig. Ich hob es hoch und sagte zu Mr. Tue: »Dieses Papier ist sehr dünn, nicht wahr. Furchtbar dünn. Haben Sie nicht etwas anderes?« Er machte mir ein Zeichen zur Tür hin. Ich glaube, er hatte für diesmal genug von den Iren.

Ich sah das Stück Papier an, und mir wurde klar, welchen Schatz ich damit in der Hand hielt. Dies war die offizielle Genehmigung der Regierung von Vietnam dafür, daß ich für die Kinder in diesem Land arbeiten durfte. Und die hübsche rote Marke klebte darauf.

Ich muß an dieser Stelle erklären, welche Rolle Mr. Tue in der vietnamesischen Regierung spielt. Er ist der Verbindungsmann für alle privaten Organisationen aus aller Welt, die in Vietnam arbeiten wollen. Viele dieser Organisationen haben Tausende, einige sogar Millionen von Dollars zur Verfügung. Es ist einfach für einen Regierungsbeamten, einer solchen Gruppe die Genehmigung zu erteilen, in Vietnam zu arbeiten und Geld auszugeben. Aber ich hatte nichts als meinen Traum. Und daß Mr. Tue mir die Erlaubnis gab, in seinem Land zu arbeiten, war ein reiner Akt des Vertrauens. Ich liebe diesen Mann. Ich schicke ihm alle drei Monate einen Bericht und besuche ihn etwa einmal jährlich. Er hat oft über unsere erste Begegnung, bei der ich so viel redete, gelacht. Und er hat mir zu verstehen gegeben, daß er niemals vor mir und niemals nach mir eine andere Person aus dem Westen tun ließ und tun lassen würde, was ich tun darf. Ich werde ihm immer dankbar sein.

Ich muß hinzufügen, daß die Regierung in Hanoi immer sehr gut zu mir gewesen ist. Ich habe die Grenzen mehrmals überschritten, nicht absichtlich, sondern weil ich die vietnamesischen Geschäftsgepflogenheiten nicht verstand. Aber sie wiesen mich jedesmal nur sehr streng zurecht und ließen mich dann mit meiner Arbeit fortfahren.

Ich erinnere mich zum Beispiel, daß ich nicht lange nach meiner Reise nach Hanoi eine Ausstellung lokaler Künstler veranstalten wollte, deren Erlös dem Zentrum zugute kommen sollte. Ich suchte den Manager des Floating Hotel auf, und er war einverstanden, sein Haus dafür zur Verfügung zu stellen. Wir bereiteten eine Ausstellung von Stickereien und Gemälden vor. Ich zeigte alles Madame Man und erklärte ihr, was wir vorhatten. Und ehe ich mich's versah, wurde ich zu einer dringenden Besprechung mit einem Beamten aus Hanoi zitiert. Ich sah seinem Gesicht an, daß etwas Ernstes vorlag.

»Sie sind Gast in diesem Land«, begann er. »Und obwohl wir Ihnen dankbar sind für Ihre Arbeit mit den Kindern und für alles, was Sie für unser Land tun, müssen Sie bedenken, daß Sie hier Gast sind. Sie können nicht Madame Man übergehen, wenn Sie diese Ausstellung veranstalten. Sie müssen vorher die Erlaubnis der Regierung einholen.«

Ich war sehr zerknirscht und entschuldigte mich und erklärte, daß es sich um ein Mißverständnis handelte. Ich wußte einfach nicht, daß es notwendig war, die Erlaubnis für eine Ausstellung einzuholen. Alles Geld war doch für die Kinder. Ich dachte, wenn ich die Genehmigung von Hanoi habe, mit den Kindern zu arbeiten, gehörte das auch dazu. Aber so war es nicht.

»Merken Sie sich das«, sagte der Mann aus Hanoi. »Niemand in Vietnam darf so arbeiten, wie Sie es tun. Sie müssen sich an die Vorschriften halten.«

»Ich habe einen Fehler gemacht. Es tut mir leid. Ich wollte mich nicht über Sie hinwegsetzen. Ich bin eben eine unwissende Frau aus Irland. Ich verstehe nichts von diesen Dingen.«

Er überreichte mir ein dickes Paket Bücher.

»Sie müssen die vietnamesischen Gesetze lesen«, sagte er.

Ich zuckte mit den Achseln. »Sie werden mich nur verwirren.

Wenn ich das alles lese, werde ich ganz durcheinander sein. Ich habe gern alles einfach. Sagen Sie mir nur, was ich nicht tun darf.«

Er zeigte auf die Bücher und machte ein strenges Gesicht. »Sie müssen diese Bücher lesen.«

»Ich will sie aber nicht lesen. Sie werden mich verwirren.«

»Sie lesen die Bücher.«

Ich nahm die Bücher.

Die Ausstellung war erfolgreich, und wir bekamen wieder ein paar Dollar für das Zentrum zusammen. Inzwischen wohnte ich in einem Zimmer im Zentrum. Ich hatte kein Geld. Mein Frühstück bestand gewöhnlich aus einem Eiersandwich. Manchmal war es meine einzige Mahlzeit am Tag. Ich war zu stolz, um mit dem Personal im Zentrum zu Mittag zu essen. Das hat mit meiner Kindheit zu tun. Ich habe nicht gelernt, etwas anzunehmen. Ich muß den Kopf hoch tragen können. Ich muß meine Würde haben. Ich wollte nicht das Gesicht verlieren, indem ich Essen vom Zentrum annahm und kein Geld hatte, um dafür zu bezahlen.

Doch ich wurde immer schwächer und verlor viel Gewicht. Die Kinder nannten mich nicht mehr lachend »Madame Sowjet«.

Tag und Nacht war ich bei den Kindern. Ich behielt die Arbeit, die getan wurde, ständig im Auge und versuchte, neue Arbeitsmethoden für das Personal einzuführen.

Ich war erschöpft und mußte mich erholen, und sei es nur für ein paar Stunden. So ging ich eines Tages zum Schwimmen in einen nahegelegenen Pool. Es fiel mir sehr schwer, mich in einem öffentlichen Schwimmbad im Badeanzug zu zeigen, aber ich tat es. Und ich genoß das Bad und die Erholung. Einige Tage später begann mein Bauch anzuschwellen. Tag für Tag schwoll er mehr an, bis ich schreckliche Schmerzen hatte. Ich dachte, es sei eine böse Lebensmittelvergiftung. Dann, eines Morgens, konnte ich nicht mehr gehen. Ich wollte nicht in das Allgemeine Krankenhaus von Ho Chi Minh City, das zehnstöckige Gebäude an der Cho-Ray-Straße, denn man hatte mir gesagt, wenn ich da hineinginge, dann käme ich nicht wieder heraus, bis ein Arzt mich entließ. Und ich konnte es mir nicht leisten, viele Tage im Krankenhaus zu bleiben.

Die meisten Ausländer in Ho Chi Minh City haben große Medizinschränke mit Plasma, Medikamenten, Antibiotika; regelrechte Krankenhäuser im eigenen Haus. In vieler Hinsicht sind die Ausländer besser ausgerüstet als die örtlichen Krankenhäuser. Beim ersten Anzeichen einer Krankheit, die sich zu einem größeren Problem auswachsen könnte, springen sie in ein Flugzeug nach Singapur und gehen in ein modernes Krankenhaus. Aber ich hatte keinen Medizinschrank und war auch zu krank, um nach Singapur zu fliegen.

Ich hatte alles, was ich besaß, bei mir in meinem Zimmer. Madame Man lieh mir ein Radio.

Es ging mir immer schlechter. Ich brauchte dringend ärztliche Hilfe. Eine Ärztin wurde gerufen. Sie führte viele Tests durch, aber sie schien vor einem Rätsel zu stehen. Nachdem sie die Ergebnisse eines Tests ausgewertet hatte, fragte sie, ob ich in einem der hiesigen Schwimmbäder gebadet hätte. Als ich bejahte, sagte sie, daß Ratten auf der Suche nach Trinkwasser manchmal in die Pools fielen. Aus Angst urinierten sie. Manchmal ertränken sie, und ihre Kadaver blieben tagelang im Pool liegen. Etwas von diesem Wasser war in meinen Mund gelangt, und so hatte ich mir diese schreckliche Krankheit zugezogen. Im Verlauf der nächsten zwei Wochen bekam ich vierundzwanzig Injektionen.

Nachdem die Ärztin mir die Krankheit erklärt hatte, lächelte sie und sagte: »Vietnam ist nun in Ihrem Blut. Im wahrsten Sinne des Wortes.«

Ich dachte lange über ihre Worte nach. Sie hatte recht. Ich konnte dem nur hinzufügen: »für immer«.

Nachdem die starke Schwellung in meinem Bauch zurückgegangen war und ich dachte, ich sei auf dem Weg der Besserung, bekam ich Fieber. Wochenlang hatte ich die schlimmsten Fieberanfälle mit Schüttelfrost und Schweißausbrüchen, bis ich so geschwächt war, daß ich nicht mehr aufstehen konnte. An Madame Mans Gesichtsausdruck sah ich, daß ich schwer krank sein mußte.

Eine der Helferinnen war Lai, ein Mädchen aus Kambodscha, das gesehen hatte, wie sein Vater auf den Todesfeldern enthauptet worden war. Eines Nachmittags, als sie mir die fiebrige Stirn abwischte, flüsterte sie: »Mama Tina sehr krank. Mama Tina muß essen.« Sie bot mir eine Schüssel mit Suppe an. Aber ich war zu schwach.

»Mama Tina sorgt sich zuviel um die Kinder«, sagte Lai. »Mama Tina muß sich um Mama Tina sorgen.«

»Geh weg. Laß mich in Ruhe«, sagte ich. Wenn ich krank bin, bin ich wie ein verwundetes Tier und muß allein sein. Entweder werde ich gesund, oder ich sterbe.

Lai wollte nichts davon wissen. »Du krank. Ich dich pflegen«, sagte sie.

»Geh weg.«

Zögernd verließ Lai das Zimmer. Danach wurde mein Fieber schlimmer. Später in der Nacht wurde mir klar, daß ich dem Tode nah war.

Langsam faltete ich die Hände und holte tief Atem. Meine Haut war feuchtkalt, mein ganzer Körper wurde von Schüttelfrost gepeinigt, und für einen Augenblick wußte ich nicht weiter.

Dann sagte ich: »Gott, wenn du hier bist, wenn du wirklich existierst, hör mir zu. Ich versuche, den Kindern hier zu helfen. Ich versuche, etwas Gutes zu tun. Ich glaube, daß du mich hierher geschickt hast. Wenn das, was ich tue, gut ist, und wenn ich es aus den richtigen Beweggründen tue, hilf mir, gesund zu werden und eine Klinikeinrichtung für die Kinder zu bekommen. Verstehst du mich? Hilf mir, irgendwie wieder zu Kräften zu kommen. Ich bitte dich nicht, daß du es tust, ich bitte dich nur, mir zu zeigen, wie ich es selbst tun kann. Aber wenn ich dich aus den falschen Gründen bitte, wenn ich nicht der Mensch bin, der diese Arbeit für die Kinder tun kann, dann ist es vielleicht besser, du läßt mich sterben. Vielleicht ist es besser, ich verlasse dieses Land. Aber warum hast du mich so weit kommen lassen, Gott, wenn du es mich nicht zu Ende bringen läßt? Ich bin müde. Ich bin krank. Ich bin schwach. Ich habe kein Geld. Die Klinik hat keine Einrichtung. Wir haben kein Geld, die Klinik in Betrieb zu nehmen.«

Ich wurde von solcher Traurigkeit ergriffen, daß ich weinte. Ich gab keinen Laut von mir. Ich weinte still, wie meine Mutter geweint hatte. Tränen liefen mir über die Wangen, bis mein Kissen durchnäßt war. Dann bemerkte ich, daß die Feuchtigkeit nicht nur von den Tränen kam. Ich war in Schweiß gebadet.

Dann geschah etwas. In dieser Nacht erfuhr ich zum ersten Mal in meinem Leben, daß es Gott wirklich gibt. Ich erfuhr, ich erfuhr wirklich, daß er existiert. Ich war kein kleines katholisches Mädchen mehr, das um Hilfe bat. Ich glaubte nicht an Gott, weil sich das so gehört. Ich war eine Frau, die sich an eine höhere Macht wandte. Und etwas geschah. Ich fühlte, und ich fühlte es tatsächlich, wie etwas meinen Körper verließ. Es stieg aus meinem Körper auf, verweilte einen Moment im Raum und verließ dann das Zimmer. Es war hoch in der Luft, und dann war es fort, und ich verspürte einen Frieden, wie ich ihn noch nie erlebt hatte, eine Ruhe, von der ich nicht gewußt hatte, daß es sie gibt.

Ich dachte, ich wäre tot. Ich berührte meinen Arm, und meine Haut fühlte sich kühl an. Sie war nicht heiß oder feucht und verschwitzt. Ich sah mich im Zimmer um. Alles war noch wie vorher. Aber ich war mir nicht sicher, ob jemand, der hereinkäme, mich sehen könnte. Ich fragte mich, ob ich den Boden wohl spüren würde, wenn ich meinen Fuß aufsetzte. Ich setzte mich langsam auf, schwang die Beine seitwärts und setzte langsam die Füße auf den Boden. Er war kalt. Ich stand auf, ging auf den Balkon und sah hinaus auf das Anwesen. Die Morgendämmerung brach an, und in dem sanften Morgenlicht sah mich der Wachmann am Tor. Er winkte und sagte: »Guten Morgen, Mama Tina.« Da wußte ich, daß ich lebte. Ich winkte und lächelte, und dann lachte ich vor Erleichterung und Freude. »Hallo«, rief ich. »Hallo.« Ich lebte. Ich fühlte mich so leicht. Ich ging wieder in mein Zimmer, legte mich ins Bett und dankte Gott, für was auch immer geschehen war, und dann versank ich in einen tiefen, friedlichen Schlaf und schlief den ganzen Tag und die ganze darauffolgende Nacht.

Am nächsten Morgen wachte ich auf, zog mich an und ging hinunter, um Madame Man zu besuchen.

Sie lächelte und sagte: »Sie sehen gut und ausgeruht aus.«

»Madame Man«, sagte ich zu ihr. »Ich werde Air France anrufen und mit dem ersten Flug, den ich bekommen kann, nach London fliegen. Ich gehe nach London, um Geld aufzutreiben und eine Klinikausstattung für die Kinder zu bekommen.«

Sie nickte.

Am nächsten Tag flog ich ab.

Vierundzwanzig

Unmittelbar nach der Landung in Heathrow fuhr ich nach Surrey, wo meine Kinder lebten. Sie waren überglücklich, mich wiederzusehen, aber auch besorgt, weil ich so dünn geworden war. Wir saßen am Kaminfeuer, und ich erzählte ihnen von meinem Leben in Vietnam. Wir sprachen bis in den frühen Morgen. Ich war zu aufgeregt, um schlafen zu können. Zuviel hing von dem Erfolg meiner Bemühungen ab. Ich mußte Geld auftreiben, um die Klinikausstattung zu kaufen, oder mein Traum würde mit einem renovierten, aber leeren Gebäude zu Ende sein.

Ich holte den alten Computer hervor, den ich gekauft hatte, als ich den kleinen Party Service betrieb, und die ganze Nacht und den nächsten Tag verbrachte ich damit, das Telefonbuch nach den Adressen von medizinischen Einrichtungen und Kinderkliniken, Herstellern von Klinikeinrichtungen und Krankenhäusern, Stiftungen und großen Firmen zu durchsuchen. Ich wußte nicht, wie man eine solche Sammelaktion durchführt. Ich setzte mich einfach hin und schrieb Briefe an die Leute, die ich ansprechen wollte.

Nachdem ich die Briefe aufgegeben hatte, hatte ich für ein paar Tage nichts zu tun. So fuhr ich nach Birmingham, um meinen Vater zu besuchen. Ich erzählte ihm, ich sei nach Hause gekommen, um Geld für das Zentrum zu beschaffen. Er sagte, wir hätten uns länger als ein Jahr nicht gesehen, und da ich in den nächsten Wochen so viel zu tun hätte, sollte ich doch über Nacht bleiben, damit wir uns noch unterhalten könnten. Natürlich willigte ich ein. Mein Daddy war zweiundachtzig. Er würde nicht ewig leben.

Am Nachmittag ging er in den Pub, und er war angesäuselt, als er nach Hause kam. Ich war bereits ins Bett gegangen. Und wie immer, wenn ich in seiner Wohnung schlief, ließ ich das Licht brennen.

Er kam herein, murrte wegen des Lichts und knipste es aus. In der Dunkelheit konnte ich mir sein Gesicht vorstellen. Ich hatte es als Kind so oft gesehen.

»Pop, ich kann nicht schlafen, wenn das Licht aus ist.« Ich stand auf und knipste es wieder an.

»Ich fühle, daß deine Mutter da ist«, stöhnte er, »Vielleicht werde ich bald bei ihr sein. Fühlst du nicht auch, daß deine Mutter im Zimmer ist?«

Er knipste das Licht erneut aus.

Ich ging in die Luft. Jahre des unterdrückten Zorns auf meinen Vater stürzten auf mich ein. Gefühle, die ich nie ausgesprochen hatte, brachen plötzlich hervor.

»Fuck you! Fuck you! Fuck you!« schrie ich. »Ich brauche mir diesen Scheiß nicht mehr gefallen zu lassen. Mutter ist nicht da. Sie ist nicht in diesem Zimmer. Sie ist tot, seit ich zehn Jahre alt war. Du kannst mir keine Schuldgefühle einreden. Es war deine Sauferei, die Mamas Tod verursacht hat. Dein Trinken hat den ganzen Kummer dieser Familie verursacht. Weißt du denn, welche Hölle wir deinetwegen durchleiden mußten? Bereust du denn gar nicht, was du uns angetan hast? Ist es dir ganz egal? Fragst du dich nicht, warum ich als Frau in meinem Alter nicht im selben Haus wie du schlafen kann, ohne daß das Licht brennen muß? Weißt du nicht, daß ich deinetwegen in Klapsmühlen gewesen bin? Ich hatte Angst zu laufen, zu sprechen, mit Menschen zusammenzukommen. Ich wußte nicht mehr, wer ich war. Und da bist du jetzt und schlurfst herum und versuchst mir ein schlechtes Gewissen einzureden. Willst du mich umbringen? Mutter hat uns gegeben, was du uns nie gegeben hast. Sie hat uns Kraft und Liebe gegeben.«

Mein Daddy begann zu weinen. »Du willst mich fertigmachen. Du willst mich umbringen«, schluchzte er.

Ich kannte seine Tricks und fiel nicht darauf herein. Ich sprang aus dem Bett und baute mich vor ihm auf. »Nein. Du hast dich selbst fertiggemacht, und du bringst dich selbst um, mit Alkohol. Ich weigere mich, hier zu sitzen und mir deinen Scheiß noch länger anzuhören.«

Ich nahm meine Kleider und begann, mich anzuziehen. Er stand mitten im Zimmer und weinte.

»Ich gehe jetzt, Pop. Ich bin von Surrey im Nebel und im Regen hierher gefahren, um dich zu beschützen, wie du mich nie beschützt hast. Aber nichts ist dir genug. Was soll ich noch tun – für dich sterben? Nein, ich werde nicht für dich sterben. Ich brauche mir das nicht mehr gefallen zu lassen. Ich gehe. Und ich will dich nicht mehr wiedersehen, solange ich lebe. Du kannst zur Hölle fahren. Du kannst geradewegs zur Hölle fahren, du dreckiger Bastard.«

Ich rannte aus dem Haus, Tränen strömten über mein Gesicht, und ich sah mich nicht mehr um. Ich hatte eine Arbeit zu leisten. Ich mußte Geld für das Zentrum, für die Kinder von Vietnam beschaffen. Ich mußte meine Bestimmung erfüllen.

Ich wartete einige Tage und wollte gerade mit der langen, ermüdenden Arbeit beginnen, in ganz London an die Türen der Leute zu klopfen, denen ich Briefe geschrieben hatte, als ich einen Anruf erhielt. Mein Daddy war schwer krank.

Ich ließ alles stehen und liegen und raste nach Birmingham ins Krankenhaus. Mein Bruder Andy sagte, Pop sei eines Nachts betrunken nach Hause gekommen, hingefallen und mit dem Kopf so unglücklich aufgeschlagen, daß er eine Gehirnblutung erlitten hatte. Die Ärzte rechneten mit seinem baldigen Tod.

»Alles, was wir noch für ihn tun können, ist, es ihm leichter zu machen«, sagte einer der Ärzte.

Pop war bewußtlos. Seine Augen waren offen, aber er konnte nicht sprechen. Er sah ganz grau aus, sein Gesicht war eingefallen, und die Haut um seine Augen herum war schwarz. Diese blauen Augen, die unglaublichsten blauen Augen, die ich je gesehen hatte, waren eingesunken und blutunterlaufen. Als ich sein Gesicht betrachtete, erinnerte es mich so sehr an das Gesicht meiner Mutter, als sie im Sterben lag. Ich mußte an den Tag vor so vielen Jahren denken, als Daddy und ich zur »Union« gegangen waren, er den Sterbepaß bekam und wir meine Mutter besuchten. Er sah genauso aus, wie sie damals ausgesehen hatte.

Ich wußte, daß Pop schreckliche Angst vor dem Sterben hatte. Er hatte immer große Angst vor dem Teufel gehabt und davor, in alle Ewigkeit in der Hölle schmoren zu müssen. Ich saß tagelang an seinem Bett und redete stundenlang auf ihn ein. Ich sagte ihm alles, was ich auf dem Herzen hatte, alles, was ich ihm früher nicht sagen konnte.

»Hab keine Angst vor dem Sterben, Pop. Fürchte dich nicht. Du hast die Sakramente empfangen. Niemand weiß wirklich, was nach dem Tod geschieht. Aber man braucht sich nicht davor zu fürchten. Du bist im Stand der Gnade. Du wirst in den Himmel kommen, und dort wirst du Mammy wiedersehen. Vielleicht wirst du wieder leben, wirklich leben. Ich weiß es nicht, Pop. Sag nur Mama, es gehe uns gut und daß wir alle es, jeder auf seine Weise, geschafft haben. Erzähl ihr, was wir machen. Erzähl ihr, daß sie uns nie wirklich verlassen hat. Denn ohne sie wäre ich nicht hier, Pop. Sag ihr, wir sind o.k.! Sag ihr, daß ich sie liebe. Und dich liebe ich auch, Pop.«

Ich wußte, mein Daddy konnte mich hören. Wenn er auch nicht sprechen konnte, ich wußte, er konnte mich hören. »Hab keine Angst, Pop. Hab keine Angst. Ich werde bis zum Ende bei dir sein. Das Ende wird der Anfang für dich sein.«

Dann hielt ich inne. Bevor er starb, gab es etwas, was das kleine Mädchen in mir wissen mußte. Aber das kleine Mädchen und die Erwachsene hatten beide Angst vor der Antwort. Ich sah auf seine plattgedrückte Nase, seine Blumenkohlohren, sein zerklüftetes Gesicht und rückte näher an ihn heran.

»Ich muß dich etwas fragen, Pop«, flüsterte ich angstvoll. »Ich muß.«

Ich holte tief Atem. »Hast du mich jemals liebgehabt, Pop? Hast du mich je wirklich geliebt? Wenn ja, dann versuche einen Finger zu bewegen. Zeig es mir. Aber wenn du mich nicht liebgehabt hast, wenn ich dir egal war, dann bewege zwei Finger.«

Ich ließ meinen Blick angstvoll hinuntergleiten, dorthin, wo seine Hände auf der Decke ruhten. Ich wußte nicht, was er tun würde. Seine Hände waren groß und knorrig von seinen Jahren im Boxring, aber sie wirkten nun so zerbrechlich. Ich beobachtete sie lange Zeit. Ich sah ihm ins Gesicht, und ich wußte, er versuchte angestrengt, mit jeder Faser seines Körpers, mir zu antworten. Meine Augen kehrten wieder zu seinen Händen zurück. Und nach langer Zeit hob sich sein schwacher, zitternder Zeigefinger und bebte, hob sich höher und stand für einen Moment ganz still. Und dieser eine erhobene Zeigefinger war das einzige Mal, daß er je zu mir gesagt hat, daß er mich liebte. Aber in diesem Augenblick war es genug.

»Oh, Daddy, ich habe dich mein ganzes Leben geliebt!« rief ich aus. »Ich glaube immer noch an dich. Ich habe nie aufgehört zu glauben, daß du eines Tages der Mensch sein würdest, der du eigentlich bist, wenn du nicht trinkst. Ohne das Trinken bist du ein so guter Mann, ein guter, freundlicher, anständiger Mann. Und ein lustiger Mann. Oft war ich sehr böse auf dich, Pop. Aber ich verstehe, daß dein Leben sehr einsam und leer war.«

Ich hielt inne, um meine Gedanken zu sammeln. Die Emotionen stürzten auf mich ein. Und ich wollte nicht weinen. Nicht jetzt. Es gab noch so viel, was ich meinem Daddy sagen wollte.

»Was auch in unserem Leben passiert ist, Pop, wir sind daran gewachsen. Wir versuchen, aus dem, was wir von uns selbst retten konnten, das Beste zu machen. Wenn Mama noch leben würde, wäre sie stolz, daß wir keine Verbrecher geworden sind, daß wir nie andere Menschen verletzt haben.«

Und dann erzählte ich ihm von dem Schmerz in meinem Innern, der Traurigkeit, die ich verspürte, der Einsamkeit, den Schwierigkeiten, die mir in meinem Leben begegneten. Ich erzählte ihm von Vietnam und den Kindern dort.

»Vielleicht, Pop, hat Gott das für mich ausgesucht. Vielleicht ist es meine Bestimmung. Du weißt, Vietnam ist ein kommunistisches Land. Und ich weiß, das Wort Kommunist ängstigt dich. Aber die Menschen dort sind nicht schlecht. Es ist nicht so, wie die Nonnen es uns beigebracht haben. Es gibt Tausende und Millionen sehr armer Familien dort, Kinder, die hungrig und krank sind und auf der Straße schlafen.«

Ich zuckte die Achseln und brachte ein Lachen zustande. »Sie erinnern mich an mich, Pop. Sie erinnern mich an unsere Familie. Sie kämpfen und versuchen zu überleben, genau wie wir es taten. Sie haben noch Hoffnung. Wenn sie mich ansehen, dann mit einem Blick –, der mich an mich selbst erinnert. Ich habe das Glück, in ihre Herzen und ihre Seelen sehen zu können. Ich sehe ihre Not. Und das könnte ich nicht, wenn ich nicht selbst gelitten hätte, wenn ich nicht ihr Leben gelebt hätte. Ich glaube, daß Gott das alles für mich so gefügt hat. Du denkst, ich mag Gott nicht und ich hätte Gott schon vor langer Zeit abgeschrieben. Aber ich habe Gott nicht abgeschrieben, ich habe nur das religiöse Brimborium abgeschrieben. Ich habe es nie wirklich verstanden.«

Mein Daddy und ich wurden uns einig an diesem Tag. Ich wußte, daß er mich liebte. Und ich war ruhig und gelassen, als ich ihm sagte, ich müsse zu meiner Arbeit zurückkehren.

Ein anderer Grund, weshalb ich zurückkehren mußte, aber den ich Daddy nicht sagen konnte, war, daß ich in wenigen Tagen vor Gericht erscheinen mußte. Mein Haus in Surrey hatte mir und Simon zusammen gehört. Wir hatten das Haus wegen seines Jobs bekommen. Ich wollte das Haus behalten; nicht so sehr wegen der Kinder, denn sie waren nun erwachsen und konnten für sich selbst sorgen. Aber das Haus war ein Symbol für mich, ein Ort, wo ich mein Bedürfnis, den Geruch von Kuchen im Backofen, befriedigen konnte.

Spätabends kam mein Sohn Nicolas in mein Zimmer, weckte mich und sagte: »Mom, ich glaube, mit Großvater stimmt etwas nicht.«

Nicolas war schweißbedeckt und sehr nervös. »Was ist los? Bist du krank, Nicolas?«

»Ich habe von ihm geträumt. Er hat zu mir gesprochen. Ich glaube, er ist tot. Ich fürchte mich.«

Ich legte meine Arme um ihn und drückte ihn fest an mich. »Mach dir keine Gedanken, Junge. Es ist schon alles gut so.«

Nicolas war sehr aufgeregt und bestand darauf, daß Großvater etwas zugestoßen sei. Also versuchte ich, im Krankenhaus anzurufen, aber ich kam nicht durch.

Einige Stunden später, kurz nach fünf Uhr morgens, erhielt

ich einen Anruf von Andy: Pops kräftiges irisches Herz hatte endlich aufgehört zu schlagen.

Das erste, was ich tat, war Dr. Sean O'Connell anzurufen, den Therapeuten, der mich damals in den schwierigen Jahren so liebevoll und behutsam behandelt hatte.

»Dr. O'Connell, finden Sie, ich bin stark genug, um das Begräbnis durchzustehen?« fragte ich ihn. »Ich habe Angst.«

»Sie sind sehr stark, Christina«, sagte er. »Und Sie haben einen guten Instinkt. Wollen Sie hingehen?«

»Ja.«

»Dann gehen Sie hin. Sie werden es gut überstehen.«

Philomena kam zur Beerdigung aus Kanada herüber.

»Oh, Mama«, war das erste, was sie sagte, als ich sie in Heathrow abholte. Ich dachte an Mama, als ich Philomena ansah. Sie sah aus wie Mama damals, wie eine Jüdin. Tatsächlich trug sie einen Davidsstern um den Hals und sagte, sie sei Jüdin geworden. Sie wohnte bei mir in meinem kleinen Haus in Surrey und fuhr mit mir und meinen drei Kindern nach Birmingham.

Ich hatte für die Fahrt nach Birmingham ein rotes Auto gemietet. Wir wollten uns alle in Andys Haus treffen, aber ich kam spät, vielleicht unbewußt, damit ich nicht mit der Familie zusammensein mußte. Deshalb fuhr ich gleich zur Kirche. Kathy war da. Alle meine Brüder waren da. Es war das erste Mal, daß die ganze Familie zusammen war, seit meine Mutter gestorben war, damals als ich zehn Jahre alt gewesen war.

Es war ein nasser, nebliger Tag, ein typisches englisches Winterwetter. Kalt und trüb. In der Kirche konnte ich sehen, wie meine Brüder sich vorn hinsetzten. Kathy war auch vorne. Philomena ging nach vorn, um sich zu ihnen zu setzen. Aber ich saß mit meinen Kindern hinten in der Kirche. Ich wollte nichts fühlen. Ich saß da mit gesenktem Kopf. Ich wollte nicht sehen, was geschah. Ich spürte, daß meine Kinder Angst um mich hatten, und ich versuchte, für sie stark zu sein. Aber mit der ganzen Familie zusammen an einem Ort konnte ich nur an diese schrecklichen Jahre in Irland denken.

Vielleicht ist dieses Sichzurückziehen eine natürliche Schutzmaßnahme, um bei Verstand zu bleiben. Ich konnte mir nicht gestatten, etwas zu empfinden. Mein Gesicht war ausdruckslos, als ich mich in der Kirche umsah. Als ich die Kreuzwegstationen sah, konnte ich immer nur an Irland denken.

Dann war der Gottesdienst vorbei, und sie fuhren den Sarg durch den Mittelgang. Meine Brüder und Schwestern gingen alle hinter dem Sarg her. Als sie herankamen, hielt Nicolas meine Hand. »Es ist alles gut, Mama«, sagte er. Androula beugte sich zu mir herüber und flüsterte: »Du darfst ruhig weinen.« Helen weinte. Nicolas weinte. Androula weinte. Aber ich konnte nicht weinen.

Außer Philomena wußte keines meiner Geschwister, daß ich in der Kirche war, bis sie den Gang entlang kamen und mich sahen. Jeder von uns war sich der Leiden der Vergangenheit voll bewußt. Es war zuviel, um den Gefühlen freien Lauf zu lassen. Wir konnten es uns nicht leisten, uns an all das zu erinnern, was uns widerfahren war – und was es uns gekostet hatte. Deshalb benahmen wir uns fast so, als ob wir Fremde wären. Um jeden einzelnen von uns gab es eine stählerne Schranke, die die Liebe zurückhielt.

Weil unsere Familie so zerrissen worden war, hatte uns niemand jemals mit der Hand berührt oder die Arme um uns geschlungen und uns gesagt, alles würde gut werden. Es hatte keine Liebe in unserem Haus in Dublin gegeben. Meine Mutter hatte keine Zeit für Zärtlichkeiten gehabt, weil sie versuchen mußte, mit ihrer schlechten Gesundheit und sechs Kindern, mit der Armut und der Trunksucht des Vaters zu leben und dabei ihre Würde und Selbstachtung zu bewahren. Mein Vater war ein Alkoholiker gewesen, unfähig, Liebe zu zeigen.

Jemand in der Kirche, ich weiß nicht, wer es war, sagte, ich solle in dem großen schwarzen Auto sitzen, das die Begräbnisprozession zum Friedhof anführte.

»Nein«, sagte ich. »Ich werde in meinem kleinen roten Auto fahren.«

Ich hätte es nicht fertiggebracht, in dem großen schwarzen Auto bei meinen Geschwistern zu sitzen. Damit hätte ich mir zuviel abgefordert.

Als wir zum Friedhof kamen, sprach ich nicht mit meinen Geschwistern. Und ich folgte ihnen nicht zum Grab. Ich sah das Loch im Boden und kehrte zu meinem roten Auto zurück, wo ich wartete, bis alles vorüber war. Das Grab war nahe genug, so daß ich den Priester sehen und verfolgten konnte, wie sie meinen Vater in die kalte Erde Englands senkten. Es schoß mir durch den Kopf, daß meine Mutter und mein Vater in zwei verschiedenen Ländern begraben lagen; sie waren im Tod so weit voneinander entfernt, wie sie es im Leben gewesen waren. Ich dachte, wie alles begann, und wie es endete. Ich mußte sehr stark sein, denn es lag noch so viel Arbeit vor mir mit den Kindern von Vietnam.

Nach der Beerdigung versammelten sich meine Familienmitglieder in einem Wirtshaus. Das ist eine irische Sitte. Wir halten eine Totenwache für die Verstorbenen. Wir versammeln uns in einem Pub und trinken und erzählen uns Geschichten über den Toten. Ich hasse das. Ich hasse den Geruch der Pubs, den Geruch von Schnaps und schwarzem Bier. Das war es, was meinen Vater zerstört hatte. Ich saß da und sagte kein Wort.

Johnny kam zu mir herüber und sagte: »Du bist so dünn geworden. Du hast stark abgenommen. Was fehlt dir?«

Ich konnte ihm nicht über meine Krankheit in Vietnam erzählen, über den Druck, unter dem ich stand, Geld für die Klinik aufzutreiben, und alles andere.

»Es ist besser, schlank zu sein«, sagte ich.

Wir alle gingen dann zu Andys Haus, wo wir herumsaßen und einander ansahen. Niemand wollte seine Gefühle zum Ausdruck bringen. Niemand wollte etwas sagen. Dann neigte Philomena sich zu mir herüber und legte den Kopf auf meine Schulter.

»Es ist endlich vorbei, nicht wahr?« sagte ich zu ihr.

Sie brach in Tränen aus. »Mama, ich weiß, wie es in dir aussieht und wie schwer es für dich ist.«

Sie schluchzte heftig. Ich legte die Arme um sie und sagte: »Es ist schon gut. Nun ist alles vorüber. Alles ist vorüber.«

Ich mußte gehen. Ich stand auf und sagte. »Ich muß jetzt gehen.«

Mein großer Bruder Michael kam zu mir herüber und starrte

mich an. Lange Zeit sagte er nichts. Wir warteten beide. »Gut«, sagte ich.

»Gut«, sagte er.

Er sah mir gerade in die Augen und sagte: »Nun, der Lump ist tot. Endlich kann ich anfangen zu leben.« Seine Stimme war sehr ruhig, und er sprach sehr langsam, aber in seiner Stimme lag ein solcher Schmerz! Michael war ein sehr gut aussehender Mann geworden. Aber ich konnte den kleinen Jungen in seinem Gesicht erkennen. Sein ganzes Leben war durch meinen Vater vergiftet worden. Er hatte gesehen, wie mein Vater meine Mutter schlug, und er hatte gesehen, wie die Familie zerbrach, und er trug viele Schuldgefühle mit sich herum.

»Kannst du dich erinnern, ob Mama je zu uns gesagt hat, daß sie uns liebte?« fragte er. »Kannst du dich erinnern, daß sie dich jemals im Arm gehalten hat? Wir hatten keine Liebe.« Michael war sehr zornig. Und mir wurde wieder einmal klar, daß unsere Kindheit immer gegenwärtig ist. Deshalb ist meine Arbeit mit den Kindern in Vietnam so wichtig.

Ich ergriff Michaels Hand. »Ich liebe dich«, sagte ich.

Er stand vor mir, sein Gesicht eine Maske des Schmerzes.

Ich drehte mich um und winkte allen zu. »Cheerio. Ich gehe jetzt. Auf Wiedersehen.«

Ich öffnete die Tür und wollte gerade hinausgehen, als mein kleiner Bruder Johnny mich rief. Johnny hatte immer noch das blonde Haar, die helle Haut und die großen Augen, die er als Junge gehabt hatte. Heute betreibt er einen Pub in Zürich, der »Oliver Twist« heißt. Johnny umarmte mich und drückte mich an sich. Dann lächelte er und sagte: »Sis, laß uns noch eins singen.«

Johnny und ich standen da, die Arme umeinander geschlungen. Mein Kopf lag auf seiner Schulter, denn er war so viel größer geworden als ich. Wir hielten einander und sangen »Danny Boy«.

Mitten im Lied begann Johnny zu weinen. Tränen liefen ihm übers Gesicht. »Sis«, sagte er. »Niemand kann es verstehen. Niemand wird es jemals wissen. Was du ihnen auch erzählst, sie werden nie wissen, was wir durchgemacht haben.«

Ich nickte.

»Sis, ich liebe dich.«

»Ich liebe dich auch, Johnny.«

Ich kehrte nach Surrey zurück, und ein paar Tage später mußte ich vor Gericht erscheinen und die Demütigung erleiden, daß mir mein Haus fortgenommen wurde. Es war wieder alles wie in Irland. Meine Mutter starb, und wir verloren unser Heim. Mein Vater starb, und da stand ich vor einem dicken fetten Richter und umgeben von Bürokraten. Der Richter gewährte mir einen Monat, das Haus zu räumen, und sagte, wenn ich den Termin nicht einhielte, würde er mich per Zwangsvollstreckung hinaussetzen. Die einzig gute Nachricht war, daß ich eine kleine Abfindung erhielt, genug, um eine Anzahlung auf ein anderes Haus in Surrey zu machen. Und dann nahm ich meine Bemühungen wieder auf, Geld und Einrichtung für das Zentrum zu beschaffen. Ich arbeitete Tag und Nacht.

Einige Monate später kehrte ich nach Vietnam zurück. Ich hatte nun meine erste Stiftung gegründet, The Christina Noble Foundation in London. In meiner Handtasche war ein Dokument, das zeigte, daß die Stiftung nun fast 100 000 Pfund bei einer Londoner Bank besaß. Und nach mir kamen, in Kisten auf einem Frachter, elf Brutkästen für Frühgeborene, vierzig neue Kinderbetten mit speziellen Heißwassermatratzen, EKG-Apparate, Sterilisatoren und mehr Medikamente, als ich aufzählen kann.

Im Juli 1991, weniger als zwei Jahre nach dem Tag, an dem ich Vietnam zum ersten Mal betreten hatte, wurde das Medizinische und Soziale Zentrum für Kinder in Ho Chi Minh City offiziell eröffnet.

Fünfundzwanzig

Manchmal kommt es mir so vor, als sei es erst gestern gewesen, daß ich so abhängig von Mario war, daß ich glaubte, nicht ohne ihn leben zu können. Aber nachdem ich mich einmal aus dieser Ehe gelöst und mich dann durch jene schmerzvollen, aber befreienden Jahre der Therapie hindurchgearbeitet hatte, fielen all die alten Fesseln von mir ab. Nun sind so viele Menschen von mir abhängig. Und ich, die ich einmal so schwach war, daß selbst meine Kinder mich für eine Art Maus hielten, bin nun die Starke, an die sich andere anlehnen. Im Zentrum gibt es Ärzte, Pflegepersonal, Helfer und Büroangestellte, die sich darauf verlassen, daß ich das Geld beschaffe, um ihre Gehälter zu bezahlen. Und die Kinder verlassen sich darauf, daß ich stark genug bin, um sie vor der Welt zu beschützen.

Nachdem das Zentrum eröffnet worden war, ließ für einige Monate der ungeheure finanzielle Druck etwas nach, und ich konnte meine Zeit voll und ganz der Arbeit mit den Kindern widmen. Denn so verstehe ich meine Rolle hier in Vietnam. Ich bin vor allem eine Mutter. Ich bin eine Mutter für jedes Straßenkind in Vietnam.

Die Arbeit mit den Kindern ist ein ständiger Entwicklungsprozeß. Das Wichtigste war zunächst, eine Vertrauensbasis zwischen mir und den Kindern zu schaffen. Ich wollte ihnen zu verstehen geben, daß ein Straßenkind zu sein nicht bedeutet, ein Niemand zu sein.

Ich habe den Ausdruck *bui doi* nie gemocht. Ich begann, die Kinder »meine Sonnenkinder« zu nennen. Der Ausdruck *bui doi* ist in der vietnamesischen Gesellschaft so tief eingewurzelt, und die Kinder haben ihn so oft gehört, daß sie sich selbst so bezeichnen. Aber ich habe sie davon überzeugt, daß diese Bezeichnung nicht abschätzig ist. Wenn sie diesen Ausdruck schon gebrauchen wollen, dann möchte ich, daß sie stolz darauf sind. Ich sage zu ihnen, *bui doi* sind die Nummer Eins. Und wenn ich über die Straßen von Ho Chi Minh City gehe, halten die Kinder den Daumen hoch und sagen: »Hey, Mama Tina. *Bui doi* Number One.«

Als das Zentrum mit einer wachsenden Zahl von Angestellten voll in Betrieb war und gut funktionierte, wurde mir klar, daß ich bei meiner Arbeit mit den Straßenkindern mehr Aufmerksamkeit als bisher den sozialen Aspekten widmen mußte.

Mehrere Monate hindurch hatte ich zu jeder Tageszeit Streifzüge durch die Straßen von Ho Chi Minh City unternommen. Und ich bemerkte, daß viele meiner Sonnenkinder sich vor den Clubs aufhielten, die vorzugsweise von Ausländern besucht wurden. Meine Sonnenkinder hatten längst herausgefunden, daß betrunkene Ausländer leicht dazu zu bewegen sind, Briefmarken, Landkarten oder Andenken zu kaufen. Aber ich bemerkte auch, daß einige Ausländer ein wenig zu freundlich zu den Kindern waren. Als Mutter dreier Kinder weiß ich, wann ein Erwachsener freundlich oder liebevoll oder rücksichtsvoll zu einem Kind ist. Es drückt sich in seiner Körpersprache, seinem Lächeln und seinem ganzen Benehmen aus. Und ich weiß auch, wann ein Erwachsener etwas anderes im Sinn hat. Und im Verhalten einiger Ausländer, die mit den Kindern sprachen, war etwas, das mich beunruhigte. Zum Beispiel fand ich es sehr beunruhigend, als ich hörte, wie Ausländer vietnamesische Kinder als »Frischfleisch« bezeichneten.

Als die Kinder mir zu vertrauen begannen, kamen sie immer öfter mit Geschichten über verschiedene Ausländer zu mir.

Es wurde Zeit, daß ich dieser Sache auf den Grund ging. Von nun an war ich spät in der Nacht auf der Straße, wenn in den Clubs viel Betrieb herrscht und viele Kinder sich draußen herumtreiben. Ich wurde gewöhnlich von zwei Vietnamesen begleitet. Ich wollte allein gehen, aber die beiden bestanden darauf, mitzukommen. Sie wollten mich beschützen. Der eine war Trung, ein junger Künstler, der aus einer wohlhabenden vietnamesischen Familie stammt, ein Mann mit einem ausgeprägten sozialen Gewissen. Ich habe ihn manchmal weinen sehen, über das, was er auf den Straßen von Ho Chi Minh City beobachtete. Er ist nicht nur sehr engagiert, sondern meistert auch eine tödliche Kampfsportart und kann einen Kampf gegen drei oder vier Männer zugleich bestehen. Ich habe es selbst gesehen.

Der andere war Han, ein Bär von einem Mann, ein ehemaliger Armeeoffizier mittleren Alters. Er ist ruhig und spricht mit leiser Stimme, aber wenn es nötig ist, hat er den einschüchterndsten Blick, den ich jemals gesehen habe. Wenn dieser Blick nicht ausreicht, dann genügt die selbstsichere Art, mit der er sich einem Haufen nächtlicher Zecher nähert, um sie zum Schweigen zu bringen.

Ich muß betonen, daß bei meinen nächtlichen Ausgängen diese Männer ganz im Hintergrund blieben. Sie hielten sich auch zurück, wenn ich eine Auseinandersetzung mit einem Ausländer hatte. Ich hatte sie angewiesen, weiter nichts zu tun als zu beobachten, während ich tat, was ich tun mußte. Ganz gleich, was sie sahen und hörten, sie mußten so lange unsichtbar bleiben, bis ich ihnen ein Zeichen gab, herbeizukommen. Ich glaube, daß ich mit den meisten Situationen alleine fertig werden kann. Aber Han und Trung waren und sind sehr wachsam und können innerhalb von Sekunden an meiner Seite sein.

Die Nächte von Ho Chi Minh City haben ihren eigenen Rhythmus. Früh am Abend liegen Erregung und gespannte Erwartung in der Luft. Um etwa zehn oder elf Uhr tritt eine Pause ein, es ist, als ob der Abend Luft holen würde, um neue Energie für die Zeit um ein oder zwei Uhr früh zu sammeln, wenn die Leute die Clubs verlassen und die Straßen vor Energie zu bersten scheinen. Wenn man manche Ausländer, die aus den Clubs kommen, beobachtet, spürt man instinktiv, daß sie nach sexuellen Abenteuern Ausschau halten.

Einmal kamen noch früh am Abend ein paar meiner Sonnenkinder zu mir und sagten, ein »Anh« – das vietnamesische Wort für Engländer – gäbe einem kleinen vietnamesischen Mädchen Bier zu trinken. Sie nannten ihren Namen. Sie ist zehn Jahre alt, sieht aber nicht älter aus als acht. Ich erinnerte mich an sie aus zwei Gründen: erstens, weil es ihre große Sorge war, Geld für ihre Eltern zu bekommen, und zweitens, weil sie einmal Rechtsanwältin werden wollte.

Ich suchte sie eine Zeitlang, konnte sie aber nicht finden. Dann sah ich, wie sie mit einem sehr hochgewachsenen Engländer in ein Hotel ging. Sofort rannte ich ihnen hinterher und holte sie im Foyer ein.

»He da«, rief ich, als der Engländer gerade mit dem kleinen Mädchen den Fahrstuhl betreten wollte.

Er drehte sich um und starrte mich an.

»Warum bringen Sie Kinder hierher?« fragte ich. »Sie ist erst zehn Jahre alt. Sie haben kein Recht, sie hierher zu bringen. Sie ist noch klein.«

Der Engländer war erstaunt. »Und darf ich fragen, wer Sie sind?« fragte er ungehalten.

»Mein Name ist Christina Noble. Und ich arbeite mit den Straßenkindern von Ho Chi Minh City. Dieses Kind war in meiner Obhut.«

Der Engländer grinste mich auf eine sehr herablassende Art und Weise an und sagte: »Eine Irin mit einem Mutter-Teresa-Komplex.« Der Ton seiner Stimme verriet nur allzu deutlich, daß er Iren für den Abschaum der Menschheit hielt. Er lächelte das kleine Mädchen an und zog sie mit sich in den Fahrstuhl. Er war so betrunken, daß er schwankte und stolperte.

Ich glaube, sein Ton ärgerte mich ebensosehr wie das, was er zu tun beabsichtigte. Er war einer dieser sehr properen Internatsschüler, auf die England so stolz ist. Er war etwa dreißig, gut angezogen, offensichtlich gebildet und ebenso offensichtlich jemand, der Sex mit Kindern mochte.

»Würden Sie das in London mit einem englischen kleinen Mädchen machen?« fragte ich.

»Englische kleine Mädchen tun so etwas nicht«, sagte er.

»Wenn Sie das in England tun würden, würde man Sie ins Gefängnis sperren«, schrie ich.

»Sie ist doch nur eine Hure.«

Da verlor ich die Beherrschung. Ich verlor sie wirklich. Ich rannte durch das Foyer, packte ihn, drehte ihn zu mir herum und hielt ihm meinen Zeigefinger vors Gesicht. Ich war so wütend, daß meine Augen sich zu Schlitzen verengten und Speichel mir aus dem Mund sprühte. »Die Tatsache, daß sie auf der Straße lebt, heißt nicht, daß sie eine Hure ist. Sie ist ein Straßenkind. Ein Baby. Ein Baby!«

»Bitte.« Er riß sich los, als ob meine Hände sein Jackett beschmutzt hätten.

Ich packte ihn wieder am Ärmel. »Hören Sie. Wenn Sie sie noch einmal anrühren, reiße ich Sie in Stücke.«

Ein arrogantes Lächeln erschien auf dem Gesicht des Engländers. Er zog die Augenbrauen hoch. Ich hatte eine in den Augen eines Engländers unverzeihliche Sünde begangen – ich hatte Gefühle gezeigt.

»Und sind Sie auch ein Straßenkind? Man könnte es denken, wenn man Sie nach Ihrer Redeweise beurteilt.«

»Und wenn man Sie nach Ihren Handlungen beurteilt, dann sind Sie ein Arschloch. Und jetzt nehmen Sie die Hände von dem Kind.«

Ich sah herunter auf das kleine Mädchen, das mit großen Augen dastand. »Dieses Kind hat keine Ahnung«, sagte ich. »Sehen Sie denn nicht, wie klein sie ist?«

»Sie können mich mal«, sagte er mit herablassendem Lachen.

Das kleine Mädchen wurde verwirrt und ängstlich. Der Wortwechsel zwischen den Erwachsenen hatte sie aufgeregt. Der Engländer wollte sie mit auf sein Zimmer nehmen, bevor ich sie wegholen konnte.

Ich streckte die Hände nach dem kleinen Mädchen aus.

»Hau ab«, sagte der Mann. Er hob die Hand, ich weiß nicht, ob er mich schlagen oder fortstoßen wollte.

»Wenn Sie mich auch nur berühren, dann bringe ich Sie um, Sie Arschloch. Kein Mann wird mich je wieder schlagen!« Ich ging auf ihn zu. Ich erinnerte mich an die jahrelangen Mißhandlungen, die Mario mir zugefügt hatte, all die Schläge, die ich erlitten hatte, und wie oft er meinen Kopf aufgeschlagen oder meine Nase gebrochen hatte. Ich war soweit, dem Mann ins Gesicht zu springen. Ich hoffte fast, er würde mich schlagen. Ich wollte zurückschlagen. Ihn zu schlagen, hieße im Namen aller

Straßenkinder und aller mißhandelten Frauen auf der Welt zurückzuschlagen. Ich hätte diesen Mann umgebracht. Er sah mir in die Augen, und er wußte es.

Er ging einen halben Schritt zurück. Ich ergriff die Hand des kleinen Mädchens, zog es zu mir, dann drehte ich mich um und ging schnell aus dem Foyer. Der Engländer blieb im Foyer stehen und starrte mir wütend nach.

Ich brachte das Mädchen ins Zentrum und hielt ihr einen langen Vortrag über ausländische Männer.

Nach dem Erlebnis mit dem Engländer begann ich, zweimal wöchentlich eine große Anzahl Sonnenkinder um mich zu versammeln. Ich warne sie vor den Absichten mancher ausländischer Männer. Vietnamesische Frauen sind immer dabei, um zu übersetzen, so daß wir uns verständigen und ungezwungen miteinander reden können. Bei einem der ersten Treffen erzählten mir die Kinder über einen Fremden, der Mädchen ansprach und in sein Hotel kommen ließ. Sie wußten, in welchem Hotel der Mann wohnte, und sie sagten, er nähme jede Nacht andere Mädchen mit auf sein Zimmer.

Drei Nächte hindurch beobachtete ich das Hotel bis in die frühen Morgenstunden, aber ich sah ihn nicht. In der vierten Nacht, etwa um ein Uhr morgens, ging ein großer Asiate, vermutlich aus Singapur, in das Hotel. Er hielt an jeder Hand ein kleines Mädchen. Sie sahen aus, als seien sie nicht älter als fünf oder sechs Jahre. Sie waren Babys. Ich rannte zur Tür und sah, wie er mit den Mädchen an den Angestellten vorbei, von denen niemand ein Wort sagte, durchs Foyer ging. Er kam etwa zur selben Zeit beim Lift an, als ich ins Foyer stürmte. Ich behielt die Anzeige über der Tür des Lifts im Auge, als ich zum Empfang ging.

»Mein Name ist Christina Noble, und ich arbeite mit den Straßenkindern von Ho Chi Minh City. Ich leite auch das Medizinische und Soziale Zentrum für Kinder.« Ich merkte, wie mein irischer Dialekt immer breiter wurde. Das passiert, wenn ich wütend werde.

Der Mann in der Rezeption starrte mich verwirrt an.

»Ein Ausländer ist soeben mit zwei Kindern hier hereingekommen.« Ich sah über meine Schulter und stellte fest, daß die Liftanzeige stillstand. »Sie sind im dritten Stock.«

Der Mann starrte mich immer noch an. Er hatte keine Ahnung, was ich wollte.

»Wenn Sie nicht hinaufgehen und diese Kinder herunterholen, rufe ich den Polizeichef und den Staatsanwalt, Mr. Bond, an. Ich kenne sie beide. Ich bin eng mit ihnen befreundet.«

Die Leute am Empfang waren entsetzt und begannen, miteinander zu murmeln.

»Holen Sie den Direktor«, befahl ich. »Schicken Sie ihn sofort hierher.«

Einige Augenblicke später kam der Direktor, ein gutgekleideter, feiner Herr auf mich zu und rieb sich die Hände. Bevor er etwas sagen konnte, berichtete ich ihm, was hier vorging. »Zwei Kinder sind oben im dritten Stock in einem Zimmer mit einem Ausländer. Vietnamesische Kinder. Babys. Ihre Regierung hat sehr strenge Gesetze zum Schutz dieser Kinder. Ich werde dem Polizeichef Bericht erstatten, wenn Sie nicht sofort etwas unternehmen.«

Der Manager stotterte etwas auf vietnamesisch, rang die Hände und tat, als ob er mich nicht verstehe. Ich ließ mich damit nicht abspeisen.

»Sie sprechen Englisch. Ich weiß, daß Sie mich verstehen. Sie gehen jetzt sofort hinauf und holen diese Kinder, oder ich gehe selbst hinauf. Ich werde die Tür eintreten. Ihre Regierung hat angeordnet, daß keine Kinder in Hotels mitgenommen werden dürfen, weder von Ausländern noch von irgend jemand sonst.«

Der Manager schüttelte den Kopf. Ich ging zur Tür und rief Trung zu, er solle ins Foyer kommen. Trung erklärte die Situation in Worten, die der Direktor verstehen konnte. Aber der Direktor wollte nicht nachgeben. Das Geschnatter der beiden ging hin und her, und ich sah, daß das ewig so weitergehen konnte. Und währenddessen waren die beiden kleinen Mädchen dort oben!

»Genug jetzt«, unterbrach ich sie. Der Hoteldirektor sah mich an. Ich hielt ihm den Finger unter die Nase. »Entweder Sie holen diese Kinder sofort, in dieser Minute, aus dem Zimmer, oder ich fahre im Lift hinauf und trete die Tür ein. Dann rufe ich die Polizei.«

Der Manager brauchte keine Übersetzung. Er hob den Telefonhörer, drehte mir den Rücken zu und begann sehr eindringlich zu sprechen. Ich weiß nicht, was er sagte, aber nur wenige Minuten später trat der Mann mit den beiden kleinen Mädchen aus dem Fahrstuhl. Die Mädchen waren triefend naß. Er hatte sie gebadet, bevor er sie mit ins Bett nahm.

»Warum haben Sie diese kleinen Mädchen ins Hotel mitgenommen?« schrie ich. »Das sind Kinder.«

Er wurde bleich. Ausländer denken, in Ho Chi Minh City können sie solche Dinge ungestraft tun. Die Armut, nicht nur keine Kleider und kein Zuhause zu besitzen, sondern eine Armut, die zum Verhungern führt, treibt viele kleine vietnamesische Mädchen in die Prostitution. Was dieser Mann tat, war nichts anderes, als was Dutzende anderer Männer jede Nacht in dieser Stadt tun. Aber ich beabsichtigte, diesen Kreislauf zu durchbrechen.

Nicht in seinen wildesten Träumen hätte dieser Mann gedacht, jemanden interessiere, was er tat. Er schien fast einen Schock erlitten zu haben. Aber er blieb ruhig.

»Das sind doch nur Straßenkinder«, sagte er.

»Kommen Sie aus Singapur?«

Die Augen des Mannes weiteten sich.

»Wenn Sie Kinder auf den Straßen von Singapur sähen, würden Sie sie mit in Ihr Hotel nehmen und sie mißbrauchen? Würden Sie Ihre eigenen Kinder mit hinauf in ein Zimmer nehmen und sie mißbrauchen? Soll das heißen, nur weil diese Kinder auf der Straße leben, darf man sie mißbrauchen? Was ist der Unterschied zwischen Ihren Kindern und diesen Kindern? Was gibt Ihnen das Recht?«

»Meine Kinder würden nicht auf der Straße leben. Und in Singapur haben wir keine Straßenkinder.« Er gewann wieder mehr Sicherheit. »Sie sollten sich um Ihre eigenen Angelegenheiten kümmern«, sagte er.

Ich schnappte ihm die Kinder weg und zog sie an mich.

»Sie haben das regelmäßig getan. Wir haben Zeugen, die Sie gesehen haben. Ich verlange, daß Sie diese Kinder in Ruhe lassen. Wenn ich jemals erfahre, daß Sie noch ein einziges vietnamesisches Kind anrühren, wird Ihr Foto in allen internationalen Zeitungen in Südostasien erscheinen. Ich werde mich persönlich mit den Zeitungen in Singapur in Verbindung setzen und ihnen berichten, was Sie getan haben.«

Er musterte mich von oben bis unten. »Für wen halten Sie sich eigentlich?«

»Ich habe es Ihnen bereits gesagt. Mein Name ist Christina Noble, und ich arbeite für die Kinder in Vietnam.«

»Sie sind ein Niemand«, fuhr er auf.

Aber er war ein geschlagener Mann, und er wußte es. Ich wußte es. Ich zog die beiden kleinen Mädchen an mich und sah dem Mann lange in die Augen. »Ich möchte mich an Ihr Gesicht erinnern«, sagte ich zu ihm.

Er trat einen Schritt zurück und drehte sich dann zum Fahrstuhl um. Der Mann war in seinem Leben noch nicht so schockiert gewesen. Daß eine Irin wußte, was los war, daß jemand ihn beobachtet hatte, war furchterregend. Er hatte gedacht, niemand interessiere sich für vietnamesische Kinder.

Später machten mich Trung und Han darauf aufmerksam, daß das, was ich getan hatte, sehr gefährlich war. Ich hatte kein Recht, in ein Hotel zu gehen und zu verlangen, daß ein Gast ins Foyer bestellt wird. Ich hatte kein Recht, den Manager auszufragen und die Mädchen von einem Gast wegzuholen. Ich hätte wieder Schwierigkeiten mit den Behörden bekommen können.

Ich wußte das. Aber meine Mutterinstinkte waren stärker als mein Sinn für Gesetze.

In den folgenden Wochen fand ich viel mehr darüber heraus, wie Ausländer versuchen, die hiesigen Kinder zu mißbrauchen. Obwohl ich selbst auf der Straße aufgewachsen bin, war ich in vieler Hinsicht noch immer schrecklich naiv und weltfremd. Aber ich lernte dazu.

Ich fand zum Beispiel heraus, daß burmesische Kinder verschleppt und gezwungen werden, in thailändischen Bordellen zu arbeiten. Später, wenn sie HIV-positiv getestet werden, bekommen sie tödliche Injektionen.

Ich erfuhr, daß Männer aus mehreren arabischen Ländern nach Pakistan gehen und Kinder kaufen, Jungen und Mädchen, und sie mit sich nach Hause nehmen. Die Jungen, die als Prostituierte enden, haben Glück. Die anderen werden bei Kamelrennen auf die Rücken von Kamelen gebunden. Wenn die Kamele durch die Wüste rennen, werden die Jungen hysterisch vor Angst und fangen an zu schreien. Die Schreie veranlassen die Kamele, immer schneller zu laufen. Am Ende eines Rennens sind manche der Jungen dem Tode nahe. Man läßt sie in der Wüste liegen.

Ich erfuhr, daß Männer aus Taiwan hierher kommen, um zwölf- und dreizehnjährige Jungfrauen zu kaufen. Die Armut ist hier so schrecklich, daß manche Familien ihre jungfräulichen Töchter für zweitausend US-Dollar verkaufen. Die Ausländer halten die Mädchen mehrere Wochen gefangen, mißbrauchen sie täglich und werfen sie dann auf die Straße. Nach einer solchen Erfahrung bleibt für die Mädchen kein anderer Weg mehr als der in die Prostitution. Und sie sind für den Rest ihres Lebens psychisch geschädigt.

Die Liste der Greueltaten gegen Kinder ist endlos. So viel geschieht, das ich nicht verhindern kann. Aber ich tue, was ich kann.

So stand ich eines Nachts noch spät auf der Straße, nahe beim Saigon-Fluß, und unterhielt mich mit einer Gruppe meiner Sonnenkinder. Ich wollte, daß sie die Nacht im Zentrum verbrachten. Während ich mit den Kindern sprach, näherte sich uns ein Mann. Er war zu weit weg von mir, um hören zu können, was ich sagte. Als ich ihn fragte, was er wolle, lächelte er träge und sagte: »Kokain. Wollen Sie Kokain kaufen?«

Ich sehe rot bei der bloßen Erwähnung von Drogen. Ich hasse Drogen für das, was sie Kindern antun. Ich faßte den Mann an der Kehle und sagte: »Du Bastard! Hau ab, du Scheißkerl! Laß diese Kinder in Ruhe!«

Er rief etwas auf vietnamesisch, das ich nicht verstand, und Cyclos kamen aus allen Richtungen auf mich zu. Ich war eingekreist. In selben Augenblick bahnten sich Trung und Han ihren Weg durch die Menge und holten mich heraus.

In einer anderen Nacht fuhr ich in meinem Jeep durch die Straßen und hielt nach Kindern Ausschau, die in Schwierigkeiten waren, als drei Kinder aus dem Schatten herausrannten und mir winkten, ich solle anhalten. Sie erzählten mir von einem Mann, der ihnen nicht gefiel, als plötzlich, aus dem Schatten heraus, ein großer Vietnamese sich uns lächelnd näherte. Er kam direkt auf mich zu und fragte: »Du wollen Sex? Du wollen Sex mit großem Mann oder kleinem Jungen?«

Ich stieg aus dem Jeep. »Sag das noch einmal, mein Schatz.«

Er sagte es. Ich wollte ihm an die Kehle fahren, aber Trung war schneller. Er warf den Mann quer über den Gehsteig.

Ich erfuhr, daß einige Ausländer gerne Kinder – Jungen oder Mädchen – ins Kino mitnehmen. Die Kinos hier sind sehr dunkel. Hier können sie die Kinder mißbrauchen, und niemand weiß es oder schert sich darum. Das gleiche geschieht in Diskos. Einige Diskos hier sind so dunkel, daß man nur etwas sehen kann, wenn die Lichtblitze aufleuchten. Die Männer benehmen sich darin, als wären sie im Schlafzimmer. Sie haben Geschlechtsverkehr mit Jungen und Mädchen.

In dieser Hinsicht passiert viel in Ho Chi Minh City. Und einer der Gründe dafür ist, daß in Thailand, von jeher das Weltzentrum für Sex mit Kindern, die Regierung begonnen hat, hart gegen den Sextourismus durchzugreifen. Bis vor etwa einem Jahr wurden meistens die Kinder – die Opfer – bestraft, nicht aber die Fremden. Aber nun hat die Regierung es mehr und mehr auf die Fremden abgesehen. Daher kommen die Männer, die früher nach Thailand gingen, meistens Engländer, Amerikaner, Australier und Deutsche, nun nach Vietnam. Sie kommen nach Ho Chi Minh City, nicht nur, um der Polizei in Bangkok zu entgehen, sondern auch, weil sie glauben, daß das amerikanische Embargo Vietnam von der Welt abgeschnitten hat und hier wenig Gefahr für sie besteht, sich mit Aids anzustecken. Was sie nicht wissen, ist, daß thailändische Männer, Japaner und Taiwanesen schon seit langem auf dieselbe Idee gekommen sind.

Man kann in die Nachtclubs von Ho Chi Minh City gehen und sehen, wie ausländische Männer nach Kindern Ausschau halten. Sie stehen vor den Clubs, wo die Kinder ihren Kram verkaufen, und sie strecken ihren Zeigefinger aus der geballten Faust und stoßen ihre Fäuste zusammen, ein Zeichen, das bedeutet: »Du und ich. Laß uns miteinander fortgehen.«

Manchmal nimmt ein Mann zwei Mädchen oder zwei Jungen mit, mietet ein Auto und fährt zum Seebad Vung Tau, das etwa zwei Autostunden von Ho Chi Minh City entfernt liegt. In dieser schönen, entlegenen Gegend mietet der Mann für ein paar Stunden ein Hotelzimmer, um sich Ausschweifungen mit Kindern hinzugeben.

Manchmal äußert sich die Schlechtigkeit dieser Männer auf sehr hinterhältige Art und Weise. Als ich eines Tages mit dem Fahrrad durch die Stadt fuhr, sah ich von weitem einen Ausländer bei einer Gruppe von Kindern stehen. Wieder einmal spürte ich rein instinktiv, daß da etwas nicht stimmte. Als ich näher kam, sah ich, daß der Mann mit einem großen Fotoapparat hantierte. Er gab den Kindern Geld, damit sie sich fotografieren ließen. Aber bevor er sie fotografierte, mußten sie ihre Lumpen ausziehen, sich dicht zusammengedrängt in eine Pfütze stellen und mit flehenden Blicken in seine Kamera starren.

Das erste, was ich tat, war, die Kinder aus der schlammigen Pfütze zu ziehen und sie ihre Kleider wieder anziehen zu lassen. Ich schickte sie fort. Und dann wandte ich mich an den stattlichen Fremden.

»Was zum Teufel fällt Ihnen eigentlich ein?« begann ich auf meine feine Art. »Wie können Sie es wagen, diesen Kindern ihre Kleider auszuziehen und ihnen ihre Würde zu nehmen?«

Der Mann gab mir seine Karte, stellte sich vor und sagte, er arbeite für eine bekannte europäische Wohltätigkeitsorganisation, die es sich zum Ziel gesetzt habe, vietnamesischen Kindern finanzielle Unterstützung zu verschaffen. Er sagte, zu diesem Zweck fotografiere er die Kinder. Die Fotografien sollten Sympathie und Mitgefühl erwecken.

»Ich muß solche Aufnahmen machen, oder die Leute reagieren nicht«, sagte er.

»Was ist denn wichtiger? Daß Sie Geld für diese Kinder bekommen oder daß diese ihre Würde verlieren und diese Demütigung bis an ihr Lebensende nicht vergessen?«

»Aber die Kinder waren damit einverstanden. Sie verlieren nicht ihre Würde dabei. Es demütigt sie nicht.«

»Sie sind ein dummer Mensch. Die Kinder sind so arm und ihre Not ist so groß, daß sie es tun, weil Sie ihnen Geld dafür geben. Aber es beleidigt ihre Menschenwürde. Es demütigt sie.«

Er wollte nichts davon wissen. Er schüttelte angewidert den Kopf und wollte fortgehen. Ich versuchte, ihm seine Kamera zu entreißen, aber er war zu groß für mich.

Ich zog später Erkundigungen über ihn ein und erfuhr, daß er aus den Philippinen ausgewiesen worden war, weil er unter dem Verdacht der Pädophilie stand. Und nun arbeitet er für eine berühmte europäische Wohltätigkeitsorganisation. Unter dem Deckmantel der Wohltätigkeit benutzte er die vietnamesischen Kinder für seine pädophilen Gelüste.

Menschen fühlen sich zu Kindern hingezogen, aber nicht immer aus den richtigen Gründen.

Die Regierung hier ist sich der Probleme, die Sex mit Kindern mit sich bringt, durchaus bewußt. Sie hat große Angst vor dem Sextourismus und greift hart durch, um zu verhindern, daß Vietnam auf denselben Weg gerät wie Thailand.

Eines meiner Ziele ist, Zufluchtsstätten für Mädchen einzurichten, die von Fremden mißbraucht worden sind. Ich will der Gepflogenheit, junge, unberührte Mädchen zu verkaufen, Einhalt gebieten. Ich will der Praktik, junge Mädchen zu verschleppen und in anderen Ländern als Prostituierte zu verkaufen, ein Ende setzen. Ich möchte den Mädchen, die mißbraucht wurden, eine Alternative zur Prostitution bieten. Ich kann zwar nicht alles verhindern, aber diesen Mädchen, die mißbraucht und auf die Straße geworfen wurden, kann ich helfen, ein neues Leben aufzubauen. Die Regierung hat hier ein Haus zur Rehabilitierung junger Prostituierter eröffnet. Dort erhalten sie eine Berufsausbildung. Ich bin sehr stolz auf die Tatsache, daß meine Stiftung die Einrichtung für das Haus beschafft hat.

Ich bin auch stolz darauf, daß das Zentrum in Ho Chi Minh

City als eine Zufluchtsstätte für Kinder weithin bekannt geworden ist. Wenn Sie hierher kommen, winken Sie sich ein Taxi heran und geben Sie dem Fahrer die Adresse des Zentrums: Ba Muoi Tam Tu Xuong. Es kann vorkommen, daß der Fahrer sich umdreht, anerkennend lächelt und sagt: »Ah, Sie wollen Mama Tina besuchen. Sie gut zu Kindern.«

Sechsundzwanzig

Eines Tages besuchte uns Peter Williams, der britische Botschafter in Hanoi. Peter ist ein großer, kräftiger Mann mit grauem Haar und rötlicher Gesichtsfarbe. Er ist sehr distinguiert und meistens reserviert, lacht aber gerne. Alle nennen ihn »Botschafter«, und das sollte ich wohl auch tun, aber er ist mein Freund, und ich nenne ihn Peter. Er mag mich und hält mich für eine Art Original. Ich weiß, daß ich mich immer an ihn wenden kann, wenn ich Probleme habe. Peter kam auf einen Sprung ins Zentrum, als er sich in Ho Chi Minh City aufhielt. Er sagte, die Arbeit die ich hier mache, gefalle ihm.

»Hör mal«, sagte ich zu ihm und verfiel ins Irische, während ich auf eine Gruppe von Kindern deutete, »der Monsun kommt bald, und ich hab nichts, worin ich ihre Windeln waschen kann. Wenn du mir eine Waschmaschine kaufst, wird mir Paul Jones von World Vision einen Trockner kaufen.«

Der Botschafter sah nicht gerne, daß jemand aus dem United Kingdom von einer privaten Hilfsorganisation wie World Vision abhängig war. Die Krone mußte ihren Teil der Last tragen.

»Christina, ich kaufe dir eine Waschmaschine«, sagte er.

Dann ging ich zu Paul Jones von World Vision und sagte: »Paul, wenn du mir einen Wäschetrockner kaufst, dann wird der britische Botschafter mir eine Waschmaschine kaufen.«

»Aber sicher, ich kaufe dir einen Wäschetrockner«, sagte Paul.

»Und wirst du mir ihn auch schicken lassen?« fragte ich.

»Klar, ich werde dir den Trockner schicken lassen.«

»Gott segne dich. Du bist ein guter Mensch, Paul Jones.«

Ein solches Verhalten mußte ich lernen, um zu überleben. Ich halte das nicht für Manipulation, auch nicht für Winkelzugpolitik. Es ist nur eine List, die ein Straßenkind anwendet, um anderen Straßenkindern zu helfen.

Genauso verhalte ich mich auch gegenüber vietnamesischen Behörden. Im Stadtzentrum von Ho Chi Minh City, im Park gegenüber dem Rex Hotel, steht eine große Statue Ho Chi Minhs. Er ist sitzend dargestellt, hat den Arm um ein kleines Mädchen gelegt, und die beiden lesen in einem Buch. Diese Statue ist eine der populärsten Attraktionen der Stadt. Immerzu wird sie von irgend jemandem fotografiert. Ich habe sie auch fotografiert. Und in Besprechungen mit Regierungsbeamten ziehe ich das Foto heraus und sage: »Onkel Ho hat Kinder geliebt. Sehen Sie nur das Bild an! Sehen Sie seinen Gesichtsausdruck, wenn er dem kleinen Mädchen vorliest. Ich versuche zu tun, was Onkel Ho wollte. Onkel Ho und ich gleichen uns in unserer Liebe zu Kindern.«

Das wirkt. Es ist eine gemeinsame Basis der Begegnung zwischen mir und den hiesigen Beamten, und damit stehe ich auf der Seite des größten Helden von Vietnam.

Ich werde alles tun, was nötig ist, um den Kindern zu helfen.

Das Schwierigste, was ich jemals tun mußte und was mir noch immer sehr schwer fällt, ist, mich mit dem ständig wachsenden Verwaltungsaufwand zu befassen, der mit meiner Arbeit einhergeht. Ich bin eine Mutter. Das ist alles, was ich bin, und alles, was ich sein will. Ich will nichts weiter, als mit den Kindern arbeiten. Ich will ihnen eine Mutter sein.

Aber Leute aus anderen Ländern können einer Mutter kein Geld schicken. Sie verlangen eine Organisation, eine Struktur, und die Spenden müssen vorschriftsmäßig verwaltet werden. Deshalb wird die Verwaltung des Zentrums nun von Fachkräften besorgt.

Madame Man und ich sind Kodirektoren des Zentrums. Sie leitet das Zentrum und überwacht die Arbeit der Ärzte, Pflegerinnen und Helfer. Anders geht es nicht. Sie hat die Verantwortung.

Angenommen, mir passiert etwas, möchte ich nicht, daß dann alles zusammenbricht. Und weil Madame Man sich um die betriebliche Seite kümmert, kann ich hinaus auf die Straße gehen. Ich kann mich mit den Kindern befassen. Ich kann eine Mutter sein.

Ich wollte eigentlich keine Stiftung in England gründen. Aber wenn Leute im Ausland Geld spenden, muß ich mich dafür verantworten. Eine Organisation irgendwelcher Art war dazu notwendig. Leute, die etwas gespendet hatten, mußten Dankesbriefe bekommen. Ich mußte ihnen mitteilen, was ich mit dem Geld mache. Das ist gesetzlich vorgeschrieben. Deshalb wurden außer der Stiftung in England auch Stiftungen in Frankreich, Amerika und Australien eingerichtet. Und ich habe vor, noch in weiteren Ländern Stiftungen zu gründen.

Es war unvermeidlich, daß Probleme entstanden. In einem dieser Länder stellten die Stiftungsmitglieder fest, daß ich – ein ehemaliges Straßenkind aus Dublin – sie in Verlegenheit bringe, und sie forderten, daß die Stiftung mehr Stil und Klasse haben müsse.

»Wir sind zu groß geworden, um ein Straßenkinderbetrieb zu bleiben«, sagte einer von ihnen zu mir.

»Nein, nein«, sagte ich. »Das wird immer eine Straßenkinderorganisation bleiben. Den Straßenkindern wird immer unsere erste Sorge gelten.«

Ich bin in politischen Dingen noch unerfahren. Aber ich habe Leute an meiner Seite, die sich auskennen. Wir haben diesen kleinen Aufstand im Keim erstickt.

Ich habe auch einige Male vor der UNESCO über meine Arbeit gesprochen. Sie wollten helfen. Aber sie konnten einer Mutter kein Geld schicken. Sie konnten ihre Spenden nur über eine Stiftung kanalisieren.

Dann kam eine Gruppe französischer Fernsehleute zu uns, und sie drehten einen Dokumentarfilm, der, als er in Frankreich gezeigt wurde, das gewaltigste Echo hervorrief, das ich je erlebt hatte. Die Franzosen öffneten ihre Herzen, wie keine andere Nation je zuvor.

Dieser Dokumentarfilm von Dominique Torres wurde in vielen Ländern Europas gezeigt, und jedesmal war die Reaktion überwältigend.

Ich öffne die Tür, und vor mir stehen ein paar Europäer. Sie kennen mich aus dem Dokumentarfilm, aber ich kenne sie natürlich nicht. Sie fangen einfach an zu reden. »Wir wollen helfen«, sagen sie. »Wir bewundern Sie. Wir verstehen Sie. Sie haben uns zum Nachdenken gebracht. Ein Teil von mir war zu, und Sie haben ihn geöffnet. Sie haben uns geholfen zu erkennen, wie selbstsüchtig wir waren. Wir wollen uns ändern. Was können wir tun?«

Ich fühle mich geschmeichelt, daß diese Leute so weit gereist sind, um das Zentrum zu besuchen. Es sind gute Menschen mit guten Absichten. Aber manche von ihnen sind ein klein wenig töricht. Eines Tages öffnete ich die Tür, und da stand eine junge Frau und sagte, sie wolle auf der ganzen Welt Kommunen in meinem Namen aufbauen.

»Machen Sie, daß Sie fortkommen«, sagte ich. »Ich arbeite mir die Finger wund, und Sie reden über Kommunen.«

Dann kam ein kanadischer Friseur, der in Tibet gelebt hatte. Er kam von den Bergen herunter, um Lebensmittel zu kaufen, fand eine alte Zeitung und las die Geschichte über meine Arbeit hier. Er packte seine Sachen und schlug sich irgendwie nach Vietnam durch. Er stand vor der Tür und sagte, er möchte mein Jünger werden. »Ich habe Sie gefunden«, sagte er. »Wir werden zusammenarbeiten.«

»Hauen Sie ab«, sagte ich. »Ich brauche Tabletten gegen Blutvergiftung. Ich brauche Kinderpflegerinnen. Ich brauche Geld, um eine Schule einzurichten. Ich brauche keine Jünger.«

Leute, die das Zentrum besichtigen wollen, empfange ich gern. Und ich hoffe, wenn sie gesehen haben, was wir hier tun, werden sie uns finanziell unterstützen. Eines Tages ließ ich eine Gruppe von Besuchern aus England herein. Einer der Männer ging herum und sagte »Hallo« zu jedem Kind. Die Kinder dachten, das sei sein Name. Und als er weiterging, deuteten sie auf ihn und sagten »Hallo«.

Ich habe fast keine Zeit mehr für Dinge, die nichts mit meiner Arbeit zu tun haben. Das hat sicher damit zu tun, daß das Medizinische und Soziale Zentrum für Kinder der Erfolg meines Lebens ist. Die Kinder von Ho Chi Minh City sind mein Leben.

Eine Zeitlang ging ich einmal wöchentlich ins Floating Hotel. Das Restaurant dort hat das größte und reichhaltigste Buffet der ganzen Stadt. Für einen festgesetzten Preis kann man so viel essen, wie man will. Ich nahm immer Han zum Essen mit, den riesigen Mann und ehemaligen Armeeoffizier. Wir luden uns die Teller voll und setzten uns dann an den Tisch. Ich aß ein wenig und schüttete den Rest in eine große Tüte, die ich unter dem Tisch verborgen hatte.

»Han«, sagte ich dann. »Du hast noch Hunger. Geh und hole dir noch einen Teller voll.«

»Nein«, sagte er beim ersten Mal und rieb sich den Magen. »Ich satt. Ich satt.«

Ich schüttelte den Kopf. »Nein, das bist du nicht. Du bist noch hungrig. Nun geh schon und hol dir noch einen Teller voll.«

Er füllte sich noch einmal den Teller, kam zum Tisch zurück, sah auf sein Essen und sagte: »Ich warte noch ein bißchen.«

Als ich glaubte, daß niemand es sah, nahm ich seinen Teller und kippte den Inhalt in die Tüte unter dem Tisch. Das würde ein Festessen für die Kinder werden. Ich schob den Teller wieder über den Tisch. »Han, du bist immer noch hungrig. Geh und hole dir noch was.«

Eines Tages erwischte mich der Manager. Er war ein sehr netter Mann. Er war sehr freundlich. »Wissen Sie, das sollten Sie lieber nicht tun.« Ich versprach ihm, es nicht wieder zu tun. Aber ich verriet ihm nicht, daß ich das schon seit Monaten getan hatte. Ich hielt Wort. Die Leute im Floating Hotel waren schon immer sehr nett zu mir gewesen. Aber jetzt, wenn Reporter oder Besucher aus dem Ausland zu mir kommen, wollen sie immer im Floating Hotel essen. Wir gehen hin, und ich bitte sie, ihren Teller voll zu häufen, und das, was sie nicht essen, kann ich den Kindern geben. Ich reiche ihnen die Tüte unter dem Tisch hinüber, und es macht ihnen großen Spaß, den Inhalt der Teller in die Tüte zu schütten. Aber ich selbst tue es nicht mehr. Nicht, seitdem ich dem Manager versprochen habe, es nicht mehr zu tun.

Es hat mich seit langem gestört, daß das meiste Geld und die meiste Hilfe für das Zentrum aus dem Ausland kommt. Ich finde, die Vietnamesen sollten sich wesentlich stärker an dem Zentrum beteiligen. Schließlich liegt das Zentrum in Ho Chi Minh City, und es sind vietnamesische Kinder, die wir betreuen. Ich kam auf die Idee, in den Restaurants, Bars und Nachtclubs zu singen, um auf diese Weise die Einheimischen auf das Zentrum aufmerksam zu machen. Ich singe und tanze noch immer leidenschaftlich gern. Und manchmal, wenn ich auf die Bühne steige und die irischen Lieder singe, denke ich, das tue ich ebenso für mich selbst wie für die Kinder. Ich sang auch oft im Floating Hotel. Solange ich sang und nur ab und zu einen kurzen Hinweis auf die Kinder gab, war es in Ordnung. Aber ich bin sehr intensiv und sehr leidenschaftlich in bezug auf meine Arbeit. Und als ich auf die Knie fiel und anfing, über die Rechte der Kinder zu sprechen und nachdrücklich zu erklären, daß wir alle eine Welt und eine Liebe und ein Kind sind, beschwerten sich einige Gäste, die im Floating Hotel saßen. Daraufhin bat mich die Direktion, nicht mehr für die Kinder zu singen.

Ich habe nicht viel Kontakt zu den Kreisen der Ausländer in Ho Chi Minh City. Als ich damals ankam, waren sie noch eine relativ kleine Clique, und sie meinten, jemand, der aus dem Westen kommt, denke über Vietnam genauso wie sie. Zum Beispiel haben viele Männer aus dem Westen eine sehr schlechte Meinung über vietnamesische Mädchen. Als ich einmal hörte, wie einige dieser Männer sich auf sehr niederträchtige Weise über diese Mädchen äußerten, wies ich sie in aller Öffentlichkeit lautstark zurecht. Mein Gott, begreifen sie denn nicht, daß diese Menschen genug gelitten haben?

Alljährlich im Dezember gibt die Ausländergemeinde ein großes Fest. Letztes Jahr fragte man mich, ob ich kommen wolle. Ich sagte, nein, ich könne es mir nicht leisten, sechzig Dollar für eine Eintrittskarte zu bezahlen. Einige Tage später wurden zwei Karten unter meiner Tür durchgeschoben. Aber ich ging nicht auf das Fest. Es wäre das Ende meiner Arbeit hier, wenn ich mich in die gesellschaftlichen Zirkel der Leute aus dem Westen hineinziehen ließe. Viele von ihnen wohnen in großen Häusern in Wohnbezirken, die von Mauern umgeben sind und deren Tore bewacht werden. Sie sind abgeschnitten von einem

Leben, das sie als hart, vulgär und gewalttätig betrachten. Aber genau das Leben, das sie zu meiden suchen, ist die Grundlage, das Herzblut meiner Arbeit. Es ist der Grund, weshalb ich hier bin. Und die Menschen, mit denen die Ausländer nichts zu tun haben wollen, die Straßenkinder, sind mein Daseinszweck.

Doch meine Beziehung zu den Ausländerkreisen ändert sich allmählich. Ich habe mich mit einigen Frauen angefreundet, deren Männer für British Petroleum arbeiten. Ich kann mehr und mehr auf ihre Unterstützung zählen.

Natürlich, wenn die Ausländer ihr Gewissen beruhigen und Geld für das Zentrum spenden wollen, nehmen wir es gerne an. Keine Frage!

Ich gehe jeden Morgen zum Zentrum. Ich kann nicht durch die Räume gehen und bei den Kindern sein, ohne zu singen. Oft sitze ich auf dem Boden, schare ein halbes Dutzend Kinder um mich und singe eine etwas abgewandelte Version des Liedes, das die Nonnen uns singen ließen, als ich in der Erziehungsanstalt in Clifden war. Ein Lied, das für mich den Schrecken Irlands und die Erfüllung Vietnams miteinander verbindet:

Wir sind niemandes Kind, niemandes Kind,
Keine Küsse von Mama, kein Lächeln von Dad,
Niemand liebt uns, niemand ist für uns da,
Niemand will uns, wir sind niemandes Kind.

Siebenundzwanzig

In der kurzen Zeit, seit das Zentrum besteht, haben wir große Fortschritte gemacht. Ich denke dabei nicht so sehr an das Gebäude oder die Einrichtung und die Angestellten, sondern an die allgemeine Einstellung der Menschen. Für mich ist die Einstellung gegenüber den Kindern viel wichtiger als das Gebäude und seine Einrichtungen.

Ich bin sehr stolz auf das, was ich hier geschaffen habe. In gewisser Beziehung ist es *alles*, was ich je geschaffen habe. Aber es ist nicht genug. Manchmal, wenn ich durch die Straßen gehe und eines meiner Sonnenkinder grüßt mich von ferne, dann bin ich so glücklich, daß ich anfange zu lachen und zu hüpfen, und ich rufe so laut, daß alle Welt es hören kann: »Mein Name ist Christina Noble, und ich habe ein Krankenhaus und ein Soziales Zentrum für die Kinder Vietnams aufgebaut!«

Das Zentrum wächst ständig. Wir beschäftigen vier Ärzte, zwei Medizinstudenten, sechs Krankenpflegerinnen, zwölf Schwesternhelferinnen und jede Menge Arbeiter und Handwerker. Insgesamt sind es etwa fünfzig Personen. Und wir haben ständig etwa fünfundsiebzig Kinder als Patienten. Wir behandeln mehr als tausend Kinder monatlich ambulant. Wir haben Hunderte von Kindern gegen Polio, Diphtherie und andere Krankheiten geimpft. Wir behandeln sie gegen Darmbeschwerden und Krankheiten der Atemwege. Aber die eigentliche Ursache vieler ihrer Probleme ist Unterernährung.

Es kostet fast zehntausend Dollar monatlich, das Zentrum und die Schulen zu betreiben und die Arbeit auf den Straßen fortzuführen. Die Mittel zu beschaffen ist ein ständiger und enormer Druck. Oftmals gelingt es nur mit knapper Not, aber ich habe bisher immer die Gehälter bezahlen können. Das ist nur möglich, weil ich mehrmals im Jahr nach England, Europa, Amerika oder Australien fliege, um Geld aufzutreiben.

Außer der Klinik habe ich noch zwei Schulen eröffnet. Ich nenne sie die »Sunshine Schools«. Eine, mit etwa achtzig Schülern, liegt in der Nähe des Zentrums, die andere mit sechsundfünfzig Schülern an der Go-Vap-Straße.

Im Frühjahr 1993 reiste ich nach Hanoi zu einer Besprechung mit Mr. Tue, dem Regierungsbeamten, der mir anfangs die Genehmigung gab, für die Kinder zu arbeiten. Ich war begeistert, als er mich bat, ein neues Zentrum in Hanoi zu eröffnen. Er sagte, die Regierung würde mir am Stadtrand von Hanoi, an der Straße zum Flughafen, ein Gebäude zur Verfügung stellen.

Er sagte, in Vietnam gäbe es über vier Millionen Behinderte, und etwa eine Million davon seien Kinder. Etwa 400 000 Kinder erhielten irgendwelche Hilfe von der Regierung, aber für die anderen 600 000 würde nichts getan. Das Problem wird mit jedem Tag größer. Da sich Vietnam im Übergang zur Marktwirtschaft befindet, werden Hunderte, vielleicht Tausende von Kindern aus ländlichen Gegenden in die Städte verpflanzt.

Ich möchte noch so viel hier bewirken. Ich möchte Vorschullehrer aus England oder Amerika herüberholen, die mit vietnamesischen Lehrern zusammenarbeiten. Ich möchte Fachkräfte für Physiotherapie und Psychologie heranziehen, die mit behinderten Kindern arbeiten. Ich brauche jemanden, der Blindenschrift unterrichtet. Ich brauche ein Zentrum für Gehörlose und Blinde; ich muß diese Behinderungen von ihrem Stigma befreien. Daß ein Kind blind oder taub ist, heißt ja nicht, daß es ohne Verstand ist. Ich möchte eine Grundschule und eine höhere Schule einrichten. Ich möchte »Nester« überall in Ho Chi Minh City bauen, die den Straßenkindern Unterkunft und Sicherheit bieten, und in die sie jede Nacht kommen können. Sie müssen einen sicheren Platz zum Schlafen haben. Es wäre ideal, wenn es zehn Nester in der Stadt gäbe und weitere Nester in Hanoi, Vung Tau, Da Nang, Da Lap und noch einige mehr im Mekong-Delta. Ich möchte ein viel größeres Zentrum bauen, eines, das groß genug wäre, um vierhundert Patienten aufzunehmen. Ich möchte ein Krankenhaus bauen, in dem Kräfte für die Arbeit mit Kindern ausgebildet werden, und mit einer Abteilung für sexuell mißbrauchte Kinder mit besonders geeignetem und geschultem Personal.

Ich möchte eine gute Schule für die Straßenkinder haben, eine Schule mit Turnhalle und Sportplatz, einem Musikraum und je einer Abteilung für Kunst, Computertechnologie und Hauswirtschaft sowie einer Abteilung, in der die Kinder nützliche Dinge erlernen, die ihnen helfen, das tägliche Leben zu bewältigen.

Ich möchte amerikanische Veteranen, Männer, die in Vietnam gekämpft haben, wieder in dieses Land holen, um Nester und Häuser und Schulen zu bauen. Diese Veteranen waren noch so jung, als sie damals hier waren. Manche waren selbst noch fast Kinder. Und sie haben so sehr an diesem Land gelitten. Sie sind körperlich und seelisch geschädigt. Manche dieser Männer starben, als sie Vietnam verließen. Schreckliche Dinge passierten hier während des Krieges. Die Anwendung von Agent Orange war eines der schlimmsten. Immer noch werden Babys ohne Gliedmaßen geboren, blind, verstümmelt und mit ungewöhnlichen Arten von Haut- und Blutkrebs. Tatsächlich haben wir hier ein höheres Vorkommen von Haut- und Blutkrebs bei Kindern als in jedem anderen Land. Ich würde es gerne sehen, wenn die ehemaligen Soldaten zur Rehabilitation zurück nach Vietnam kämen. Sie könnten wiederkommen und wieder anfangen zu leben. Ich biete ihnen die Chance, wunderbar positive Dinge zu tun und den Riß zwischen den Welten zu schließen. Ich möchte, daß sie ein neues Vietnam der Liebe und Reinheit kennenlernen, ein Vietnam ohne Blutvergießen, Gewehre und Bomben. Wir müssen einander heilen, wie Brüder und Schwestern. Wenn ich das schaffen könnte, würde es den vietnamesischen Kindern beweisen, daß Amerika mehr ist als Gewehre und Bomben, wie sie noch immer denken. Ich möchte ihnen zeigen, daß Amerika auch Liebe und Frieden bedeuten kann. Ich werde dafür sorgen, daß das geschieht.

Aber mein größter Wunsch ist es, eine menschliche Kette um die Welt zu schmieden. Ich möchte, daß eine Kette von Müttern die Welt umspannt. Eine friedvolle menschliche Kette, die zeigt, daß die Welt sich dem Wohl der Kinder zuliebe an den Händen faßt, damit alle Schmerzen und Leiden der Kinder enden, ihre Ausbeutung und ihr Mißbrauch. Und alle Kinder können sicher sein, weil wir sie bewachen, sie beschützen und für sie sorgen.

Ich erhalte jetzt Hilfe aus vielen Ländern und von vielen Menschen. Die Franzosen schicken mir Lebensmittel und Medikamente für die Kinder. Die Deutschen schicken Kleider. Die Amerikaner schicken Spielsachen und Bücher.

Oft gebe ich »Englisch im Park«, Englischunterricht im Park gegenüber dem Floating Hotel. Eines Tages hoffe ich, daß eine ausgebildete Lehrkraft aus England oder Amerika hierherkommt und diese Aufgabe übernimmt.

Jeden Tag, wenn ich ins Zentrum komme, bleibe ich stehen und betrachte links von mir, hoch oben an der Wand, ein Gemälde, das eines meiner Sonnenkinder gemalt hat. Das Gemälde erinnert mich jedesmal daran, weshalb ich hier bin. Eines Tages fragte ich die Kinder: »Was wünscht ihr euch?« Ich sagte, sie sollten sich hinsetzen und mit ihren Wasserfarben die Dinge malen, die sie sich am meisten auf der Welt wünschten. Und der kleine Junge, der dieses Bild gemalt hat, zeichnete ein Herz, Blumen, Sonnenschein und ein Schulhaus. Als ich ihn aufforderte, mir etwas über das Bild zu erzählen, sagte er, das Herz bedeutet Liebe, der Sonnenschein und die Blumen bedeuten Glück, und das Schulhaus bedeutet Erziehung. Das bewies mir wieder einmal, was schon immer meine Überzeugung gewesen war: Alle Kinder, egal woher sie kommen, wünschen sich im Grunde das gleiche.

Hier in Ho Chi Minh City kann man durch die Straßen fahren und fast an jeder Ecke Straßenhändler sehen, die Käfige mit kleinen Vögeln, Singvögeln, verkaufen. Sie werden in Vietnam gegessen. Ich gebe viel von dem wenigen Geld, das ich habe, dafür aus, diese Vögel zu kaufen und fliegen zu lassen. So wie ich damals, als ich in der Erziehungsanstalt in Clifden war, die Hühner befreite, die gemästet wurden, um verspeist zu werden, so lasse ich heute gefangene Vögel frei. Wenn sie freigelassen werden, piepsen und flattern sie, und wenn sie zum Himmel aufsteigen, singen sie. Vögel und Kinder sind für mich ein und dasselbe, beide müssen frei sein.

Gelegentlich verreise ich und besuche internationale Konferenzen über Kinderhilfe. Im Winter 1993 ging ich zu einer solchen Konferenz in Paris. Sie wurde von meinen alten Freunden, den Katholiken, gesponsert. Viele Priester und Nonnen nahmen teil, und ihre Anwesenheit machte mich ziemlich nervös. »Es gab eine Zeit, da bin ich oft vor euch davongelaufen«, erzählte ich einem von ihnen.

Woran ich mich von dieser Konferenz am lebhaftesten erinnere, ist, wie die wirklichen Fragen umgangen wurden. Es ging nur um die Einrichtung von Bürokratien und die Verwaltung von Geldmitteln. Schließlich hatte ich genug davon. Und ich hielt ihnen eine kleine Rede.

»Ich habe keine Zeit, nett zu sein«, begann ich. »Aber hier sind alle nur mit Bürokratie beschäftigt. Wir haben es mit Kindern zu tun, nicht mit Bürokratie. Wir können beschuldigen, wen wir wollen. Aber am Ende ist es meine Schuld und Ihre Schuld und die Schuld der Kirche. Sie heißen diese Leute, die Geld haben, willkommen. Aber wenn jemand zu Ihnen kommt mit einer Rotznase und ohne Schuhe, dann lassen Sie ihn im Hintergrund warten. Ich war eines dieser Kinder, die zurückgestoßen wurden, und ich weiß, wovon ich rede. Heute geht es mir um die Kinder. Worum geht es Ihnen?«

Und dann kam ich zum Kern der Sache. »Lassen Sie mich Ihnen etwas über eines meiner Sonnenkinder in Vietnam erzählen. Ein Mädchen. Sie ist zwölf Jahre alt. Sie hat Kinderlähmung. Ihr Körper ist verkrümmt. Aber sie verkauft diesen verkrüppelten kleinen Körper für den Gegenwert eines Schillings. Sie tut es nicht zu ihrem Vergnügen. Sie tut es nicht, weil es ihr Freude macht. Sie tut es, weil sie hungrig ist. Wenn man hungrig ist, tut man alles, was man kann, um etwas zu essen zu bekommen. Diejenigen unter uns, denen es um die Kinder geht, müssen auf diese Not reagieren und aufhören, sich über Bürokratie Gedanken zu machen. Die Sache der Kinder wird in der Bürokratie allzuoft aus den Augen verloren. Wir müssen an die Kinder denken.«

Ich redete und redete. Ein Mann aus Afrika war da, der weinte, und später lud er mich in sein Land Burundi ein, um dort über Kinder zu sprechen. Ein französischer Rundfunkreporter rannte mit seinem Tonbandgerät hinaus und sendete meinen kleinen Vortrag im Radio. Alle taten, als ob ich etwas Revolutionäres gesagt hätte. Dabei war es nichts anderes als das, was der gesunde Menschenverstand gebot.

Ich versuche, mich hier ganz auf meine Aufgabe zu konzentrieren. Dazu gehört, daß ich sehr einfach lebe. Alles, was ich besitze, hat in zwei Koffern Platz. Ich lebe von der Hand in den Mund. Ich habe mir nur das Geld für ein Flugticket zurückgelegt, falls ich mal dringend ärztliche Hilfe brauchen sollte. Mein einziger Luxus ist dann und wann eine Mahlzeit im Floating Hotel.

Ich habe eine kleine Wohnung in einer ziemlich üblen Gegend von Ho Chi Minh City, fünf Minuten vom Zentrum entfernt. Vor meiner Tür befindet sich ein Platz, auf dem Obdachlose sich ihre Hütten bauen. Fast jedesmal, wenn ich meine Wohnung verlasse, muß ich durch eine Gruppe von Prostituierten gehen. Es bricht mir das Herz.

Meine Hauswirtin, Madame Nguyen Oanh, ist eine ehemalige Lehrerin aus Hue, mit der ich eng befreundet bin.

Hier zu leben kommt mich manchmal hart an. Vietnam ist ein grausames Land für Leute aus dem Westen. Wir sind nicht an die Parasiten gewöhnt, die sich oft im Essen und immer im Wasser befinden. Mindestens einmal alle drei Wochen habe ich einen Anfall von Amöbenruhr, der mich mehrere Tage arbeitsunfähig macht. Ich hatte verschiedene andere Tropenkrankheiten. Jedesmal, wenn ich mit einem Team von Ärzten und Krankenschwestern in die Ben-Tre-Provinz im Mekong-Delta fahre, um die Dorfkinder zu behandeln, werde ich krank. Das gleiche geschieht, wenn ich nach Loc Ninh an der Grenze zu Kambodscha gehe, wo verschiedene ethnische Gruppen leben und wo Kinder schrecklich mißhandelt werden.

Ich könnte nicht hier leben, nur um in Asien zu sein. Ich vermisse meine eigenen Kinder sehr. Ich vermisse es, mit ihnen am Kaminfeuer zu sitzen und zu hören, was in ihrem Leben vorgeht.

Sie haben mich noch nicht hier, wo ich arbeite, besuchen können; es ist zu teuer.

Manchmal denke ich an einen kleinen Pub in London, an ein Käsesandwich und an ein Shandy, ein Bier mit Limonade. Ich vermisse das. Ich liebe London. Ich stelle mir vor, wie ich dort Freunde treffe und mit ihnen im Auto fahre und wir zusammen lachen. Und ich weine vor Heimweh. Es ist schwer hier. Immer das gleiche Essen. Dieselbe Hitze.

Die gesundheitlichen Probleme, die in meiner Kindheit in Dublin begannen, machen mir noch immer zu schaffen. Im Sommer 1993 war ich in Australien, um Geld aufzutreiben, und mußte dort zu einer Notoperation ins Krankenhaus. Ein großer Tumor wurde aus meiner Bauchhöhle entfernt. Einige Tage später mußte ich noch einmal operiert werden, um mich von den Schmerzen zu befreien, die ein eingeklemmter Magennerv verursachte.

Doch das soll nicht den Eindruck erwecken, als sei mein Leben hier trostlos. Vietnam ist das einzige Land der Welt, in dem ich meine Erfüllung finden konnte. Vietnam wurde zur Brücke über meine Leiden. Hier habe ich meinen Traum verwirklicht. Hier habe ich meine Bestimmung gefunden. Die Alpträume sind Vergangenheit. Die Pillen sind Vergangenheit. Und ich höre nicht mehr das Geheul der Banshee.

Mehr und mehr Menschen kommen aus dem Westen in dieses Land. Die meisten von ihnen laufen vor etwas davon. Sie glauben, sie werden hier finden, was sie suchen. Aber sie finden es nicht. Sie finden es niemals.

Wenn Reporter hierher kommen, sehen sie meine Arbeit und bezeichnen mich unweigerlich als eine Mutter Teresa. Ich weiß nicht, warum sie das tun. Es beweist nur, daß sie mich nicht wirklich kennen. Ich habe überhaupt keine Ähnlichkeit mit Mutter Teresa. Mutter Teresa wird wahrscheinlich eines Tages zur Heiligen gemacht werden. Man wird ihr einen Heiligenschein umhängen.

Niemand wird mir jemals einen Heiligenschein umhängen. Ich mache alles, was eine Heilige nicht tun würde. Ich singe gern. Ich schmettere Lieder in den Clubs. Ich brülle meine Wut heraus. Ich setze mich lautstark für die Rechte von Kindern ein. Ich genehmige mir ab und zu einen doppelten Whisky. Ich tanze gern. Ich lache gern. Ich gehe gern mit meinem Freund aus, und wir gehen essen und küssen und knutschen uns. Ich mag eine schnelle Fahrt auf dem Rücksitz einer Honda. Manchmal miete ich mir ein Cyclo, setze den Fahrer auf den Rücksitz und strample mit großer Geschwindigkeit durch die Straßen. Einmal versuchte ein Polizist, mich zu schnappen, aber ich fuhr zu schnell, und er konnte mich nicht einholen. Er blies in sein Pfeifchen und wedelte mit seinem weißen Stöckchen, und ich schwang meinen Fuß heraus und lachte. Und auf einmal bog er sich vor Lachen. Als ich zurückblickte, deutete er auf mich und rief: »Sie sehr komische Frau!« Ich mag Lippenstift und ziehe mich gern hübsch an. Ich hasse Gewalt, aber wenn ich ein Kind nur beschützen kann, indem ich jemandem eins überziehe, dann tue ich das. Ich bin ein bißchen verrückt. Ich bin irisch. Ich bin keine Mutter Teresa.

Letzten Endes bin ich nichts als eine Mutter. Das Kind ist der Rettungsanker der Welt. Wir können ewig über die Ozonschicht und die Umwelt reden, aber wer wird auf der Welt sein, und was nützt eine saubere Umwelt, wenn die Bewohner der Welt Ganoven sind? Ein Kind lernt von den Erwachsenen. Wenn ein Kind aus dem Mutterleib auf die Straße geworfen wird, dann kennt es nur Trennung und Selbstsucht. Kinder brauchen Liebe. Drogen sind ein Symptom dafür, was geschieht, wenn ein Kind keine Liebe kennt. Kinder zerstören sich selbst, um mit dem Leben fertig zu werden. Kinder brauchen Liebe in ihrer reinsten Form. Sie brauchen jemanden, der ihnen zuhört. Sie brauchen Verständnis.

Das Kind hat keine Stimme. Kennen Sie eine Zeitung oder Zeitschrift, die von Kindern geschrieben wird? Wir sind heute wie Herodes damals. Wir ermorden unsere Kinder auf heuchlerische und nette Art. Jedes Kind in jedem Winkel der Erde, sei es schwarz, weiß, gelb, reich oder arm, ist ein Mensch, für den wir verantwortlich sind.

Als ich anfangs nach Vietnam kam, hatte ich Angst. Ich wollte keinen Schmerz mehr empfinden. Ich wußte an jenem Tag im

Park, als ich die beiden kleinen Mädchen berührte, daß mich diese Sache bis ans Ende meines Lebens nicht mehr loslassen würde. Und ich wußte, daß es nicht leicht sein würde. Ich hatte kein Geld, keine Ausbildung, keine Geschäftsverbindungen und keine berühmten Eltern. Ich hatte nichts. Wer würde mich beachten? Wie konnte ich den Kindern helfen? Ich hatte Angst, meine Arme um sie zu legen und ihnen falsche Hoffnungen zu machen. Ich hatte Angst, ich wäre eine dieser Erwachsenen, die ihnen Hoffnung machen und sie dann fallenlassen. Ich hatte Angst, ich würde ihren kleinen verwundeten Herzen einen weiteren Stich zufügen. Ich war ein Niemand. Wer, verdammt noch mal, würde denn auf mich hören?

Immer wieder werde ich gefragt, warum ich das alles tue. Ich tue es, weil ich an die Zukunft glaube und weil ich an das Kind glaube. Ich tue es, weil ich glaube, daß ein Kind Rechte hat. Ich tue es, weil ich selbst gelitten habe. Ich tue es, weil ich zornig bin. Mein Zorn treibt mich an und motiviert mich. Ich fühle noch immer Schmerz. Ich fühle noch immer Zorn.

Aber ich möchte nicht den Eindruck erwecken, als ob ich diese Gefühle mit mir herumschleppe. Ich habe den Schmerz und den Zorn in einem kleinen Topf verstaut und zur Seite gestellt. Manchmal lüftet sich der Deckel, und sie kommen heraus. Ich werde immer Schmerz fühlen. Der Zorn wird immer da sein. Diese Gefühle befähigen mich, für die Kinder zu kämpfen. Solange Atem in meinem Körper und Kraft in meinem Rücken ist, werde ich niemals zulassen, daß das, was mir passiert ist, anderen Kindern passiert.

Als ich hier in Vietnam begann, sagten die Leute, was ich tun wollte, sei unmöglich. »Sie sind nur ein einzelner Mensch«, sagten sie. Aber als ich ein Kind war, hätte ich nur einen einzigen Menschen gebraucht, der mein Leiden und meinen Schmerz verstand, nur einen Menschen, der mich liebte. Aber niemand war da. Ein einzelner ist sehr wichtig. Es gibt viele einzelne. Viele einzelne ergeben viele. Manchmal sitzen Frauen in ihrer Küche und sind gelangweilt und sagen: »Ich weiß nicht, was ich tun soll.« Ich sage ihnen: »Wenn Sie sich langweilen, dann gehen Sie hinaus auf die Straße. Besuchen Sie die Armen. Besuchen Sie die Waisenhäuser. Sehen Sie sich die Leute auf der Straße an. Und jedesmal, wenn Sie jemanden sehen, der arm und obdachlos ist, fragen Sie sich: ›Wenn das mein Bruder oder Vater oder Kind wäre, was würde ich tun?‹«

Es ist sehr verführerisch und sehr leicht zu denken, die einzige Antwort auf die vielen Nöte der Menschheit seien Geld und Nahrung und Obdach. Aber diese Dinge allein werden niemals das menschliche Elend aus der Welt schaffen und niemals die Not der Menschen lindern. Mehr als alles andere braucht die Welt Liebe. Liebe und Verständnis, Zuhören und Mitgefühl. Wir müssen uns zusammentun und das den Kindern geben. Wir müssen unsere Meinungsverschiedenheiten beiseite schieben und die Kinder lieben. Wir müssen Kindern bedingungslose Liebe schenken. Es macht nichts aus, ob sie schmutzig, unterernährt und von allen Krankheiten befallen sind, die diese Erde kennt. Was wir alle tun können, ist, sie mit reinem Herzen betrachten. Wir können hinter den Schmutz und den Rotz und die Krankheiten sehen und sie als Kinder betrachten. Kinder. Wenn wir Kinder lieben, wenn wir ihnen Liebe schenken, dann kommt alles andere von selbst. Wir werden alle menschlichen Probleme unter dem magischen Einfluß der Liebe lösen können.

Wenn ich die Menschen dazu bringen könnte, einander als das zu sehen, was sie sind, einfach als Menschen, dann gäbe es keine Unterschiede. Wenn wir einander lieben könnten, sehen könnten, berühren könnten, dann würden die Unterschiede zwischen den Menschen verschwinden. Aber das ist nur möglich, wenn wir den Kindern den Boden bereiten, auf dem sie sich entwickeln können. Wir müssen die Samen gießen und die Blüten nähren. Wir müssen unseren Kindern ein Beispiel geben. Ich glaube, daß Kinder die reinsten Geschöpfe auf unserer Erde sind. Sie lernen von uns. Die Erwachsenen sind es, die einander ansehen und sich selbst in Frage stellen müssen. Wir müssen uns selbst in Frage stellen. Wir müssen uns, jeder von uns, fragen, ob wir wirklich frei von Vorurteilen sind. Wir können nicht sagen: »Ich habe keine Vorurteile, aber ich will nicht, daß meine Tochter einen Schwarzen heiratet.« Und wir können nicht sagen: »Ich glaube, daß wir alle gleich sind. Aber die Asiaten leben wie die Untermenschen.« Wenn wir den Kindern ein Beispiel geben wollen, dann müssen wir das richtige Beispiel geben.

Manchmal versuche ich, ein wenig zurückhaltender zu sein. Ich versuche, weniger missionarisch zu sein. Ich versuche, weniger zornig zu sein. Meistens gelingt es mir nicht. Wenn meine Gefühle mich zu überwältigen drohen, dann gehe ich hinaus auf die Straßen von Ho Chi Minh City. Die Straßen sind mein Sicherheitsventil, dort wird mein Zorn besänftigt, und mein Schmerz verwandelt sich in Zufriedenheit. Wie in jeder Großstadt kann es auch in Ho Chi Minh City nachts rauh zugehen. Aber auf diesen Straßen habe ich keine Angst. Die Kinder beschützen mich, selbst unten am Fluß, einer der gefährlichsten Gegenden der Stadt. Wenn ich höre, daß ein Ausländer Kinder in ein Hotel dort mitnimmt, gibt es für mich kein Zögern. Wenn ich mich dem Fluß nähere, dann kommen die Straßenkinder aus der Dunkelheit hervor. Sie drohen mir mit dem Finger, genauso, wie ich ihnen manchmal mit dem Finger drohe.

»Mama Tina, nicht gut hier. Sehr gefährlich für dich«, sagen sie.

Einer der älteren Jungen macht eine stechende Bewegung nach meinem Bauch, wie mit einem Messer, und sagt: »Gefährlich hier. Jemand das dir machen.«

Aber ich gehe weiter.

Schließlich merken die Kinder, daß sie mich nicht aufhalten können. Unhörbare Signale werden ausgesandt, und mehr Kinder kommen von irgendwoher. Eines von ihnen sagt: »Das sehr gefährlich für dich. Aber weil du sagen *bui doi Number One*, wir passen auf dich auf.« Und sie bilden einen Kreis um mich, ein Dutzend Kinder und mehr, manchmal fast zwanzig umringen mich, während ich tiefer und tiefer in das Herz der Finsternis am Fluß eindringe.

Wenn jemand sich mir nähert, werden die Kinder sehr wachsam. Ich fürchte, einige von ihnen haben ihre Hände an ihren Klappmessern. Aber ich weiß, wenn ich sie frage, dann werden sie abstreiten, daß sie ein Messer besitzen. Ich schaudere, wenn ich daran denke, was diese Kinder jemandem antun würden, der mich bedrohte. Ich bin tabu für die Kriminellen von Ho Chi Minh City.

Eines Nachts, als ich unten am Fluß gewesen war, rannten ein paar Kinder los, um Trung oder Han zu suchen, damit sie mich mit dem Motorrad abholten. Trung und Han und Madame Oanh waren in meiner Wohnung und machten sich Gedanken, wo ich wohl wäre. Sie waren sehr nervös, weil ich allein ausgegangen war.

Als die Kinder kamen, sprang Madame Oanh auf den Rücksitz von Trungs Motorrad, und Han fuhr auf dem anderen Motorrad. Sie holten mich ab und wiesen mich noch strenger zurecht, als es die Kinder getan hatten. Inzwischen war es fast zwei Uhr morgens, und als wir zurückfuhren, blieben unsere Hondas eng nebeneinander in dem dichten und fast undurchdringlichen Verkehr, der zu jeder Nachtstunde in Ho Chi Minh City herrscht.

Ich streckte die Hand nach Madame Oanhs Hand aus und hielt sie fest. »Wollen wir singen?« fragte ich sie.

Sie lächelte und nickte.

»Singen wir unser Lied«, sagte ich.

Vor mehr als vierzig Jahren hatte Madame Oanh einen Freund gehabt, den sie sehr liebte. Sie hatten ein Lied, das sie oft miteinander sangen. Der Freund ging nach Amerika. Er starb, bevor er zu Madame Oanh zurückkehren konnte.

Sie besitzt noch immer ein zusammengefaltetes, brüchiges Stück Papier mit den Worten ihres Liedes. Nachdem wir schon lange befreundet waren, erzählte sie mir ihre Geschichte und zeigte mir das Lied. Es war ein Lied, das ich in Irland gesungen hatte.

Als ich Madame Oanh vorschlug, ihr Lied zu singen, leuchteten ihre dunklen Augen auf vor Begeisterung. Sie hielt meine Hand fester. Trung und Han lächelten nicht. Sie waren noch immer böse auf mich. Und ich weiß nicht, was sie über diese beiden Frauen auf dem Rücksitz ihrer Motorräder dachten. Ich bat sie, eng nebeneinander zu fahren und die Hondas nicht auseinandertreiben zu lassen. So fuhren wir um zwei Uhr morgens durch die Straßen, die Hondas schlängelten sich wie ein einziges

Fahrzeug durch den Verkehr, während Madame Oanh und ich uns an den Händen hielten und sangen:

Forever my darling, my heart will be true.
Sweetheart forever, I'll wait for you.
We both made a promise that we'd never part.
Let's steal a kiss, a kiss forever my sweetheart.*

Wir sangen und weinten, während wir uns auf unseren Motorrädern durch den nächtlichen Verkehr von Ho Chi Minh City hindurchwanden.

---

*) Für immer, mein Darling, wird mein Herz dir treu sein./ Liebster Schatz, für immer werde ich auf dich warten./ Wir beide gelobten uns, nie auseinanderzugehen./ Komm, stehlen wir einen Kuß, einen Kuß für immer, mein Schatz.

Achtundzwanzig

Eines Morgens frühstückte ich mit einem Freund im Floating Hotel, und als ich danach über die Landebrücke auf die Straße kam, bemerkte ich eine junge Geschäftsfrau, die vor mir ging. Sie war Australierin. Sie hatte einen sehr modischen Haarschnitt, trug ein schickes Kostüm und hielt eine Aktentasche unter dem Arm.

»Hol mein Auto«, befahl sie einem der Bediensteten.

Sie drehte sich um, und ihre Augen sahen durch mich hindurch, als wäre ich Luft. Es war ein Blick, den ich seit meiner Kindheit kannte.

»Hol mein Auto«, äffte ich sie nach. »Hol mein Auto. Mannomann!« Als die junge Frau in ihrem Mercedes davonbrauste, wurde mir klar, daß ich noch immer ein Kind der Liberties bin, dieselbe Göre, die ich in Dublin gewesen war.

Die Parallelen zwischen Irland und Vietnam sind immer noch erstaunlich für mich. Seit Jahren haben Mächte von außerhalb erfolglos versucht, die beiden Länder zu beherrschen. Menschen aus beiden Ländern sind geschmäht und verlacht, herablassend behandelt und unterschätzt worden, aber irgendwie haben sie sich behauptet.

Vietnam ist etwas, das ich nicht erklären kann. In Vietnam ist ein Teil von mir verwurzelt. Wenn ich Vietnam verlasse, bleibt mein Herz zur Hälfte dort. Ich kann nicht mit einem halben Herzen herumlaufen, also muß ich immer wieder nach Vietnam zurückkehren.

Eines Tages werde ich mit Kindern in Kambodscha, Burma und Korea arbeiten. Aber ich werde immer wieder nach Vietnam zurückkehren.

Im Frühjahr 1993, als ich für dieses Buch recherchierte, kehrte ich nach Irland zurück, um noch einmal die Schauplätze meiner Kindheit aufzusuchen. Ich fuhr sogar nach Clifden, um die Erziehungsanstalt zu sehen. Das Kloster ist so friedlich wie immer, aber die Schule ist geschlossen. Es ist eine graue und kahle Ansammlung von Gebäuden auf einem kalten, windumwehten Hügel. Der feuchte Wind vom Atlantischen Ozean peitscht noch immer die alten Gebäude. Ich ging durch das rückwärtige Tor, wie damals, als ich vor so vielen Jahren dort ankam. Der Anblick einer Nonne auf dem Hof schlug mir auf den Magen.

Danach reiste ich nach Dublin und besuchte den Phoenix Park, das Wellingtondenkmal und die Märkte und ging auf der Straße am Kai entlang, wo die vier Männer mich in jener Nacht vor so langer Zeit in ihr Auto gezerrt hatten. Ich lief sogar am Gresham und am Shelbourne Hotel vorbei, sah die Touristen und fragte mich, wie es wohl wäre, wenn ich hineinginge, um Tee zu trinken. Ich hätte es tun können, ich hatte ja gesagt, einmal würde ich es tun. Aber ich ging nie hinein. Die alten Gewohnheiten sind zu mächtig.

Ich stellte fest, daß ich jedesmal, wenn ich durch Dublin laufe, genauso gehe wie in meiner Kindheit. Ich habe die Hände tief in den Taschen vergraben, meine Schultern sind eingezogen und vornübergebeugt und meine Augen sind angsterfüllt. In Dublin muß ich mich gegen das Gefühl wehren, ein Niemand zu sein. Ich weine sehr leicht in Dublin. Alles stürmt wieder auf mich ein. Ich werde es nicht los. Und wenn ich hundert Jahre alt werde, ich werde immer weinen, wenn ich nach Dublin zurückkomme.

Meine Beziehung zu Irland ist außerordentlich problematisch. Es ist meine Heimat, und ich liebe sie sehr. Aber wenn ich sie besuche, dann denke ich an die Kirche und an all das Unrecht, das mir dort widerfahren ist. In Dublin bin ich verletzlich, und das Gefühl eines großen Verlustes überwältigt mich.

Als ich klein war und mein Daddy mir beibrachte, wie man Sandburgen am Strand baut, hatte ich keine Ahnung, daß ich nur wenige Jahre später unter Büschen und in einem Kohlenschuppen leben würde. Und es ist wirklich seltsam, daß ich, ein Kind aus den Liberties, meine Lebensaufgabe und den Frieden, den ich so lange gesucht habe, in dem vom Krieg zerstörten Vietnam fand.

Aber manchmal geschehen solche Dinge. Audrey Hepburn widmete ihr Leben der Arbeit für hungernde Kinder, weil sie selbst im Zweiten Weltkrieg den Hunger erlebt hatte, als Kind in Holland. So wurde sie mit ihrer Vergangenheit fertig.

Von Dr. O'Connell lernte ich, daß wir alle einen Schatten haben, den wir niemals ablegen können. Aber wir können lernen, mit ihm zu leben. Wir können aus unseren Erfahrungen Nutzen ziehen, wie schmerzlich auch immer sie gewesen sind. Was ich heute tue, das tue ich aufgrund meiner Kindheitserfahrungen. Dutzende von Leuten aus dem Westen, Hunderte vielleicht, können nach Vietnam kommen und die Straßenkinder sehen. Sie sagen vielleicht »arme Kinder« und gehen wieder nach Hause, geben einer karitativen Organisation etwas Geld, und dann vergessen sie alles. Aber ich tat, was ich tun mußte.

In der Welt der Kinder fühle ich mich mehr zu Hause als in der Welt der Erwachsenen. Unter Erwachsenen fühle ich mich manchmal wie ein eckiger Stift in einem runden Loch. Aber mit Kindern verstehe ich mich. Ich kann sie zum Lachen bringen. Ich weiß, was Kinder brauchen. Sie brauchen einen Vater und eine Mutter, die sie in den Arme nehmen, sie brauchen jemanden, der ihnen zuhört, sie brauchen den Geruch von Kuchen im Ofen, wenn sie nach Hause kommen, und sie müssen wissen, daß es Menschen gibt wie Doris Day.

Übrigens ist es noch immer mein Traum, Doris Day kennenzulernen. Ich hoffe, eines Tages wird es geschehen.

Diejenigen, die mich kennen, finden, daß ich in meinem beharrlichen Vorwärtsdrängen manchmal irrational bin, wenn es um die Kinder geht. Was sie nicht verstehen, ist, daß jedes Kind, das sie sehen, ich selber bin. Ich bin jedes kranke Kind. Ich bin jedes verlassene Kind. Ich bin jedes verlorene und aufsässige und zornige Kind. Ich bin jedes kriminelle Kind. Und ich bin jedes Kind, das sich nichts mehr wünscht, als daß ihm jemand zuhört.

Es gibt Dinge in meiner Arbeit, die ich anders mache als andere. Ich arbeite nicht so, wie eine große Wohltätigkeitsorganisation arbeitet. Ich mache es so, wie es mir entspricht. Manchmal ist es falsch, und manchmal bin ich frustriert und weiß, daß alles anders sein könnte, wenn ich mehr den Erwartungen der Leute entsprechen würde. Aber ich bin so, wie ich bin.

Mir ist klar, daß ich manchmal meiner Sache geschadet habe. Zum Beispiel, als ich nach Singapur ging, um mit dem Priester von der reichen Gemeinde zu sprechen, hätte das Ergebnis anders ausfallen können, wenn ich nicht in Jeans und Sandalen aufgekreuzt wäre. Ich habe festgestellt, daß große Organisationen, sei es die Kirche, eine Gesellschaft oder eine Stiftung, wollen, daß jemand, der sie um Geld angeht, so aussieht, als brauche er es eigentlich gar nicht. Ich weiß, wenn ich in den Westen gehe, um Geld für meine Sonnenkinder zu sammeln, dann würde es helfen, wenn ich mir ein nettes Kleid und Schmuck und Strümpfe und Schuhe mit hohen Absätzen kaufte. Aber ich bin ein Kind der Liberties. Ich bin ein Straßenkind. Und ich habe getan, was ich getan habe, weil ich das bin. Und ich weiß, wenn ich es wert bin, mich der Kinder anzunehmen, dann wird Gott mir auch irgendwie helfen, mein Werk fortzusetzen.

Die Arbeit mit den Kindern ist es, die mir Befriedigung bringt, nicht die Anerkennung oder Freundschaft der großen Leute. Die größte Befriedigung, die ich je gekannt habe, haben Kinder mir gegeben. Erst vor kurzem hatte ich eine Begegnung mit einer Gruppe von Straßenkindern, die sehr rauhbeinig sind. Einer der Jungen hatte ein Klappmesser bei sich. Weil ich mir nichts von den Kindern gefallen lasse, laufen einige der rüden Burschen davon, sobald sie mich über die Straße kommen sehen. Aber diesmal liefen sie nicht fort. Unter ihnen war ein kleiner Junge namens Lap, der einen großen Tumor an der Wirbelsäule hat. Der Tumor ist bösartig und unheilbar. Lap wird bald sterben.

Ich sprach eine Weile mit den Kindern und fragte dann, ob sie mit mir in die katholische Kirche gehen wollten. »Laßt uns doch ein Gebet für Lap sprechen«, schlug ich vor.

Die Kinder folgten mir. Unterwegs schlossen sich uns ein paar Sonnenkinder an, und als wir bei der Kirche ankamen, hatten sich etwa zwei Dutzend Kinder angesammelt.

Anfangs benahmen sich die Kinder so, wie alle Kinder es tun. Sie grinsten, kicherten und spielten sich ein wenig auf. Aber dann begann ein Kinderchor zu singen. Und der Ausdruck auf den Gesichtern der Kinder war absolut erstaunlich. Einer der zähesten Burschen in dem Haufen hatte Tränen in den Augen. Ich lächelte und nickte ihm zu, um ihn wissen zu lassen, daß es in Ordnung sei zu weinen. Aber er starrte mich trotzig an, rieb sich wütend mit der Hand über die Nase, verschränkte die Arme und sah geradeaus.

Wir lauschten für ein paar Minuten dem Chor, und dann nahm ich die Kinder mit nach vorn zum Altar und sprach ein Gebet für Lap. Als wir die Kirche wieder verließen, nahm ich Lap auf den Arm, küßte ihn und sagte ihm, wie sehr Gott ihn liebe. Ich drückte Lap fest an mein Herz.

Der kleine rauhe Bursche, den ich verärgert zu haben glaubte, sah mich an, und dann ging er fort. Er kam ein paar Minuten später mit zwei Eistüten. Eine gab er Lap, die andere mir.

»Mama Tina, wir lieben dich«, sagte er.

Ich wünschte, daß es immer so wäre. Aber so ist es nicht. Und manchmal, wenn die Welt mir zuviel wird, wenn das ungeheure Ausmaß der Aufgabe, die vor mir liegt, mich niederbeugt, und wenn mich die Verzweiflung fast überwältigt wegen des vielen Geldes, das ich aufbringen muß, um das Zentrum zu erhalten, dann nehme ich mir den Abend frei, um ein wenig Spaß zu haben. Zuerst gehe ich auf einen Drink ins Dachrestaurant des Rex Hotel. Manchmal ist mein Lieblingskellner da, derjenige, der die Kinder auf der Weihachtsparty im Jahre 1989 nicht anständig behandeln wollte. Er mag mich nicht und versucht, mich zu ignorieren. Ich lächle immer, winke ihn an meinen Tisch heran und frage ihn dann, ob er sich an mich erinnert. Immer entschuldigt er sich und sagt, er könne sich nicht erinnern. Aber natürlich erinnert sich der kleine Schatz an mich, schließlich hatte ich gedroht, ihm das Kreuz zu brechen, wenn er die Kinder nicht menschenwürdig behandelt. Und um sicher zu sein, daß er versteht, wie es auf der Welt zugeht, bestelle ich mir eine große Mahlzeit, esse aber nur ein paar Bissen davon. Und dann sage ich, er soll mir eine Tüte bringen, damit ich meinen Kindern das Essen mitbringen kann, und spreche mit ihm, so daß er nicht fortgehen kann. Er muß zusehen, wie ich den Teller in die Tüte leere, und dann sage ich zu ihm: »Gott segne dich, mein Lieber. Möge die Sonne auf deine schönen braunen Augen herniederscheinen.«

Und dann gehe ich ein paar Straßen weiter ins Maxim's, einen sehr berühmten Nachtclub hier in Ho Chi Minh City. Er ist international und ziemlich kosmopolitisch.

Dort möchte ich singen. Singen ist immer noch meine Rettung, meine Verbindung zur Welt, der Nachklang Irlands in meiner Seele. Ich singe die Lieder Irlands, aber ich schließe immer mit einem Lied, das ich zu meinem eigenen erkoren habe, einem Lied, das ich für die Kinder singe.

Bevor ich mit dem letzten Lied beginne, stehe ich da und blicke über die Menschenmenge und warte, bis sie alle still sind. Und dann stelle ich mich vor.

»Mein Name ist Christina Noble, und ich arbeite mit den Kindern von Ho Chi Minh City, ja, den Kindern der Welt«, beginne ich. »Heutzutage haben wir das Kind vergessen. Wir haben vergessen, daß das Kind Rechte hat. Es liegt an uns, dafür zu sorgen, daß Kinder eine Wahl haben. Wenn ich nun dieses Lied für die Kinder singe, dann bitte ich Sie, an die Kinder zu denken.«

We have a dream, a song to sing.
To help us cope, with everything.
If you see the wonder of a fairytale
We will face the future, even if you fail.**

**) Wir haben einen Traum, ein Lied zu singen./ Er soll uns helfen, alles zu bewältigen./ Wenn du das Wunder eines Märchens erkennst,/ Werden wir der Zukunft die Stirn bieten, auch wenn dir die Kraft fehlt.

Das Maxim's befindet sich in der Dong-Khoi-Straße unten am Fluß, und in dieser Gegend halten sich nachts viele Straßenkinder auf. Das Lokal liegt ebenerdig und hat zur Straßenseite hin viele riesige Glasfenster. Auch die Lautsprecheranlage ist auf die Straße gerichtet. Alles, was auf der Bühne des Maxim's stattfindet, kann man mehrere Straßen weit hören. Die Kinder hören mich singen, und sie nähern sich langsam dem Club. Sie wissen, daß dieses letzte Lied für sie bestimmt ist. Dutzende von ihnen spähen durch die Fenster herein. Vielen gelingt es, sich hereinzuschleichen, und sie stehen in den Ecken herum.

Unter dem Publikum befinden sich Japaner, Briten, Deutsche, Franzosen, Schotten, Amerikaner, Italiener, Australier, eine wahrhaft internationale Gesellschaft.

Ich gebe der Band ein Zeichen, nicht weiterzuspielen. Ich falle auf die Knie, breite die Arme weit aus und sage: »Ich arbeite für die Kinder hier im drittärmsten Land der Welt. Ich arbeite für die Kinder dieses vom Krieg zerrissenen Landes. Ich möchte, daß Sie alle sich an den Händen halten und den Refrain mitsingen. Singen Sie ihn für die Kinder von Vietnam. Singen Sie ihn für die Kinder der Welt. Nun, fassen Sie sich an den Händen und singen Sie mit mir.«

Ich überblicke das Publikum und sehe KGB-Agenten Hand in Hand mit chinesischen Funktionären, diese Hand in Hand mit Amerikanern, diese Hand in Hand mit Deutschen, die wiederum Engländern oder Franzosen die Hand reichen. Und dann fahre ich fort:

I believe in angels ...

»Das ist für die Kinder der Welt ...«

Something good in everyone I see.

Wieder halte ich inne.

»Ich brauche Ihre Hilfe. Kinder leiden immer noch unter den Auswirkungen von Dioxin. Kinder werden hier auf der Straße geboren und müssen auf der Straße leben. Es sind vietnamesische Kinder, aber sie wollen dasselbe, was andere Kinder wollen. Ich bin nur eine Frau. Helfen Sie mir. Für die Kinder. Hier sind heute nacht viele Nationen versammelt. Aber wir sind alle eins. Wir sind alle für die Kinder. Halten Sie sich an den Händen und singen Sie mit mir.«

I believe in angels,
When I know the time is right for me ...

»Singen Sie es noch einmal. Noch einmal für das Kind. Eine Welt. Eine Liebe. Ein Kind.«

Ich blicke auf, und die Kinder lachen. Überall im Saal, in den Fenstern, in den Türen, in den Ecken sehe ich ihr wunderbares Lachen. Sie geben mir das Zeichen, Daumen hoch, und ich kann von ihren Lippen ablesen, was sie sagen: »Jaah, Mama Tina! *Bui doi Number One!*«

Bitte schicken Sie Spenden und Korrespondenz an folgende Adresse:
The Christina Noble Foundation
PO Box 386
Post Office Center
Ho Chi Minh City, S. R. Vietnam

Spenden können telegrafisch über jede Bank überwiesen werden an:
Bank Indosuez
Account No. 170-002-010-131
For Christina Noble Foundation
39 Nguyen Cong Tru–Q.3
Ho Chi Minh City, S. R. Vietnam

Sie können auch Spenden überweisen an:
Bankhaus H. Aufhäuser, München
BLZ 700 30 600, Konto Nr. 412 414
Für: Christina Noble Stiftung für vietnamesische Straßenkinder e. V.
c/o Mössbauer GmbH
Wirtschaftsprüfungsgesellschaft
Brienner Str. 13, 80333 München

National Westminster Bank
Account No. 03722090-02
Sort Code 60-24-20
For Christina Noble Children's Foundation, London
Woking, Surrey GU21 1ZS
Großbritannien

Korrespondenz können Sie auch richten an:
Christina Noble Children's Foundation
Grand Buildings
Trafalgar Square
London WC2N 5EJ
Großbritannien